GÜTERSLOHER
VERLAGSHAUS

Entdecken Sie mehr auf
www.gtvh.de

Gerhard Sauter

Schrittfolgen der Hoffnung

Theologie des Kirchenjahres

Gütersloher Verlagshaus

Bibliografische Information der Deutschen Nationalbibliothek
Die Deutsche Nationalbibliothek verzeichnet diese Publikation in der
Deutschen Nationalbibliografie; detaillierte bibliografische Daten
sind im Internet über https://portal.dnb.de abrufbar.

Verlagsgruppe Random House FSC-DEU-0100
Das für dieses Buch verwendete FSC-zertifizierte Papier *Munken Premieum*
liefert Arctic Paper Munkedals AB, Schweden.

1. Auflage
Copyright © 2015 by Gütersloher Verlagshaus, Gütersloh,
in der Verlagsgruppe Random House GmbH, München

Satz: SatzWeise GmbH, Trier
Druck und Einband: Těšínská Tiskárna AG, Český Těšín
Printed in Czech Republic
ISBN 978-3-579-08190-8

www.gtvh.de

Inhalt

Das Kirchenjahr mit seiner immer erneuten Vergegenwärtigung und Darstellung des Lebens Christi bis zur Ausgießung des Heiligen Geistes ist das größte Kunstwerk der Menschen; und Gott hat sich dazu bekannt und gewährt es Jahr für Jahr, »sendet seine Güte und Treue« (Psalm 57) und schenkt stets von neuem und stets in ganzer Fülle sein Wort zu Advent, Weihnacht, Passion, Ostern, Himmelfahrt, Pfingsten; schenkt es in immer neuem Lichte, als begegnete es einem zum ersten Male!

JOCHEN KLEPPER, Tagebucheintrag am 22. Februar 1939, in: Unter dem Schatten deiner Flügel. Aus den Tagebüchern der Jahre 1932-1942, hg. von Hildegard Klepper, Stuttgart 1956, 728.

Vorbemerkung

Im Kirchenjahr begegnet uns Theologie in anderer Gestalt, als die Dogmatik, eine Glaubenslehre oder eine Systematik theologischen Denkens sie bieten können. Jedes Fest hält eine spezifische Botschaft, Verheißungsworte, Wegweisungen, Anstöße und Zumutungen für uns bereit, damit wir sie staunend aufnehmen, zu Herzen nehmen und voller Freude weitertragen. Ein jeder Festinhalt will in seiner Eigenart, mit seiner Zuspitzung und seinen Verweisen entdeckt werden, und er kann sich jedes Mal unter einem anderen Blickwinkel von unerwarteter Seite zeigen. Vergleichen wir das Kirchenjahr mit einem Bauwerk, dessen Grund nicht von Menschenhand gelegt ist, an dem aber Generationen über Generationen mitgearbeitet haben, dann können wir von Stützpfeilern, Verstrebungen und kunstvollen Querverbindungen sprechen, die seine Wucht tragen. Wie bei jedem großen Bau muss auch hier immer wieder etwas von Ablagerungen gereinigt, ausgebessert, erneuert, ersetzt und ergänzt werden.

Die Statik des Kirchenjahres weist aufwärts, und sie will einen lichten Raum bilden, in den der Glanz des Lebens Christi einfällt, auch wenn draußen dunkle Wolken vorüberziehen. Das Leben Christi: das Herzstück der Geschichte Gottes mit den Menschen, sein Handeln an, in und mit Jesus Christus für alle Welt, erinnert und erwartet kraft des Heiligen Geistes. Weil das Kirchenjahr ein verlässlicher Zeitraum für die Begegnung dieses Handelns ist, bleibt es ein lebendiges Gebilde, das sich der unerschöpflichen Treue Gottes verdankt.

»… als begegnete es zum ersten Male«, schrieb JOCHEN KLEPPER über das Geschenk des Gotteswortes im neuen Lichte eines jeden Festtages im Kirchenjahr. Dieses anvertraute Wort hat einen unschätzbaren Mehrwert gegenüber allen unseren Auslegungen. Darum will immer wieder von Neuem gehört werden, was uns hier gesagt wird. Theologie kann diese Erwartung beleben, sie erweitern und vertiefen, indem sie hilft, biblische Texte für Liturgie und Predigt eines Festtages *mit einem theologisch geübten Blick* zu lesen. Dieser Blick richtet sich auf die Fragen: »Wer ist Gott? Wer ist Jesus Christus? In welchem Verhältnis stehen beide zueinander und zum Heiligen Geist? Was ist hier geschehen, getan und erlitten worden – ein für allemal? Was kündigt sich dabei an? Wen dürfen wir erwarten?« So werden auch Zusammenhänge innerhalb des Kirchenjahres und sein überraschender Beziehungsreichtum erschlossen, Anstöße der Festbotschaften verschaffen sich Geltung.

Die Feste des Kirchenjahres sind gewissermaßen Portale für den Eintritt in den Innenraum der Christusgeschichte. Wer ihn betritt, kommt mit der Kirche und ihrer Botschaft in Berührung – mit der Verheißung des Kommens Christi in sein Leben. Eine Theologie des Kirchenjahres kann die Architektur der Portale erklären, auf oft übersehene Details aufmerksam machen, vielleicht über die Schwellenangst hinweghelfen, die sich durch Enttäuschungen über das Erscheinungsbild der Kirche eingeschlichen hat. So will sie geschichtlichen Einführungen[1], liturgischen Erläuterungen und Versuchen zur Neugestaltung von Festen und Festzeiten[2] zur Seite stehen. Sie richtet sich an alle, die das Kirchenjahr als Kunstwerk näher kennenlernen möchten oder denen es fremd geworden ist, ohne dass sie es schon als Auslaufmodell abschreiben. Andere, die allenfalls noch das weihnachtliche Hauptportal durchschreiten, werden schwerlich von einer Theologie des Kirchenjahres angesprochen werden. Diejenigen aber, die für einen solchen Festtag, der leichter als andere zugänglich scheint, einen Gottesdienst vorbereiten, werden eine größere Verantwortung verspüren, der sie sich oft nicht gewachsen fühlen. Haben sie nicht schon unzählige Male das Gleiche gesagt? Und kann ein einziger Festgottesdienst Spuren für ein ganzes Jahr hinterlassen, auch wenn er noch so anziehend inszeniert wird?

Viele Prediger und Predigerinnen sehen sich in ihrer Vorbereitung auf Fest-

---

1. Hansjörg auf der Maur, Feiern im Rhythmus der Zeit, Bd. 1: Herrenfeste in Woche und Jahr (Gottesdienst der Kirche. Handbuch der Liturgiewissenschaft 5), Regensburg 1983; Karl-Heinrich Bieritz, Das Kirchenjahr. Feste, Gedenk- und Feiertage in Geschichte und Gegenwart, München 1987 (⁸2013); Klaus-Peter Jörns und Karl-Heinrich Bieritz, Artikel »Kirchenjahr«, in: TRE 18, 1989, 575-599.

2. Zum Beispiel Gerhard Rödding, Das Kirchenjahr feiern & erleben, Gütersloh 2002; Kontexte zu den Festkreisen des Kirchenjahres. Anregungen für Gottesdienst und Gemeindearbeit, hg. von Erhard Domay, Gütersloh 2004; Die Feste im Kirchenjahr. Gottesdienste und Erläuterungen zum Feiern in gerechter Sprache, hg. von Erhard Domay und Hanne Köhler, Gütersloh 2004; Kristian Fechtner, Im Rhythmus des Kirchenjahres. Vom Sinn der Feste und Zeiten, Gütersloh 2007; Leben mit dem Kirchenjahr – Ein Gang durch die Zeit im Altenheim, hg. von Martina Plieth, Neukirchen-Vluyn 2008; Nimm an unser Gebet. Gebete im Gottesdienst an Sonn- und Feiertagen im Kirchenjahr, hg. von Martin Evang, Gerd Kerl und Ilsabe Seibt, Neukirchen-Vluyn 2011; Gerhard Engelsberger, An deiner Quelle. Eingangsgebete, Fürbitten und Impulstexte durch das Kirchenjahr, Gütersloh 2013.

tage, zumal vor Weihnachten und Ostern, auf ein relativ enges Themenspektrum festgelegt. Vielleicht lassen sie sich auch verleiten, das Fest auf einen Nenner zu bringen, der Jahr für Jahr gnadenlos wiederholt wird. Abgesehen von der Arbeitsüberlastung, die sich vor und bei jedem großen Fest einstellt, wird die Monotonie eines stereotypen Festmotivs die Predigerin, den Prediger erschöpfen und die Gemeinde bald ermüden. Zwar ermöglichen die biblischen Texte, die für Liturgie und Predigt vorgesehen sind, eine gewisse Abwechslung; Akzente können unterschiedlich gesetzt werden. Theologie kann aber den Blick auf einen Horizont lenken, der über die Geschichten, die an diesen Festen erzählt werden und die über sie oder im Anschluss an sie erzählt werden könnten, weit hinausgeht. Dafür sind auch viele Gemeindeglieder aufgeschlossen. Aber viele kennen nur noch Feste des Kirchenjahres, die gesetzliche Feiertage sind, aus der Einteilung ihres Kalenders, und Kirchenblätter zeigen nur die Hauptfeste an.

»Meine Eltern waren noch ganz im Kirchenjahr getaktet, ich hatte schon Schwierigkeiten damit, und meinen Kindern sagt es gar nichts mehr.« So oder ähnlich hörte ich es oft in den letzten Jahren. Diesem Verblassen des Kirchenjahres möchte ich die Freude entgegenbringen, das Kirchenjahr zu entdecken: als ein Kunstwerk, in dem das Vertrauen darauf, dass »alle meine Zeiten in deinen Händen« sind (Ps 31,16), an den Stationen der Christusgeschichte Halt gewinnt. Die innere Dynamik des Kirchenjahres und sein Rhythmus strukturieren gelebtes Leben durch Schrittfolgen – auch außerhalb der Festtage, an denen miteinander gefeiert wird, wie Gott zu bestimmter Zeit an, in und mit Christus für uns handelte und was er zu tun verheißen hat. Das Kirchenjahr gestaltet mit seinem reichen Gedächtnis, seinen vielseitigen Wahrnehmungen, seinen Klärungen und seiner hoffnungsvollen Ausrichtung die Lebensform christlichen Glaubens. Um mit dieser Lebensform vertraut zu werden, bedarf eines lebenslangen Lernens. Es schließt auch ein, das Leben im Kirchenjahr von anderen Festkalendern und Zeitfolgen zu unterscheiden, an die wir gebunden sind: an die Jahreszeiten und den vegetativen Rhythmus regelmäßig wiederkehrender Zustände und Veränderungen von Lebewesen.

Seit einiger Zeit wird eine Reform der Textvorschläge für die gottesdienstlichen Lesungen und die Predigttexte vorbereitet[3]; Diskussionsbeiträge und ei-

---

3.   Die Liturgische Konferenz des Lutherischen Kirchenamtes erarbeitete seit 2002 ein Projekt »Kirchenjahr erneuern«, vorgestellt als »Gottesdienst von Monat zu Monat. Elementares Kirchenjahr«, [Hannover] 2009. – Die Konferenz Landeskirchlicher Arbeitskreise Christen und Juden veröffentlichte im Sonderheft Dezember 2009 der »Zeitschrift für Kirchen und Judentum« ein »neues Perikopenmodell« unter dem Titel »Die ganze Bibel zu Wort kommen lassen«. – Siehe dazu HENNING THEISSEN, Was wird aus der Perikopenordnung? Zwei aktuelle Vorschläge aus dem Bereich der EKD, in: DtPfrBl 110 (2010), 353-357; ders., Eingedenk Israels predigen. Die Konferenz Landeskirchlicher Arbeitskreise Christen und Juden schlägt ein neues Perikopenmodell vor, in: PTh 99 (2010), 418-434.

nige Ergebnisse liegen bereits vor, die vermuten lassen, dass eine Neuausrichtung besonders der Feiern im Kirchenjahr angestrebt wird. Der umfangreiche Entwurf einer »Neuordnung der gottesdienstlichen Lesungen und Predigttexte« im Auftrag der Evangelischen Kirche in Deutschland (EKD), der Union Evangelischer Kirchen in der EKD (UEK) und der Vereinigten Evangelisch-Lutherischen Kirche Deutschlands (VELKD)[4] wurde kürzlich den Landeskirchen zur Erprobung übergeben. Auf dies alles kann ich zwar nur am Rande eingehen, dennoch versteht sich meine Darlegung als theologischer Beitrag zu der in Gang gekommenen Debatte.

Eine Theologie des Kirchenjahres möchte auch die christliche Unterweisung und den Religionsunterricht unterstützen. Deshalb wendet sie sich an Lehrende und Studierende, die den christlichen Glauben und seine Hoffnung als Lebensform verstehen wollen, statt Kirche und Christentum durch einen Religionsvergleich anhand theoretischer Raster zu erkunden oder nur religionswissenschaftlich einzuordnen. Begegnungen mit anderen Religionen auf alltäglicher Ebene gelingen eher über die Wahrnehmung von Festen als über die Aufzählung von Themen, die Gemeinsamkeiten und Unterschiede namhaft machen sollen. Schnittstellen zwischen Kirchenjahr und Höhe- oder Wendepunkten im Jahreslauf können zu Brücken zwischen Schule und Kirche werden.

Während der Jahre meiner Lehrtätigkeit in Bonn habe ich regelmäßig Seminare über »Theologie der Festtagspredigten« angeboten. Sie zeigten mir, dass viele Studierende der Theologie ein inneres Verhältnis zum Kirchenjahr vermissen lassen. Um diese Beziehung wieder zu gewinnen, ist erfahrungsgemäß eine theologische Zusammenschau biblischer Texte geeignet, die sich für die Feste des Kirchenjahres anbieten, von denen allerdings viele in exegetischen Lehrveranstaltungen nur höchst selten ausgelegt werden. Eine solche Synopse kann auch helfen, die verbreitete Scheu vor dem Aussagengefüge der Theologie zu nehmen. Sie verhilft zu einer freieren theologischen Denkart, als Kompendien der Dogmatik oder eine systematisch konzipierte Glaubenslehre sie erlauben. So können Fragen, die sich aus der kirchlichen Praxis stellen, so integriert werden, dass Bibelauslegung, dogmengeschichtliche Forschung und theologische Urteilsbildung zusammenwirken.

Vorarbeiten zu diesem Buch finden sich in Predigtmeditationen, die ich seit 1966 für die Neue Folge von »Hören und Fragen«, die »Göttinger Predigt-Meditationen« und die drei Folgen der »Calwer Predigthilfen« schrieb. Für einige Passagen habe ich Predigten aus dem Band »Zumutungen als Ermutigung« herangezogen.[5] Das Einleitungskapitel ist eine teilweise veränderte und erheblich erweiterte Fassung meines Beitrages zur Festschrift für Friedrich Wintzer[6], der

---

4. http://62.154.201.176/Perikopenrevision-Enddatei-WEB.pdf.
5. Erschienen als Bd. 22 der Reihe »Predigt heute«, Waltrop 2012.
6. »Kein Jahr von unserer Zeit verflieht, das dich nicht kommen sieht.« Dogmatische

auf eine Studie für die Festschrift für Antonius H. J. Gunneweg zurückgeht.[7] Kapitel 6 erschien mit dem Titel »An Ostern die Auferstehung predigen« in: Göttinger Predigt-Meditationen 63 (2009), 153-165, und wurde überarbeitet.

Die Belege aus dem Alten Testament werden meistens in der Übersetzung der Zürcher Bibel (Ausgabe 1955) zitiert. Abkürzungen entsprechen dem Verzeichnis in »Religion in Geschichte und Gegenwart« (RGG⁴, Bd. 8, Tübingen 2005). EKG bedeutet »Evangelisches Kirchengesangbuch« (1950), EG »Evangelisches Gesangbuch« (1996), EGB »Evangelisches Gottesdienstbuch«[8]. Bei Literatur aus den USA habe ich, wie dort üblich, auch den Verlag angegeben. – Sind für biblische Lesungen und Predigttexte zusätzlich Verse (in Klammern) zur Wahl gestellt, werden sie nach einem Semikolon hinzugefügt.

Meiner Frau Annegrete, Pfarrer Thomas Bergfeld (Wegberg/Serneus in Graubünden), Pfarrer Dr. Rainer Fischer (Köln), Kirchenrat Hans-Peter Friedrich (Düsseldorf), Prof. Ernstpeter Maurer (Dortmund), Pfarrerin Sabine Petzke (Köln), Pfarrerin Dr. Caroline Schröder Field (Basel), Prof. Hans G. Ulrich und Prof. Karin Ulrich-Eschemann (Erlangen) und Pfarrer Kurt Josef Wecker (Heimbach in der Eifel) danke ich herzlich für ihre Anregungen zur Ausgestaltung meiner Entwürfe, Prof. Albert Gerhards (Bonn) für seine Auskünfte und Hinweise aus der Sicht eines katholischen Liturgiewissenschaftlers, Herrn Diedrich Steen und Frau Gudrun Limberg (Gütersloher Verlagshaus) für die vertrauensvolle Zusammenarbeit.

Gewidmet ist dieser Versuch der Evangelisch-Theologischen Fakultät der Karls-Universität Prag. Prager Kollegen wünschen seit Längerem von mir gleichsam einen Grundriss und einen Aufriss evangelischer Theologie, und ich hoffe, ihrer Bitte einigermaßen nachzukommen, wenn auch in anderer als der üblichen Form.

Sankt Augustin bei Bonn, im Advent 2014 *Gerhard Sauter*

Implikationen des Kirchenjahres, in: In der Schar derer, die da feiern. Feste als Gegenstand praktisch-theologischer Reflexion, hg. von Peter Cornehl, Martin Dutzmann und Andreas Strauch, Göttingen 1993, 56-68.

7. Passahaggada und Osterpredigt, in: Altes Testament und christliche Verkündigung, hg. von Manfred Oeming und Axel Graupner, Stuttgart/Berlin/Köln/Mainz 1987, 207-223.

8. Evangelisches Gottesdienstbuch. Agende für die Evangelische Kirche der Union und für die Vereinigte Evangelisch-Lutherische Kirche Deutschlands, Berlin, Bielefeld und Hannover 1999. Taschenbuchausgabe ²2001.

1. »Kein Jahr von unserer Zeit verflieht, das dich nicht kommen sieht.«

Verkündigen und Feiern im Rhythmus des Kirchenjahres

Der kirchliche Festkalender bietet die Gelegenheit, an bestimmten, herausgehobenen Tagen ein spezifisches Handeln Gottes an, in und mit Jesus Christus und das Wirken des Heiligen Geistes zu feiern. So bildet *das Kirchenjahr eine Gedächtnisstütze der Kirche* und weist den Weg, auf dem wir Jesus Christus als den Kommenden erwarten. Das Kirchenjahr hilft uns, Jesu Christi eingedenk zu bleiben, und es macht uns wachsam und aufmerksam dafür, wie Jesus Christus uns heute begegnet: im Zusammenhang der Geschichte Gottes mit den Menschen und ihrer Welt. Festtage, ob sie nun zu öffentlichen Feiertagen wurden oder nicht, haben tiefe Spuren in unserer Kultur und deren gesellschaftlichem Leben hinterlassen. Dort versandeten manche Feste allmählich oder sind umgepflügt, manchmal auch untergepflügt worden. Umso mehr sind alle, die zur Christenheit gehören, gefragt, ob sie im Kirchenjahr leben und sich in seinem Rhythmus bewegen. Besonders dringlich richtet sich diese Frage an alle, denen die Verkündigung des Evangeliums anvertraut ist.

1. Zur Entstehung des Kirchenjahres

Wir sind gewohnt, Advent, Weihnachten, Epiphanias, Karfreitag, Ostern, Christi Himmelfahrt, Pfingsten und den Sonntag Trinitatis als eine Reihe oder Kette anzusehen. Doch die frühe Christenheit kannte länger als drei Jahrhunderte nur ein einziges Christus-Fest: das Gedenken vornehmlich der Passion und des erlösenden Todes Christi, zunächst wohl zeitgleich mit dem jüdischen Pessach-/ Passa-Fest, später als auch terminlich eigenständige Feier, die in der Freude über die Auferstehung Jesu Christi gipfelt.[1] Ebenfalls auf Ostern gestimmt war der Anfang jeder Woche, seit dem 2. Jh. als »Tag des Herrn« bezeugt. An diesem Tag sind wir »zu neuer Hoffnung gekommen« und ist »unser Leben aufgegangen durch ihn«, Christus, »und seinen Tod«[2]. Der erste Wochentag wird auch »Sonnentag« genannt: Tag der Schöpfung, an dem das Licht von der Finsternis ge-

---

1. WOLFRAM KINZIG, Artikel »Ostern II. Kirchengeschichtlich«, in: RGG⁴ 6, 2003, 728 f.
2. IGNATIUS, An die Magnesier 9,1 (ca. 110-118); wörtlich: »zum Neusein der Hoffnung«.

schieden wird, und Tag der Auferstehung Christi, an dem Gottes Licht des Lebens die Finsternis des Todes durchbricht.[3]

321 dekretierte Kaiser KONSTANTIN der Große, der erste Wochentag sei als »verehrungswürdiger Tag der Sonne« und als öffentlicher Ruhetag zu begehen. So wollte er dem Gott »Sonne«, den er anbetete, staatliche Reverenz erweisen. Wurde, als der Kaiser sich taufen ließ, der Sonntag zum Herrentag – oder wurde der Herrentag zum Sonntag? In welchem Verhältnis stand der staatlich gewährte Ruhetag zum Tag des Herrn mit seiner Feier des Herrenmahles und ihrer Ausstrahlung nicht nur auf diesen Tag, sondern auf die ganze Woche, die mit ihm beginnt? Ruhetage, die zur Erholung gebraucht werden, sind nicht unbedingt an einen bestimmten Rhythmus gebunden. Der Sonntag ist als Feiertag ein Gottesgeschenk an die Menschen, das sie gemeinsam auf Jesus Christus ausrichtet, indem es sie zum Gottesdienst zusammenruft, in dem das Herrenmahl gefeiert wird. An jedem Herrentag begegnet Christus auf seine besondere Weise der Gemeinde, die sich zu seinem Gedenken und in der Erwartung auf ihn versammelt, »bis er kommt« (1 Kor 11,26). Christus ist die Gestalt der strahlenden *doxa* Gottes, weder der Sonnengott noch eine neue Sonne. Bereits für den Sonntag als Herrentag stellte sich also die Frage, wie sich äußere Veranlassung und innere Gründe zueinander verhalten. Diese Frage wird an vielen Festtagen des Kirchenjahres wiederkehren.

Im 4. Jh. setzt ein Prozess ein, der die Osterbotschaft aufgliedert und auf weitere Christus-Feste gleichsam verteilt.[4] Der Karfreitag wird durch die beginnende Kreuzesverehrung vom »Tag der Auferstehung« gesondert, aber nicht als ein Durchgang zu Ostern angesehen.[5] Denn das Kreuz auf Golgatha trägt eine eigene Botschaft in die Welt, die von der Gemeinde Christi auch eigens vernommen werden will: Christus, der auferstandene Herr, ist der gekreuzigte Jesus, den wir auch an Ostern nicht hinter uns lassen können. Nur weil er uns Anteil an seinem Sterben gibt, werden wir seines neuen Lebens gewahr, doch dorthin vermögen wir ebenso wenig einfach fortzuschreiten wie Jesus selbst. – Seit Mitte des 4. Jh. wird das Kommen des Erlösers in die Welt als Geburt des göttlichen Kindes gefeiert: am weihnachtlichen Christfest, im Westen am 25. Dezember, im Osten am 6. Januar.[6] Ursprünglich waren Inkarnation und Auferweckung Jesu als Ein-

3.   JUSTIN, 1 Apologie 67,3 (ca. 153/54).
4.   Zum Folgenden vgl. WOLFGANG HUBER, Passa und Ostern. Untersuchungen zur Osterfeier der alten Kirche (BZNW 35), Berlin 1969, 148-208; GEORG KRETSCHMAR, Festkalender und Memorialstätten Jerusalems in altkirchlicher Zeit, in: ZDPV 87 (1971), (167-205) bes. 187.
5.   Wie W. HUBER meint: der Karfreitag sei »ein Durchgangsstadium zur Auferstehung« (a. a. O., 190).
6.   GEORG KRETSCHMAR, Theologische Perspektiven zur Inkarnation und zum Weihnachtsfest, in: Festtage. Zur Praxis der christlichen Rede, hg. von Herbert Breit und Klaus-Dieter Nörenberg, München 1975, (9-33) bes. 9-13.

heit aufgefasst worden, und noch heute wird Joh 1,1-17, im Westen einer der grundlegenden Weihnachtstexte, im österlichen Morgengottesdienst der Ostkirche als Evangelium verlesen. – Im 4. Jh. finden sich auch erste Anzeichen für Vorbereitungen auf das Christfest, die später zur Adventszeit ausgestaltet wurden. – Das Fest Christi Himmelfahrt, seit dem 4. Jh. gefeiert[7], hebt ein weiteres Moment der Osterbotschaft gesondert hervor: Jesus Christus ist zu Gott erhöht worden, jetzt herrscht er über den Kosmos. – Das Pfingstfest schließt die fünfzigtägige Freudenzeit nach Ostern ab, die wohl schon seit der zweiten Hälfte des 2. Jh. gefeiert worden war, nachweislich im 3. Jh. in Rom und Ägypten. Als eigenständiges Fest ist es vom 4. Jh. an begangen worden, vermutlich zunächst in Jerusalem. Der Gehalt des Festes umfasst zahlreiche Elemente, von denen gegen Ende des 4. Jh. die Sendung des Heiligen Geistes maßgebend geworden ist, und dies setzt eine Unterscheidung von der Himmelfahrt Christi voraus, die zuvor in enger Beziehung zum Kommen des Geistes aufgefasst worden war.[8] – Das Fest Trinitatis wurde zwar erst 1334 für die gesamte Westkirche eingeführt, es greift aber auf das trinitarische Dogma zurück, also wiederum auf das 4. Jh. Die orthodoxe Kirche kennt kein eigenes Trinitatisfest. Sie verband vielmehr das an Pfingsten gefeierte Ereignis mit der Vollendung des vom dreieinigen Gott bestimmten Heilsplanes (Heilsökonomie).[9]

Aus der Folge der Christus-Feste und durch weitere Gedenktage entstand das Kirchenjahr.[10] Es ist weder vom Himmel gefallen noch wurde es von einer kirchlichen Instanz geplant und angeordnet, auch wenn auf Datierung und Gestaltung fast aller dieser Festtage Beschlüsse von Kirchenversammlungen und Einflüsse führender Bischöfe direkt oder indirekt eingewirkt haben. Das Kirchenjahr ist ein »Kunstwerk« (Jochen Klepper), von Menschen nicht ausgedacht und erschaffen, sondern dem nachgebildet, was von Gott her in Christus zur Geschichte geworden ist.[11] Unzählige haben dazu beigetragen, dass dieses kunst-

---

7. Hans-Christoph Schmidt-Lauber, Artikel »Himmelfahrtsfest«, in: TRE 15, 1986, (341-346) 341.
8. Karl-Heinrich Bieritz, Artikel »Pfingsten/Pfingstfest/Pfingstpredigt II. Das Pfingstfest in der Kirchengeschichte«, in: TRE 26, 1996, (382-387) 383 f.
9. Konrad Onasch, Stichwort »Dreieinigkeit«, in: Kunst und Liturgie der Ostkirche in Stichworten unter Berücksichtigung der Alten Kirche, Wien/Köln/Graz 1981, 87; Michael Kunzler, Artikel »Trinitatisfest«, in: RGG⁴ 8, 2005, 622.
10. W. Huber, a.a.O. (siehe Anm. 4), 148-208.
11. Wie hier und im Folgenden die Bezeichnung »Geschichte« verwendet wird, wäre gegenüber der »story theology«, wie sie in den USA aufgekommen und von dort importiert worden ist, abzuklären. Außerdem müsste gezeigt werden, inwiefern sich diese Geschichtsauffassung von der Dekonstruktion eines historistischen Geschichtsbegriffs unterscheidet. Als Ersatz sei verwiesen auf: Offenbarung und Geschichten. Ein deutsch-englisches Forschungsprojekt (Beiträge zur theologischen Urteilsbildung 10), hg. von John Barton und Gerhard Sauter, Frankfurt am Main 2000.

volle Gebilde entstehen konnte, und es lädt weiterhin zum mitgestaltenden Feiern ein. Auch darum ist es so lebendig geblieben.

Dieses Kunstwerk wird durch die »Großtaten Gottes« (Acta 2,11) in, an und mit Jesus Christus strukturiert. Um sie alljährlich an bestimmten Tagen feiern zu können, wurde versucht, sie mit Hilfe der Zeitangaben der Evangelien und anderer Berechnungen zu datieren. Solche Daten können nur Haftpunkte für die Geschehnisse sein, deren Botschaft weiter ergeht. Die Festtage sollen zum Ausdruck bringen, dass Gott in einem bestimmten Zeitraum in markanter Weise in, an und mit Jesus Christus gehandelt hat. »Er hat ein Gedächtnis seiner Wunder gestiftet, der gnädige und barmherzige HERR.« (Ps 111,4) Die Feste werden nun nicht mehr nur an Gedächtnisstätten im heiligen Land begangen, die auch Pilger zu sich locken. Sie werden mehr und mehr von der gesamten Kirche gefeiert. Der Weg, den wir im Kirchenjahr gehen, ist auf keiner Landkarte abzulesen.

Das 4. Jh., in dem sich Grundzüge der Christusfeste abzeichneten, war für die Alte Kirche eine Phase voller Umbrüche, Neuansätze und Konsolidierungen: Die Kanonbildung, die bindende Aufzählung der biblischen Bücher, wurde im Laufe des 4. Jh. abgeschlossen. Beschlüsse der Kirchenversammlungen (Konzilien) erhielten Geltung für die gesamte Kirche und wurden zu ersten Bausteinen für das Kirchenrecht. Die theologisch verbindlichen Formulierungen der Konzilien von Nizäa (325), Konstantinopel (381) und Chalcedon (451) gewannen in einem oft spannungsvollen Prozess, in dem sie aufgenommen und angeeignet wurden, ökumenischen Rang. Dem in vorkonstantinischer Zeit spärlichen und uneinheitlichen Kirchenbau wurde mit der Basilika eine neue Bautradition eröffnet, die in Anlehnung an staatliche Großbauten den öffentlichen Charakter der Kirche vor Augen stellte. Zu Zeiten der Illegalität, der Verfolgung oder der zögerlichen Duldung hatte es auch gar keine nennenswerten Kirchenbauten mit einer einigermaßen einheitlichen Architektur geben können.

Die Kanon- und die Dogmenbildung lassen deutlich werden, warum das Kunstwerk »Kirchenjahr« zur Schnittstelle von Liturgie und Theologie, von Gottesdienst und reflektierter Glaubenssprache, von perspektivenreicher Bibelauslegung und Antworten auf elementare Glaubensfragen wurde. Weil sich seither viele Vorbehalte gegen den Kanon und gegen verbindliche Glaubenssätze (Dogmen) eingenistet haben, gerade auch in der Pfarrer- und Lehrerschaft, soll wenigstens angedeutet werden, warum beide für das Kirchenjahr nach wie vor unverzichtbar sind.[12]

12. In den Überblicksartikeln der TRE und RGG⁴ über die Feste im Kirchenjahr wird außer über praktisch-theologische Gesichtspunkte ausgiebig kirchen- und theologiegeschichtlich, teilweise auch ikonographisch und religionsphänomenologisch, berichtet oder sozialethisch reflektiert. Der Verschränkung von Kirchenjahr und Dogmatik wird kaum Aufmerksamkeit geschenkt. Dies fällt umso mehr ins Gewicht, als auch dogmatische bzw. systematisch-theologische Topoi meistens nur theologiegeschichtlich abgehandelt werden.

Mit dem *Kanon,* der Umgrenzung der »heiligen Schrift« gegenüber anderen hochgeschätzten Schriften jüdischer und frühchristlicher Herkunft, entdeckt die Kirche die Begründung ihrer Einheit in ihrem Leben mit der Bibel, indem sie sich dem Ganzen der »Schrift«, ihrer Innenspannung und ihrer Dynamik aussetzt.[13] Die Bibelkritik hat später den Blick dafür geschärft, wie disparat sich der Kanon ausnimmt: von außen betrachtet, ein heterogenes und unausgeglichenes Gebilde – und doch, theologisch gesehen, als Ganzes getragen dadurch, dass hier der Gott Abrahams, Isaaks und Jakobs spricht und handelt, der Gott, der Jesus Christus von den Toten auferweckt hat. »Die Einheit der Heiligen Schrift hängt damit zusammen, […] wie sie sich selbst als Bezugspunkt (als *Kanon*) für eine Gemeinschaft mit einer begrenzten und historisch wahrnehmbaren Einheit begründet.«[14] Diese Einheit tritt in Erscheinung, indem die vielerlei Stimmen, die in dieser Schrift zu Worte kommen, sich auf höchst verschiedene Weise gemeinsam in einem Raum bewegen, den *Gott mit seinem Worthandeln, dem verbum externum, für, an und mit Menschen geschaffen* hat und immer wieder von Neuem bildet. Uns als Hörern des Wortes wird so eine spannungsvolle Vielfalt von Erwartungsperspektiven eröffnet, die unsere Wahrnehmung wachhalten. Die Textebene enthält mehrere Fluchtpunkte, die den Blick immer wieder neu auf anderes lenken, ohne dass die Einheit des Bildes verloren geht.

Indem die Kirche mit Hilfe ihrer erwartungsvoll aufgeschlossenen Lesepraxis mit der Bibel lebt, wird sie damit vertraut, wie sie dieses Wort vernimmt und dass sie abseits dieses Vernehmens auch nie zu ihrer Einheit finden kann. Diese Lesepraxis ist für die Feier der Feste im Kirchenjahr unabdingbar; sie erlaubt auch Vielfalt in der Auffassung und Gestaltung der Feste, eine Vielfalt, die manchmal Streit hervorrief, der zu theologischer Klärung drängte.

Das Leben mit der Bibel geht einher mit dem kirchlichen *Consensus* im drei-

---

LOTHAR STEIGER veröffentlichte von seinem Projekt »Erschienen in der Zeit. Dogmatik im Kirchenjahr« nur den ersten Band (Epiphanias und Vorpassion nach den Evangelien, Kassel 1962).

Der englische methodistische Theologe GEOFFREY WAINWRIGHT, der seit längerer Zeit in den USA lehrt (zuletzt an der Divinity School der Duke University in Durham, N.C.), hat eine Systematische Theologie vorgelegt, in der er sich mit der Wechselbeziehung zwischen Gottesdienst und Dogmatik intensiv beschäftigt, aber nicht speziell auf das Kirchenjahr eingeht: Doxology: The Praise of God in Worship, Doctrine, and Life, New York (Oxford University Press), 1980.

13. Vgl. GERHARD SAUTER, Kanon und Kirche, in: Die Einheit der Schrift und die Vielfalt des Kanons/The Unity of Scripture and the Diversity of the Canon, hg./ed. von/by John Barton und/and Michael Wolter (BZNW 118), Berlin/New York 2003, (239-259) 245-249; ders. Wie können wir Schrifttreue wahren und zugleich die Bibel von unserer Situation her lesen?, in: EvTh 69 (2009), (317-329) bes. 322-324.

14. ROWAN WILLIAMS, Der Literalsinn der Heiligen Schrift, in: EvTh 50 (1990), (55-71) 68.

fachen Sinne: als *Einstimmung in Gottes Handeln*, wie sie im Bekenntnis des Glaubens ausgesprochen wird; diese Einstimmung begründet spezifische *Übereinstimmung* von Menschen und äußert sich in der *Zustimmung* zu Glaubensgrundsätzen, die als verbindlich anerkannt werden und sich im weiteren Gespräch über sie bewähren *(Dogmen).*[15] Im 4. und 5. Jh. erreichten Konzilien einen solchen Konsens mit dem trinitätstheologischen und dem christologischen Dogma. Ihn vermittelten sie im *Symbolum Nicaeno-Constantinopolitanum*, dem Glaubensbekenntnis von Nizäa (325), das 381 in Konstantinopel teilweise umgestaltet wurde. Dieser Konsens half später den Gemeinden, ihre Katechese, zumal die Taufunterweisung, ihre Mission und den Gottesdienst auszurichten. Dadurch und indem sie auf einzelne Feste Einfluss nahmen, haben die Konzilien in die Entstehung des Kirchenjahres eingegriffen.[16]

Die Folge der Christusfeste spiegelt die entscheidenden Stationen des Weges Jesu von seiner Geburt bis zu seiner Erhöhung zu Gott und seinem Kommen als Weltenrichter wider, wie er im Mittelstück der Symbole umrissen wird. Der Aufriss des *Symbolum Apostolicum*, weiterentwickelt aus einem römischen Taufbekenntnis und seit 340/41 nachweisbar, wird im Glaubensbekenntnis von Nizäa-Konstantinopel erweitert: um Sätze über die Wesenseinheit des Sohnes mit Gott dem Vater und über seine Sendung zum Heil der Menschheit. Die Christus-Passage skizziert die *Geschichte Jesu Christi*, indem sie zusammenfasst, was im Neuen Testament an verschiedenen Stellen von einzelnen Schritten des Weges Jesu bekenntnisartig gesagt wird und teilweise liturgischer Herkunft ist (vgl. Röm 1,3-4; 1 Kor 15,3-4; Phil 2,5-11; Eph 1,20-23). Diese Partie des Bekenntnisses ist von Sätzen, die sich zu Gott und seinem Handeln bekennen und das Wirken des Heiligen Geistes umschreiben, stilistisch abgehoben: Christus erschließt denen, die ihm vertrauen, Gottes Schöpfung und die Kirche, in der sie Gottes Gnade und die Verheißung des Lebens mit Gott empfangen.

Auch wenn der christologische Teil quasi summarisch erzählt, so entwirft er doch nicht eine narrative Theologie – narrativ in dem Sinne, dass die Anfänge einer Wirkungsgeschichte in Form eines Lebenslaufes berichtet werden, an dem wir geschichtlich vermittelt Anteil nehmen können (wie es viele neuere Bekenntnisse glauben machen wollen). Vielmehr ist es die Geschichte, in die wir Menschen aufgenommen werden und an der wir Anteil bekommen. Sie beginnt bei Gott und führt zu Gott hin. In diesem Rahmen wird gesagt, wer Jesus Christus

---

15. Vgl. Gerhard Sauter, Artikel »Consensus«, in: TRE 8, 1981, 182-189; ders., Was ist Wahrheit in der Theologie? Wahrheitsfindung und Konsens in der Kirche, in: In der Freiheit des Geistes. Theologische Studien, Göttingen 1988, 57-82.

16. Vgl. dazu Wolfram Kinzig, Glaubensbekenntnis und Entwicklung des Kirchenjahres, in: Liturgie und Ritual in der Alten Kirche. Patristische Beiträge zum Studium der gottesdienstlichen Quellen der Alten Kirche, hg. von Wolfram Kinzig, Ulrich Volp und Jochen Schmidt, Leuven/Walpole MA 2011, 3-31.

ist – nicht, wer er *einstmals war* und welche Bedeutung er hatte, eine Bedeutung, deren komplexe Wirkungsgeschichte studiert werden kann.

Ohne Dogmatik wäre das Kirchenjahr substanzlos, weil alle Festgehalte dogmatische Charakterzüge aufweisen, auch wenn diese manchmal nicht sogleich ins Auge fallen. Und ohne das Kirchenjahr wäre die Dogmatik haltlos, weil sie hier Wurzeln geschlagen, Zweige getrieben und Früchte für die gesamte Christengemeinde gebracht hat – sie wollen nicht unbeachtet verderben. Der Gang des Kirchenjahres unterstützt den Duktus der Dogmatik, sozusagen ihre treibende Kraft; ohne sie kann die Dogmatik zur Systematisierung dessen erstarren, was eine religiöse Gemeinschaft als gedanklich grundlegend für ihren Zusammenhalt erachtet. Teile des dogmatischen Aussagengefüges werden im Kirchenjahr vielmehr als Stationenweg gestaltet.

Dogmen bieten sich als eine Hilfe dafür an, die »Schrift« so zu erschließen, dass auf ihren verbindlichen Gehalt geachtet wird. Unter anderem gehen sie auf elementare, glaubensnotwendige Fragen ein, die sich teils bei der Bibelauslegung, teils für das Reden zu Gott, das Gebet, und daraufhin für das Reden von Gott stellen. Auf solche Fragen werden wir an vielen Festen treffen, zumal an Ostern, an Christi Himmelfahrt und am Sonntag Trinitatis: vor allem immer wieder auf *die Frage, wer Jesus Christus ist* – im Verhältnis zu Gott, den er als »Vater« anspricht, und zwar nicht nur metaphorisch, zum Zeichen seines Vertrauens und seiner Angewiesenheit auf ihn. Wenn dogmatische Antworten, die durch theologische Denkerfahrungen im Leben mit der Bibel gewonnen wurden, sich in den Christusfesten und anderen Gottesdiensten bemerkbar machen, bringen sie zum Ausdruck, dass die gottesdienstliche Feier der theologischen Klärung und Vertiefung bedarf. Dabei versteht es sich, dass Dogmen nicht *en bloc* in einer Predigt rezitiert werden dürfen, auch liturgisch können sie nur anklingen, aber sie prägen doch, was im Lobpreis Gottes, in Dank, Klage, Bitte und Fürbitte und in der Verkündigung von Gottes Handeln gesagt wird, und sie richten dieses Reden aus. Insofern hat auch das Kirchenjahr zur Rezeption von Dogmen beigetragen, vor allem der theologischen Regel, dass von Jesus Christus, »wahrem Gott und wahrem Menschen«, nur geredet werden kann, indem diese Einheit nicht anders als »unvermischt, unverwandelt, ungetrennt oder ungeteilt« verstanden wird. Indem derlei Denkmöglichkeiten nach allen Seiten hin ausgeschlossen werden, bleibt stillschweigend der Raum für das Geheimnis der Einheit von Gott und Mensch frei (Konzil von Chalcedon 451).[17] Solche Regeln halfen, Liturgie und Predigt auf Kurs zu halten, sie mussten aber auch weiter erläutert werden und bereicherten so die Dogmatik. Das Kirchenjahr war und ist unentbehrlichen theologischen Sätzen wie »Gott wurde Mensch« und »In Christus hat Gott sich ein für allemal offenbart« behilflich, sich kommunikativ

---

17. Diese Regel habe ich skizziert in: Zugänge zur Dogmatik. Elemente theologischer Urteilsbildung, Göttingen 1998, 86-91.

zu bewähren, indem die Festgemeinde in ihrem Lichte sehen lernt, was ihr zugesprochen und zugemutet wird.[18]

Dass Schrifttreue und dogmatische Klärung für die Predigt und zumal für die Festpredigt ineinandergreifen, ist heutzutage nicht weniger konstitutiv als bei der Entstehung des Kirchenjahres. Der Prediger wird nur substanziell verkündigen können, wenn er den Schrifttext mit theologisch geschärftem Blick liest, wenn er sich von der Botschaft, die er auszurichten hat, selber lesen lässt, wenn er ein Gespür dafür bekommt, was an der Zeit ist – an der von Gottes Handeln strukturierten Zeit! –, und wenn im Gottesdienst die Liturgie, die Predigt und das Sakrament durchsichtig werden für Gottes Selbstmitteilung. Welche Folgen hat es für die Predigt – nicht nur für die Festtagspredigt –, wenn die Verbindung zum Kirchenjahr sich gelockert hat oder gar nur noch äußerlich besteht? Und falls Liturgen und Prediger die Hilfestellung der Dogmatik vernachlässigen, bleibt dies nie folgenlos für ihre Einschätzung des Kirchenjahres.

Theologische Denkerfahrungen erlauben einen anderen Blick auf biblische Texte und auf ihre Einheit, als er durch die Blickweise historischer Rekonstruktion und philologischer Analyse eingeübt wird. Es ist ein Blick für Zusammenhänge – nicht hauptsächlich für historische, soziokulturelle Kontexte, sondern für den theologischen Textzusammenhang und für seine Sequenzen. So wird der Blick frei für die spannungsvolle Einheit der Taten und Verheißungen Gottes und für das Licht, das von ihnen her auf die Gegenwart fällt: auf das, was im Lichte des Festes mit uns vor sich geht.[19]

Die Festtagspredigten im Kirchenjahr bedürfen der *Kunst des Bibellesens*[20], denn zu jedem Fest gehören biblische Lesungen und Texte der Verkündigung.

---

18. Eine gegenläufige Tendenz gegenwärtiger Praktischen Theologie findet sich bei Manfred Josuttis, Texte und Feste in der Predigtarbeit (Homiletische Studien 3), Gütersloh 2002: Festinhalte und Erwartungen an Feste werden von Daseinsphänomenen her bestimmt, weil die überlieferten Festinhalte unwiderruflich veraltet seien. Zum Beispiel vollziehe die Passionspredigt (77-86) »Leidensarbeit dadurch, dass sie [...] das Leiden in das Leben integriert« (83) und den Traum »von einem perfekten Leben« als Trugbild enthüllt (85).
Noch einen Schritt weiter gehen Anselm Grün und Michael Reepen, die die Feste des Kirchenjahres danach bewerten, ob sie heilende Kräfte fördern oder nicht: Heilendes Kirchenjahr. Das Kirchenjahr als Psychodrama, Münsterschwarzach [6]1995. Hans Gerhard Behringer will den Festzyklus tiefenpsychologisch ausschöpfen: Die Heilkraft der Feste. Der Jahreskreis als Lebenshilfe, München 1997.
19. Auch in dieser Hinsicht vorbildlich sind die Predigten von Theophil Askani, Da es aber jetzt Morgen war, stand Jesus am Ufer, Reutlingen o.J. [1981]; Martin Hauff, Theophil Askani. Prediger und Seelsorger aus Passion, Stuttgart 1998, 223-280.
20. Zur Kunst des Bibellesens siehe Gerhard Sauter, Die Kunst des Bibellesens, in: EvTh 52 (1992), 347-359; Rainer Fischer, Die Kunst des Bibellesens. Theologische Ästhetik am Beispiel des Schriftverständnisses (Beiträge zur theologischen Urteilsbildung 1), Frankfurt am Main/Berlin/Bern/New York/Paris/Wien 1996; The Art of

Sie wollen Erwartungen an die Feier nicht rituell bedienen, sondern stärken einen aufmerksamen und hoffnungsvollen Blick für das, was Gott der Festgemeinde »stets von neuem und stets in ganzer Fülle« schenken will (JOCHEN KLEPPER) – gerade an diesem Festtag! Wirklich »stets von neuem«? Was kann »von neuem« empfangen werden oder gar »neu« sein in den alten Geschichten, die gelesen und gepredigt werden? Aber wehe, wenn Menschen etwas anderes hören, als sie schon immer gehört haben!

Den Blick auf das, was Gott »stets von neuem und stets in ganzer Fülle« schenken will, können Themen und Motive, die mit den Festen herkömmlich verbunden sind oder ihnen reformerisch beigebracht werden sollen, leicht verstellen. Gottes Geschenk will sich oft an unscheinbaren Textstellen oder an Brüchen, an Schnitten, die einen Perspektivenwechsel verlangen, oder an Leerstellen eines Textes finden lassen.

FRIEDRICH NIETZSCHE schrieb an die Adresse der Philologen:

> … *gut* lesen, das heisst langsam, tief, rück- und vorsichtig, mit Hintergedanken, mit offen gelassenen Thüren, mit zarten Fingern und Augen lesen …[21]

Dies gilt ebenso für den theologisch geschulten Leser, gerade weil Nietzsche den Theologen vorhielt, sie hätten mit ihrer Bibelauslegung beigebracht, wie schlecht gelesen werden könne.[22] Lassen wir uns anspornen, es besser zu machen! Doch dazu bedarf es der Befreiung von dem Vorurteil, theologische Denkerfahrungen, zumal aus der Dogmatik, würden die biblischen Texte ihrer eigenen Stimme berauben.

Die Kunst des Bibellesens hat auch für das *Verhältnis des Kirchenjahres zu den jüdischen Jahresfesten*[23] eine wichtige, wenn nicht sogar die ausschlaggebende Rolle gespielt. Die frühen christlichen Gemeinden in Palästina, vor allem die Jerusalemer Gemeinde, haben außer dem Neujahrsfest *(Rosch Haschana)* und dem Versöhnungstag *(Jom Kippur)* auch das *Passa* aller Wahrscheinlichkeit nach zunächst weiter begangen, das Passafest aber mit dem Gedenken an Jesu Tod

Reading Scripture, ed. by Ellen F. Davies and Richard B. Hays, Grand Rapids, MI (Eerdmans) 2003.

21. FRIEDRICH NIETZSCHE, Morgenröthe. Gedanken über die moralischen Vorurtheile, Neue Ausgabe mit einer einführenden Vorrede (1887), Vorrede (1885), Aphorismus 5, in: Werke, Kritische Gesamtausgabe, hg. von Giorgio Colli und Mazzino Montinari, Bd. V/1, Berlin/New York 1971, 9.

22. F. NIETZSCHE, a.a.O., Morgenröthe, Erstes Buch, Aphorismus 84: Philologie des Christenthums, a.a.O., 75f.

23. Siehe dazu THEODOR KLAUSER, Der Festkalender der Alten Kirche im Spannungsfeld jüdischer Traditionen, christlicher Glaubensvorstellungen und missionarischen Anpassungswillens, in: Kirchengeschichte als Missionsgeschichte, Bd. 1: Die Alte Kirche, hg. von Heinzgünter Frohnes und Uwe W. Knorr, München 1974, 377-388; JOCHEN REXER, Die Entwicklung des liturgischen Jahres in altkirchlicher Zeit, in: Das Fest: Jenseits des Alltags (JBTh 18), Neukirchen-Vluyn 2004, 279-305.

und mit der Erwartung seines Kommens verknüpft.[24] Daraus ersahen sie auch neue Dimensionen des Exodusgeschehens, das am *Pes(s)ach (Passa)* vergegenwärtigt wird. – Pfingsten wurde seit dem 4. Jh. fünfzig Tage nach Ostern gefeiert, zeitgleich mit dem jüdischen Wochenfest: einem Dankfest für die Weizenernte, das auch an den Empfang der Tora, des Gesetzes, als des ausgesprochenen Gotteswillens erinnern sollte.[25] In der Pfingstgeschichte ist von alledem nicht direkt die Rede – es sei denn, im Sprachwunder des Geistempfanges strahlte der Glanz des Gotteslichtes auf, der zum Leben in der Freiheit des Geistes erweckt, was der anklagende Buchstabe des Gesetzes tötet (2 Kor 3,6-18).

2. Pessach und Ostern

Die Beziehung von Ostern zur Passafeier nimmt eine Schlüsselstellung für den theologischen Charakter des Kirchenjahres ein; deshalb soll darauf etwas näher eingegangen werden.

Im jüdischen *Pessach-/Passa*-Fest wird, summarisch gesagt, einer bahnbrechenden Befreiung, der Erlösung des Gottesvolkes vom drohenden Untergang, gedacht und die Hoffnung auf weitere Bewahrung gestärkt. Insofern scheint das Geschehnis der Auferweckung Jesu Christi von den Toten diesem Gedenken nahezustehen, die Osterfeier vielleicht sogar im Passafest beheimatet zu sein. Doch je mehr versucht wird, eingehend zu sagen, *was* an Ostern und mit Ostern geschah, und vor allem: *wer* hier begegnet und *wie* er begegnet, desto deutlicher unterscheidet sich vieles von der Exodusgeschichte, wie sie in der Pessach-Feier repräsentiert wird.[26]

Die älteste uns bekannte Osterpredigt, die Passa-Homilie des Meliton von Sardes (gest. um 180), stellt die Erlösung durch Christi Tod der Befreiung des jüdischen Volkes aus der ägyptischen Gefangenschaft an die Seite: Christus hat die Seinen »aus der Knechtschaft in die Freiheit, aus der Finsternis in das Licht, aus dem Tod in das Leben, aus der Tyrannei in das ewige Reich« herausgeführt.[27] Meliton sieht also die Passion Jesu in der Exoduserzählung vorabgebildet. In

---

24. W. Huber, a. a. O. (siehe Anm. 4), 28-31.

25. Belege bei K.-H. Bieritz, a. a. O. (siehe Anm. 8), 383.

26. Zur religionsgeschichtlichen Rekonstruktion der Feste siehe Clemens Leonhard, Die Erzählung Ex 12 als Festlegende für das Pesachfest am Jerusalemer Tempel, in: Das Fest: Jenseits des Alltags (JBTh 18), Neukirchen-Vluyn 2004, (233-260) bes. 240. 259 f.; ders., The Jewish Pesach and the Origins of the Christian Easter. Open Questions in Current Resesarch (SJ 35), Berlin/New York 2006.

27. Méliton des Sardes, Sur la Pâque, et fragments (SC 123), hg. von Othmar Perler, Paris 1966, 96-99; Meliton von Sardes, Vom Passa. Die älteste christliche Osterpredigt (Sophia 3), übersetzt, eingeleitet und kommentiert von Josef Blank, Freiburg im Breisgau 1963, 118 f.

einer Predigt des GREGOR VON NAZIANZ (gehalten wohl 364) dient der Exodus als Folie für die Auferweckung, und zwar nicht nur für die Auferweckung Jesu, sondern ebenso für die unsrige: Gestern wurden wir in Ägypten verschont, heute entfliehen wir dem Pharao; gestern wurde ich mit Christus gekreuzigt, heute werde ich mit ihm verherrlicht; gestern getötet und begraben, heute auferweckt.[28]

Während in der Feier am Sederabend, dem Vorabend des siebentägigen Pessach-Festes, ein *Geschehnis* symbolisch wiederholt wird, die Rettung eines einzigen Volkes, verkündigt MELITON Jesus Christus als den Erlöser aller Menschen. Und diese unvergleichliche *Person* ist nicht machtvoll, als der befreite Befreier, zum Reich der Freiheit aufgebrochen. Durch sein Sterben und seine Auferweckung wurde die Macht des Todes gebrochen. Der Einzige, einzigartige Sohn Gottes wurde nicht wie die erstgeborenen Söhne der jüdischen Familien verschont, sondern für uns alle dahingegeben (vgl. Röm 8,32). Er durchschritt die Pforte des Todes, Gott rettete ihn nicht vom Tode, sondern durch das Reich des Todes hindurch und offenbarte sich so als der lebendige Gott. So wird die Osterbotschaft der Antitypus zur Exoduserzählung. – Den antijudaistischen Unterton dieser Homilie hören wir heute kritischer als frühere Generationen; gleichwohl darf der Unterschied zwischen verkündigter Botschaft und wiedererzählter Befreiungserfahrung nicht übersehen oder traditionsgeschichtlich eingeebnet werden.

Trotz aller Anklänge an die Erzählung vom Exodus ist Melitons Passa-Homilie eine *Predigt*, keine *Haggada*: ein Bericht, der in die Situation des Exodus versetzt und den Auszug in die Freiheit nachvollzieht. Die Haggada wiederholt eine Ur-Situation; ein Grundmuster für künftige Befreiungen wird inszeniert und nacherlebt. Dies bildet das Herzstück der Pessach-Feier der jüdischen Familie.[29] Nach Ex 12,1-27 hat der Gott der Väter das Passafest eingesetzt, damit sein Volk der Erlösungstat gedenke, mit der er wahrscheinlich einen älteren Ritus, mit dem Unheil abgewendet werden sollte, aufhob. Die Kulthandlung soll die Erinnerung an Gottes Treue der nachfolgenden Generation weitergeben.[30] Dieses Eingedenken verbindet Passa-Haggada und Osterpredigt. Was sie unterscheidet, zeichnet sich bei der heutigen Form der Pessach-Feier unter anderem darin ab, dass nach der Geschichte vom Auszug aus Ägypten *ausdrücklich gefragt* wird, und zwar von einem Teilnehmer der Feier, der *von Geburt Teilhaber der erzählten*

28. GREGOR VON NAZIANZ, Oratio I: In sanctum Pascha, PG 35, 397 A/B.
29. Zu dem im Laufe der Zeit kompliziert ausgestalteten Ritus siehe BERNHARD S. JACOBSON, Pessach. Die Gesetze und ihre Bedeutung (1936), Nachdruck Zürich 1987; MICHAEL SHIRE, Die Pessach-Haggada, Berlin ²2001. – Dass die Pessach-Haggada in ihrer Struktur im 1./2. Jh. n. Chr. entstand, aber erst etwa im 10. Jh. endgültig ausgearbeitet war, beeinträchtigt keinen typologischen Vergleich mit der Osterpredigt.
30. WERNER H. SCHMIDT, Wort und Ritus. Beispiele aus dem Alten Testament, in: PTh 74 (1985), (68-83) 81.

Geschichte ist, ohne sich dessen schon bewusst sein zu müssen. Der Jüngste der Familie erkundigt sich, was die Elemente der Feier, die alle vor sich auf dem Tisch sehen, bedeuten: die bitteren Kräuter, das ungesäuerte Brot, der Segensbecher. Die Antwort ist in der Rezitation und der Demonstration der Errettungsgeschichte vorgezeichnet. Der Familienälteste erzählt Schritt für Schritt, was einstmals in Ägypten geschah, und er weist die Hausgemeinschaft an, sich jenes Geschehen zu vergegenwärtigen und sich in ihm wiederzufinden: sie verzehrt die Elemente, die die Bedrohung der Vorfahren und ihre Erlösung symbolisieren. Damit gliedert sie sich wiederholend in die Antwort ein, in der auch schon die gesamte Zukunft des Volkes durchscheint: immer wieder wird es verfolgt und unterdrückt werden, wird es in eine existenzgefährdende Lage geraten, doch der Beistand des Gottes der Väter wird nicht ausbleiben. In die Geschichte dieses Volkes, die mit dem nächtlichen Auszug aus Feindesland begann, wird nun auch der Jüngste der Familie, der Fragende, als bisher letztes Glied in sein Volk integriert. Er gehört dazu, wie alle, die an der Feier teilnehmen.

Wie verhalten sich die Osterfeier und ihre Verkündung zur Feier des Pessach? Welches symbolische Arrangement könnte den österlichen Ruf »Christus ist auferstanden!« erfragen lassen? Ein leeres Grab lässt sich schwerlich aufstellen; ein Loch mit einem Stolperstein davor würde jedenfalls nicht zum Ostergeschehen hinführen, sondern wäre eher zum Davonlaufen (wie Mk 16,8 andeutet). Das leere Grab Jesu sagt uns allenfalls: »Er ist uns entzogen!« – darin besteht seine theologische Valenz, die schockiert, aber nicht so, dass dieses Entsetzen dramaturgisch herbeigeführt werden könnte. Der Osterruf »Christus ist erstanden! Er ist wahrhaftig auferstanden!« ist eine *ungefragte* Antwort: »ungefragt« im Sinne einer Antwort, die, wenn sie ergeht, im Wesentlichen durch keine Frage vorgezeichnet ist. Sie tritt zwischen unsere Erkundungen der Geschichten vom Nazarener und Mutmaßungen darüber, wie es mit ihm und seiner »Sache« weiterging und wie die Frauen und Männer, die mit ihm gezogen waren, über seine Hinrichtung hinwegkommen konnten. Dass Christus wahrhaftig auferstanden ist: darauf waren die Frauen, die am Ostermorgen Jesus den Gekreuzigten suchten, nicht einmal durch die Worte Jesu vorbereitet (Mt 28,6; Lk 24,6 f.; Joh 20,9), es musste ihnen als *Botschaft* vom Himmel her neu gesagt werden. Wem diese Antwort zugemutet wird, dem wird Erlösung zuteil, (zunächst nur verknappt gesagt:) die Erlösung zur Lebensgemeinschaft mit Gott, der Jesus Christus von den Toten auferweckt hat. Er erhält Anteil an diesem unvergleichlichen, unableitbaren Geschehen, mit dem er in das Handeln Gottes an und mit Jesus Christus aufgenommen wird. Insofern ist *die Osterbotschaft eine ungefragte Antwort*.

Altkirchliche Theologen haben in immer neuen Anläufen zu umschreiben versucht, wer »Christus für uns« ist und wer »wir« sind, indem sie sagten, wer Jesus Christus *gegenwärtig ist* – nicht (jedenfalls nicht nur), wer er einstmals gewesen ist. Sie fragten: Wer ist er im Verhältnis zu Gott und für alle Welt? Hat der lebendige Gott erst an Ostern Jesus, den Menschensohn, zur vollen Einheit mit sich erhoben? Was bedeutet es dann, dass Jesus bereits viel früher sagte: »Ich und der Vater sind eins« (Joh 10,30)? Oder darf gar nicht *so* gefragt werden? Und reicht es aus, so griffig zu reden wie MELITON in seiner Passa-Homilie: »Als Mensch wurde er begraben, von den Toten erstand er als Gott, er, der von Natur Gott und Mensch ist«[31]? – Auf die Klärung solcher Fragen, die auch für die Predigt wegweisend werden dürfte, beziehen sich dogmatische Aussagen über die Dreieinigkeit Gottes. Sie sind keine spekulativen Spitzfindigkeiten, sondern notwendig, um auf die Begegnung mit Gott in Jesus Christus vorzubereiten. Sie hindern uns, den lebendigen Christus mit einem Religionsstifter zu verwechseln, dessen Initiationsgebärde vergegenwärtigt werden müsste, oder mit einer Symbolfigur für das Eindringen in religiöse Tiefenschichten des Lebens oder gar mit einem Leitstern für bessere Lebensführung.

Das erste Konzil von Nizäa hat auch die Datierung des Osterfestes eingeführt und damit längere Streitigkeiten zwischen der Kirche in Rom und in Kleinasien beendet. Ostern fällt nun auf den Sonntag nach dem ersten Vollmond, der auf die Tag- und Nachtgleiche des Frühlingsanfangs folgt.[32] So wurde versucht, die Berechnung des Pessach, das in der Woche des ersten Vollmonds im Frühling (15.-21. Nisan) gefeiert wird, mit der Sonntagsfeier zu verbinden.[33]

Die Festlegung des Osterdatums traf mit der Entscheidung des Konzils zusammen, *der Anbetung der Gottheit Christi* besonderes Gewicht zu verleihen.[34] Denn in Jesu Auferweckung von den Toten offenbart der lebendige Gott das Geheimnis seines Namens als Gott der Lebendigen, der die Macht des Todes, die Toten zu vernichten, durchbricht. In Gottes rettendem Ja zu dem gekreuzigten Gottessohn, zu ihm, dem augenscheinlich von allen Verlassenen und aus seinem Volk Ausgestoßenen, in seinem neu geschaffenen *Leben in der Einheit mit Gott* ist alles beschlossen und eröffnet, was wir Menschen nur irgend erwarten können. Der Gott Abrahams, Isaaks und Jakobs ist Gott, der Jesus von den Toten auferweckt hat. Hier enthüllt der lebendige Gott das Geheimnis seines Namens an und mit dem gestorbenen Jesus. Im Jesus-Namen spricht sich die schöpferische Treue Gottes aus. Der Gott der Väter bindet sich an ihn und will

---

31. MELITON VON SARDES, Vom Passa, a. a. O. (siehe Anm. 27), 102.
32. Zu diesem langwierigen Prozess siehe W. HUBER, a. a. O. (siehe Anm. 4), 61-88. – In den orthodoxen Kirchen der byzantinischen Tradition wird das Datum des Osterfestes ebenfalls nach den Bestimmungen des Konzils von Nizäa festgelegt, allerdings nach dem julianischen Kalender.
33. Hätte sich die Kirche von der jüdischen Datierung des Pessach und in der Folge vom Judentum völlig trennen wollen, wäre Ostern auf den ersten Sonntag nach der Tag- und Nachtgleiche gelegt und damit in einen solaren Kalender einbezogen worden (Hinweis von ALBERT GERHARDS).
34. Diese Gewichtung findet sich auch schon vorher, vgl. ALBERT GERHARDS, Die griechische Gregoriosanaphora. Ein Betrag zur Geschichte des eucharistischen Hochgebets (LWQF 65), Münster 1984.

uns an ihn binden – uns, die wir vernehmen: Er ist nicht mehr dort, im Grabe, bei den Toten – er ist hier, anwesend, auf *seine* Weise, längst bevor wir es bemerkt haben, und oft anders, als wir es wahrhaben wollten.

Mit der Botschaft »Christus ist auferstanden!« erreicht und ergreift uns, wie der Vater Jesu Christi seine Gottheit erschloss, indem er seinen gekreuzigten Sohn auferweckte und ihm seine unverbrüchliche, machtvolle Treue erwies. Diese Botschaft teilt die Hoffnung des Lebens aus dem Tode an der Seite Christi mit. »Christ ist erstanden von der Marter alle; / des solln wir alle froh sein, / Christ will unser Trost sein!« (Bayern/Österreich 12.-15. Jh.; EG 99) Die Auferweckung Jesu Christi ist ein Geschehen, das *selbst* nicht erzählt werden kann, genauer: nicht als ein Ereignis, das sich im Zuge von handgreiflichen Begebenheiten erzählen ließe. In seinem verborgenen Kern, der Selbstmitteilung Gottes in der Geschichte des auferstandenen Christus, entzieht es sich jeder in sich geschlossenen narrativen Darstellung. Ebenso wenig kann sein Charakter »bibliodramatisch« als Übergang vom Tod zum Leben inszeniert oder durch Metaphern (»Aufstand des Lebens gegen den Tod!« – »Auszug aus allem, was uns bedrängt und daran hindert, vorwärts zu schreiten!« – »durch Nacht zum Licht« – »Aufbruch zu neuen Ufern!«) abgebildet werden.

Der Pessach-Haggada kann eine *narrative Theologie* entsprechen, die aus der Gründungsgeschichte des Judentums entscheidende Erkennungsmerkmale jüdischer Existenz erhebt.[35] Eine solche Theologie ist eine von vielen Gestalten jüdischer Schriftauslegung, des Denkens aus dem Geist des Judentums und seiner Ethik. Sie schreibt die Geschichte des Volkes fort, indem sie von den früheren und gegenwärtigen Feinden Israels erzählt und sich so der jüdischen Identität vergewissert. So wird jede Generation von Neuem in die Geschichte des Volkes eingeholt. Auch wenn im heutigen Judentum durchaus umstritten ist, ob »Jude sein« sich über die Geburtsurkunde definieren lässt, sind Pessach und weitere jüdische Feste doch *Feste des jüdischen Volkes* und zentral der Familie als Kern dieses Volkes geblieben, von anderem Rang als sonstige »Volksfeste«.[36] In diesen Festen führt das jüdische Volk seine Geschichte weiter, die vom Gott ihrer Väter und Mütter rettend begleitet wird, indem er sich an die Seite seines Volkes stellt und es erlöst: von den Feinden, die es vernichten wollen, von den Widersachern in den eigenen Reihen, die das Rechte nicht walten lassen, vom Bösen, das innen und draußen lauert.

Die Osterfeier ist Gottesdienst der christlichen *Gemeinde*. Immer wieder von Neuem wird sie dessen inne, dass sie als Gemeinde Jesu Christi *zusammengerufen*

---

35. Zum Beispiele Schalom ben-Chorin, Narrative Theologie des Judentums anhand der Pessach-Haggada. Jerusalemer Vorlesungen, Tübingen 1985.
36. Ein eindrucksvolles Bild der Feiern in einer chassidischer Familie in Brooklyn (USA) zeichnet Lis Harris, Holy Days: The World of a Hasidic Family, New York (Macmillan) 1985.

wird aus aller Welt, deren trennende Schranken kraft des Todes Jesu hinfällig geworden sind. Sie lässt sich zum Glauben rufen, der im Leben des Auferstandenen begründet wird und der sich an Christus hält. Mit Christus ist das neue Leben der Glaubenden in Gott verborgen (Kol 3,3). Die Osterfeier ruft die *familia Dei* als Festgemeinde zusammen. Ihre Glieder werden dessen gewiss, dass sie zu Christus, dem Gekreuzigten und Auferstandenen, gehören, ja dass sie ihm gehören. Erst daraus ergibt sich ihre Zugehörigkeit zur Kirche und ihrer Geschichte. In dieser Gemeinde kann auch gefragt werden, es muss sogar gefragt werden, gerade in der Osterfeier, weil sie Unfassbares verkündet.

Es wäre wünschenswert, sich und einander auch bei den anderen Festtagen des Kirchenjahres nachdrücklich zu fragen, warum dieser Festtag begangen wird – und der Liturg, der Prediger wird sich als erster so fragen müssen. In der Osterbotschaft »Christus ist auferstanden! Er ist wahrhaftig auferstanden!« wird auf die Frage »Was ist da geschehen?« so geantwortet, dass grundlegend neu gesagt wird, wer Jesus ist und wie Gottes Gerechtigkeit, Friede, Freiheit und Heil uns zuteil werden. Und dies verdankt sich der Christus-Erscheinung, mit der sich der Auferstandene auf vielerlei Weise zu erkennen gibt, sich nicht fassen lässt und gleichwohl anwesend ist: er, in dem Gottes Lebendigkeit, seine Gerechtigkeit, sein Friede, seine Freiheit, sein Heil Gestalt angenommen haben, eine Gestalt, die niemand *so* erwartet hatte. Alles, was von und über Jesus Christus theologisch gesagt werden kann, vermag bestenfalls darauf vorzubereiten, dass diese Gestalt begegnet – auch wenn Jesu Worte und Taten nach-gedacht werden und wenn es scheint, als sei er dank der Berichte der Evangelisten zumindest in seinen Umrissen bekannt. Auf diese Begegnung laufen bereits die Osterberichte der Evangelien hinaus. Wer könnte wahrhaft sagen, wer Jesus Christus ist, ohne dass er durch dessen österliches Licht erleuchtet, entzündet, von ihm entbrannt wäre? Von ihm wird jeder, jede Einzelne in die verkündete Geschichte einbezogen. Er muss sich der Frage stellen, warum und mit welcher Berechtigung er den »Gott der Väter« als den Vater Jesu Christi, anrufen, auf ihn hoffen, von ihm reden darf. Diese Frage steht, genauer besehen, hinter dem trinitätstheologischen und dem christologischen Dogma. Beide Dogmenbildungen wurden durch Fragen befruchtet, die durch das Ostergeschehen gestellt waren: Wie ist die *Welt* beschaffen, in der Jesus starb und der er so radikal entzogen wurde, dass sie zutiefst erschüttert werden muss? Und welches Geschick erwartet die *Menschheit*, weil Gott in Christus die Macht des Todes gebrochen hat? Des Todes, dem doch alle Menschen verfallen sind!

3. Das Kirchenjahr als Entfaltung der Christusgeschichte

Das Kirchenjahr zeichnet die Folge der Taten Gottes in, an und mit Jesus Christus nach: als einen Geschehenszusammenhang, eine einzigartige Geschichte, die sich nicht mit der Menschheitsgeschichte deckt, jedoch in ihr höchst wirksam ist, über den Erdenweg Jesu von Nazareth hinaus. Das Pfingstfest, dem Fest der Erhöhung Christi folgend, feiert, wie die »Großtaten Gottes« (Acta 2,11) kraft des Heiligen Geistes immer mehr Menschen ergreifen.

Der zeitliche Rahmen des Kirchenjahres ähnelt dem sog. lukanischen Geschichtswerk, doch dies ist nur eine äußerliche Übereinstimmung. Lukas erzählt den Lebensweg Jesu, wie er vom Wirken des Geistes gewiesen und nach seiner Himmelfahrt von den Aposteln missionarisch weiter begangen wird. Das Kirchenjahr ist indessen dadurch begründet, dass und wie *Jesus Christus als Person, in dem »die ganze Fülle der Gottheit leibhaft wohnt«* (Kol 2,9), sich an entscheidenden Stationen seines Lebens mit Gott zu erkennen gibt – oft nur indirekt oder verborgen oder gerade so, dass er in seiner Menschheit[37] von dieser Fülle weit entfernt erscheint. Diese Fülle bricht an Ostern hervor, doch sie strahlt auch schon bei der Geburt Jesu auf, sie wird bei seiner Taufe angedeutet, in seiner Passion unter dem Gegenteil allen Glanzes, *sub contrario*, erlitten und bei seinem Sterben augenscheinlich in Frage gestellt. Im Ostergeschehen tritt Jesus uns als Christus ganz anders entgegen, nicht als ein anderer, er bleibt derselbe, aber als *der Andere* schlechthin. In alledem, nicht erst und nur an Ostern, hat Gott der HERR an ihm, mit ihm und letztlich in ihm gehandelt. Dies wirft sein Licht auf einige hervorgehobene Tage des Weges Jesu durch die Tiefen und Höhen menschlichen Daseins, des gehorsamen Weges von seiner Erniedrigung, der selbst gewählten und der an ihm vollzogenen, bis zu seiner Erhöhung (Phil 2,5-11). Diese Tage werden im Kirchenjahr festlich begangen. Was sich ein für allemal ereignet hat, wird verkündigt. So will es sich denen, die hier feiern, erschließen, will mit und an ihnen für viele andere wirksam werden – wie, wird an Pfingsten eröffnet und im Trinitatisfest vertieft. Der *erste Grund für die Entfaltung der Christusgeschichte zum Kirchenjahr, sein Hauptgrund, ist* also *die schrittweise Wahrnehmung der Fülle der Gottheit im Leben Jesu.* Ausgehend vom Osterereignis wird nach dem Woher und dem Wohin Jesu Christi gefragt, verschränkt mit der Antwort auf die Frage »Wer ist Jesus Christus?«: »Wahrer Mensch und wahrer Gott!« Wie Gottheit und Menschheit in ihm eins sind, aber nicht zusammenzudenken: dies bildet die Festgehalte, ein jedes Mal in anderer Hinsicht und doch immer im selben Lichte. Dank dieses Lichtes können wir immer wieder aus dem Zwielicht einer Christus-Idee oder aus dem »Schatten des Galiläers« (GERD

---

37. »Menschheit Jesu Christi« ist ein christologischer Begriff, der nur im Verhältnis zu Gottes Gottheit zu verstehen ist. Er umfasst auch das Menschsein Christi (er ist »ganz Mensch«), das an der »ganzen Menschheit« (dem Menschengeschlecht) Anteil hat. Die Menschheit Jesu Christi ist aber nicht aus sich selber verständlich, sie kann nur aus Gottes Handeln am Menschsein Jesu wahrgenommen werden und darf nicht auf »Menschlichkeit« (menschenfreundliche Gesinnung, ein der Menschenwürde entsprechendes Verhalten) reduziert werden.

THEISSEN) heraustreten: eines sozialgeschichtlich rekonstruierten und psychologisch erstellten Jesusbildes.

Menschliches Reden kann an der mitgeteilten Fülle Gottes nur Anteil erhalten, indem es *eins nach dem anderen* sagt. *Die Fülle der Leben schaffenden Gegenwart Gottes in Jesus Christus ist* so überreich, dass ihre Verkündigung nicht in einem einzigen Fest untergebracht werden kann. Es ist müßig, darüber zu streiten, welchem Fest der Vorrang gebührt, obwohl kirchliches Brauchtum, Wandlungen der Frömmigkeit oder auch theologische Akzentsetzungen das eine oder andere Fest in den Vordergrund rückten oder ihm eine zentrale Bedeutung für alle anderen zuschrieben. Das Osterfest hat vor allem in den orthodoxen Kirchen seine Leuchtkraft behalten, die alle anderen Feste überstrahlt. Evangelische Christen haben lange Zeit den Karfreitag als den höchsten Feiertag im Kirchenjahr angesehen. Seit einigen Jahrzehnten dominiert das Weihnachtsfest. In vielen evangelischen und katholischen Weihnachtsfeiern wird zum Schluss voller Begeisterung »O du fröhliche, o du selige, / gnadenbringende Weihnachtszeit« (EG 44.1) geschmettert. Wer weiß noch, dass dies der erste Vers des »Allerdreifeiertagsliedes« war, das JOHANNES DANIEL FALK 1819 in Weimar für die Waisenkinder dichtete, deren er sich in den Wirren der napoleonischen Kriege angenommen hatte? Die beiden anderen Verse besingen mit denselben Anfangsworten die Oster- und Pfingstzeit. Eins nach dem anderen! Das wollte Falk gerade denen, die heimatlos geworden waren und um das tägliche Überleben hatten kämpfen müssen, nicht vorenthalten.

Die Christusfeste gehen der *Erstreckung des Handelns Gottes an, mit und in Jesus Christus* nach. Damit folgen sie einer *theologischen Sequenz*, die in der christologischen Passage der Symbole vorgezeichnet ist und die Folgerichtigkeit von Gottes Handeln anzeigt. »Für uns Menschen und für unser Heil« ist Gottes Sohn »vom Himmel gekommen« und »ist Mensch geworden«, heißt es im Bekenntnis von Nizäa-Konstantinopel. Von der Feier der Menschwerdung Gottes bis zur Erwartung Jesu Christi als des kommenden Richters an der Seite Gottes, der seine neue Wirklichkeit erschafft, will *verkündigt* werden, dass und wie wir, die wir die Feste begehen, an Gottes Gegenwart in Jesus Christus Anteil bekommen und Schritt für Schritt in die Geschichte Jesu Christi hineingezogen werden. Dies ist *der zweite Grund* für die Gliederung des Kirchenjahres.

Gott handelt an, in und mit Christus vielfältig, mehrschichtig, komplex, mehrdimensional, voller Innenspannung: treu und frei, verborgen, das heißt: auf seine ureigene Weise gegenwärtig, indem er seine Verheißungen so erfüllt, dass sie neue Hoffnung wecken und menschliche Erwartungen an ihn umgestalten, von außen nach innen dringend und von innen nach außen wirkend. So erstreckt sich dieses erlösende Gotteshandeln auf uns. An jedem Fest, dessen spezifischer Botschaft entsprechend, will Gottes Handeln in Christus von Neuem *zur Sprache gebracht* werden.

So umfassend die Osterbotschaft »Jesus Christus ist auferstanden!« auch ist, so sehr der Christus-Glaube an ihr hängt – mit ihr ist nicht alles gesagt. Die Verkündigung von Jesus Christus kann nicht in ihr zusammengedrängt werden. Das Kirchenjahr lebt von der Fülle dessen, was »mit Christus« geschehen und verheißen ist. Diese Fülle, die jedes Fest übersteigt und die voraus und zurück weist, weckt *die gespannte Erwartung dessen, was der dreieinige Gott zu tun vorgesehen und sich vorbehalten hat.* Darum ist das Kirchenjahr die *Gedächtnisstütze* der Kirche. Es hilft ihr, nichts zu vergessen, was sie erhoffen darf. Dies ist *der dritte Grund* für die Entfaltung des Kirchenjahres. *Aufgabe der Festtagspredigten ist es, die gespannte Erwartung für Gottes Handeln »in Christus« zu wecken.*

Gott, der Jesus Christus von den Toten auferweckt hat, schuf damit *eine neue Sequenz: das Leben aus dem Tode.* Christus wird der Welt des Todes entrissen, und die Hoffnung auf das Leben mit Christus wird uns zuteil. Darum beendet das Sterben Jesu nicht seinen Weg wie bei einem Lebenslauf, geschweige denn, dass er in ein Leben nach dem Tode übergehen würde. Der Weg, der sich in der Christusgeschichte abzeichnet: der Weg, auf dem Gott zu sich führt, wird auch unserer Erwartung gewiesen. Diese Erwartung, in die das Kirchenjahr einüben will, wird in dem Maße und in der Weise gespannt, wie es Gottes Handeln mit Christus entspricht. Seine Erstreckung führt aus Augenblicken des Glanzes Gottes durch Dunkelheit und in Dunkelheit hinein. Oft werden wir vor den Kopf gestoßen, die Blickrichtung wird gewechselt, wir müssen umdenken, Neuland betreten. Dass dieser Weg immer *mit Christus* beschritten wird, unterscheidet ihn von allen Wegen entlang der Wechselfälle des Lebens. Die Christusgeschichte bringt uns auf jeder ihrer Stationen aufs Neue in Gang, sie bringt unsere Sprache und Anschauungen so in Bewegung, dass sie nicht zur Ruhe kommen, weil sie einer Klarheit bedürfen, die nur von außerhalb unser selbst kommen kann.

Was folgt auf die Christusfeste, auf das Pfingstfest und den Sonntag Trinitatis? Das Sommerloch der »festlosen«, kirchlich scheinbar ereignisarmen Zeit des Kirchenjahres? So war es nicht immer, auch nicht in den evangelischen Kirchen. Martin Luther behielt in seiner Predigtpraxis die biblisch bezeugten Marienfeste bei: neben den Festen Mariä Reinigung/Darstellung des Herrn (Lk 2,22-24; 25-35; 2. Februar) und Mariä Verkündigung (Lk 1,26-38; 25. März) besonders das Fest Mariä Heimsuchung (2. Juli) wegen des *Magnificat* im Lesungstext dieses Feiertages (Lk 1,39-56). Der Reformator schätzte diese Doxologie hoch: als Lobgesang einer jungen, unbedeutenden und sozial unansehnlichen Frau, auf die sich Gottes »Tiefblick« richtet.[38] Maria empfängt den wahren Gott und wahren Menschen: so wird ihre Existenz zum Zeugnis für die leibhafte Fülle der Gottheit Gottes. – Johann Sebastian Bach komponierte für die drei Marienfeste wie auch für den Johannistag (24. Juni) und den Michaelistag (29. September)

---

38. Kurt Josef Wecker, »Werte Magd« und »Gottes Werkstatt«. Beobachtungen zur Stellung Marias in der Frömmigkeit Martin Luthers, in: Pastoralblatt für die Diözesen Aachen, Berlin, Essen, Hildesheim, Köln und Osnabrück 6/2013, 180-188.

festliche Kantaten. Sie lassen uns heute ahnen, wie viel für evangelische Frömmigkeit verloren ging, als diese kirchlichen Feiertage seit der Aufklärung in Vergessenheit gerieten. Zwar werden sie wie der Michaelistag und der Johannistag (24. Juni) wieder im Evangelischen Gottesdienstbuch genannt (EGB 424-427. 432 f. 434 f. 428 f.), einige werden auch regional gefeiert – wie weit sie für die deutsche evangelische Kirche zum Bestandteil des Kirchenjahres geworden sind, steht auf einem anderen Blatt.

In jüngster Zeit wurde versucht, die »Sonntage nach Trinitatis«[39] durch einige Gedenk- und Denk-Tage zu bereichern. Wenn die Gemeindeglieder am 9. Sonntag nach Trinitatis an ihre Taufe erinnert werden, kann dies darauf aufmerksam machen, dass ihre Neugeburt »aus Wasser und Geist« (Joh 3,5) sie in die Geschichte Jesu Christi einverleibte; es weist auf Ostern und Pfingsten zurück und bekräftigt die Hoffnung, die sie in der Taufe empfangen haben (1 Petr 1,3). – Der folgende Sonntag soll als »Israel-Sonntag«, in zeitlicher Nähe zum Gedenktag der Zerstörung Jerusalems (10. August), zur Erneuerung des Verhältnisses von Christen und Juden beitragen, indem frühere Verfehlungen in Erinnerung gerufen werden und die Verwandtschaft von jüdischem Volk und Kirche bewusst gemacht wird.[40] – In einigen Landeskirchen wurde ein »Mirjam-Sonntag« eingeführt (15. Sonntag nach Trinitatis), unter dem Motto »Gemeinsam auf dem Weg zu einer gerechten Gemeinschaft von Männern und Frauen in der Kirche«. Es bedarf schon einiger Phantasie, um die Prophetin Mirjam mit ihrem Triumphlied über den Untergang der Feinde (Ex 15,20-21) als Patronin für diesen Weg anzusehen, auch wenn sie auf Gleichrangigkeit mit ihren Brüdern Moses und Aaron bedacht gewesen (Num 12,1-2) und später mit ihnen als Anführerin des Exodus gewürdigt worden sein mag (Mi 6,4). – Eine solche inhaltliche Festlegung eines Sonntages, die meistens von kirchlichen Initiativgruppen angeregt wurde, darf nicht nur damit begründet werden, dass ein ethisches Anliegen verbindlich gemacht werden soll, das bisher nicht oder nicht genügend berücksichtigt geworden ist. Die sog. festlose Zeit des Kirchenjahres ist auch kein Freiraum für erwünschte spirituelle Akzente. Es müssen schon theologisch gewichtige Gründe sein, die sich auf den Charakter des Kirchenjahres beziehen, damit eine kirchliche Rezeption von Neuerungen gerechtfertigt werden kann. Die entscheidende Kontrollfrage lautet doch wohl: »Was braucht es weiter noch, um die Christusgeschichte zu feiern, gerade auch in ihrer Fremdheit und Anstößigkeit?«

---

39. Die römisch-katholische Gottesdienstordnung zählt sie als »Sonntage im Jahreskreis«.

40. Vgl. dazu IRENE MILDENBERGER, Der Israelsonntag – Gedenktag der Zerstörung Jerusalems. Untersuchungen zu seiner homiletischen und liturgischen Gestaltung in der evangelischen Tradition (SKI 22), Berlin 2004; EVELINA VOLKMANN, Vom »Judensonntag« zum »Israelsonntag«. Predigtarbeit im Horizont des christlich-jüdischen Gesprächs, Stuttgart 2002.

Die beiden zuletzt genannten, neu eingeführten Sonntage könnten den Eindruck erwecken, mit dem Trinitatisfest sei alles Wesentliche der Christusgeschichte (ab)gefeiert worden – nun sei es Zeit für die Kirche, sich in ihrer heutigen Umwelt zu positionieren und dies zum Ausdruck zu bringen. Dafür scheinen sich auch die meisten der Texte anzubieten, die für die Sonntage nach Trinitatis vorgesehen sind: sie zielen auf das christliche Handeln und das christliche Leben inmitten der Schöpfung. Beides kann aber nur im Lichte dessen wahrgenommen werden, was der dreieinige Gott mit den Menschen, die nach seinem Willen fragen, vorhat und wie sie sich, in seinem Willen geborgen, darauf verlassen können. So will die Fülle der Gottheit Gottes an und in unserem Erleben und Handeln, in unserer Urteilskraft und unseren Entscheidungen leibhaft werden. In unserer Antwort auf das, was Gott uns gibt und zumutet, fragen wir, wie Gottes Fülle das Leben seiner Geschöpfe erfüllen will. Sicherlich weder durch Naturfrömmigkeit noch durch ethische Überforderung, die sich so leicht in die Predigten »nach Trinitatis« einschleichen! Wie kann Gottes Fülle in der Natur und in der segensreichen Begrenzung unserer Aufgaben erkannt – und gefeiert! – werden? Wie könnten wir »Leben« verstehen, wie könnten wir überhaupt existieren, wenn nicht in der gespannten Erwartung des Lebens, das »mit Christus in Gott verborgen« ist (Kol 3,3)?

Am Sonntag Trinitatis wird Gottes Selbstmitteilung und die Fülle seines dreieinigen Handelns verkündigt. Diese Fülle darf in den Predigten nach Trinitatis keinesfalls ausgeblendet werden. »Nach« sollte darum als »gemäß, entsprechend« des Geheimnisses der vielfältigen Zuwendung Gottes verstanden werden, nicht bloß als Zeitangabe: »im Anschluss an« einen Sonntag, der die Festzeit abschließt. Die »Sonntage nach Trinitatis« – immerhin fast die Hälfte des Kirchenjahres! – sind geradezu der Lackmustest dafür, wie wir die Feste dieses Jahres begangen haben und worauf sich die gespannte Erwartung erstreckt, die von ihnen ausging.

Das Kirchenjahr mündet in die adventliche Christuserwartung. Es endet mit dem Trost für die Toten und Todgeweihten – zugleich ruft es zum Umdenken auf das Kommen Christi hin. So erlaubt das Ende des Kirchenjahres weiterzukommen, ohne einfach weiter zu gehen.

4. Alle Jahre wieder?!

Die gespannte Erwartung, die von der Festtagspredigt geweckt wird, hält sich an das *Zeitmaß des Kirchenjahres*. Das Kirchenjahr, wie wir es heute feiern, ist *ein wiederkehrender Zyklus*, der zugleich auf *die nach vorne hin offene Geschichte Jesu Christi* ausgerichtet ist und dadurch immer wieder gleichsam aufgebrochen wird. Die Dialektik von Wiederkehr und Offenheit erhält das Kirchenjahr lebendig, und sie steigert die Innenspannung dieses Kunstwerkes.

Seinen Rhythmus erhält das Kirchenjahr durch Gottes Handeln an und mit Jesus Christus, das in die Menschheitsgeschichte und ihr Geschick einfällt: Christi Geburt, Erleiden, Sterben, Auferweckung, Erhöhung zu Gott und sein Richten der Menschheit markieren – jedes auf besondere, unverwechselbare Weise –, wie Gott dem bisherigen menschlich-allzumenschlichen Tun und Treiben ein Ende setzt, indem er Menschen in das Leben Jesu Christi hineinzieht und ihnen Anteil an ihm gibt. Im Zuge seiner Menschwerdung geht auf, dass jeder Mensch so und nicht anders geschaffen ist, damit Gottes Werke an ihm offenbar werden – wie an dem blind Geborenen, dem Jesus sein Gesicht gibt und an dem er aufzeigt, was »sehen« und was »sich verblenden« bedeuten (Joh 9). Jesu Leidensweg, ständig begleitet von der Frage, wie Gottes Wille sich zu seinem Willen verhält, führt hindurch zwischen dem Fatalismus, einer fraglosen Ergebung in unabänderliche Widerfahrnisse, und einem Fanatismus, der sich Gegebenheiten auf Biegen oder Brechen für die eigenen Wunschziele dienstbar machen will. Auf Golgatha stirbt Jesus für uns, indem er unsere Lebenslast auf sich nimmt. Seiner Auferstehung verdanken wir die Geburt zu lebendiger Hoffnung: »geboren werden« ist nicht mehr auf den Tag fixiert, an dem wir zur Welt kamen. Im Pfingstwunder werden unsere Sprachwelten dafür aufgeschlossen, die Botschaft der großen Taten Gottes zu vernehmen und so eines Geistes zu werden. Am Himmelfahrtsfest blicken wir zu Christus auf, wie er zu Gottes Gegenwart erhoben wird und uns diesen Himmel öffnet. Das Fest Trinitatis will einen Einblick in den Raum geben, den der dreieinige Gott für uns hat, und in die Fülle seines Handelns, soweit dies uns zugemessen werden kann.

So tritt Christus zwischen unser Werden und Vergehen, in das wir unentrinnbar verflochten sind. Er bindet uns an die Zeit, die mit seiner Person verbunden ist. Sie durchbricht den Zeitverlauf, in den wir eingebunden werden oder an den wir uns gekettet haben. So geraten wir gleichsam aus dem gewohnten Takt, müssen neue Schritte wagen. Das Zeitmaß des Glaubens und seiner Hoffnung wird durch die »Begegnung mit dem *Anderen*« gebildet, »damit das Zeitliche freiwerden kann von der Herrschaft der Zeit«[41].

An den Festtagen des Kirchenjahres erwarten wir Jesus Christus, den schlechthin Anderen, jeweils in einer bestimmten Gestalt: als Neugeborenen, umstrahlt von Gottes *doxa*, als Erleidenden und Leidenden, als Gekreuzigten, als Auferstandenen und zu Gott erhöht, als Weltenrichter in der Vollmacht gött-

---

41. Hans Martin Dobler, Erfahrbare Kirche: dimensionierte Zeit und symbolische Ordnung im Kirchenjahr, in: ZThK 89 (1992), (222-248) 237. 246. Dobler will sich Emanuel Levinas' Phänomenologie der Erfahrung »einer anderen Zeit« anschließen und bezieht diese »auf die Offenbarung in der inkarnatorischen Struktur, daß das Ewige sich dem Zeitlichen gleichgemacht hat, damit das Zeitliche ewig werden kann, oder um es weniger stark zu sagen: damit das Zeitliche frei werden kann von der Herrschaft der Zeit« (246).

lichen Erbarmens. Christus begegnet uns gewiss nicht nur an den Festen des Kirchenjahres. Doch so Gott will, werden diese Feste jedes Mal von Neuem zu Zeiten der Befreiung zur Geschichte Jesu Christi. Sie sind Neuanfänge, keine Entwicklungsstadien. Die Punkte dieses Neuanfangs ergeben, metaphorisch gesagt, eine Wegstrecke, die sich mit keinem temporalen Verlauf deckt. Sie wird von der Erstreckung des Handelns Gottes gewiesen und erlaubt deshalb, eine andere Zeit zu messen, nämlich mit den verschiedenen *Schrittfolgen der Hoffnung des Glaubens*, bezeichnet durch die Folge der Christusfeste und durch Pfingsten. Es ist die Zeit des Staunens über das zwar *ersehnte*, aber *unverhoffte* Kommen Gottes, die Zeit der Entdeckung, wie Gott sich unser annimmt und Anteil an allem geben will, was er in Christus bereitet hat. Und es sind Zeitspannen der Erwartung einer erneuten, überwältigenden, vertieften Christusbegegnung. So und nicht anders will das Kirchenjahr »begangen« werden. Es ist eine gerichtete Bewegung, die gemessenen Schrittes begangen werden will. Vor dem jeweils nächsten Schritt ist ein Verweilen angesagt. Wir können das Kirchenjahr nicht beschleunigen, wir dürfen hier auch nichts überspringen.

Die Festtage des Kirchenjahres muten uns zu und ermutigen uns, *immer wieder von Neuem anzufangen* und unermüdlich erwartungsvoll voranzuschreiten, ohne dass Gottes Fülle schrittweise eingeholt werden könnte. Jedes Fest gleicht der Drehung einer Spirale, die im Unterschied zu einer zirkulären Bewegung weiter ausgreift und nicht zum Ausgangspunkt zurückkehrt. Wir bewegen uns dabei nicht im Kreise. Mit jedem Durchgang eines Festes kann unsere geistliche Erfahrung reicher und tiefer werden, womöglich gerade dadurch, dass wir gar keinen Gewinn verspüren, sondern unserer Bedürftigkeit, der Starre unserer Erwartungen und unserer Zerstreuung aufs Neue inne werden.

In der Vorbemerkung hatte ich das Kirchenjahr mit einem Gebäude verglichen. So gesehen ist es *ein Haus in der Zeit*, das uns einlädt, einzukehren und eine Heimstatt zu finden. Doch »wir haben hier keine bleibende *polis*« (Hebr 13,14), auch nicht im Kirchenjahr und seinen Festen. Das Kirchenjahr ist auch *ein Weg in der Zeit* und durch sie hindurch. Gottes Handeln kann nur in der Zeit wahrgenommen werden und ist doch nicht als lineare Folge von Ereignissen aufzufassen. Zeit wird zum Raum der Gegenwärtigkeit Gottes, die sich weder verflüchtigt noch einfangen lässt. Insofern gleicht das Kirchenjahr als Kunstwerk einer *Komposition*, einer Tonfolge mit ihrer nicht nur horizontalen, sondern auch vertikal »gefüllten« Struktur.[42] Erst durch diesen komplexen Zusammenhang erhält sie ihre Einheit: die metrische Gleichförmigkeit wird immer wieder erschüttert und durch melodische, rhythmische und harmonische Gestalten aufgegliedert, die auch in ihrer variierten Form wiedererkannt werden können. Themen,

---

42. Vgl. JEREMY S. BEGBIE, Theology, Music and Time, Cambridge (Cambridge University Press) 2000, besprochen von ERNSTPETER MAURER, Theologie und Kunst, in: VF 49 (2004), (31-51) 32-34.

Motive kehren wieder, ohne dass sie nur wiederholt würden. Sie können kunstvoll durchgeführt und kontrapunktisch verstärkt werden. – Jede Komposition will musiziert werden, sie erklingt jedes Mal anders und wird von jedem, der sie hört, anders aufgenommen und unter anderen Umständen auch anders vernommen, immer wieder neu als Rhythmus in der vergehenden Zeit, der Bleibendes zu erschließen vermag: so, wie auch die Feste des Kirchenjahres gefeiert werden wollen.

Die Erstreckung des Handelns Gottes begründet ein anderes Zeitmaß, als es etwa die sog. christliche Zeitrechnung vorgibt, die allein die Zäsur des »vor« und »nach Christi Geburt« kennt. Diese Zeitrechnung übersieht allzu leicht, dass Gedenken und Erwartung Christi derart ineinander verschränkt sind, dass nicht auf ein Leben Jesu von seiner Geburt bis zu seinem Tod und vielleicht noch bis zu einigen Ereignissen danach zurückgeblickt werden kann; die »christliche« Zeitrechnung könnte sogar den Eindruck aufkommen lassen, wir gerieten unaufhaltsam in eine nachchristliche Zeit hinein. Wenn überhaupt so aufgegliedert werden soll, müsste es »seit Christi Geburt« heißen. Die Christusfeste wollen auch nichts wiederholen, wenn sie die Sequenz der »Großtaten Gottes« (Acta 2,11) feiern. Ihre Botschaft bringt sich ungefragt und unverhofft zu Gehör – niemals dürfen wir ihr den Rücken zukehren oder sie hinter uns lassen. Wir müssen darauf gefasst sein, dass sie uns urplötzlich einholt und von Neuem so zu uns spricht, dass wir meinen, sie noch niemals gehört zu haben. Mögen ihr allerlei Erwartungen vorausgehen, wie dies schon bei Jesus von Nazareth der Fall war – sein Kommen stört diese Annahmen, die Situation wird auf einmal unübersichtlich, das gewohnte Zeitmaß gerät durcheinander. Vergangenheit, Gegenwart und Zukunft können nicht mehr säuberlich voneinander getrennt werden. Die Wiederkehr der Christusfeste ist ein Zeichen dafür, dass Gott uns nicht in einer Zeitstrecke verlorengehen lässt, die wir aufbauen, nachzeichnen und überblicken.

Als Kunstwerk lässt sich das Kirchenjahr auch nicht aus einer »Historisierung« der Christusgeschichte erklären[43], also daraus, dass die Erscheinung Jesu in Raum und Zeit eingezeichnet wird. Der historische Blick hat zwar daran gehindert, Jesus von Nazareth zu einer Idee zu sublimieren, die je nach Zeitgeschmack in ein ansprechendes Gewand gekleidet werden kann; verhindert hat dieser Blick aber nicht, dass Jesus Christus zum Träger einer Ideologie mit geringerer oder größerer Nachwirkung stilisiert wurde. Die Erklärung des Kirchenjahres aus einer Historisierung geschieht zudem häufig mit dem Hintergedanken, die Christusfeste und Pfingsten mit dem Jahreskreislauf in Gleich-

---

43. So zum Beispiel bei G. Kretschmar, Festkalender und Memorialstätten, a.a.O. (siehe Anm. 4), 187; Hansjörg auf der Maur, Feiern im Rhythmus der Zeit, Bd. 1: Herrenfeste in Woche und Jahr (Gottesdienst der Kirche. Handbuch der Liturgiewissenschaft 5), Regensburg 1983, 79. 82.

schritt zu bringen, ähnlich wie die jüdischen Festtage sich aus einer Historisierung der Naturfeste entwickelt haben sollen, die »Israel« mit seinen Nachbarvölkern und ihren Festkulten teilte. Dies trifft insoweit zu, als Höhepunkte der Geschichte Israels und später der Christusgeschichte an jahreszeitlich bedingte Feste mehr oder minder locker angebunden oder auf ihnen errichtet wurden. Insofern können sie zwar als umgewidmete Naturfeste (für Neujahr, Saat und Ernte) angesehen werden. Aber schon Israel verweigerte sich ihrem kultischen Gehalt: dem natürlichen Kreislauf von Werden und Vergehen, in den die Festteilnehmer im Umfeld Israels zu Beginn jeden Jahres nicht nur wieder einstimmten, sondern an dessen göttlicher Schöpfung sie sich rituell beteiligten. Die israelische Festgemeinde »verwirklichte« dagegen »in Mimus und Ritus erst das Israel im vollen Sinn des Wortes; sie trat selbst in der Tat und in der Wahrheit ein in die geschichtliche Situation, wie sie von dem jeweiligen Fest bestimmt wurde«: einer »gemeindegründende[n] Geschichtstat Jahwes«[44]. Weil er die Welt, die er geschaffen hat, erhält und gedeihen lässt, ist auch alles Naturgeschehen in sein Handeln einbezogen: Grund genug, um ihm im Rhythmus der Jahresfeste seines Volkes feiernd für sein Walten zu danken und sich wieder seinem Segen anzuvertrauen. Ähnlich verhält es sich mit den Festen des Kirchenjahres in ihrem Verhältnis zu Höhe- und Wendepunkten des Jahreskreislaufes. Trotz mancher Berührungspunkte haben sie einen anderen Charakter. Wie wir sehen werden, zeigt die Geschichte einzelner Christusfeste, dass sie nicht jahreszeitlich abgeleitet werden können: weder Weihnachten von der Winter-Sonnenwende, noch Ostern vom Wiedererwachen der Natur und vom Aufbruch ihrer unerschöpflichen Fruchtbarkeit, noch das Ende des Kirchenjahres von herbstlicher Melancholie.

Das Kirchenjahr deckt sich nicht mit dem Jahreskreislauf mit seinem ständigen Übergang vom Werden zum Vergehen und Neuwerden. Alle Jahre wieder steht uns die Regeneration der Natur vor Augen. Ihr Biorhythmus liegt uns im Blut, die Jahreszeiten bestimmen wie der Wechsel von Tag und Nacht unser Erleben, unsre Orientierung und, je nach kulturellen Bedingungen mehr oder weniger ausgeprägt, unser Handeln. Wer sich nicht von der Natur abschließt – und wer könnte das auf Dauer, wenn er nicht widernatürlich leben will?! –, sieht sich von der sterbenden Natur an die eigene Vergänglichkeit gemahnt, nach dem Winterschlaf aber von neu erwachendem Leben wieder empor getragen und darauf aufmerksam gemacht, dass das große Ganze das Verlöschen des Einzelnen überdauert. Der eigene Lebenslauf erscheint als Zeitstrecke, die nur dann nicht irgendwann ziellos abbricht, wenn das einzelne Leben wieder in den natürlichen Kreislauf, aus dem es für eine bestimmte Frist gespeist worden ist, eingehen und darin aufgehen kann.

44. GERHARD VON RAD, Theologie des Alten Testaments, Bd. 2: Die Theologie der prophetischen Überlieferungen Israels, München 1960, 117.

An diesem Rhythmus nehmen wir als Gottes Geschöpfe teil, dankbar, nicht notgedrungen. Der natürliche Kreislauf kann aber unsere Hoffnung nicht begründen – es sei denn, auch sie wäre dem Werden und Vergehen überantwortet. Darum ist es nicht natürlich, sondern wäre ein höchst künstliches Unterfangen, die gespannte Erwartung, die vom Rhythmus des Kirchenjahres geprägt wird, vegetativen Grunderfahrungen zu akklimatisieren: beginnend mit dem Frühling, der die schlafende Natur wieder zu neuem Leben erweckt und Erstorbenes durch Neues ersetzt, endend mit dem *memento mori* des Spätherbstes. Wenn kirchliches Brauchtum solche Assoziationen pflegt, kann dies das Kirchenjahr als Kunstwerk ausschmücken und die Feier der Feste verzieren, doch es darf ihren Inhalt nicht überwuchern und ein Eigenleben führen. Das Kirchenjahr lässt sich eben nicht von fundamentalen Gegebenheiten menschlichen Daseins herleiten oder in eine »Lebenswelt« einpflanzen, etwa mit Hilfe der Phasen:

Anfänglich leben: Weihnachtsfestkreis Advent – Weihnachten – Jahreswechsel
Aus dem Tod heraus: Osterfestkreis Karneval – Passion – Ostern
Aufbruch ins Leben: Pfingstliche Zeit Himmelfahrt – Pfingsten – Urlaub
Im Glauben reifen: Späte Zeit des Kirchenjahres Erntedank – Reformationsfest – Halloween – Buß- und Bettag – Totensonntag.[45]

Ein solcher Rhythmus verquickt die Jahreszeiten mit Höhe- oder Wendepunkten im Kalenderjahr. Soll er als »gelebtes Kirchenjahr« diesem eine bessere Resonanz verschaffen, entsteht jedoch nicht, wie erwünscht, eine Korrespondenz, sondern eine Konkurrenz zum Kirchenjahr. Es ist eine andere Partitur: Auch wenn das Kirchenjahr als Reihenfolge von Festen erscheint, spiegelt sich in ihnen kein Entwicklungsprozess, geschweige denn, dass es die Blaupause für einen Lebenslauf enthielte, den wir anhand des Kirchenjahres nachzeichnen könnten: gegliedert durch alljährlich erinnerte Zeiten des Anfangs, der Läuterung, der Neubelebung und der Auseinandersetzung mit der eigenen Endlichkeit.

Dass das Kirchenjahr sich nicht mit dem Zyklus der Jahreszeiten deckt, ist nicht dem Umstand geschuldet, dass es für die westlichen Kirchen am ersten Advent (bzw. an dessen Vorabend) beginnt, in den orthodoxen Kirchen der byzantinischen Tradition am 1. September. Diese Datierungen haben sich, wie auch die Festtermine innerhalb des Kirchenjahres, aus Berechnungen ergeben, die theologisch nicht zwingend sind. Die Festzeiten sind Teile der Komposition gespannter Hoffnung im Gedenken und in der Erwartung Jesu Christi, und sie folgen den »Großtaten Gottes« an und mit Jesus Christus. Darum markieren sie keine fixen oder variablen Zeitpunkte, die sich nach kosmischen Bedingungen richten.

---

45. Kristian Fechtner, Im Rhythmus des Kirchenjahres. Vom Sinn der Feste und Zeiten, Gütersloh 2007, 61. 91. 111. 125.

Auch der Blick auf andere Kirchen, zumal auf der Südhalbkugel des Globus, sollte davor warnen, das Kirchenjahr vom Jahreskreislauf, wie wir ihn hierzulande erleben, beanspruchen zu lassen. Dass Jesus »mitten im kalten Winter« geboren worden sei, ist eine im Abendland herangetragene Vorstellung, die vielleicht noch drastischer hervorheben wollte, unter welch erschwerten Bedingungen das Christkind geboren wurde. Anfänglich wurde das Christfest eher auf das Frühjahr datiert. Und wenn heutzutage in Australien vor der Weihnachtsfeier Tennis gespielt wird oder in Südafrika ersatzweise einheimische Pflanzen oder künstliche Christbäume mit Kunstschnee verziert werden, braucht dies die Weihnachtsstimmung nicht zu beeinträchtigen, die in anderen Breiten mit anderen Mitteln stimuliert werden kann. Wenn aber das Verhältnis des Kirchenjahres zu anderen jahreszeitlich bedingten Erfahrungsräumen als fremd empfunden wird, können auch Christen, deren Vorfahren einstmals das Weihnachtsfest im Winter kultivierten, erneut darauf aufmerksam werden, dass die Weihnachtsbotschaft auch ihnen von Natur aus fremd ist und als ungefragte Antwort zu Gehör gebracht werden will.

Wie das Kirchenjahr sich maßgebend vom Jahreskreislauf unterscheidet, zeigt sich an der Nahtstelle von Ende und Anfang des Kirchenjahres: Die *Erwartung des kommenden Richters* ist mit der *Erwartung des kommenden Heilands* wie verzahnt.

Jesus Christus als Weltenrichter: die Bildgebung der christlichen Kunst hat seit dem 4. Jh. diese Gestalt so sehr auf die endgültige Beurteilung und Verurteilung aller Menschen festgelegt, dass der Eindruck entstehen konnte, trotz der intimen Nähe Jesu Christi zu Gott dem Vater sei das Urteil Christi himmelweit von seiner Güte entfernt, die er zeit seines Lebens gerade den Verachteten und Verworfenen erwiesen habe. Der kommende Richter ist aber kein anderer als der barmherzige Heiland. Mit ihm ist die Klarheit Gottes in eine zutiefst verworrene und rettungslos verdunkelte Welt eingebrochen. Und der kommende Christus wird diese befreiende, heilende Klarheit endgültig und umfassend für alles schaffen, was wir übersehen, an dem wir achselzuckend vorübergehen oder an dem wir nicht vorbeikommen, für alles, was wir verzerrt erblicken oder für das wir blind geworden sind. Er bringt Klarheit in unsere Anschauung der Menschheitsgeschichte. Er legt menschliches Leben voll und ganz offen, so, wie Gott es im Auge hat. Wir werden erkennen, wie wir erkannt sind (1 Kor 13,12). Unsere Sehnsucht nach Gerechtigkeit wird gestillt, wenn wir voll und ganz in Gottes Gerechtigkeit und aus ihr leben.

Maranatha: In diesem frühchristlichen Ruf zum Beschluss des Gottesdienstes – »Unser Herr, komm« und »Unser Herr kommt« [oder: »Unser Herr ist gekommen« – zu uns, die wir seine Gegenwart im Herrenmahl feiern] (1 Kor 16,22)[46] klingt die Doppelbedeutung von »*Zukunft*« als *Adventus (Zu-kunft)* und *Futurum*

---

46. Zu den Auslegungsmöglichkeiten siehe WOLFGANG SCHRAGE, Der erste Brief des Pau-

(Künftiges) an. Diese Bedeutungsvielfalt ist nicht auf das Kirchenjahr verteilt: etwa so, dass die Erwartung des kommenden Christus vorwiegend zum »Thema« der Predigt am Fest Christi Himmelfahrt und am Ende des Kirchenjahres werden könnte, während an den anderen Christusfesten das Gekommen-Sein Jesu und an Pfingsten das Zu-uns-Kommen des Geistes gefeiert würde. Die theologische Sequenz, der das Kirchenjahr folgt, spricht von dem Kommen Christi als Weltenrichter derart, dass seine richtende und rettende Klarheit in unser Leben hinein strahlt: so, dass gespannte Erwartung *auf ihn* geweckt wird. Jesus Christus *ist* der Kommende. Wir erwarten ihn – er wird unverhofft, in überraschender, unfassbarer Weise und mit überwältigender Macht kommen, er, »der Erste und der Letzte und der Lebendige« (Apk 1,17-18). Dies gehört zur Innenspannung des Kirchenjahres. Nur wenn die Christusfeste in dieser Innenspannung gefeiert werden, wird das Kirchenjahr nicht zur Endlosschleife.

Wie verhält sich das Kirchenjahr zu der Erwartung, die von dem Osterruf »Christ ist erstanden!« hervorgerufen wurde und auf ihn antwortet? So, dass diese Erwartung auch alle anderen Feste durchzieht? Konnte die unbändige Freude über das Wunder des Neuanfangs auf Dauer aufrecht erhalten werden: die Gewissheit, zu Christus zu gehören, ja ihm zu gehören, und die unermüdliche Bereitschaft, ihm in einer umgestalteten Lebensweise nachzufolgen? Wie verhält sich die lebendige Hoffnung auf das Leben mit Christus zu dem emphatisch ausgerufenen Heute: »Jetzt ist der Tag des Heils!« (2 Kor 6,2), wie es in so vielen frühchristlichen Zeugnissen laut wird?

Das Kirchenjahr ist eine produktive Antwort auf die Frage, wo die frühchristliche Erwartung verblieben sei. Es widerspricht der verbreiteten Theorie, christliche Theologie sei ein – grandioser und gequälter – Versuch, eine rundum gescheiterte Hoffnung zu bewältigen: die Erwartung eines unmittelbar bevorstehenden Weltendes mit der Wiederkunft Christi, seiner Parusie.[47] Aus der Naherwartung sei in den »Großkirchen« entweder eine entspannte, auf die lange Bank geschobene Hoffnung geworden, die sich in ihrer Zeitgeschichte einrichtet und in Ruhe auf ihre Vollendung wartet – oder bei radikalen Gruppen außerhalb der Kirche und an ihrem Rande eine verspannte Erwartung, die hektisch nach dra-

lus an die Korinther (1 Kor 15,1-16,24) (EKK VII/4), Düsseldorf und Neukirchen-Vluyn 2001, 472 f.

47. In diesem Sinne sprach FRANZ OVERBECK vom Ende des Christentums (»finis Christianismi«), nach dem eine christliche Theologie nur noch um den Preis des Selbstbetrugs und der Vorspiegelung falscher Tatsachen möglich sei: Über die Christlichkeit unserer heutigen Theologie, Leipzig ²1903, bes. 86 f.; ders., Christentum und Kultur. Gedanken und Anmerkungen zur modernen Theologie, aus dem Nachlass hg. von C. A. Bernoulli, Basel 1919, 289. – PAUL SCHÜTZ wollte diese Kritik, speziell am Kulturprotestantismus, als Weckruf für eine Prophetie verstehen, die den »abwesenden« Christus als den Kommenden, der gegenwärtig werden will, zur Sprache bringt: Parusia. Hoffnung und Prophetie, Heidelberg o.J. [1960], 411-419. 513.

matischen Wendungen Ausschau hält oder sie subversiv herbeiführen will, um dem Reich Gottes Bahn zu bereiten, wenn möglich dieses Reich sogar herbeizuführen.[48] Hier wie dort habe die Christenheit an ihrer Hoffnung versagt: an der »Naherwartung« des kommenden Christus, die wir dem frühen Christentum zuschreiben und die angeblich längst erloschen sei.

Doch bei keinem Fest des Kirchenjahres wird der Blick auf eine als unmittelbar bevorstehend *gedachte* oder *vorgestellte* Zukunft gerichtet, keines steht unter dem ständigen Hochdruck eines Noch-Nicht, dem allzu oft die Enttäuschung auf dem Fuße folgt; ebenso wenig aber richtet sich der Blick auf überzeitlich Ewiges, für den Vergangenheit und Zukunft gleich gültig sind und dann auch gleichgültig werden können.[49] Die Zeiten des Kirchenjahres, gegliedert durch die Christusfeste, Pfingsten und den Trinitatis-Sonntag sowie durch Zeiten der Vorbereitung und des Nachfeierns, strukturieren unseren Erwartungs- und Erfahrungsraum. Solange nur Ostern begangen und der Märtyrer gedacht wurde – also bis ins 4. Jh. hinein –, war die Feier auf die Grenze zwischen Leben und Tod konzentriert, wie sich auch an der frühen christlichen Bildgebung nachweisen lässt: sie versuchte, ein Jenseits der sichtbaren Welt zu verbildlichen und blieb deshalb in gewisser Weise statisch. *Mit der Entstehung des Kirchenjahres konnte dagegen eine Gestaltungskraft für Schrittfolgen des gelebten Lebens wirksam werden.*

Der Rhythmus des Kirchenjahres richtet unser Leben aus. Woher kommen wir – wohin gehen wir? Wir kommen von Christi Leben aus dem Tode her – und wir gehen dem Offenbarwerden unseres Lebens entgegen, das »verborgen ist mit Christus in Gott« (Kol 3,3).[50] Auf unserem Gang tritt Christus uns immer wieder in den Weg und gibt uns Anteil an seiner Geschichte: an Gottes Klarheit, die er ausstrahlt, an seinem Erleiden, Leiden und Sterben, an Gottes Hoheit und als rettender Richter. In welcher Folge uns dies treffen kann, skandiert Paulus in Röm 5,3-5 mit der Verkettung von Bedrängnis und Atemnot der Hoffnung mit der Ausdauer, die uns befähigt, die gespannte Erwartung, die uns ergriffen hat, gleichsam auszutragen – in dieser Hinsicht wie eine werdende Mutter, die »guter

---

48. So stellte ERNST TROELTSCH »Kirche« und »Sekte« idealtypisch gegenüber und wollte so die Sozialgeschichte des Christentums erklären: Die Soziallehren der christlichen Kirchen und Gruppen (Gesammelte Schriften, Bd. 1), Tübingen 1912.

49. Darauf läuft für KARL LÖWITH die Zeitauffassung des frühen Christentums hinaus, die er der späteren christlichen Geschichtstheologie entgegensetzt. Mit seiner Kritik daran und an ihrer Verweltlichung zur Fortschrittsidee will Löwith zur antiken Kosmologie zurücklenken, die den Menschen mit dem Zyklus der Natur in Einklang bringt: Meaning in History, Chicago, IL (University of Chicago Press) 1949, übersetzt von H. Kesting: Weltgeschichte und Heilsgeschehen. Die theologischen Voraussetzungen der Geschichtsphilosophie, Stuttgart 1953, hier bes. 173-180.

50. So ist eine Theologie des Kirchenjahres mit einer theologischen Anthropologie verwoben. Vgl. GERHARD SAUTER, Das verborgene Leben. Eine theologische Anthropologie, Gütersloh 2011, bes. Kapitel 3 und 4.

Hoffnung« ist, das Erhoffte aber nicht in ihrem Griff hat. Dem, was in ihr entsteht, steht sie ahnungsvoll *gegenüber*. So durchsteht sie eine Zeitspanne, in der noch viel in der Schwebe bleibt und doch Entscheidendes geschieht.

Das Kirchenjahr gestaltet unsere *Zeitlichkeit,* die ein Wesensmerkmal jeder Bildung von Personalität ist. Wir erhalten einen anderen Sinn für Zeitlichkeit und Geschichtlichkeit, als er sich einer zirkulären Bewegung oder einer für unseren Blick unbegrenzten Zeitlinie verdankt. Er ergibt sich nicht aus einer Gewöhnung an Zyklen, an Abläufe, an natur- oder kulturgegebene, vegetative oder sozialgeschichtliche Prozesse. Die Feste des Kirchenjahres lenken unsern Blick auf das Droben, das nicht von der Erde ist, »himmelwärts« – wie es am Fest Christi Himmelfahrt verdeutlicht werden wird – auf dem Erdenwege. Als Jesus vor seinen Jüngern zum Himmel, d.h. zu Gottes Seite, erhoben wurde, blieben die Jünger zunächst wie erstarrt und gebannt stehen, um ihm nachzusehen. Doch dann wurden sie nach Jerusalem geschickt, und dorthin eilten sie »voller Freude« (Lk 24,52).

Die im Glauben geschenkte Hoffnung weiß um ihre Erstreckung – die Schrittfolgen gespannter Erwartung müssen wir einhalten.

»Kein Jahr von unserer Zeit verflieht, das dich nicht kommen sieht«: so beschließt Jochen Klepper sein Gedicht »Das Kirchenjahr«.[51] Er stellt seinen Versen einige Sätze aus Jesus Sirach (47,8-10) voran, in denen David als Begründer des Gottesdienstes geschildert wird:

> Für ein jegliches Werk dankte er dem Herrn, dem Höchsten, mit einem schönen Liede. Er sang von ganzem Herzen und liebte den, der ihn gemacht hatte. Er stiftete Sänger vor den Altar und ließ sie süße Lieder singen. Und ordnete, die Feiertage herrlich zu halten, und daß man die Jahrfeste durchs ganze Jahr schön begehen sollte[52], loben den Namen des Herrn und singen des Morgens im Heiligtum.

Was dort auf die Heldentaten des Königs gemünzt war, liest Klepper als unaufhörlichen Lobpreis des Schöpfers, der mit dem Aufgang des Morgensterns – Jesus Christus – einen Pfad aufleuchten ließ: den Weg gespannter Erwartung im Kirchenjahr. Christus wird angesprochen, aus der Spannung des »Kommen-Sehens« heraus. Jedes Jahr erneuert er unsere Erwartung seines Kommens. »Dem Schein, der aus den Wolken brach, gingen wir sehnend nach.« So trifft der Dichter den Ton, auf den die Komposition des Kirchenjahres gestimmt ist. Es wird nicht zuletzt auf die Festtagsverkündigung ankommen, ob dieser Ton auch gehört wird.

---

51. J. Klepper, Kyrie. Geistliche Lieder, Witten/Berlin [6]1955, 21-23.
52. In der ökumenischen Einheitsübersetzung (1980) heißt es: »Den Festen verlieh er Glanz und verschönerte die Feiertage im Kreislauf des Jahres.«

5. Vielfalt und Einheit des Kirchenjahres

Die Komposition des Kirchenjahres hat erheblich zur Einigung der »katholischen« Kirche beigetragen – »katholisch« im Sinne der altkirchlichen Glaubensbekenntnisse, nicht als Konfessionsbezeichnung. Es wäre abwegig, die »Einigkeit im Geist« (Eph 4,3), wie sie sich bei der Einführung der Feste bemerkbar machte, als Nebenwirkung der unheiligen Allianz von Staat und Kirche im Konstantinischen Zeitalter anzusehen, mit der Devise »Ein Reich, eine Reichskirche, ein Kirchenjahr!« Vor allem die Verständigung über die Christusfeste half, theologische Meinungsunterschiede und kontroverse Denkformen zu überwinden, die ebenso wie regional unterschiedliche Traditionen den Keim für Spaltungen in sich trugen. Wie weit hatten sich beispielsweise die antiochenische und die alexandrinische Christologie im 3. Jh. voneinander entfernt! So sehr, dass manchmal fraglich wurde, ob von ein und demselben Christus die Rede sei![53] Wie konnte, soweit menschenmöglich, die *Einheit der Kirche* gewahrt werden? Ihr kam der Erkenntnisgewinn zugute, den die Entstehung des Kirchenjahres mit sich brachte. Allerdings musste mancher Wildwuchs beschnitten werden, den Kirchenführer mit ihren Vorlieben, prominente Ortsgeistliche, die selbstherrlich gestaltend wirken wollten oder sprießendes Brauchtum hatten wuchern lassen.

Das Kirchenjahr hat eine erstaunliche Vielfalt nicht nur zugelassen, sondern ihr auch Raum zur Entfaltung gegeben. In den östlichen Kirchen beginnt es, wie erwähnt, rund zwei Monate früher als in den westlichen. Es hat längere Zeit gedauert, bis das Weihnachtsfest im Westen auf den 25. Dezember gelegt wurde, nachdem es zuvor mancherorts in eins mit Ostern oder im Frühjahr gefeiert worden war. Im 4. Jh. wurden im Westen Karfreitag, Karsamstag und Ostern zum *Triduum sacrum* zusammengeschlossen, um den Zusammenhang von Jesu Leiden, seinem Tod und seiner Auferstehung hervorzuheben; später, endgültig im *Missale Romanum* (1570), folgten bis zur Liturgiereform des Zweiten Vatikanischen Konzils auf das dreitägige Leidensgedächtnis (*Triduum paschale*: Gründonnerstag, Karfreitag, Karsamstag)[54] drei Freudentage der Auferstehung. Das Konzil ist zum ursprünglichen Verständnis des *Triduum sacrum* zurückgekehrt und feiert es als Einheit des Pascha-Mysteriums von der abendlichen Messe des Gründonnerstags bis zur Vesper des Ostersonntags. – Besonders in Jerusalem fallen in der Karwoche und am Osterfest Unterschiede ins Auge: die Daten stim-

---

53. Siehe dazu Arnold Gilg, Weg und Bedeutung der altkirchlichen Christologie (1936), München ⁴1989, sowie die Arbeiten Alois Grillmeiers: Mit ihm und in ihm. Christologische Forschungen und Perspektiven, Freiburg im Breisgau 1975; Jesus der Christus im Glauben der Kirche, Bd. 1: Von der Apostolischen Zeit bis zum Konzil von Chalcedon (451), Freiburg/Basel/Wien ³1990.
54. In der römischen Liturgie ist der Introitus »Nos autem« vom Abend des Gründonnerstags der Eingang des gesamten *Triduum paschale*.

men nicht für alle Kirchen überein, die Liturgien weichen teilweise erheblich voneinander ab, in der Auswahl der alt- und neutestamentlichen Lesungen in den Gottesdiensten spiegelt sich unter anderem wider, wie verschieden die Geschichte Jesu Christi in ihrer Beziehung zu der Geschichte des Volkes Gottes wahrgenommen wird.

Dies sind nur einige wenige Beispiele für die Vielfalt, die sich bei der allmählichen Entstehung des Kirchenjahres ergeben hat und die später erweitert, durch Reformen aber auch teilweise reduziert wurde. Innerhalb des breiten protestantischen Spektrums ist das Kirchenjahr in unterschiedlichen Graden und auf verschiedene Weise lebendig, bis dahin, dass seine Feste in manchen Kirchen, Gemeinschaften und Bewegungen kaum oder gar nicht gottesdienstlich begangen werden. Andererseits können kulturgebundene Feste christianisiert und so verpflanzt werden. Ein südkoreanischer presbyterianischer Theologe antwortete mir auf die Frage nach den Hauptfesten seiner Kirche: »Wir feiern Weihnachten um des Geschäfts willen, Ostern für den Glauben – und Thanksgiving.« Warum denn Thanksgiving? »The old Moffett told us.« SAMUEL AUSTIN MOFFETT (1864-1939), einer der ersten amerikanischen Korea-Missionare, brachte aus seiner Heimat das dort jeweils am vierten Donnerstag im November gefeierte Fest mit. Der Legende nach geht es auf eine dreitägige Erntedank- und Freundschaftsfeier der »Pilgerväter« mit einheimischen Indianern in Neuengland im Herbst 1621 zurück. Heute bietet es in Nordamerika vor allem Gelegenheit, Fremden Gastfreundschaft zu erweisen und möglichst viele Familienangehörige auch von weither einzuladen. Daran und an den Erntedank konnten die Koreaner leichter anknüpfen als an andere christliche Feste. Begangen wird von koreanischen Christen außerdem das Pfingstfest.

Im Blick auf die *Festtagspredigten* sind, konfessionell betrachtet, zwei *Hauptunterschiede* gewichtig: das Verhältnis der Predigt zur *Festtagsliturgie* und die *Wahl des Textes*, der der Predigt zugrunde liegt.

Die Theologie der orthodoxen Kirchen ist mit der Liturgie geradezu verwoben. Darum kann sie unmittelbar der liturgischen Ordnung der großen Feste und ihrer Gliederung des Kirchenjahres folgen, mit Ostern als Zentrum.[55] Die Liturgie entfaltet die Theologie, wie sie vor allem in den gottesdienstlichen Gesängen enthalten ist – eine Theologie, die keine theologische Lehre im Sinne westlicher Dogmatik, geschweige denn eine systematische Glaubensreflexion sein will. Im Gottesdienst der Osternacht wird seit jeher eine Predigt verlesen, die dem JOHANNES CHRYSOSTOMUS zugeschrieben wird.[56] Sie ist wie ein Hymnus gebaut und gilt als die exemplarische Festpredigt schlechthin, die jede zusätzliche Predigt erübrigt. – Predigten beruhen nicht auf einer Textauslegung. Sie

---

55. GEORG GALITIS, GEORG MANTZARIDIS und PAUL WIERTZ, Glauben aus dem Herzen. Eine Einführung in die Orthodoxie, München 1987, 142-150.
56. Byzantinisches Lesebuch, hg. von Hans-Georg Beck, München 1982, 280 f.

sollen in die Liturgie einführen, den Sinn einzelner Fest- und Gedenktage verdeutlichen und ihre Botschaft einprägen. Insofern kann die orthodoxe Theologie sich als Theologie des Kirchenjahres verstehen.

Wie in den orthodoxen Kirchen enthält der römisch-katholische Festkalender außer den ökumenischen Hauptfesten viele weitere Fest- und Gedenktage. Wie sehr hier die Liturgiegeschichte mit der Dogmenentwicklung verflochten ist, zeigen die Marienfeste und die reinen Dogmenfeste, auch Ideenfeste genannt: außer dem Sonntag Trinitatis das Fest Fronleichnam, das Herz-Jesu-Fest und das Christkönigsfest. Der Takt des Kirchenjahres wird durch die Liturgie samt ihren Lesungen angegeben, die seit dem Zweiten Vatikanischen Konzil in einer Ordnung mit drei Reihen für die Sonntage festgelegt ist. Welches Maß an Bewegungsfreiheit wird der Theologie in der Predigt zugestanden? In jüngster Zeit ist zu beobachten, dass der Predigt größeres Eigengewicht eingeräumt wird, und dadurch ein Spannungsfeld zwischen Prediger, Predigttext und Liturgie entstehen kann. Die Liturgiekonstitution des Konzils hat auch die Predigt als Teil der Liturgie wiederentdeckt.

In der englischsprachigen Ökumene haben seit 1992 viele anglikanische, lutherische, presbyterianische und methodistische Kirchen das *Revised Common Lectionary* (RCL) übernommen, das je einem der synoptischen Evangelien fortlaufend in einem dreijährigen Turnus nachgeht und die Festzeiten für das Johannesevangelium reserviert.[57] Die Lesungen des Evangeliums stimmen weitgehend mit dem römisch-katholischen *Ordo Lectionum Missae* (1969) überein, nicht aber die Auswahl der alttestamentlichen und der Episteltexte. Das Evangelium bestimmt die gesamte Leseordnung des Hauptgottesdienstes. Dadurch wird vermieden, dass Liturgie und Predigt durch den Namen eines Sonn- oder Festtages oder durch ein frei gewähltes Thema festgelegt werden.

Die Reformation hatte sich vom römischen *Canon Missae*, den Lektionen für die Messe und von der Liturgie als Feier eines sakramentalen Heilsdramas losgesagt. Besonders schroff geschah dies bei den reformierten Theologen, die sich dem oberdeutschen sakramentslosen Predigtgottesdienst anschlossen. MARTIN LUTHER behielt die sog. Altkirchlichen Lesungen (Evangelium und Epistel) bei, wünschte im Einzelnen, gerade für Festtage, eine bessere Auswahl der Textabschnitte *(Perikopen)*, nahm aber aus praktischen Rücksichten noch keine Revision vor.[58] Er predigte auch über Textreihen und erlaubte die fortlaufende Auslegung biblischer Bücher *(lectio continua)*, allerdings nicht in Hauptgottes-

---

57. Vgl. zum Beispiel das Book of Common Worship for the Presbyterian Church (U.S. A.), Louisville, KY (Westminster/John Knox Press) 1993, 1035-1048. – Zur Einführung in das *RCL*: JOCHEN TEUFFEL, Erfahrungen mit dem Revised Common Lectionary, in: Quat. 75 (2011), 239f.

58. M. LUTHER, Formula Missae et Communionis (1523), WA 12, 209,14-210,4; ders., Deutsche Messe und Ordnung Gottesdiensts (1526), WA 19, 78,27-79,14; 95,3-18.

diensten.[59] Bei den Reformierten bürgerte sich die *lectio continua* ein, die an Weihnachten, Karfreitag, Ostern und Pfingsten, vielleicht auch noch an Christi Himmelfahrt, durch Texte zum Festtag unterbrochen werden kann, ansonsten aber nicht mit dem Kirchenjahr vernetzt ist.

Den Aufriss des Kirchenjahres hatten die Lutheraner für ihre Gottesdienstordnungen im Wesentlichen beibehalten, ihn allerdings auf die Sonn- und Festtage begrenzt und auf die Christusfeste konzentriert. Reformierte Theologen maßen dem Festtagskalender keine theologisch prägende Bedeutung bei. 1999 haben die Vereinigte Evangelisch-Lutherische Kirche Deutschlands (VELKD) und die Union Evangelischer Kirchen in der EKD (UEK) ihre Agenden, denen das Kirchenjahr zugrunde liegt, im Evangelischen Gottesdienstbuch (EGB) weitgehend einander angeglichen. Auch der reformierte Gottesdienst hält sich mehr und mehr an das Kirchenjahr[60]; das in der deutschsprachigen Schweiz 1998 eingeführte neue Gesangbuch spart den Sonntag Trinitatis aus und will auch den »Jahreslauf der Natur« bedacht wissen. Sogar methodistischen Gemeinden, die wie viele reformierte, etwa in der Schweiz, bisher neben Textreihen und der freien Textwahl die *lectio continua* auch für die Predigttexte bevorzugten und für deren Glaubensüberlieferung das Liedgut maßgebend ist, wird nahegelegt, sich am Kirchenjahr auszurichten.[61]

Eine einzige für alle Gottesdienste verbindliche Liturgie findet sich auf evangelischer Seite nur in einigen Landeskirchen; andere erlauben ihren Gemeinden viel, manchmal allzu viel Gestaltungsspielraum. Eine Theologie der Liturgie(n) wäre erst noch zu schreiben, und sie sollte sich nicht nur mit der Erklärung des Ablaufs und seiner Variationen, wechselnder liturgischer Farben und Symbole oder mit dramaturgischen Anweisungen begnügen. Eine Theologie des Kirchenjahres möchte die Aufmerksamkeit speziell darauf lenken, was uns – Liturgen und Gemeinden – an jedem einzelnen Festtag spezifisch zu sagen anvertraut und aufgegeben ist: der theologische Gehalt des Festes.[62] Daraufhin wollen Lesungen, Gebete, Lieder und das Glaubensbekenntnis erschlossen werden. Das Glaubensbekenntnis von Nizäa-Konstantinopel, das oft in Festgottesdiensten ge-

---

59. GERHARD EBELING, Evangelische Evangelienauslegung. Eine Untersuchung zu Luthers Hermeneutik (1942), Darmstadt 1962, 21-23.
60. Vgl. Reformierte Liturgie. Gebete und Ordnungen für die unter dem Wort versammelte Gemeinde, hg. von Peter Bukowski, Arend Klompmaker, Christiane Nolting, Alfred Rauhaus und Friedrich Thiele, Neukirchen-Vluyn 1999. ³2010, 83-88: Eingangsworte, 117-139: Eingangsgebete mit Sündenbekenntnis; 155-167: Gnadensprüche.
61. Voller Freude. Liedandachten zu den Sonntagen und Festen des Kirchenjahres, hg. von Hartmut Hand und Armin Jetter, München 2004.
62. Diesen Gehalt für die katholische Liturgie aufzuweisen, hat ansatzweise JOSEF WOHLMUTH unternommen: Jesu Weg – unser Weg. Kleine mystagogische Christologie, Würzburg 1992, bes. 105-178.

sprochen wird, stellt für viele Gemeindeglieder eine zusätzliche Barriere dar, weil es ihnen nie erklärt worden ist. Doch recht verstanden – etwa mit Hilfe des Trinitatis-Sonntages –, enthält gerade dieses Bekenntnis tragende Elemente für das Kirchenjahr als Gedächtnisstütze der Kirche.

Summarisch gesagt, bewegt sich *die Beziehung der Predigt zur Liturgie*, auch an Festtagen, oft zwischen Extremen: entweder wird die Liturgie auf die Predigt zugeschnitten, sie wird dann, zumal in den Gebeten, zum Vorspann und Nachspann dessen, was der Prediger unbedingt sagen wollte – oder liturgische Bestandteile werden bloß aneinandergereiht, wie eine locker aufgezogene Perlenschnur, die leicht auseinanderfallen kann. Die innere Einheit des Gottesdienstes[63] wird aber nicht durch einen roten Faden markiert. Zu ihr trägt wesentlich die *Vielschichtigkeit* und *Innenspannung* von Wochenspruch, Wochenpsalm, Lesung(en) und Predigttext bei, in denen sich die Dynamik der »Schrift«, des biblischen Kanons, bemerkbar machen will. Der Psalm kann im Sündenbekenntnis aufgenommen und einer der Psalmverse als Zuspruch der Gnade erneut gehört werden. Die Liturgie will als spannungsvoller Zusammenhang eigenständig sprechen und wirken, auch dem Prediger gegenüber. An den Festtagen steht sie oft quer zur Erwartungshaltung der Gemeinde und womöglich auch des Predigers, sie sperrt sich dagegen – und gerade so vermag sie für die Verkündigung vorzubereiten, die gespannte Erwartung wecken kann.

Wie kann dies zum Zuge kommen? Manche Formgebung mag den Eindruck einer polaren Spannung zwischen Liturgie und Predigt entstehen lassen. Die Predigt erscheint als Unterbrechung des Ritus, geradezu als »ein persönlicher Fremdkörper im Kontext der überpersönlichen Liturgie«[64]. Doch wichtiger als Unterschiede in der Formgestaltung ist die Dynamik des gesamten Gottesdienstes: als eines Zusammenhanges von Texten, die gehört, teilweise mitgesprochen werden oder auf die geantwortet wird – in der Predigt so, dass der Prediger als der erste Hörer des Rufes Gottes, seiner Verheißung, seiner Zumutung und Ermutigung, seiner Mahnung und seines Trostes dieses Wort sprechen lässt und alle rhetorische Kunst einsetzt, damit die Gemeinde achtsam dafür wird. Der Unterschied zwischen Predigt und Liturgie darf nicht darin bestehen, dass der Liturg zu den biblischen Lesungen nichts zu sagen hat – außer vielleicht einige erläuternde Worte –, der Prediger aber »sich« zum Text der Predigt »äußert« oder ihn vielleicht nur verliest, daraufhin das Wort ergreift und je und dann wieder auf den Text zu sprechen kommt. Liturgie und Predigt sind verschiedene

---

63. Für sie tritt MARTIN NICOL ein: Weg im Geheimnis. Plädoyer für den Evangelischen Gottesdienst, Göttingen 2009. ³2011.
64. Vgl. MICHAEL MEYER-BLANCK, Die Dramaturgie von Wort und Sakrament. Homiletisch-liturgische Grenzgänge im ökumenischen Horizont, in: PTh 96 (2007), (160-171) 171. Dass die Liturgie damit nicht unterbestimmt bleibt, zeigt MEYER-BLANCK in: Gottesdienstlehre, Tübingen 2011.

Arten und Weisen, sich Texten zu stellen, ja sich ihnen auszusetzen: die Liturgie nimmt gleichsam mit sich, sie lädt ein, einzustimmen und im Mitsprechen und Mitsingen, auch in der Stille, sich erneut öffnen zu lassen für Zugesagtes und es neu zu vernehmen – in der Predigt exponiert sich der oder die Redende dem, was ihm oder ihr zu sagen anvertraut wird, und bringt dies zum Ausdruck.

In der *Festtagspredigt* wird ebenso wie in der Festtagsliturgie gefragt, ohne dass es jedes Mal ausgesprochen werden müsste: Wo stehen wir jetzt im Kirchenjahr? Welchen Schritt gehen wir? Wo halten wir jetzt inne? Und wohin blicken und gehen wir dann? – Es versteht sich, dass diese Fragen nicht zum Programm werden dürfen, weder für die Liturgie noch für die Predigt. Es ist eher eine geistliche, liturgische Haltung, die bereits die Vorbereitung des Gottesdienstes bestimmt: in der Formulierung der Gebete, der Wahl des Predigttextes, der Auswahl der Lieder, die in äußerer und innerer Abstimmung zumindest mit dem Kirchenmusiker getroffen werden sollte, denn die Kirchenmusik ist ein integraler Bestandteil des Gottesdienstes. Wer einen Gottesdienst vorbereitet, wird zum ersten Hörer der Lesungen und Gebete, und diese Rezeption wird sich auch auf die Gebete auswirken, die neu formuliert werden – was nicht weniger Zeit beansprucht als die Arbeit an einer Predigt! –, und auf die Lesung(en) im Gottesdienst.

Weil sich die Schrittfolgen des Kirchenjahres an den Festtagen am besten verdeutlichen lassen, sollen vornehmlich sie in diesem Buch zur Geltung kommen. Die Feste markieren, mit scheinbarer Ausnahme des Pfingstfestes und des Sonntags Trinitatis, die entscheidenden Stationen des Weges Jesu Christi auf Erden. »Station« ist jedoch nur ein schwaches Bild für das Geschehen, dessen gedacht wird und das gefeiert werden will. Diejenigen, denen dieses Geschehen widerfährt, halten gleichsam den Atem an. »Das Weltbewegende der signifikanten christlichen Feste vergegenwärtigt stets auch einen ›Riss‹ im Himmel, den Bruch mit dem Bisherigen, einen unvorhersehbaren Neuanfang Gottes mit der alten Welt.«[65] Im Sprachwunder der Geistausschüttung am Pfingstfest wird die Christusgeschichte derart präsent, dass Menschen, die von ihr noch nie gehört haben, in sie hineingezogen werden. Ihnen teilt Gott in seinem Handeln an und mit Christus sich selber mit: so, dass ihr ganzes Leben davon ergriffen wird. Darum sind sie auch nicht mehr auf das Hörensagen früherer Generationen von Gott angewiesen. Zugleich wird aufs Neue die uralte Frage aufgeworfen: »Wer ist Gott?« – die Frage, die am Trinitatisfest aufgegriffen und, soweit in der Christenheit möglich, beantwortet wird. Darum ist der Sonntag Trinitatis für das Kirchenjahr unverzichtbar, und seine Feier eröffnet eine eigene Schritt-

---

65. Kurt Josef Wecker, unveröffentlichte Vorstudie zu: Zur Theologie der Festtagspredigt. Von der Not und dem Segen eines außergewöhnlichen Redeanlasses, in: Pastoralblatt für die Diözesen Aachen, Berlin, Essen, Hildesheim, Köln und Osnabrück 63 (2011), 328-335.

folge der Hoffnung, welche die bisherigen Feste daraufhin in Blick nimmt, wie hier Gott als Vater, Sohn und Geist einander und uns zugewandt sind.

Einzelne Festtage sind zudem wie dafür geschaffen, liturgische Stützpfeiler theologisch zu untermauern: Kyrie und Sündenbekenntnis von der Botschaft des Festes Christi Himmelfahrt, das Sanctus und der Segen vom Gehalt des Trinitatis-Sonntages. Dann werden sich diese Elemente der Gemeinde vielleicht zum ersten Male erschließen, der Liturg wird Wort und Gebärde bewusster mitteilen und auf die Sprachmelodie und die Körpersprache mehr achten, als er es üblicherweise vom Ritual her gewohnt ist. Ohne dass er sich krampfhaft bemühen müsste, Neues zu sagen und so Aufmerksamkeit zu wecken, kann sich zeigen, wie kraftvoll die liturgische Mitteilung ist und was sie in sich birgt.

Wo wir im Kirchenjahr stehen und wie wir hier weitergehen, sollte durch den Textzusammenhang des Gottesdienstes erhellt werden können. Ob die biblischen Texte, die für den jeweiligen Festtag vorgesehen sind, immer dem Festgehalt entsprechen, muss jedes Mal geprüft werden. So ist zu fragen, ob die *Perikopenordnung* – eine Besonderheit des deutschen evangelischen Gottesdienstes und der Kirchen, die sich der deutschen Agende angeschlossen haben[66] – die Dynamik des gesamten Kirchenjahres, nicht nur der Folge der Festtage, nur annähernd abbildet. Die sechs Reihen dieser Perikopen, erweitert durch sog. Marginaltexte, bilden für jeden Sonntag eine reichhaltige, spannungsvolle, oft dramatische, gelegentlich aber auch diffuse Einheit, die theologisch bedacht werden muss: In welcher Beziehung stehen sie zu alttestamentlichen Texten, gerade auch zu solchen, die nicht in der Leseordnung vorgesehen sind?[67] Und wie verhalten sich die neutestamentlichen Briefe oder die Johannesapokalypse zu den Evangelien? Die Festtagspredigten lassen sich also nicht auf diejenigen biblischen Texte festlegen, die herkömmlich mit dem Datum eines Festes in Verbindung gebracht werden.[68] Die Ausrichtung auf die Schrittfolgen des Kirchenjahres lenkt die Aufmerksamkeit auch auf andere biblische Texte, die das Fest aus einem ungewohnten Blickwinkel erschließen. Wie exegetische, dogmatische und

66. Vgl. FLORIAN HERRMANN, Leseordnungen in der Gemeinschaft Evangelischer Kirchen in Europa, in: Auf dem Weg zur Perikopenrevision. Dokumentation einer wissenschaftlichen Fachtagung, hg. vom Kirchenamt der EKD/Amt der UEK/Amt der VELKD, Hannover 2010, 185-197.

67. Siehe z. B. zu Ostern PATRICK D. MILLER, Preaching the Old Testament at Easter, in: Stewards of the Mysteries of God: Preaching the Old Testament – and the New, Eugene, OR (Cascade Books) 2013, 24-33.

68. Für einzelne Perioden des Kirchenjahres eignen sich auch fortlaufende biblische Abschnitte mit vielen Perikopen der ungepredigten Bibel. Zum Beispiel: Advent, Weihnachten, Epiphanias. Predigtmeditationen zu Textreihen aus der Offenbarung, Jesaja und Johannes, hg. von Klaus-Peter Jörns, Göttingen 1987. – Karwoche, Osterzeit, Pfingsten, Trinitatis. Predigtmeditationen zu Textreihen aus Johannes und der Apostelgeschichte, hg. von Klaus-Peter Jörns, Göttingen 1991.

homiletische und seelsorgerliche Sichtweisen konvergieren können, zeigen manche *Predigtmeditationen*. Diese Gattung, die sich Jahr für Jahr an die Perikopenordnung anschließt, ist in einer für die deutsche evangelische Kirche bedrängenden Zeit entstanden und eine Eigentümlichkeit deutscher Theologie geblieben.[69] Manche Texte kirchlicher Lektionarien können allerdings eine Leseerwartung enttäuschen, die sich nicht mit einer Sammlung fragmentierter biblischer Passagen zufriedengibt, sondern auf theologische Profile im Rhythmus des Kirchenjahres achten möchte. Revisionen der Perikopenordnung, die von Zeit zu Zeit vorgenommen werden, rühren meistens von einer veränderten theologischen Orientierung her, die oft die Kunst des Bibellesens herausfordert. Sie versuchen, Bewährtes aus theologischer Überlieferung mit neuen Erfordernissen auszugleichen.[70] Ihre Textauswahl ist nicht immer ein verlässlicher Führer durch das Kirchenjahr; manchmal bleibt ein Rätsel, was liturgische Kommissionen wohlweislich oder auch mit Rücksicht auf Vorlieben der Ausschussmitglieder einem Festtag zugeordnet und warum sie einen Text so und nicht anders abgegrenzt haben. Dennoch ist die Absicht unverkennbar, der Vielschichtigkeit biblischer Texte für Liturgie und Predigt Geltung zu verschaffen.

Deshalb hat es sich in Seminarübungen als hilfreich erwiesen, dass Studierende sich wie Anwälte jeweils eines Festtagstextes verhielten und ihn im Gespräch vertraten, das auch zum Streitgespräch werden konnte. Dabei zeigten sich oft überraschende Querverbindungen, es ergaben sich aber auch Verfremdungseffekte mit theologischem Tiefgang. Eine solche Zusammenschau der Festtagsperikopen kann den Gehalt eines Festes schärfer erfassen, gerade dann, wenn versucht wird, biblische Texte weder miteinander zu harmonisieren noch sie gegeneinander auszuspielen noch sie auf einen gemeinsamen Nenner zu bringen, der zum Thema für die Festtagspredigt erhoben und aktuell variiert werden könnte. Dies soll im Folgenden beherzigt werden.

---

69. Martin Nicol, Artikel »Predigtvorbereitung und Meditation«, in: RGG⁴ 6, 2003, 1607 f.

70. Die 1958 eingeführte sechsreihige Perikopenordnung wurde 1978 revidiert und – so geändert – auch 1999 für das Evangelische Gottesdienstbuch übernommen. Ein 1995 von der Lutherischen Liturgischen Konferenz vorgelegter Revisionsvorschlag fand keinen Anklang. Im soeben veröffentlichten Entwurf einer Neuordnung der gottesdienstlichen Lesungen und Predigttexte wurden hauptsächlich die alttestamentlichen Texte vermehrt, Textvorschläge für »lebensweltliche und binnenkirchliche« Themenbereiche und Predigtreihen ähnlich wie in der Reformierten Liturgie hinzugefügt, die Reihenfolge von Evangelium, Epistel und alttestamentlichem Text in jedem Jahr gewechselt sowie einige Umstellungen vorgenommen. Angestrebt wird, den Spannungsreichtum der Texte für jeweils einen Sonntag als einen Zusammenklang hörbar werden zu lassen.

2. Erwartungszeit: Im Advent

1. Eine spannungsvolle Vorbereitung

Adventus heißt »Ankunft«, »Zu-kunft«, übertragen auch »Anbruch«. Im Jahre 354 wurden zur Erinnerung an einen früheren Besuch des Kaisers KONSTANTIN in Rom drei Tage in einen Kalender eingetragen, um den *adventus divi* im Gedächtnis zu behalten: die Ankunft dessen, der als »göttlich« tituliert wurde.[1] Wer kommt in der Adventszeit – ohne jede Verabredung! –, kommt auf uns zu, und was bricht mit ihm an? Und zwar während der Wochen, in der die Vorbereitung auf Weihnachten viel Zeit, Kraft und Geld in Beschlag nimmt, in einer geschäftigen Zeit, die auch die Wochen vor dem Beginn des Advents mehr und mehr beansprucht! Weihnachtsmärkte beginnen schon ein, zwei Wochen früher. Die Kirchen protestieren nicht nur gegen diese Vorverlegung in die Zeit des Totengedenkens, meistens vergeblich; mancherorts, wo die lärmenden Märkte auf dem Kirchplatz abgehalten werden, werden Glockengeläut und Wegweiser für Abendgottesdienste als störend für die Begleitmusik, ja sogar als geschäftsschädigend bekämpft. Der Streit um die Deutungshoheit über die Adventszeit und über den »Sinn« von Weihnachten ist in vollem Gange.

Erste Versuche, sich rechtzeitig auf ein Fest des Kommens Christi, seines Erscheinens (Epiphanie), einzustellen, stammen frühestens aus dem 4. Jh. Den wohl ältesten Weihnachtshymnus *Veni redemptor gentium* schrieb AMBROSIUS VON MAILAND um 386, noch bevor es in seiner Bischofsstadt ein Christfest gab. MARTIN LUTHER dichtete den Hymnus 1524 um zum Adventslied »Nun komm, der Heiden Heiland« (EG 4).

Liturgiegeschichtlich wird die Adventsperiode oft von einer Fastenzeit hergeleitet, die für Epiphanias als einem der beiden großen kirchlichen Tauffeste[2] und zugleich für den Geburtstag des Herrn, des Welterlösers, vorbereiten sollte: für die Begegnung mit Gott. Gefeiert wurde dieser Tag ursprünglich ebenfalls am 6. Januar, später avancierte unter dem Einfluss Roms der 25. Dezember zum Geburtsdatum, während Epiphanias im Osten zunächst als Geburts- und als Tauf-

---

1. GERHARD KUNZE, Die gottesdienstliche Zeit, in: Leiturgia. Handbuch des evangelischen Gottesdienstes, hg. von Karl Ferdinand Müller und Walter Blankenburg, Bd. 1: Geschichte und Lehre des evangelischen Gottesdienstes, Kassel 1954, (437–534) 468.
2. G. KUNZE, a.a.O., 467f.; KARL-HEINRICH BIERITZ, Das Kirchenjahr, München 1987, 180; J. NEIL ALEXANDER, Artikel »Advent«, in: RGG⁴ 1, 1998, (127f.) 126.

tag Jesu gefeiert wurde, später als Tauftag.[3] Wie es mit dieser vermutlich doppelten Herkunft auch bestellt gewesen sein mag – die Adventszeit erhielt ihr Gepräge durch *die Erwartung der Ankunft des menschgewordenen Gottes*, mit der Gottes Heil in die Welt einbricht und das Neue der Geschichte Gottes mit den Menschen anbricht. Dies wurde jedenfalls zur Tradition, die von Rom ausging. In Gallien und anderswo richtete sich *die Christuserwartung auf die endgültige Zukunft, die Parusie des Erlösers*. Zu der einen wie der anderen Erwartung sollten Fasten und Buße bereiten: Buße als »Um-denken« *(metanoia)*, das Herz und Sinne von alltäglichen Ansprüchen und Verpflichtungen, von kräfteverschleißenden Erinnerungen und verzehrenden Sorgen losreißt und auf die Verheißung lenkt, die Jesus Christus verbürgt. So schließt der adventliche Festzyklus an die letzten Sonntage nach Trinitatis an: Die Frage »Was dürfen wir hoffen?« geht über in die Frage »Wen dürfen wir erwarten?« Die Antwort: Jesus Christus als den Kommenden. Will die Adventszeit dagegen auf das Christfest vorbereiten, dann wird nicht nur seiner Geburt gedacht, sondern auch, ja vor allem der Gekommene erwartet. Beide Erwartungshaltungen können in der Adventszeit als Beginn des Kirchenjahres zum Ausdruck gebracht werden. Wenn aber das Weihnachtsfest die Adventszeit ganz an sich zieht, vielleicht sogar als Anfang des Kirchenjahres betrachtet wird, kann sich der Akzent verschieben: Advent wird gleichsam zum Vorspiel für das Geburtsfest, die Epiphanie – das Kirchenjahr geht der Geschichte Jesu nach und schließt mit seiner »Wiederkunft«, der Parusie, ab.

Die Texte, die für die Gottesdienste der vier Adventssonntage[4] vorgesehen sind, wie auch viele Adventslieder weisen entweder auf Weihnachten oder auf die künftige Parusie. Dass beide miteinander verschränkt sind und wie, wird seltener aufgezeigt, im Gesangbuch am ehesten von ERASMUS ALBER in »Ihr lieben Christen, freut euch nun, / bald wird erscheinen Gottes Sohn« (1546; EG 6); andere Lieder wie »Es kommt ein Schiff, geladen« (DANIEL SUDERMANN um 1626; EG 8) schlagen den Bogen bis zum ewigen Leben.

In der evangelischen Perikopenordnung greift das Evangelium des ersten Sonntags im Advent sogar auf die Passionszeit vor, indem es vom Einzug Jesu in Jerusalem erzählt (Mt 21,1-9). Jesus ist der verheißene Herrscher mit dem

---

3. FRIEDHELM MANN, Artikel »Epiphaniasfest I: Kirchengeschichtlich«, in: TRE 9, 1982, (762-769) 763.

4. Zunächst variierte die kalendarische Dauer des Festzyklus, und auch die Adventssonntage wurden nicht einheitlich gezählt; vgl. G. KUNZE, a. a. O. (siehe Anm. 1), 470 f. In der Form und in dem Umfang, der uns heute vertraut ist, bildete die Adventszeit sich in der lateinischen Kirche endgültig zwischen dem 5. und dem 7. Jh. heraus. Die orthodoxe Kirche kennt keine Adventszeit, wohl aber eine vierzigtägige Fastenzeit, beginnend mit dem 15. November. Dem Weihnachtsfest gehen die beiden Sonntage »der Väter« und »der Vorväter« voraus, die auf die Ahnen Jesu und die Propheten des Alten Testaments hinweisen, die Jesu Geburt geweissagt haben.

Namen »Der Herr unser Heil!« (Jer 23,5-8) Er wird als göttlicher Regent inthronisiert werden (Apk 5,1-5; 6-14). Die Epistel, sekundiert durch Hebr 10,19-22; 23.25, spricht von der Nähe des kommenden Heils, die aus dunklem Treiben herausreißt (Röm 13,8-12; 13-14). Die katholische Messordnung weist auf die endzeitliche Parusie, und die erste Präfation spricht vom zweimaligen Kommen Christi.

Am zweiten Sonntag ruft Jesus Christus die Menschen, die »vergehen vor Furcht und in Erwartung der Dinge, die kommen sollen über die ganze Erde«, zur Zuversicht auf die nahende Erlösung (Lk 21,25-33). Christen werden zur Geduld gemahnt, ohne die nichts wachsen kann, auch keine Hoffnung (Jak 5,7-8), wie sie durch Israels Sehnsucht nach Heimkehr vorabgebildet wurde (Jes 35,3-10). Im katholischen Lektionar erklingt die »Stimme eines Predigers in der Wüste« in der Bußpredigt Johannes des Täufers, der aufruft, dem Herrn den Weg zu bereiten (Mt 3,1-12; Mk 1,1-8; Lk 3,1-6).

Ein solcher Ruf hat Israel getröstet, wie einer der evangelischen Predigttexte zum dritten Sonntag im Advent verkündet (Eingangsverse des Deuterojesaja, Jes 40,1-8). In der katholischen Liturgie – auch bei den Anglikanern und in manchen lutherischen Kirchen – hat dieser Ruf als Freudenschrei über die nahe Ankunft des Herrn (Phil 4,4-5) dem Sonntag den Namen *Gaudete* gegeben.[5] Beide Kirchen hören dann die Frage des Täufers an Jesus: »Bist du es, der da kommen soll, oder sollen wir eines anderen warten?« (Mt 11,3), die Erwiderung Jesu und seine Beurteilung des Täufers (Mt 11,4-11). In der katholischen Liturgie wird das Zeugnis des Johannes über Jesus (Joh 1,6-8.19-28) verlesen. Der Täufer will den Weg zum kommenden »Stärkeren« mit einem Ruf zur Buße bahnen (Lk 3,10-18); dieser Text ist auch für eine evangelische Predigt vorgesehen. Die evangelische Sonntagsepistel lenkt unseren Blick auf den kommenden Richter, »der auch ans Licht bringt, was im Finstern verborgen ist« (1 Kor 4,1-5); ein weiterer Textvorschlag wiederholt Verheißungen des »Gottes der Hoffnung und des Trostes« an Israel (Röm 15,4; 5-13); ein anderer betont, dass der richtende und rettende Christus überfallartig kommen wird, »wie ein Dieb in der Nacht« (Apk 3,1-6).

Der vierte Adventssonntag ist in beiden Kirchen der Vorgeschichte der Geburt Jesu gewidmet: auf evangelischer Seite im Evangelium des *Magnificat* (Lk 1,46-55), mit dem Maria der Ankündigung der Empfängnis des »Sohnes des Höchsten« (Lk 1,26-33.34-37; 38) antworten wird, wenn sie Elisabeth besucht. Marias Lobgesang wird in der Epistel vom Freudenruf der Naherwartung (Phil 4,4-7) aufgenommen, als Echo des Jubels der getrösteten Bewohner des

---

5. *Gaudete* ist wie alle Sonntagsnamen nach dem Beginn der Introitusantiphon der Messe dieses Sonntages gebildet. Im evangelischen liturgischen Kalender gilt dies für die Sonntage der Passionszeit und zwischen Ostern und Pfingsten; ihre Namen entsprechen dem Beginn des lateinischen Eingangspsalms.

zerstörten Jerusalem (Jes 52,7-10). In Jesus Christus hat Gott alle seine Verheißungen erneuert (2 Kor 1,18-22). Nochmals wird der Ruf des Predigers in der Wüste laut (Joh 1,19-23; 24-28).

Wie stimmt dies alles zusammen? Wenn an einem der ersten drei Sonntage im Advent der kommende Weltenrichter angekündigt wird und vom Ende aller Dinge die Rede ist, werden viele Gemeindeglieder – und vielleicht der Prediger, die Predigerin selbst – für einen Moment aufhorchen, womöglich sogar einen kleinen Schock erleben, aber sich alsbald doch wieder erleichtert zurücklehnen, wenn dem Text die Spitze abgebrochen und er in die gewohnte Adventsstimmung eingepasst werden kann. Oder soll die Gemeinde etwa durch ein Wechselbad von Erwartungshaltungen gestählt werden?

Es wäre allzu dürftig, nur anzunehmen, hier seien zwei Überlieferungen (das Gedenken der Inkarnation und die Hoffnung auf Christi »Wiederkunft«) zusammengeflossen, von denen keine aufgegeben werden sollte – die zweite sogar nur deshalb nicht, weil das »eschatologische Verständnis der Wiederkunft Christi zum Gericht« sich »terminlich in keinen Jahresablauf der Kirche einbinden läßt«[6]. Welche Festbotschaft des Kirchenjahres ließe sich überhaupt in einen Jahresablauf einbinden, wenn sie nicht historisiert oder zur Voraussage aufgeladen wird?

Die Erwartung des Kommens Gottes zur Welt und des Kommens Christi als Weltenrichter gehört zu den maßgebenden Innenspannungen christlicher Theologie. Sie können weder durch Denkakrobatik aufgehoben noch durch raffinierte Formulierungen nahtlos verknüpft werden. Vielmehr umreißen sie den Raum, in dem wir »zwischen den Zeiten« leben.

Für MARTIN LUTHER war die Frage nach dem Charakter des Advents Christi kein Problem. Er sprach von der zweifachen oder dreifachen Zu-kunft Jesu Christi, die ineinander verschränkt sind. In seiner ersten Psalmen-Vorlesung legte er Ps 102,3 als Gebet der Kirche um die Zu-kunft Jesu Christi aus: Christus begegne uns in dreifacher Gestalt *(facies triplex):* im Advent der Menschwerdung – indem er geistlich zu uns kommt (ohne diesen Advent würde es uns nichts bringen, dass er die Gestalt Gottes ist!) – am Ende der Zeiten, wenn seine Gestalt voll und ganz sichtbar wird. Ps 102,2 rede vom ersten und vom endgültigen Kommen Christi.[7]

Hier wird weder die Mehrdeutigkeit des Wortes »Advent« ausgenutzt noch werden Vergangenheit, Gegenwart und Zukunft bloß aneinandergereiht. Für den Reformator führt Christi Kommen im Heiligen Geist immer auch zum Eingedenken seiner Ankunft auf Erden und zur Hoffnung auf sein Kommen, in dem seine Herrlichkeit offenbar werden wird. *Gottes Menschwerdung bringt in*

---

6.   G. KUNZE, a. a. O. (siehe Anm. 1), 471.
7.   M. LUTHER, Dictata super Psalterium (1513-1516), WA 4, 147,10-21.

eins mit dem Kreuzestod Jesu und seiner Auferstehung die Vollendung des Handelns Gottes zum Vorschein. Darauf will die Adventszeit uns vorbereiten, wie es beispielsweise im Lied von PAUL GERHARDT »Wie soll ich dich empfangen / und wie begegn ich dir« (1653; EG 11) anklingt.

Jeder Adventsgottesdienst will für die Zu-kunft Christi bereiten, indem er Christus vor Augen führt: als den, dessen Kommen Gott verheißen hat und der selbst sein Kommen verspricht. Seine überraschende Ankunft soll uns nicht unvorbereitet treffen, aber die Tür, durch die er eintritt, wird allein er öffnen können. Advent kann nur in dieser Innenspannung erwartungsvoll gefeiert werden. Diese Erwartung wird erheblich geschmälert, wenn Weihnachtliches schon in der Adventszeit genossen wird – eine Verführung, der viele sog. Weihnachtsfeiern erliegen, weil sie vorwegnehmen, was seine Zeit braucht, um zur Geltung kommen zu können. Kennen wir überhaupt noch eine Zeit des Wartens voller Vorfreude? Es scheint, als hätten viele Christen einen schnelleren Vorlauf auf das Jahresende hin als andere: der Beginn des Kirchenjahres spiegelt einen Neuanfang vor. Doch auf ihn will die Adventszeit vorbereiten!

Das Psychogramm des Kirchenjahres kennt jedoch nicht nur eine Ungeduld, die die Adventszeit überspringen will, sondern auch ein ermüdetes Abwinken: »Das hatten wir doch schon!«, vor allem die Ankündigung des Endes aller Dinge, des Abbruchs der Geschichte, des Endgerichtes. War denn nicht bereits im Evangelium zum 26. Sonntag nach Trinitatis, dem vorletzten Sonntag des Kirchenjahres, vom Weltenrichter die Rede (Mt 25,31-46)? Warum soll er jetzt noch einmal angekündigt werden, nur durch einen anderen Text? Und am Ewigkeitssonntag wurde doch schon zur Wachsamkeit für das Kommen des ersehnten Bräutigams, der Verkörperung der messianischen Zeit (Mt 25,1-13), aufgerufen! Warum nun dasselbe wieder, nur mit anderen Worten?

Alle Adventstexte und die meisten Adventslieder, nicht nur die im engeren Sinne eschatologisch ausgerichteten, wollen in *die Erwartung des Erlösers* und dessen, was er vollbringen wird, einüben. Als wer wird er sich zeigen? Was wird er herbeiführen und wie wird er es tun? – Sind wir für diese Fragen noch empfänglich, wir, die von früheren Weihnachten her gewohnt sind, Jesus Christus den »Heiland«, den Heilsbringer, den Erretter, den Versöhner zu nennen, überzeugt, er habe sich zur Genüge ausgewiesen – jedenfalls längst so, dass wir dies wüssten, wenn wir von ihm als vom Heiland reden? Oder meinen wir es besser zu wissen, wenn wir auf das altertümliche Wort »Heiland« verzichten und in Jesus stattdessen lieber den Befreier oder den Friedensstifter oder den Aufrührer gegen alle religiösen und politischen Zwänge sehen oder als eine andere Lichtgestalt, die uns tief beeindruckt, zum Vorbild der Lebensführung wird, uns mitreißt, vielleicht sogar unsere äußerste Sehnsucht stillen kann?

Auf den zündenden Titel, den wir Jesus von Nazareth beilegen, kommt es gar nicht an. Meistens verrät er mehr über uns und unsere Wünsche. Der Christus-Name ist aber ein Geheimnis, das gewahrt bleiben will. Gott selbst hat diesen

Namen Petrus »offenbart« (Mt 16,16 f.), als geschehensträchtig erschlossen, und Jesus will nicht, dass er vorzeitig bekannt werde. Später wurde »Jesus Christus« zum Eigennamen des Nazareners, ohne dass »Christus« zum Zusatznamen abgeschliffen werden durfte. Der Christus-Name schließt ja alle Gottesverheißungen in sich und erneuert sie: so, dass sie in ihm und mit ihm erfüllt werden, ohne wie ein menschliches Versprechen eingelöst und damit erledigt zu sein (2 Kor 1,20). »Christus« ist also, vereinigt mit dem Jesusnamen, nicht bloß eine Übersetzung des hebräischen Titels »Messias« ins Griechische. Indem in Jesu Leben, Sterben und Auferstehen der Messias-Titel sich als Name an ihn bindet, erhält er einen neuen Klang. Diesen Klang vernehmbar werden zu lassen, wird der Adventszeit in besonderer Weise zugemessen. Denn sie will in vielfältiger Weise für die Zukunft »Christi, des lebendigen Gottes Sohn« (Mt 16,16-17) bereiten.

Johannes hatte Jesus durch seine Jünger fragen lassen: »Bist du, der kommen soll, oder sollen wir einen anderen erwarten?« (Mt 11,3) Jesus antwortete darauf auf seine Weise: »Bezeugt eurem Meister, was ihr hört und seht! Und seht zu, dass ihr euch bei alledem nicht an mir ärgert!« – Was werden *wir* antworten? Oder meinen wir, die Frage des Täufers sei gar nicht an uns gerichtet? Bildet Jesus als Person und mit seinem Wirken keinen befremdenden Anstoß mehr für uns? Vielleicht erscheint uns jene Frage längst durch die Wirkungsgeschichte Jesu beantwortet: Segensreich hat er gewirkt, indem er Menschen vorbehaltlos liebevoll begegnete, sie von vielerlei Bedrückungen und Leiden befreite, ohne Unfrieden zu stiften, und indem er den Blick für Bedürftige öffnete. Ja, er hat in vielen kleinen Schritten die Welt verändert, hat viele Einzelne erlöst, vor allem dadurch, dass er ihnen half, mit sich, ihren Mitmenschen und mit Gott ins Reine zu kommen. Doch so abgeschwächt, wäre die Adventszeit längst überflüssig geworden, oder sie wäre allenfalls ein Anlass, uns jene Bedeutung Jesu von Nazareth zu vergegenwärtigen, sie vielleicht noch herzbewegender auszumalen!

Doch *Jesus Christus als den Kommenden zu erwarten – als den Erlöser der Welt in Gestalt eines unter armseligen Umständen zur Welt gekommenen Kindes und als den Richter aller Menschen in Gestalt der Gerechtigkeit Gottes:* dafür will die Adventszeit uns vorbereiten und zubereiten. Sind wir wirklich dafür bereit? Oder warten wir doch auf einen anderen, und sei es insgeheim? Treibt unsere Erlösungs- und Friedenssehnsucht uns nicht zu ganz anderen Heilsbringern? Jesus von Nazareth hat vielleicht nur auf den Geschmack gebracht, mehr und anderes zu erwarten, als er in seiner Zeit und mit seinen eingeschränkten Mitteln mit sich bringen und bewirken konnte! Ja, er ist gekommen und hat einiges auf den Weg gebracht. Aber war und ist er wirklich der Christus, der dem Reich Gottes, der neuen Welt, Bahn bricht? Oder gilt es, diese Erwartung auf den neuesten Stand zu bringen, sie vielleicht sogar zu überholen?

2. Menschen im Advent

Dass Jesus Christus derjenige ist, »der kommen soll«, und dass er wie kein anderer die Erwartung künftiger Erlösung vorantreibt, gerade in seinem Kommen und Gehen, in seinen Worten und Taten, in seinem Leiden und seiner Auferstehung: dies bezeugen einige Gestalten, die im Evangelium des Lukas als Menschen im Advent gezeichnet werden.

Der Tempelpriester *Zacharias* hat mit seiner Frau *Elisabeth* jahrzehntelang vergeblich auf einen Sohn gewartet, auf das Unterpfand ihrer Zukunft. Ihre Namen sind bedeutungsvoll – Elisabeth: »Gott schwört, Gott ist vollkommen«, Zacharias: »Gott gedenkt«. Verloren diese Namen im Laufe eines gemeinsamen Lebens wegen mancher enttäuschter Erwartungen nicht längst ihren Glanz? Und doch hat das Ehepaar, in aller Stille und ohne Aufsehen zu erregen, »recht vor Gott gelebt«, ihm die Treue gehalten unter Menschen, die jegliche Treue für Gottes Weisungen längst in den Wind geschlagen hatten. Und ohne Treue kann Hoffnung nicht gedeihen, Treue aber, die sich auf Gottes Verheißungen verlässt, ist hoffnungsvoll auch dann, wenn sie ihre Erwartung nicht unter Überdruck setzt. – Da kündigt ein Engel dem Zacharias während seines Tempeldienstes die Geburt eines Sohnes an, der ein Vorbote des kommenden Herrschers sein wird. »Gott ist gnädig« soll er heißen und mit der Vollmacht Elias handeln, des Propheten, der die Ankunft des Messias ankündigen wird. Der Priester, der schon beim Kommen des Engels erschrocken zurückwich, kann auf diese Zusage nicht antworten, geschweige denn sie fassen. Er wird verstummen, neun Monate lang. Solange eine Schwangerschaft dauert, wird er mit niemandem, nicht einmal mit seiner schwangeren Frau, sein Erschrecken, seine Zweifel, vielleicht auch seine zaghafte Vorfreude teilen können. Allein auf Gottes Verheißung bleibt er gestellt. So geht Zacharias schwanger mit der ungeheuerlichen Botschaft, die ihm zuteil wurde: Was dem langersehnten Sohn auferlegt werden wird, wird ihn über seine Familie, über seine Sippe, ja über sein Volk weit hinausführen. Himmel und Erde wird er erschüttern, bewegen und von Neuem aufrichten. Ja, so wird Gott gedenken, seine Vollkommenheit wird er mit seiner Gnade erweisen (Lk 1,67-79).

Maria wird eine Botschaft zugemutet, die ihr nicht nur zu Herzen gehen will, sondern die ihr Gottes Geheimnis in unvergleichlicher Weise leiblich anvertraut: Sie wird so schwanger werden, dass Gottes Menschwerdung sich in der Geburt ihres Kindes ereignen wird, das *Jeschua*, »Gott hilft«, heißen soll. So will Gott zur Welt kommen, nicht anders als jedes Neugeborene, und doch von ganz anderer Herkunft. Diese Geburt wird den Himmel öffnen und die Erde aufreißen, und dies beginnt bei denen, die »ganz unten« sind.

In der christlichen Kunst ist diese Szene meistens als glanzvoller Besuch eines glückbringenden Engels bei einer festlich gekleideten jungen Frau in einem prachtvoll ausgeschmückten Raum gemalt worden, die hingebungsvoll empfängt, was ihr zuteil wird. Sie ist voller Demut, aber ihre Haltung kündigt auch schon die Hoheit der künftigen Himmelskönigin an. – Der Expressionist OSKAR KOKOSCHKA sieht dagegen eine schlicht dunkel gekleidete junge Frau, die ihre linke Hand auf den Bauch oder das Herz legt. Sie wehrt sich dagegen, von einer anderen, nackten weiblichen Gestalt überwältigt zu werden, die ihre Arme ausreckt, fast so, als wollte sie die Wehrlose erdrücken. Sie blicken einander nicht an, die bedrängte Frau reißt erschrocken ein Auge auf, das andere möchte sie wohl niederschlagen. Über ihren Mund scheint sich das Kreuzeszeichen zu legen. Die Erscheinung ist viel zu erschreckend, als dass ein Mensch sie fassen könnte, aber Maria kann sich der Energie, die auf sie einstürmt, nicht entziehen.[8]

»Mir geschehe, wie du gesagt hast«, antwortet Maria dem Engel, nicht nur: »es geschehe«. Es ist ein demütiges Einverständnis, wenn »Demut« dem ursprünglichen Wortsinn gemäß verstanden wird: als Bereitschaft zu dienen und einem Geheiß zu folgen. Wohl deshalb nennt Maria sich eine Magd, nicht um ihren sozialen Stand zu bezeichnen. Der Gottes-Dienst, den zu verrichten sie willens ist, ehrt sie, denn Gott hat sich ihr selbst zugesagt. Darum ist ihre Antwort ein Ja-Wort, das bereitwillig auf sich nimmt, was an ihr weiterhin geschehen wird: das Unverständnis ihres Verlobten, das nur Gott beseitigen kann, böses Geschwätz, skurrile Deutungen (bis in heutige Predigten hinein!), aber viel mehr noch: sie wird mitleiden müssen, ein Schwert wird durch ihre Seele gehen (Lk 2,35), wird sie zerteilen in ihre Mutterliebe und den Gottesgehorsam (Lk 1,26-38). – Wenn Jesus auch uns geboren werden will, können wir zu ihm nur kommen, wenn wir gleichfalls sagen »Mir geschehe«: nach seinem Wort, dem Mensch gewordenen Wort.

Simeon, dem Gott versprochen hatte, er werde den Heiland noch zu seinen Lebzeiten erblicken, erkennt den kommenden Erlöser Israels in dem Neugeborenen, den seine Eltern in den Tempel bringen, damit er als Erstgeborener Gott zum Eigentum übergeben, ihm »vorgestellt«, »vor Augen gestellt« werde (Lk 2,22).[9] Den Hochbetagten leiteten die Hoffnungen, die die Propheten seines Volkes verkündigt hatten: Gott werde kommen und die Seinen so erretten, dass sie ihm, ihrem Herrn, zugewandt leben können. Simeon war nicht von Visionen durchglüht wie die alten Propheten. Jahr für Jahr wartete er geduldig und wachsam auf den Augenblick, in dem der Erlöser sich ihm zeigen werde. Nie hat er sich ein Bild von ihm gemacht, niemals bei Menschen, die er traf, nach den

---

8. O. KOKOSCHKA, Verkündigung (1911), Museum Ostwall, Dortmund.
9. Das Fest der »Darstellung des Herrn«, in der katholischen Kirche verbunden und zeitweise überlagert von dem zweiten in Lk 2,22-24 erwähnten Ritus, der »Reinigung Marias«, wird 40 Tage nach der Geburt Jesu gefeiert. Im katholischen Festkalender heißt es auch »Mariä Lichtmess« (Lichtmesse, weil in der katholischen Messe Kerzen für das kommende Jahr geweiht werden, bezogen auf Lk 2,32: Jesus als »Licht, zu erleuchten die Heiden«). Das Fest entstand im 4. Jh. – Siehe auch S. 96, Anm. 53.

Zügen eines Messias Ausschau gehalten, wie er ihn sich hätte einbilden können. Und wenn irgendwer sich als Befreier gebärdete, ließ er sich nicht von dessen Versprechungen beirren. Den wirklichen Erlöser wahrhaft zu erkennen: damit würde die Erlösung gewiss schon anheben!

Woran hat er ihn erkannt, mit seinen altersmüden Augen und offenem Herzen und so scharfsichtiger als die meisten anderen? Wir erfahren es nicht. Wie ein Blitz trifft es ihn: »Da ist ER, den ich lebenslang erwartet habe!« Eine erfüllte Hoffnung auf den ersten Blick. »Und wen sehe ich jetzt? Ein Zeichen, dem widersprochen wird, an dem viele meines Volkes straucheln und stürzen, andere aufgerichtet werden. So wird die Berufung Israels erstrahlen und die nichtjüdische Menschheit erleuchtet werden.« Simeon blickt in die Tiefe und Reichweite der Sendung des Heilands (Lk 2,25-35).

Von *Hanna*, die Simeon zur Seite tritt und den in das Bundesvolk aufgenommenen *Jeschua* als Sieger begrüßt, wird nicht viel mehr erzählt als dies: Ihr Leben lang erwartete sie den kommenden Erlöser, sie bereitete sich auf ihn vor, indem sie alles vermied, was sie ablenken könnte. Früh verwitwet, durfte sie nur wenig beanspruchen. Vielleicht wurde sie nur als wunderliche Überfromme angesehen, die im Tempel zu finden hoffte, was ihr auf den Gassen versagt war. Und nun kann sie allen anderen sagen, wer dieses kleine Kind wahrhaft ist, das einem kultischen Ritual unterzogen wird wie andere jüdische Erstgeborene auch. Nichts Außergewöhnliches ist an ihm zu sehen, aber sie, die Prophetin, nimmt wahr, was vor sich geht: »Hier kommt er, der die Gottesstadt aus aller Bedrängnis befreien wird, kommt in das Haus Gottes! Von hier, aus dem Innersten des Heiligtums heraus, hebt die Erlösung an, die Gott denen bereitet, die sein Handeln erwarten und einstimmen in das, was er wirken will und wie er es vollbringt.« (Lk 2,36-38) – Könnte Größeres von einem Menschen erzählt werden als: begnadet sein zum Sehen dessen, was allen vor Augen liegen mag, aber meistens übersehen wird, vor allem das, was sich darin ankündigt?

Zacharias und Elisabeth, Maria, Simeon und Hanna lebten in einer »Erwartungszeit«[10]. Keine Rede davon, dass sie in einen Wartestand verwiesen worden wären wie jemand, der sich Anrecht auf einen Beruf erworben hat, aber noch nicht eingestellt werden kann, oder, schlimmer noch, der wegen eigenen Versagens oder aus übergeordnetem Anlass seinen Beruf für kürzere oder längere Zeit nicht ausüben darf! Wer dagegen in der Erwartungszeit lebt, wird von dieser Erwartung auch dann nicht ablassen, wenn eine Zusage Gottes eingetroffen, eine Verheißung erfüllt ist – wie bei Zacharias und Elisabeth, Maria, Simeon und Hanna. Darum sind die überschwänglichen Lob- und Danklieder, die sie anstimmen, zugleich Hoffnungsgesänge: *Magnificat, Benedictus, Nunc dimittis* nach ihren Eingangsworten genannt. So sind sie in die Liturgie der Kirche eingegan-

---

10. [JOHANN] CHRISTOPH BLUMHARDT, Fünfzehn Predigten über die drei ersten Advents-Evangelien, zur Beförderung christlicher Erkenntniß, Stuttgart 1864, 5.

gen. Sie wollen als Lobgesänge *(Doxologien)* der Erwartung gesungen oder gesprochen werden, heute nicht anders als einstmals. Ob der Evangelist sie vor oder nach der Geburtsgeschichte notiert hat, ist angesichts ihres adventlichen Charakters unwesentlich.

JOHANN CHRISTOPH BLUMHARDT hat die genannten jüdischen Träger der »Hoffnung der Ankunft Christi«[11] so geschildert: Unermüdlich warteten sie auf Gottes Heil. Ihre geduldige Sehnsucht richtete sich an der Hoffnung der alttestamentlichen Propheten aus, Gott werde aller bisherigen Zeit, die unter seinem unaufhörlichen Strafgericht stand, ein Ende setzen. Er werde den Fluch, der infolge menschlicher Sünde auf der Erde lastet, aufheben. Dann lasse er seinen Segen in die Welt einkehren, der ihr erneut dazu verhilft, schöpfungsgemäß zu existieren. So entreiße Gott Leben dem Verderben und schenke ihm wieder die Fülle, die er ihm zugedacht hat. Erlösung schaffe »eine neue Bewegung und ein neues Erwachen«[12]: die andrängende Hoffnung auf Gottes Eingreifen, hervorgerufen dadurch, wie Gott seine Verheißung zeichenhaft erfüllt. Die prophetische Verkündigung dieser Verheißung sei damit nicht überholt oder gar erledigt. Vielmehr müssten wir uns weiterhin an sie halten, damit nicht der fragwürdige, oft geradezu erbärmliche Zustand der Christenheit als Fortschritt gegenüber der prophetischen Ankündigung behauptet und die Verheißung göttlichen Segens spiritualisierend umgedeutet werde.[13]

Auch wenn in diesen Äußerungen hin und wieder die Sprache der Erweckungsbewegung anklingt – »unser inwendiger Mensch« soll durch den »Ruf Gottes« im Gang des Kirchenjahres »gefördert« werden[14] –, bindet Blumhardt sich keineswegs daran, »Erlösung« als innere Erneuerung von Einzelnen aufzufassen, die sich dann als »Erlöste« ansehen und sich gedrungen fühlen könnten, ihr Erlebnis auszubreiten und möglichst viele andere dafür zu gewinnen. Ebenso wenig stellt Blumhardt sich »Erlösung« als eine welterschütternde Umwälzung oder als Vorbereitung dafür vor, die »Bestehendes« niederreißt, um Bahn zu brechen für das, »was Zukunft hat«. Jesus, so schreibt er, habe sich nie als ein solcher Heilsbringer verstanden oder wie jemand gehandelt, der messianische Ansprüche erhebt, indem er verspricht, gegen Unterdrückung und Fremdherrschaft vorzugehen – mit einem Aufruf zum Umsturz, der gerade zur Zeit Jesu viele mit sich reißen konnte. Als er unter dem Eindruck seiner wunder-

---

11. [J.] CHR. BLUMHARDT, a.a.O., 3.
12. J. CHRISTOPH BLUMHARDT, Blätter aus Bad Boll, Bd. 1: Juli 1873-Juni 1874 (Gesammelte Werke II/1,2), hg. von Paul Ernst, Göttingen 1968, 118 (4.4.1874).
13. GERHARD SAUTER, Johann Christoph Blumhardt als Theologe der Hoffnung. Seine Erwartung des Reiches Gottes und seine Zuversicht für den Weg der Christenheit, in: Blätter für Württembergische Kirchengeschichte 106 (2006), (77-102) bes. 89.94f.
14. [J.] CHR. BLUMHARDT, Fünfzehn Predigten über die drei ersten Advents-Evangelien (siehe Anm. 10), 2.

baren Speisung einer Menschenmenge zum »Propheten, der in die Welt kommen soll« erklärt wurde und sogar zum König erhoben werden sollte, habe er sich in die Einsamkeit zurückgezogen (Joh 6,14-15).[15]

Natürlicherweise sehnen Bedrängte sich danach, wieder frei atmen zu können; Gefangene möchten befreit werden; Leidende wollen von ihrer Qual erlöst werden; schuldig Gewordene, die trotz allerbesten Willens ihre Verfehlung nicht mehr bereinigen können, hoffen auf Vergebung. In alledem kann sich Erlösung abzeichnen. Doch ebenso natürlich ist es, dass viele, allzu viele sich gar nicht als erlösungsbedürftig ansehen. In sich selbst verkrümmt, sind sie in Lebenslügen und Selbsttäuschung befangen. Sie bedürfen der Befreiung von sich selber: von dem, was sie aus sich gemacht haben. Viele Jesus-Geschichten erzählen von solcher Erlösung, auch von den Anstößen, die sie vielen bereiteten und sie zum Widerstand reizten; die apostolischen Wegweisungen machen auf Schritt und Tritt darauf aufmerksam. Die paulinische Weihnachtsgeschichte (Gal 4,4-7) wird von Menschen erzählen, die das Jesuskind zur Freiheit der Kinder Gottes befreit.

Erlösung, die von Gott ausgeht, widerfährt selten so, dass präsentiert wird, was wir uns unter ihr vorstellen. Wenn Erlösung sich ereignet, so strahlt sie auf ihre ureigene Weise aus. Sie erschöpft sich nicht im Wohlergehen dessen, der sie empfängt, oder auch in dem, was er nun erreichen könnte. Wenn Gott verheißt: »Ich will euch erlösen, dass ihr ein Segen sein sollt« (Sach 8,13), dann gewinnt dadurch seine Herrschaft Raum. Eine solche Verheißung treibt zu neuer Hoffnung, nicht weil die Sehnsucht nach Vollkommenheit noch stärker geworden wäre, sondern weil die erneuerte Verheißung den Sinn für Gottes Handeln schärft, das oft wider Erwarten und in unverhoffter Weise zum Zuge kommt. Hoffen heißt: auf Gottes Handeln warten, freilich nicht ängstlich abwarten wie etwa auf eine Diagnose oder auf eine Entscheidung, die auf sich warten lässt, sondern sich danach ausstrecken, mit offenen Händen und wachen Sinnen, und zuinnerst entgegeneilen.

Ist dieses Warten nicht längst aus der Adventszeit vertrieben worden? Adventsmusik, die sich zum Christfest hinbewegt, ohne überstürzte Eile und vorzeitigen Überschwang, wurde vergessen oder verdrängt. Stattdessen überfluten uns von überall her weihnachtliche Klänge; JOHANN SEBASTIAN BACHS »Weihnachtsoratorium« – sechs Kantaten für die drei Weihnachtstage, Neujahr, den ersten Sonntag im neuen Jahre und Epiphanias – wird in die Adventszeit vorverlegt. Inzwischen empfehlen Soziologen, die Vorweihnachtszeit zu »entschleunigen«, weil sie sonst durch Hast und Vorgriffe zerfasert wird und nicht mehr Mittel zum Zweck der Zeitverwertung sein kann. Psychologen müssen Eltern beraten, deren Kinder alle Fenster ihres Adventskalenders, der mit Süßigkeiten gefüllt ist, schon am 1. Dezember aufreißen wollen.

15. A. a. O., 6.

Advent ist Erwartungszeit, weil sie für das Warten bereitet, für ein Warten auf das, was empfangen werden will, weil es verheißen ist. Es ist kein Warten, das wir beherrschen könnten, auch und gerade nicht durch das, was wir erwarten, und indem wir die Stufen zählen, die dahin aufwärts führen. Wer geduldig wartet und auch innerlich dem Erwarteten entgegengeht, wird auch bereit werden für die Klärung seiner Erwartungen, die gereinigt werden müssen von so vielem, das sie trübt und mit Illusionen durchsetzt. Manche Erwartungen, gerade auf Weihnachten hin, tragen den Keim zu ihrer Enttäuschung in sich, nicht nur, weil sie übertrieben sind, sondern vor allem, weil sie sich nichts entziehen lassen wollen.

In einem Strang christlicher Spiritualität ist »Hoffnung« zu einem Gang ins Dunkel des Handelns Gottes gewiesen. MARTIN LUTHER sagte, die Hoffnung führe »in das Unbekannte und Verborgene, in inwendige Finsternisse, so daß sie nicht weiß, was sie hofft, und dennoch weiß, was sie nicht erhofft«: alles nämlich, was sie von menschlicher Natur aus und im Sichtbaren ansetzend erwarten möchte.[16] Luther plädiert nicht für eine »reine Hoffnung«, für »Hoffnung pur«, die jeden Erwartungsinhalt von sich abgestreift hat. Er bestreitet vielmehr, dass Menschen ihre Erwartungen so zu reinigen vermögen, dass sie ihre Hoffnungen auf das Rechte setzen und sich mit aller Kraft einsetzen können, dass sie verwirklicht werden. Die Lauterkeit der Hoffnung[17] bedarf der Bitte, Gott möge uns von Sorge und Angst befreien, die daher rühren, dass wir durch Wünsche irregeführt werden, in denen wir uns selber zu verwirklichen suchen. Er rufe uns aus der Finsternis, die wir verbreiten, die er sogar noch verstärkt, wenn er uns Ziele aus der Hand schlägt, in sein Licht, in dem wir Vertrauen auf sein Verheißungswort fassen. – JOHANNES VOM KREUZ (1542-1591) berief sich in einer Tradition, die u. a. auf GREGOR VON NYSSA und DIONYSIUS AREOPAGITA zurückgeht, auf Ps 97,2: »Wolkendunkel ist« rings um ihn [Gott] her« und auf Hiobs Entsetzen bei seiner Selbsterkenntnis vor Gott. Gottes Nähe erschüttert den Menschen so, dass seine Seele gleichsam entleert wird von allem, worin sie sich verstrickt hat, auch und gerade in ihren Erwartungen. Immer mehr von dem, woran sie leidenschaftlich hängt und wovon sie sich Bereicherung verspricht, wird ihr genommen, und ihr Liebesbedürfnis entpuppt sich als Selbstliebe.[18] Daran knüpfte THOMAS STEARNS ELIOT 1940 in seinem Gedicht »East Coker« an, in dem er sich aufrief,

---

16. MARTIN LUTHER, Vorlesung über den Römerbrief (1515/16), WA 56, 374,14-17 (Scholion zu Röm 8,24): »Ergo spes transfert in speratum, Sed speratum non apparet. Ideo transfert in incognitum, in absconditum, in tenebras interiores, Vt nesciat, quid speret, et tamen sciat, quid non speret.«

17. Vgl. MARTIN LUTHER, Operationes in Psalmos (1519-1521), WA 5, 166, 16-19 (zu Ps 5,12): »Adeo scilicet omnia a nobis aufferenda sunt, ut nec optima dei dona, idest ipsa merita, reliqua sint, in quibus fidamus, ut sit spes purissima in purissium deum: tunc demum homo vere purus et sanctus est.«

18. JOHANNES VOM KREUZ, Dunkle Nacht, aus dem Spanischen übersetzt von P. Aloysius

in der Hoffnung innezuhalten: ohne Hoffnung zu warten, ohne Gedanken, für die er noch nicht bereit sei – so werde die Finsternis Licht und die Stille Tanz.

> I said to my soul, be still, and wait without hope
> For hope would be hope for the wrong thing; wait without love
> For love would be love for the wrong thing; there is yet faith
> But the faith and the love and the hope are all in the waiting.
> Wait without thought, for you are not ready for thought:
> So the darkness shall be the light, and the stillness the dancing.[19]

Advent kann zur Zeit der Erschütterung werden, zur Zeit des Erwachens zum Warten.

3. Jesus Christus, der Kommende

Wenn es zutrifft, dass außerhalb des Einflussbereiches römischer Theologie – in Gallien und dort vielleicht angeleitet von iroschottischen Missionaren – Aufrufe zur Buße und zur Askese angesichts des Weltgerichtes als »Schreckenstexte verstanden« wurden[20], dann mochte in Konkurrenz dazu die Adventszeit, unter dem römischen Dirigat als Vorbereitung auf Weihnachten verstanden, die Stimmung heben. Eschatologische Texte konnten überall dort, wo Advent auf die Geburt des Erlösers zulief, als Voraussagen vernommen werden, die an Weihnachten ihre Erfüllung finden – und in manchem Rückblick der Kirche ja bereits erfüllt worden sind! War dies vielleicht auch ein erstes Anzeichen dafür, dass die Angst aus der Kirche ausgetrieben werden sollte, wenigstens für eine begrenzte Zeit: für die Zeit um Weihnachten?

Der Kulturphilosoph PETER SLOTERDIJK meint, es gebe heute zwar noch Angstsekten, aber keine Furchtkirche mehr – und deshalb auch keine Moral. Denn Moral reiche nur so weit, wie mit höllischer Strafe für Vergehen gegen die Rechtsordnung gerechnet werde.[21] So abwegig eine solche Moralbegründung auch sein mag – leider trifft es zu, dass christliche Theologie von Gottes Gericht entweder nicht mehr sprechen will oder dies gar nicht mehr kann. Der Schriftsteller JOHN UPDIKE, ein treuer Kirchgänger, schilderte an der Jahrtausendschwelle protestantische Gottesdienste im Nordosten der USA:

ab Immac. Conceptione, in: Sämtliche Werke, hg. von P. Aloysius ab Immac. Conceptione und P. Ambrosius A. S. Theresia, Bd. 2, München ⁸1987, 164 f.

19. THOMAS STEARNS ELIOT, Four Quartets, New York (Harcourt, Brace and Company) 1943, (9-17) 15.

20. J. NEIL ALEXANDER, a. a. O. (siehe Anm. 2), 126.

21. Bericht vom 22.10.2012 über ein Gespräch über die Renaissance der Religionen in der Sendung »Kultur heute« des Deutschlandfunks.

Ein angenehmes Flair, freundlich und leicht verblichen, von Blumenkindern und »Seid lieb zueinander-Sprüchen« ist an die Stelle des alten, strengen Glaubens getreten. […] Die gesellschaftliche Lehre von der Liebe mit einer Hinwendung zu den Verlierern, einschließlich der gefährdeten Arten, in dieser Welt wurde in die Kirche hineingelassen. Wo sonst kann man in diesen ichbezogenen Jahrzehnten davon hören? Die jüngeren Geistlichen kommen mir auf resolute Weise liberal, fröhlich und furchtlos vor. Weltlichkeit hat für sie nichts Erschreckendes. Die munteren Fernsehergüsse von Katastrophen und Lüsternheiten gehen auf sie ebenso nieder wie auf die Menschen außerhalb der Kirche. Nichts kann sie so schnell erschüttern.[22]

Statt des Schreckgespenstes einer »Furchtkirche« also eine Wohlfühlgemeinschaft, deren empathische Wärme durch einen Durchlauferhitzer gespeist wird, der die ethischen Tagesparolen religiös erwärmt! Werden wir nicht gerade in der Advents- und Weihnachtszeit mit christlichen Werten und Handlungsmustern überfüttert: vom Beglücken und Beglückt-Werden über möglichst umfassende Fürsorge bis zum Friedenschaffen auf Erden? Haben wir auch genug an die Werke der Barmherzigkeit gedacht? Sind wir freigebig gewesen, haben wir von ganzem Herzen und mit vollen Händen gespendet? Dann kann ja das Feiern losgehen!

Gerade hier will *Christus uns als Richter und Retter entgegentreten*. Nicht zuerst als Richter, dann als Retter, sondern beides in einem. Johann Christoph Blumhardt sagte, Jesus Christus werde kommen, »nicht *hin*zurichten, sondern *herzu*richten«[23]. Sein Richten ist eine Wohltat – gerade dann, wenn seine Wahrheit über uns aufleuchtet und uns so durchdringt, dass sie wehtut. Diese Wahrheit wird »freimachen« (Joh 8,32), in ungeahnt tröstlicher Weise, in unvorstellbarem Maße und so durchgreifend, dass sie fassungslos werden lässt. In der Kirchensprache heißt es zwar noch gelegentlich, der »Gerichtsernst« der Botschaft Jesu dürfe nicht aufgegeben werden. Wie unangemessen! Die Erwartung dessen, »der kommen soll«, wird weder aus ernsthafter Gesinnung gespeist noch antwortet sie auf den »Ernst der Lage«.

Jesus Christus will kommen, um Gottes Herrlichkeit, seine doxa, *erstrahlen zu lassen und so völlige Klarheit zu schaffen:* Klarheit über uns, über unsere Welt und ihre Verhältnisse, über unsere Geschichten, darüber, was wir im Gedächtnis behalten und was wir hoffen dürfen. Unser innerstes Selbst wird dabei offenbar werden (1 Kor 3,13; 2 Kor 5,10; Kol 3,4). Dabei werden nicht nur unsere Taten

22. John Updike, Die Zukunft des Glaubens (1999), in: Due Considerations: Essays and Criticism, New York (Alfred A. Knopf) 2007, übersetzt von Susanne Höbel: Fällige Betrachtungen. Essays, Reinbek bei Hamburg 2010, (63-87) 67.
23. Friedrich Zündel, Johann Christoph Blumhardt. Ein Lebensbild, Zürich und Heilbronn 1880, 464 ([2]1881: 526); vgl. auch J. Chr. Blumhardt, Blätter aus Bad Boll, Bd. 4: Juli 1876-Juni 1877 (Gesammelte Werke II/4,1), hg. von Paul Ernst, Göttingen 1970, 218-220 (8.7.1876).

ans Licht gebracht, sondern auch alles, was in und mit unserem Leben geschehen ist, samt seinen Zusammenhängen und Querverbindungen, seinen Verwicklungen und Verdrängungen, Selbsttäuschungen und Lebenslügen. Es ist eine Klarheit, die schmerzt. Niemand kann von sich aus ertragen, was ihm hier klar und deutlich wird. Darum zucken Menschen vor Gottes *doxa* nicht bloß zusammen – sie fürchten ihre durchdringende Klarheit. Ihr ins Auge sehen können wir so wenig wie der Sonne und dem Tod. Erblicken und aushalten können wir diese Klarheit nur, wenn sie uns mit den Augen Jesu Christi anblickt, den Augen der Gnade. Sie sind der »Spiegel« »des veterlichen hertzens« Gottes, »ausser welchem wir nichts sehen denn einen zornigen und schrecklichen Richter«[24].

Das göttliche Gericht, das Jesus Christus vollzieht, schafft keine Tatbestände, indem es, wie Rechtspflege auf Erden, nach juristischen Prinzipien Sachverhalte offenlegt und so nach Wahrheit sucht – was gar nicht immer, nicht einmal in Rechtsstaaten, vorrangig angestrebt wird, wenn Geschehenes bereinigt werden soll. Christus lässt Gottes Gerechtigkeit walten: Gerechtigkeit, die alle Verhältnisse ins Lot bringt, indem sie die Klarheit schafft, in der wir gemeinsam vor Gott leben, vor ihm endgültig bestehen können. So rückt die Adventszeit das ganze Weltgeschehen in den Blick: für eine Gemeinschaft, die von der Christuserwartung gebildet wird. Sie wird dank der Einblicke und Ausblicke, die die Hoffnung auf vollkommene Klarheit ihr gewährt, aufmerksam für die Unklarheiten und Verworrenheit, in der sie ihren Weg finden muss. Wer singt: »Komm, o mein Heiland Jesu Christ« (GEORG WEISSEL, 1623.1642; EG 1.5), wird zugleich bedrängt und drängend fragen: »Wo bleibst du, Trost der ganzen Welt, / darauf sie all ihr Hoffnung stellt?« (FRIEDRICH SPEE, 1622; EG 7.4) Beide Lieder wurden während des Dreißigjährigen Krieges gedichtet! Und wie hat sich der Jesuit Spee dafür eingesetzt, anderen zu helfen und sie zu trösten!

Das bereits erwähnte Evangelium für den vorletzten Sonntag des Kirchenjahres, Jesu Rede vom Gericht des Menschensohnes (Mt 25,31-46), schärft den Blick für alle Adventstexte, die dazu ermutigen, wachsam zu bleiben, nüchtern auch im Blick auf eigene Erwartungen, und so aufs Neue des Kommens Christi gewärtig zu werden.

Diese Perikope hat jahrhundertelang die Vorstellungskraft der Christenheit beflügelt. Darstellungen der Gerichtsszene, in der die Seligen von den Verdammten auf ewig geschieden werden, finden wir zum Beispiel über vielen mittelalterlichen Kirchenportalen. Unten an den Pforten kauern die Bedürftigen, die um Christi willen, der hoch droben als Weltenrichter thront, um eine Gabe bitten. So sehen sich alle, die das Gotteshaus betreten wollen, gefragt, auf welcher Seite sie sich am Jüngsten Tage vorfinden würden.

Heutzutage gilt Jesu Rede weithin als Magna Charta der Nächstenliebe, ja sogar als Urbild missionarischen Handelns, das keiner weiteren Botschaft be-

---

24. MARTIN LUTHER, Großer Katechismus (1529), WA 30/I, 192,5 f.; BSLK 660,41-44.

darf, die verkündigt werden wolle und nicht bereits durch die Zuwendung zu Notleidenden beglaubigt wäre. So rückt die Frage: »Wo kommst du zu stehen?« das Weltende in die Gegenwart. Sie teilt die Menschheit in zwei Gruppen ein: in Wohlhabende und Habenichtse, in Herrschende und Ohnmächtige, denen die Macht von morgen gehören wird, oder auch pauschalisierend in Täter und Opfer. Jetzt komme es – so heißt es – darauf an, auf der rechten Seite zu stehen: an der Seite Gottes, der Partei für die ergreift, denen die Zukunft gehören wird. Dementsprechend ändert sich auch die ikonographische Zuordnung: In der klassischen christlichen Kunst schweben die Seligen »zur Rechten« des königlichen Weltrichters, wo sie für immer bleiben dürfen und ewige Ruhe finden, die nicht mit statuenhafter Starre zu verwechseln ist, sondern lebendige Freude ausstrahlt – während die Verdammten von den Mächten der Finsternis in einer unheilvollen Bewegung von Christus fortgerissen werden, dem freien Fall ins Nichts überantwortet.[25] Heute dagegen erscheinen Gott und Christus für viele als Förderer derer, die die Weltgeschichte in Bewegung bringen, die sich nicht aufhalten lassen, die Veränderungen beschleunigen – statt bei denen, die auf dem Kampfplatz der Geschichte zurückbleiben, weil sie bei dem verharren, was bisher gegolten hat, und nicht fortzuschreiten wagen. »Die Weltgeschichte ist das Weltgericht« rief FRIEDRICH SCHILLER mit moralischer Leidenschaft aus[26], und er meinte damit, dass jeder Mensch für sein Leben einstehen müsse. In seiner Hand liege es, ob es gedeihe oder misslinge. An dem, was in der Welt geschieht (»Geschichte«) entscheide sich, was Menschen getan oder unterlassen haben, und daran werde ihr Leben gemessen, in jedem Moment und am Ende ihres Daseins. HEGEL nahm die Parole auf, um begreifen zu können, wie die List der Vernunft sich auf längere Sicht auch scheinbarer Fehlschläge und Umwege geschichtlicher Kräfte bedient, manchmal sogar Völker untergehen lässt, um zu guter Letzt einen sinnvollen Gang des Weltgeschehens zu enthüllen.[27] Wenn solche Leitsätze auch die christliche Eschatologie in Beschlag nehmen, entkräften sie das Urteilsvermögen, weil sie Gottes Gericht aus dem Resultat geschichtlicher Richtungskämpfe ableiten wollen. Damit verlegen sie nicht nur das »Endgericht« in die »Weltgeschichte« und erklären diese als eine Kette von Gerichtsveranstaltungen. Sie lesen auch aus geschichtlichen Erfolgen und Misserfolgen, Siegen

---

25. Dramatisch dargestellt von MICHELANGELO BUONARROTI auf dem Altargemälde (1536-1541) in der Sixtinischen Kapelle des Apostolischen Palastes in Rom und von PETER PAUL RUBENS auf seinem Monumentalgemälde »Das große Jüngste Gericht« (1617) in der Alten Pinakothek München; den Höllensturz hat er auch im »Kleinen Jüngsten Gericht« gemalt.
26. Allerdings in einem Gedicht, das mit »Resignation« überschrieben ist (1784).
27. GEORG WILHELM FRIEDRICH HEGEL, Enzyklopädie der philosophischen Wissenschaften im Grundrisse (1830), neu hg. von Friedhelm Nicolin und Otto Pöggeler, Berlin 1966, 426 (§ 548). – Siehe auch KARL LÖWITH, Von Hegel zu Nietzsche. Der revolutionäre Bruch im Denken des 19. Jahrhunderts, Stuttgart 1958, 44-48.

und Niederlagen Gottes richtendes Urteil heraus. Hinter dem Bestreben, Gottes Absichten und sein Wirken in der Geschichte unzweideutig zu erkennen und so die Positionen einzelner Menschen oder Menschengruppen zu bestimmen, verbirgt sich außerdem der Anspruch, immer schon auf der rechten Seite zu stehen, zumindest in der nachträglichen Bewertung. – Wir treffen hier auf das Dilemma unserer »Erinnerungskultur«, das uns samt seinen Auswirkungen auf das private und öffentliche Gedenken zum Ende des Kirchenjahres beschäftigen muss.

Mit seiner Rede vom Weltgericht gebietet Jesus aller menschlichen Selbstbeurteilung – der Selbstrechtfertigung wie der Selbstverurteilung – Einhalt. In seinen Sprüchen und Gleichnissen, die in Mt 24 und 25 vorausgingen, mahnte er zu erhöhter Wachsamkeit. Wann die Erwartungszeit zu Ende sein wird, wann »euer Herr kommt« (Mt 24,42), wissen auch diejenigen nicht, die ihre Verantwortung für alles, was Gott ihnen anvertraute, bewährten. Ihre Bereitschaft für das Kommen Christi können sie niemals aufschieben. Sie werden aber nicht nur von der Ankunft dessen, der kommt, überrascht werden, sondern auch dadurch, dass sie dann erkennen: Längst ist er ihnen vielmals begegnet, ohne dass sie es gewusst oder auch nur geahnt hätten. Dies ist die theologische Pointe dieser Ankündigung Jesu: Niemand hat erkannt, dass – und wie – er gegenwärtig war. Weder diejenigen, die Bedürftigen beigestanden haben, noch die anderen, die ihn übersahen, indem sie von menschlichem Elend weggesehen haben und an ihm vorbeigegangen sind. Es bleibt sogar – auf der Erzählebene – offen, ob sie alle miteinander Jesus überhaupt jemals so begegnet sind, dass sie ihn kennen konnten. Doch nun erkennen sie ihn: in denen, an denen sie Gutes getan oder denen sie Böses angetan haben, indem sie untätig blieben.

Jetzt redet Jesus die an, denen er sich auf vielerlei Weise bekannt gemacht hat. Am allerwenigsten könnten sie sich damit herausreden, dass sie ihn niemals gesehen hätten! Doch auch, ja gerade sie werden voneinander getrennt, weil sie längst voneinander geschieden sind. Wie im Hirtenleben wird es zugehen: Abends sondern die Schafe sich von den Ziegen auf den Zuruf des Hirten voneinander ab, damit sie für die Nacht untergebracht werden können. Wesentliche Unterschiede treten zur rechten Zeit wie selbstverständlich in Erscheinung.

Vor den Weltenrichter werden alle Menschen gerufen, weil er für sie alle gestorben ist. Er trat ihnen nahe: in den Verhungernden und Verdurstenden, den Heimatlosen, Erfrierenden, Todkranken und Eingekerkerten. Sehen sie uns an, dann trifft uns der Blick Christi; strecken sie ihre leeren Hände aus, sind es seine bittenden Hände; aus ihrer trostlosen Einsamkeit spricht die Verlassenheit Jesu.

Jesus Christus hat sich nicht hinter Armen versteckt, er hat sich auch nicht – wie es im Märchen geschehen kann – verkleidet, sich eine andere Maske aufgesetzt oder eine andere Rolle gespielt, um uns auf die Probe zu stellen. Er hat sich nicht in Hilfsbedürftige verwandelt, um für mehr Menschen zugänglicher und »ansprechender« zu sein, als er es sonst sein könnte: als der Messias Israels, als der Gekreuzigte und Auferstandene und Herr seiner Gemeinde. Seine verborgene Gegenwart in den Armen und Verlassenen auf Erden gehört zu seiner Passion, mit der er sich den Menschen in die Hände gibt, damit sie in seinem Erleiden Gottes verborgene Offenbarung wahrnehmen. Er überliefert sich in der Armut, aus der die Erlösungsbedürftigkeit unserer Welt spricht. Auf dass die Hilflosigkeit der auf vielerlei Weise Armen in unserer Welt für uns nicht stumm bleibe und unser Blick auch nicht an den bedrückenden Bildern des Elends hafte, hören wir die Verheißung Jesu, dass er gerade hier nahe ist. Dass wir diese Nähe auch wirklich vernehmen, zeigt sich erst dort, wo wir uns auf sie einlassen und wie wir das tun. Und vollends offenbar, also unzweifelhaft deutlich, wird die Nähe Christi erst in jenem Augenblick, wo Jesus Christus sich als der souveräne Herrscher und rettende Richter in aller Öffentlichkeit zeigt: als der, der uns in aller Bedürftigkeit nahegetreten ist.

Vorstellungen vom Endgericht finden sich in vielen Kulturen. Meistens wird geschildert, wie die Toten sich selbst verteidigen und versuchen, sich zu rechtfertigen. Sie tragen alles Rühmenswerte aus ihrem Leben vor, damit sich die Waagschale zwischen Leben und Tod zu ihren Gunsten neige. Für alle, die Jesus Christus zu sich ruft »zu richten die Lebenden und die Toten«, ist einzig und allein entscheidend, wie Christus ihnen zeitlebens begegnet ist: ob nämlich, wenn ihre Taten und Unterlassungen aufgerufen werden, Jesus sich darin als der offenbart, der in ihrem Leben gegenwärtig war.

> Die Handlungen der Gläubigen auf Erden sind lediglich Zeichen, die an sich keinen Wert haben und die auch ein Atheist tun könnte. Der einzige Wert unseres Handelns ist seine Wiederholung [Vergegenwärtigung] in der Ewigkeit, am Tage des Gerichtes und der Parusie. […] Das Schwergewicht christlichen Gehorsams liegt darin, daß Christus uns fragt: Kannst du auf die ewige Wiederholung dessen *hoffen*, was du heute tust? Bin ich, der Wiederkommende, der Herr deines gegenwärtigen Lebens? Bin ich wirklich in allem an deine Stelle getreten, so daß mit meinem Erscheinen wirklich dein eigenes Leben erscheint? Bin ich jetzt wirklich so in dir am Werke, daß die Wiederholung *deiner* Werke nichts anderes als *meine* Wiederkunft sein kann?
>
> So ist das Kommen des Herrn die Hoffnung, *in* welcher wir gegenwärtig handeln […].[28]

---

28. Roland de Pury, Présence de l'Eternité, Neuchâtel et Paris o.J.; dt.: Die Gegenwart der Ewigkeit, übersetzt von Otto Weber, München 1958, 108.

3. Gott kommt zur Welt: Zu Weihnachten

1. Das Weihnachtsfest und sein Umfeld

Jedes Jahr entzündet der amerikanische Präsident vor dem Weißen Haus den Weihnachtsbaum der Nation mit einer quasi religiösen Rede, die demonstrieren soll, dass die Weihnachtsbotschaft, Gottes Liebe zu allen Menschen, zu den unveräußerlichen kulturellen Werten der Vereinigten Staaten gehört. In New York City schmückt ein gewaltiger Weihnachtsbaum die Plaza vor dem Rockefeller Center in Manhattan; in einem der Räume dieses Gebäudekomplexes, der Radio City Hall, wird alle Jahre wieder der sentimentale Verschnitt von Weihnachtsgeschichte, Nikolausballett und Märchenwelt auf die riesige Bühne gebracht. – Einige Kilometer weiter, in Brooklyn mit seinem großen jüdisch-orthodoxen Bevölkerungsanteil, steht auf einer der Hauptstraßen ein großer Chanukka-Leuchter. Er repräsentiert eine ganz andere Tradition und Botschaft: das achttägige Lichterfest, das am 25. Kislev beginnt und in die Vorweihnachts- oder Weihnachtszeit fällt. Es feiert das Gedenken an die Wiedereinweihung des Zweiten Tempels nach dem Makkabäeraufstand im Jahre 164 v.Chr., der das jüdische Volk eine Zeitlang von Fremdherrschaft befreite (1 Makk 4,36-59, erwähnt auch in Joh 10,22); das Fest erinnert auch daran, dass die acht Lampen des Tempelleuchters acht Tage lang brannten, obwohl nach der Verwüstung Jerusalems nur ein einziger Krug mit geweihtem Öl erhalten geblieben war, der für einen Tag reichte. – Heute wird fast zu jedem Weihnachtsfest darüber gestritten, manchmal sogar in den New Yorker Zeitungen, ob die abendliche Beleuchtung des Empire State Building in den christlichen Weihnachtsfarben Rot und Grün oder in den jüdischen Farben Blau und Weiß erstrahlen soll. Aus Leserbriefen und von jüdischen Freunden ist zu erfahren, dass viele jüdische Kinder einen Weihnachtsbaum und wenigstens Geschenke von ihren Eltern erkämpfen, damit sie sich nicht hinter ihre christlichen Nachbarn zurückgesetzt fühlen: das oft beklagte »December dilemma«. Andererseits verlangt der religiöse Pluralismus, in den USA durch die verfassungsmäßige Trennung von Kirche und Staat vermeintlich unterstützt, dass in den Schulen keine christlichen Weihnachtslieder gesungen werden dürfen.[1] Allenfalls werden Gebräuche verschiedener Religionen präsentiert, wenn sie in der Region vertreten sind, auch Riten christlicher Gemeinschaften wie der Quäker oder der Moravians, deren Vorfahren Böhmische Brüder waren. – Schließlich erfand der Autor Maulana Karenga

---

1. Verschiedene staatliche und akademische Gremien haben gemeinsam ein Merkblatt »Religious Holidays in the Public Schools: Questions and Answers« herausgegeben.

1966, im Zuge der Bürgerrechtsbewegung, ein Fest mit dem Kunstwort *Kwanzaa*, das vom 26. Dezember bis zum 1. Januar gefeiert wird und der afro-amerikanischen Kultur einen Platz im öffentlichen Festkalender verschaffen soll. An sieben Tagen wird jeweils eine Kerze angezündet und je einer der grundlegenden Werte, die das afrikanische Erbe repräsentieren sollen, eingeprägt, zuletzt *Imani*: der Glaube an Volk, Eltern, Lehrer, Führer, die Gerechtigkeit und den Sieg des Volkes. Dieses Kunstprodukt will Elemente eines fiktiven Ursprungsmythos zur Geltung bringen, gleichberechtigt mit der jüdisch-christlichen Überlieferung der USA mit ihren Gründungslegenden. Bei diesem Wettkampf wird eingesetzt, was als wesentlich für Juden, Christen und Afro-Amerikaner erachtet wird. Gemeinsam ist die Freude an Lichtern, Geschenken und familiärem Beisammensein; Juden und Christen schätzen auch die Fürsorge für Bedürftige; Afro-Amerikaner pflegen ihre soziale und ökonomische Selbstbehauptung als gesellschaftliche Minderheit, die sich auf ihre Wurzeln besinnen will.

Das Umfeld christlicher Feste – heute wird gern von ihrem »Kontext« gesprochen, ich ziehe »Randbedingungen« vor – hat Weihnachten noch weniger als andere Festzeiten unberührt gelassen. Seit jeher wird es überwuchert von guten und weniger guten Bräuchen, von denen heutzutage Lichterglanz, Dekoration, familiäres Beisammensein, Geschenke und der zelebrierte Wunsch nach äußerem und innerem Frieden die Hauptrolle spielen. Früher galten die zwölf Tage und Nächte zwischen dem 25. Dezember und dem 6. Januar als eine besonders gefährdete Zeit: dunkle Mächte treiben noch nach der Wintersonnenwende ihr Unwesen, und um sie abzuwehren, muss alle vermeidbare Arbeit aufgeschoben werden. Auf christlicher Seite wurde diese Zeitspanne in »Zwölf Heilige Nächte« umbenannt; gleichwohl blieb es bei einer Arbeitspause möglichst bis zu Epiphanias. Das Wort »Weihnachten« oder »Weihnacht« ist aus *ze den wîhen nahten* (»an den heiligen Nächten«) hervorgegangen.[2]

Damit wir Weihnachtsbräuchen, die sich global verbreitet haben, auf die Spur kommen, müssen wir in die Festgeschichte zurückgehen und wenigstens erwähnen, wann und warum sich das Christfest nachhaltig verändert hat – und wie es zugleich Einfluss auf seine Randbedingungen nimmt, bis an die Ränder seiner Feiern und über sie hinaus. Mit Weihnachten verbindet sich so vieles, das unverwüstlich ist. »Dies ist der Tag, den Gott gemacht« (CHRISTIAN FÜRCHTEGOTT GELLERT, 1757; EG 42.1), nicht kirchengemacht, auch wenn er kirchlich als Fest eingeführt wurde: es ist der innere Grund des Weihnachtsfestes, das zu den Feiern einlädt und sie übergreift.

Zuvor ist daran zu erinnern, dass die junge Christenheit länger als drei Jahrhunderte kein Weihnachtsfest gefeiert hat und dies offensichtlich auch nicht als Mangel empfand. Angesichts der seitherigen Wirkungsgeschichte unvorstell-

---

2. Vgl. [FRIEDRICH KLUGE], Etymologisches Wörterbuch der deutschen Sprache, bearbeitet von Elmar Seebold, Berlin/New York [23]1999, 882.

bar! Zwar waren die Geschichten von der Geburt Christi bei Matthäus, Lukas und Johannes und Hinweise auf diese Geburt in anderen Texten, die später wie die Geburtsgeschichten in den biblischen Kanon aufgenommen wurden, durchaus bekannt. Einprägsamer als jene scheinen jedoch Szenen aus dem »Protevangelium des Jakobus« gewesen zu sein, das nach 150 verfasst wurde und den nichtkanonischen Schriften zugerechnet wird. Es erzählt in Kap. 17-20, wie Joseph seine Verlobte in eine Höhle bringt, weil die Geburt ihres Kindes naht, und eine Hebamme sucht, die Maria beistehen kann. Ihr muss er allerdings erklären, in welchem Verhältnis Maria zu ihm steht. Weder seine Frau ist sie noch seine Tochter. Dass sie als Jungfrau »vom Heiligen Geist empfangen« hat, bestätigt sich der Hebamme, indem die Geburt unter einer Wolke, also in Gottes Gegenwart, vor sich geht (wie später die drei Jünger bei der Verklärung Jesu von einer Wolke »überschattet« werden; Mt 17,5). Dann erfüllt ein strahlendes Licht die Geburtsgrotte und macht dem Kinde Platz. Diese Jungfrauengeburt bezeugt die Hebamme der ersten Frau, der sie begegnet. Sie darf sich selber vom Wunder überzeugen, empfängt Heil und Freude, darf aber vorerst nichts davon weitersagen.[3] – An der Decke einer Vorhalle der Kirche des uralten Chora-Klosters in Istanbul ist Ähnliches zu sehen, das fromme Phantasie entzücken kann: Bei seiner Geburt wird das Kind von einem himmlischen Strahl wie übergossen (oder auf die Erde getragen?). In einer zweiten Szene ist Maria schon prächtig gekleidet und eine Hebamme ist fleißig an der Arbeit. Josef sitzt wie meditierend abseits. Bei der Geburt sind auch Ochs und Esel zur Stelle, die das Pseudo-Matthäusevangelium (ca. 600-625 n. Chr.) als Beweis prophetischer Weissagungen anführt.[4]

Das festliche Gedenken der Menschwerdung Gottes steht ursprünglich in einem anderen theologischen Zusammenhang. Seit dem 2. Jh. bezog sich die christliche Pessach-/Osterfeier auf die Erlösung der Menschheit dank des Kommens Jesu Christi zur Menschheit, seiner Auferweckung und Erhöhung zu Gott; für die Alte Kirche war der Todestag eines Märtyrers – und als solcher wurde auch Christus verehrt (vgl. Apk 1,5) – zugleich das Datum seiner (Neu-)Geburt.[5] Mit Christus werden auch die Seinen in die Gemeinschaft mit Gott erhoben. Dies war »zunächst Ostertheologie«[6]: »Gott wurde Mensch, damit wir Gott wür-

3. In: Neutestamentliche Apokryphen, hg. von Wilhelm Schneemelcher, Bd. 1: Evangelien, Tübingen ⁵1987, 345-347.
4. Neutestamentliche Apokryphen, a. a. O., 367.
5. Am 26. Dezember wird des ersten christlichen Märtyrers Stephanus (Acta 7,54-60) gedacht, im Osten bereits seit dem 4. Jh. (in Konstantinopel am 27. Dezember), im Westen seit dem 5. Jh.; vgl. ADOLF ADAM, Das Kirchenjahr mitfeiern, Freiburg im Breisgau ³1983, 119 f.
6. GEORG KRETSCHMAR, Theologische Perspektiven zur Inkarnation und zum Weihnachtsfest, in: Festtage. Zur Praxis der christlichen Rede, hg. von Herbert Breit und Klaus-Dieter Nörenberg, München 1975, (9-33) 13.

den«, schrieb ATHANASIUS in diesem Sinne, wohl im Trierer Exil (335-337).[7] Jahrzehnte später wurde die Inkarnation zum Inhalt eines eigenständigen Festes.

Weihnachten ist als christliches Fest seit 354 in Rom nachweisbar und hat sich von dort aus verbreitet; vermutlich ist es dort schon früher gefeiert worden.[8] In Konstantinopel wurde es 379/80 übernommen, in Antiochien 386 bezeugt. Davon abgesehen, liegen die genauen zeitlichen Ursprünge im Dunkeln, und um die Datierung ist lange gestritten worden. Dies hat bis heute zu vielen Debatten Anlass gegeben, für die eine wichtige Rolle spielt, ob die Wintersonnenwende zur Deutung der Geburt Jesu herangezogen wurde und auf deren Verständnis eingewirkt hat. Wie einige Andeutungen in frühen Weihnachtspredigten vermuten lassen, könnte das Geburtsfest Jesu auch im Kontrast zur zeitgenössischen Verehrung der Sonne begangen worden sein, der sogar manche Christen anhingen. Vielleicht stand es in Konkurrenz zu einem Kultus, den römische Kaiser zu Ehren des göttlichen *Sol invictus*, der unbesiegbaren Sonne, eingerichtet hatten. Als sein Geburtstag galt der 25. Dezember, das Datum der Wintersonnenwende nach dem julianischen Kalender. Viel wichtiger als solche religionsgeschichtlichen Erklärungshypothesen dürfte die theologische Frage sein, wie Jesus Christus als »Licht, das in die Welt gekommen«[9], wahrgenommen wurde. Christus wurde mit den Sonnenstrahlen verglichen, aber er durfte nicht als »neue Sonne« verehrt werden: seine Geburt war wie die eines Märtyrers zu feiern. Christus erwärmt nicht die Erde wie die Sonne. Er ist vielmehr »Licht vom Licht«, wie ihn das Bekenntnis von Nizäa-Konstantinopel preist, die »Sonne der Gerechtigkeit« (vgl. Mal 3,20). Christen, die sich für rechtgläubig hielten, sollten nur sich »im Lichte« sehen, Abtrünnige, theologisch Andersdenkende oder Heiden aber »in der Dunkelheit«.[10]

Datiert wurde die Geburt Jesu im Westen auf den 25. Dezember, in der östlichen Reichshälfte vorwiegend auf den 6. Januar. Wie diese Berechnung zustande kam und welche Motive ihr zugrunde lagen, lässt sich nicht mehr genau ermitteln. In Jerusalem und an anderen Orten war schon früher am 6. Januar

---

7. ATHANASIUS, De incarnatione 54,3; IRENÄUS VON LYON, Adv. haer. III 19,1; IV 38,4; V praef.; V 36,3.

8. Zur komplizierten Entstehungsgeschichte siehe den Überblick von SUSAN K. ROLL, Artikel »Weihnachten/Weihnachtsfest/Weihnachtspredigt I: Geschichte, Theologie und Liturgie«, in: TRE 35, 2003, (453-468) 453-458; ANDREAS HEINZ, Artikel »Weihnachten. 1. Entstehung, 2. Verbreitung«, in: RGG⁴ 8, 2005, 1335-1337; WOLFRAM KINZIG, Glaubensbekenntnis und Entwicklung des Kirchenjahres, in: Liturgie und Ritual in der Alten Kirche. Patristische Beiträge zum Studium der gottesdienstlichen Quellen der Alten Kirche, hg. von Wolfgang Kinzig, Ulrich Volp und Jochen Schmidt, Leuven/Walpole, MA 2011, 3-31.

9. Erste Strophe des Epiphanias-Liedes von RUDOLF STIER (1827), Anhang zum EG 550 (Bayern und Thüringen), 552 (Rheinland, Westfalen und Lippe).

10. Belege bei S. K. ROLL, a. a. O. (siehe Anm. 8), 456.

Epiphanias gefeiert worden, ohne dass der Festgehalt auf die Geburt des göttlichen Kindes festgelegt geworden wäre[11]; außerdem konnten die Anbetung, die die drei Magier dem Kinde erwiesen, die Taufe Jesu im Jordan, das Wunder bei der Hochzeit zu Kana als Epiphanie-Ereignis (Joh 2,11), mancherorts sogar Jesu Verklärung auf dem Berg Tabor zur Sprache kommen.[12] Beide Festtermine konkurrierten nun miteinander. Diesen Zwiespalt spiegelt bereits eine Predigt des GREGOR VON NAZIANZ wider, die er um 380 in Konstantinopel gehalten hat, um dort das Weihnachtsfest zum 25. Dezember einzuführen: an ihm soll der Geburt Christi und des Besuchs der Magier gedacht werden, der 6. Januar wird der Feier der Taufe Jesu im Jordan gewidmet. In der Folgezeit hat sich die Aufgliederung in Weihnachten und Epiphanias weithin durchgesetzt. Nur in Jerusalem und in Ägypten wurde der 6. Januar als Weihnachtstermin beibehalten. Heute feiern die orthodoxen Kirchen mit wenigen Ausnahmen am 25. Dezember[13] Gottes Menschwerdung im weiteren Zusammenhang des Ostergeheimnisses, an Epiphanias (6. Januar[14]) den Tag der »Heiligen Theophanie« und der »Taufe des Herrn, unseres Gottes und Erlösers Jesus Christus«; dieses Fest und die Osternacht sind die großen Tauffeste der orthodoxen Kirche.[15] Im Westen wurde allmählich die Huldigung der Magier (der »Heiligen Drei Könige«) zum Inhalt des Festes Epiphanias.

Bisher haben wir den Blick auf die äußeren Gründe der Entstehung eines »reichs-einheitlichen« Weihnachtsfestes gerichtet. Es bietet Raum für verschiedene Themen, die sich aus neutestamentlichen Erzählungen ergeben und um das Ereignis der Geburt Jesu Christi zentriert sind. Sie ist ein *einmaliges Geschehen in der Geschichte Gottes mit den Menschen*, das auf alle weitere Menschheitsgeschichte ausstrahlt, mehr noch: das alle mit der Zeit errichteten Fundamente und die Statik dieser Geschichte auf Tiefste erschüttert und aufbricht. Sollte Weihnach-

---

11. Epiphanias ist das älteste unabhängig vom jüdischen Festkalender entstandene Christusfest. Seine Einführung und sein ursprünglicher Inhalt lassen sich nur noch hypothetisch ermitteln; vgl. FRIEDHELM MANN, Artikel »Epiphaniasfest I: Kirchengeschichtlich«, in: TRE 9, 1982, 762-769. In RGG⁴ 2,1999, 1372f. (HANS FÖRSTER, Artikel »Epiphanie V. Alte Kirche«) wird nur auf die Entstehung des Festes eingegangen.

12. W. KINZIG, a.a.O. (siehe Anm. 8), 10.

13. Unterschiede ergeben sich daraus, dass manche Kirchen, z.B. die russische, Christi Geburt zwar am 25. Dezember nach dem julianischen Kalender feiern, den sie als Kirchenkalender beibehalten haben, während im staatlichen Bereich nach dem gregorianischen Kalender gezählt wird, für den das Weihnachtsfest auf den 7. Januar fällt.

14. Nach dem gregorianischen Kalender am 19. Januar.

15. Das Glaubensleben der Ostkirche. Eine Einführung in Geschichte, Gottesdienst und Frömmigkeit der orthodoxen Kirche, hg. von Hans-Christian Diedrich, München o.J. [1989], 70f.

ten tatsächlich im alljährlichen Kontext der Wintersonnenwende beheimatet gewesen oder sich sogar aus einer Sonnenverehrung entwickelt haben – schon die Feier der Geburt eines Kindes an einem Ort und zu einer bestimmten Zeit unterscheidet sich aufs deutlichste von einem Naturereignis, das sich alle Jahre überall wiederholt, und einer Zeiterfahrung, die davon herrührt. Bereits diese geschichtliche Einmaligkeit gehört zu den *inneren Gründen* des Weihnachtsfestes, die das Geschichtsverständnis von Christen nachhaltig bestimmt haben, auch wenn eine solche Bezeichnung, historisch gesehen, im 4. Jh. noch *verfrüht* war.

Der ausschlaggebende innere Grund für das Weihnachtsfest findet seinen Niederschlag in der Dogmenbildung des 4. Jh., sofern sie klären wollte, was mit den neutestamentlichen Umschreibungen der Geburt Jesu gemeint war: »Das Wort ward Fleisch« (Joh 1,14); »Gottes Sohn Jesus Christus, unser Herr, geboren aus Davids Samen nach dem Fleisch« (Röm 1,3); »das Geheimnis des Glaubens: ER ist offenbart im Fleisch« (1 Tim 3,16).

Wie Gottes Menschwerdung aufzufassen sei: dies ist eine der gewichtigsten Fragen, die die Alte Kirche umgetrieben haben. *Als wer ist Christus in die Welt gekommen?* Zur Welt kam er wie jeder andere Mensch: indem eine Frau ihn zur Welt brachte. Zugleich tritt Gott mit diesem Kind, ja in ihm, auf unvergleichliche und einmalige Weise in Erscheinung. Wie ist dies zu verstehen? Ihren Versuch, diese Frage zu beantworten, hat die Kirche in den Bekenntnissen von Nizäa-Konstantinopel und besonders Chalcedon zu formulieren versucht: Jesus Christus ist »wahrer Gott und wahrer Mensch«. *Gott ist in Jesus Christus in die Welt gekommen »für uns Menschen und zu unserem Heil«* (Glaubensbekenntnis von Nizäa-Konstantinopel); in allem, was an und mit ihm geschieht, ist Gott gegenwärtig.[16] Diese Antwort wurde, zumindest andeutungsweise, im Christfest gefeiert, und wenn sie nicht mehr lebendig ist und zu Gehör kommt, werden Verkündigung und Feier an Weihnachten inhaltsleer oder mit Ersatzstoffen besetzt. Das Weihnachtslied »Gelobet seist du, Jesu Christ« (V. 1 um 1380; V. 2-7 M. Luther, 1524; EG 23) hat diese Antwort der Gemeinde mit all ihren Innenspannungen (Gott/Mensch; reich/arm; unermesslich/beengt) mustergültig nahegebracht, ohne sie zu simplifizieren.[17] Der Reformator hat dafür eine spätmittelalterliche Gesangsform herangezogen, deren Verse mit der Anrufung göttlichen Erbarmens schließen *(Kyrieleis)* – auch dies ist eine Antwort auf das Weihnachtsgeschehen.[18]

16. Vgl. Alois Grillmeier, Mit ihm und in ihm. Christologische Forschungen und Perspektiven, Freiburg im Breisgau 1975.
17. Abgesehen von dem sabellianischen Seitensprung »in unser Fleisch und Blut / verkleidet sich das ewig Gut« (EG 23.2), das an eine Maskierung Gottes denken lassen könnte. Hier – wie schon Phil 2,7 – zeigt sich, wie schwierig es ist, Gottes wahres Menschsein unverfälscht und zugleich verständlich auszudrücken.
18. Siehe S. 172-174.

»Weihnachten ist von Anfang an ein ›dogmatisches‹ Fest gewesen.«[19] Der maßgebende biblische Text dafür war zunächst Joh 1,14, unterstützt durch Gal 4,4-7. Später sind die Geburtserzählungen nach Matthäus und Lukas stärker in den Vordergrund gerückt worden. Schritt für Schritt sollte erzählt werden, dass Jesus Christus Gottes Kind ist in vorher unbekannter Weise, unterstrichen dadurch, dass er von der Jungfrau Maria geboren wurde. Darum ist seine Geburt ungeheuerlich, auch wenn sie geschieht wie jede andere Geburt und schon darum wunderbar ist. Dies angemessen zur Sprache zu bringen, war nicht mehr nur narrativ möglich. Den Erzählungen von der Geburt Jesu wurde darum ergänzend und vertiefend vorangestellt, was mit »Herkunft« und »Abstammung« nicht zureichend, sondern eher vernebelnd bezeichnet wäre: der Christus, »aus dem Vater geboren vor aller Zeit, Gott von Gott, Licht vom Licht, wahrer Gott vom wahren Gott, gezeugt, nicht geschaffen, eines Wesens mit dem Vater« (Glaubensbekenntnis von Nizäa-Konstantinopel). Die kosmisch-dramatischen Züge der Errettung der Welt durch das Kommen des Erlösers werden in den Erzählungen zwar nicht ausgeblendet, treten aber dort zurück. Der Wechselgesang in katholischer Messe und Stundengebet bringt den dogmatischen Gehalt des Weihnachtsfestes poetisch zum Ausdruck.

Franziskus von Assisi lenkte 1223 die Aufmerksamkeit auf die Umstände der Geburt: Jesus wird unter Entbehrungen geboren, Geborgenheit kann ihm nur die Familie gewähren, die seine kümmerliche Krippe im Viehstall umgibt, sein Weg beginnt im Elend, aber sie ist überstrahlt von himmlischem Licht, das Menschen und Tiere, die sich um das Kind versammeln, beglückt.[20] Alles ist überaus anschaulich; es kann nachvollzogen werden, indem die Geburt symbolisch miterlebt wird, und sie ruft so zur Nachfolge Jesu in Demut und Armut.

Für Martin Luther war die Inkarnation – in eins mit dem Kreuzestod Jesu Christi, in dem sich die Menschwerdung Gottes vollendet – das Herzstück seiner Theologie, das er auch zu feiern verstand, nicht nur im Gottesdienst, sondern auch zu Hause. Gottes Menschwerdung will verkündigt werden: als das Evangelium, »die gute neue Mär« (1535; EG 24.1), mit dem ein Himmelsbote wie ein Marktschreier oder ein Bänkelsänger zur Krippe ruft. Luthers theologisch so verdichteten und zugleich mitreißenden Weihnachtslieder bringen zur Sprache, was hier geschieht: »Das ewig Licht geht da herein, / gibt der Welt ein' neuen Schein« und macht uns zu Kindern des Lichts (1524; EG 23.4; vgl. EG 4.4: »die Nacht gibt ein neu Licht dar« – jetzt!); der »Schöpfer aller Dinge« wird in elender Enge geboren, um den Sünder an sich zu ziehen (EG 24.8-9); seine Armut, die Selbsterniedrigung Gottes, will uns »im Himmel reich« machen (EG 23,6); »Gotts Sohn ist worden eu'r Gesell«, wenn Sünde und Tod euch angreifen (1543; EG 25.4).

19. G. Kretschmar, a. a. O. (siehe Anm. 6), 24.
20. Zum Einzelnen siehe G. Kretschmar, a. a. O., 17 f.

Zugespitzt gesagt, ist heutzutage für viele am ehesten noch die licht-umstrahlte Familienszene im Stall von Bethlehem vom Christfest übrig ge-blieben, mit den Hirten als Randgestalten damaliger Gesellschaft, deren liebe-volle, aber armselige Gaben von den kostbaren Geschenken der drei fremden Könige überboten werden, die den Wert des neugeborenen Kindes zu schätzen wissen. Und als rudimentäre Botschaft wird uns angetragen, Jesus – vielleicht sogar Gott – sei unser Bruder geworden.

Diese Botschaft soll dadurch verstärkt werden, dass an Weihnachten »Friede« und »soziale Gerechtigkeit«, nach denen sich alle wohlmeinenden Menschen seh-nen, verwirklicht werden können, zumindest zeitweise: Weihnachten als Gele-genheit, Unrecht und Unfrieden dort zu überwinden, wo sie besonders augen-fällig werden, und Brücken zu schlagen, wo Entfremdung und Feindschaft eingezogen sind. Am Weihnachtsabend 1914, dem ersten im damals so genann-ten »Großen Krieg«, legten Soldaten der feindlichen Heere an der Westfront für einige Tage die Waffen nieder, an manchen Orten trafen sie sich über die Schüt-zengräben hinweg.[21] Auch heute wird gelegentlich in Krisengebieten ein Waf-fenstillstand für einige Tage vereinbart, doch danach gehen die Kämpfe unver-mindert weiter. Nach Ende des Zweiten Weltkrieges wurden am »Heiligen Abend« Kerzen in deutsche Fenster gestellt, um der Kriegsgefangenen zu geden-ken, später sollte dies ein Zeichen der Verbundenheit über die innerdeutsche Grenze hinweg werden. Und die Spendenaufrufe zur Advents- und Weihnachts-zeit machen auf Notlagen und Elend aufmerksam, in die wenigstens eine kleine Bresche geschlagen werden sollte. Solche Symbole sind aller Achtung wert, aber sie können auch dazu beitragen, dass übersehen oder gar missachtet und ver-drängt wird, was die Geburt Jesu brachte und erbringen will.

Welchen Reichtum enthalten die biblischen Texte zum Weihnachtsfest! Sie sind ein unermessliches Weihnachtsgeschenk, vor allem, wenn wir uns nicht nur auf die vorgeschlagenen Fest-Perikopen beschränken, sondern auch den Wider-hall auf Christi Geburt in anderen biblischen Schriften berücksichtigen – alt-testamentliche Texte nicht zu vergessen, wenn sie im Lichte von Weihnachten gelesen werden, ohne dass übergangen wird, was sie zu ihrer Zeit und in diese Zeit hinein ansagen und zusagen sollten.[22]

Doch wann an Weihnachten kann aus diesem Reichtum geschöpft werden? Bis vor etwa sechs, sieben Jahrzehnten feierten die deutschsprachigen evangeli-

21. MICHAEL JÜRGS, Der kleine Frieden im Großen Krieg: Westfront 1914. Als Deutsche, Franzosen und Briten gemeinsam Weihnachten feierten, München 2005.

22. RAINER STUHLMANN verweist auf Jes 66,10-14; Mt 6,10; Mt 10,34; 18,3; 21,14-17; Mk 1,14-15; 2,21-22; Lk 11,27-28; 17,5-6; Joh 3,3; 7,2-9; 12,1-8; 16,33; Apk 22,16 sowie auf »Ich-bin«-Worte Jesu im Johannesevangelium: Artikel »Weihnachten/Weih-nachtsfest/Weihnachtspredigt II: Weihnachtspredigt«: TRE 35, 2003, (468-471) 469. Auch die Verheißung des Neuen Bundes (Jer 31,31-34) kann genannt werden.

schen Gemeinden dieses Fest am 25. und 26. Dezember.[23] Am Spätnachmittag oder frühen Abend des Vortages wurde ein Krippenspiel aufgeführt oder ein Kindergottesdienst gehalten. Während des Krieges waren liturgisch gestaltete »Christvespern« aufgekommen. Sie wurden später zur Feier am Spätnachmittag des »Heiligabends« ausgeweitet. Heute sind sie auf verschiedene Altersklassen zugeschnitten und sollen auf die Familienfeier zu Hause mit der »Bescherung« und mit einem festlichen Essen vorbereiten. Diese Feiern wollen den Abschluss der schrittweise gesteigerten Adventszeit krönen, aber mit ihnen ist die Aufmerksamkeit für die Weihnachtsbotschaft oft erschöpft, und die meisten Predigerinnen und Prediger sind nach allen vorangegangenen adventlichen Weihnachtsfeiern, die sie gestalten oder an denen sie wenigstens teilnehmen mussten, am Ende ihrer Kräfte.

Hier hat sich eine *Heiligabend-Religion*[24] etabliert, die für viele, die sonst nur selten den Weg zum Gottesdienst finden, das Christfest beherrscht, wenn nicht gar überwuchert: die friedvolle Stimmung der Verbundenheit, ausgelöst durch die überbordende Liebe Gottes, die uns zur möglichst unbegrenzten Menschenliebe anstiftet, Verantwortung füreinander stärkt und Freude durch Geschenke bereitet, mit deren materiellem oder ideellem Wert die Beschenkten überrascht werden. Für die Gestaltung der Feier hängt hier noch mehr als zu anderen Zeiten viel davon ab, was liturgisch gewachsen, auch hinzugewachsen ist, und was liturgisch »gewollt« wird.

In anglikanischen Gemeinden, bei nordamerikanischen Episkopalisten und auch teilweise bei Presbyterianern werden in einem Gottesdienst am Abend des 24. Dezember neun Lesungen rezitiert und neun Lieder gesungen *(Lessons and Carols)*, die ihnen respondieren. Sie wollen in einem knappen heilsgeschichtlichen Abriss Gottes Absichten *(purposes)* zur Errettung der abtrünnigen Menschheit an dem Vergehen des ersten Menschenpaares (Gen 3,8-15.17-19), der Segensverheißung an Abraham nach dem Opfer auf Moria (Gen 22,15-18), den messianischen Verheißungen (Jes 9,1.5-6; 11,1-3a.4a.6-9) und der Geburtsgeschichte Jesu nach Lukas, Matthäus und Johannes nachzeichnen. Ähnlich ist

---

23. Die Feier des Geburtstages Christi wurde in den lutherischen Kirchen schon früh auf einen zweiten und dritten Festtag ausgedehnt. Der dritte Weihnachtstag wurde in der zweiten Hälfte des 18. Jh. als Festtag abgeschafft, um einen Arbeitstag zu gewinnen; als kirchlicher Feiertag blieb er aber noch länger bestehen, teilweise bis Mitte des 20. Jh. Für diesen Festtag hatte noch JOHANN SEBASTIAN BACH Kantaten komponiert: zu 1 Joh 3,1-6 (BWV 64), als Willkommensgruß für Jesus, den Gottessohn und Menschenbruder (BWV 133), als Meditation über die Armut und Demut Jesu (BWV 151) und als Begleitung der Hirten nach Bethlehem im dritten Teil des Weihnachtsoratoriums (BWV 248.3).

24. MATTHIAS MORGENROTH, Heiligabend-Religion. Von unserer Sehnsucht nach Weihnachten, München 2003; vgl. auch ders., Weihnachts-Christentum. Moderner Religiosität auf der Spur, Gütersloh 2002.

der Aufbau von GEORG FRIEDRICH HÄNDELS Oratorium »Der Messias« (1741), das in England und den USA oft in der Adventszeit aufgeführt wird und in dem für die Ankündigung der Geburt Jesu auf alttestamentliche Texte zurückgegriffen wird. Das Evangelische Gottesdienstbuch sieht für die Christvesper wenigstens Jes 9,1-6, für die Christnacht Jes 7,10-14 und Ez 37,24-28 vor.

In Deutschland findet sich spätabends in der *Christmette* eine Gemeinde von Mühseligen und Beladenen ein: verstörte Jugendliche, die einem falschen Familienidyll entfliehen wollen, Hausfrauen, die stundenlang ein Festmahl vorbereitet haben, das dann doch nicht zur glanzvollen Familienfeier wurde, Hinterbliebene gescheiterter Beziehungen, Einsame und im Stich Gelassene. Auch Liebhaber der Kirchenmusik, die sich eher durch Töne als durch Reden ansprechen lassen, suchen eine Atmosphäre fernab weihnachtlichen Rummels und abgedroschener Worte. Die meisten möchten sich auch nicht antreiben lassen, am wenigsten durch eine vermeintlich aufrüttelnde Predigt. Vielleicht wissen viele gar nicht genau, was sie hier erwarten; gerade deshalb können sie für Unerhörtes aus der Stille aufgeschlossen werden.

Am *Christtag* versammelt sich die »Kerngemeinde« – oder deren Rest, den die Feiern des Vortages noch nicht völlig ermattet haben – zu einem Festgottesdienst, zumeist mit Herrenmahl. Am *zweiten Feiertag* sind die Lebensgeister wieder erwacht, auch für einen Gottesdienst, wenn nicht weitere Gäste ins Haus stehen oder wenn nicht zu Besuchen aufgebrochen werden muss. Gottesdienste an diesem Weihnachtstag werden oft ganz oder teilweise kirchenmusikalisch gestaltet. Wie dies geschieht und in welchem Rahmen, wird davon abhängen, ob Musik nur eine Stimmung erzeugt oder so strukturiert ist, dass sie auch ästhetisch auf die Botschaft achten lässt, die mit ihr erklingt. In FRIEDRICH SCHLEIERMACHERS »Weihnachtsfeier« wird die Musik jedoch deswegen gerühmt, weil sie »dem religiösen Gefühl« »am nächsten verwandt« sei; sie könne sogar in der Kirchenmusik »der bestimmten Worte entbehren«, weil »das Wort« immer »nur ein mittelbarer Ausdruck« sein kann und der Unmittelbarkeit des Gefühls unterlegen ist. Diese Hochschätzung des rechten Tons, der dem »schönen Gefühl« entspreche[25], gehöre zum Charakter des Weihnachtsfestes als Muster für alle Feste des Christentums, in denen sich die Beteiligten miteinander ihrer selbst vergewissern als diejenigen, die in Christus »ansehen«, was sie selber ihrem Ursprung und ihrer Bestimmung nach bereits sind und wozu sie durch das Fest wieder angeregt werden: zur Erlösung zu höherem Leben, zur Harmonie des zuvor im Menschen waltenden Zwiespalts, zum Frieden Gottes.[26] – Schleier-

---

25. F. SCHLEIERMACHER, Die Weihnachtsfeier. Ein Gespräch (1806), in: Kleine Schriften und Predigten, hg. von Hayo Gerdes und Emanuel Hirsch, Bd. 1: Kleine Schriften und Predigten 1800-1820, bearbeitet von Hayo Gerdes, Berlin 1970, (229-274) 246 f.; vgl. auch 258.
26. A. a. O., 271-274.

machers bildungsbürgerliche Familienfeier hält uns mit ihren Dialogen, von ihrem intellektuellen Niveau einmal abgesehen, einen Spiegel vieler Weihnachtsfeiern vor. Betont die Weihnachtsgeschichte des Evangelisten Lukas aber nicht gerade die eigenartige Durchdringung von Worten und musikalischer Gestaltung des Gotteslobes? Die Verkündigung an die Hirten wird gleichsam kontrapunktiert durch das *Gloria in excelsis Deo*.[27]

Die *Festtagspredigten* an Weihnachten – besonders diejenige in der Christvesper oder die Ansprache in einer der Feiern am Nachmittag des 24. Dezember – geraten oft in eine Zwickmühle: Entweder sollen sie dem Anspruch gerecht werden, zu vermitteln, was die »Weihnachtsfestgemeinde« für ein ganzes Jahr geistlich tragen soll; die meisten Kirchenbesucher werden ja erst wieder in einem Jahr oder bei einer Taufe, einer Konfirmation, einer Trauung oder einer Beerdigung an einem Gottesdienst teilnehmen. Oder die Festpredigt wird mit Rücksicht auf diese Gemeindeglieder selber als Kasualie aufgefasst, als kirchliche Begleitung in einer Übergangssituation mit ihren speziellen Chancen und Gefahren, als Hilfestellung für die rechte Art zu feiern. Gerade die Konzentration auf den engsten Kreis der Familie verstehen viele Prediger und Predigerinnen als Herausforderung, auf weltweite soziale Notlagen hinzuweisen. So kollektenfreundlich dies auch gemeint sein mag – es führt allzu oft dazu, die kosmische Dimension, für die Christus als Retter gekommen ist, auszublenden. Was an Weihnachten geschehen ist, lässt sich nicht auf den Nenner einer Brot-für-die-Welt-Theologie bringen. Wenn früher Arme an Weihnachten besucht wurden, wenn ein Bauer sein Gesinde beschenkte, wenn die Tiere im Stall ein besonders gutes Futter erhielten oder wenn auch die Tiere im Wald bedacht wurden, dann geschah dies elementar: Schöpfung wird in die Erlösung einbezogen. Die *familia Dei* kennt keine Grenzen.

Eine heilsgeschichtliche Einbettung wie in den *Lessons and Carols*, die ja auch dem Duktus von Mt 1-2 und Lk 1-2 entspricht, kann vor theologischer Eintönigkeit bewahren. Sie stellt sich zu Weihnachten und besonders bei den Feiern an Heiligabend ein, wenn nur die bekannte Weihnachtsgeschichte oder Motive daraus rhetorisch oder visuell inszeniert werden.

Eine andere Auszehrung des Weihnachtsfestes rührt daher, dass seine Datierung in die Nähe der Wintersonnenwende es ideal in eine jahreszeitliche Symbolik einzupassen scheint: Dunkelheit weicht dem Licht, das Leben spendende Gestirn steigt neu empor, der grimmige Winter hat seinen Scheitelpunkt überschritten und wird von jetzt an jeden Tag mehr dem Frühling weichen müssen.

Wenn dagegen in einem Weihnachtsgottesdienst vom Licht die Rede ist, dann von Gottes Licht, das als erhellende, klärende, erleuchtende Kraft erstrahlt, die den Weg zu Gottes Handeln weist. Dieses Licht scheint in der Finsternis, die

---

27. Siehe S. 86.

es nicht überwältigt hat (Joh 1,4-5): das Licht, das eine Finsternis durchbricht, die *unvergleichlich* dunkler und bedrängender ist als die Nacht, die vom Morgenlicht abgelöst werden wird! Wir, die wir unter unserem künstlich erleuchteten Nachthimmel kaum mehr wissen, wie dunkel eine Nacht sein kann – wie könnten wir denn erahnen, wie undurchdringlich die Finsternis ist, die uns nicht nur umgibt, sondern uns auch durchdringt und erkalten lässt (vgl. Jes 8,22-23)? Erst wenn das Licht des Lebens aufscheint, werden wir der Tiefe, der Weite und der Grausamkeit der Finsternis gewahr, die zurücktritt.

Ausschlaggebend ist, in welchem Zusammenhang die tragenden Weihnachtsworte »Licht«, »Herrlichkeit/Klarheit«, »Leben«, »Erlösung«, »Friede«, »Heil«, »Liebe« zur Sprache kommen, was diese Metaphern über-tragen und wohin, in welchem Zusammenhang sie sich also bewegen und entfalten. Keine biblische Metapher kann für sich genommen und dann für eine Aktualisierung herangezogen werden. Ihr sprachlicher Kontext will beachtet werden, auch ihr Redezusammenhang, im Unterschied, ja im Gegensatz zu einer Kontextualisierung, die das Fest aus den sozio-kulturellen Umständen, in denen es eingeführt oder in die es sich eingenistet hat, *erklärt:* anfänglich aus einer Vergöttlichung des Wendepunktes im Sonnenkalender, heute der Sehnsucht nach Glanz, Harmonie und heiler Welt. Weihnachten kann und sollte zwar, wie jedes Fest, auch in seinem kulturellen Umfeld aufgesucht werden, denn sein jeweiliger Standort zeigt an, wie nahe oder fern das Fest feierlichen Anlässen steht, die ihm manchmal zum Verwechseln ähnlich sehen können. Aber seinen Charakter lässt ein christliches Fest nur erkennen, wenn seine Botschaft vernommen wird.

Die Sperrigkeit der weihnachtlichen Metaphern ist eine Anfrage auch an das Brauchtum des Feiertages: Bringt es zum Ausdruck, was das Fest mitteilen will? Oder erfüllen sie nur die versichernde, festigende Funktion von Bräuchen, auch von schlechten? Die Weihnachtskrippe und ihre Figuren: sie sind vertraut; die Lichter am Weihnachtsbaum, im Zimmer, vielleicht auch in den Fenstern, schaffen ein Gefühl der Geborgenheit; das gemeinsame Festessen soll für Wohlbehagen und Geselligkeit sorgen. Was daran geändert wird, stört; wird ein gewohnter Brauch in Frage gestellt, ist nicht nur die Stimmung verdorben, sondern es macht sich eine Unsicherheit breit, die nur selten aus sich heraus schöpferisch werden kann. Wer sie in Szene setzen will, muss sich im Klaren darüber sein, was er damit anrichtet. Doch dass Gott zur Welt gekommen ist, ist störend und ermutigend genug, denn seitdem sind wir nicht mehr davor geschützt, dass er auch uns aufsuchen will, auf seine, von uns unvermutete Weise. Um das sagen zu können, bedürfen wir keiner politisierenden oder psychologisierenden Neuinszenierung der Geburt eines göttlichen Kindes.

2. Gottes Menschenfreundlichkeit

Das Weihnachtsgeschehen ist nicht einförmig oder einfarbig, seine Botschaft nicht eintönig. Wie sich auch ihre politische Kontur abzeichnen kann, zeigt Tit 3,3-7:

> Früher einmal waren wir unverständig und ungehorsam; wir gingen in die Irre, waren Sklaven aller möglichen Begierden und Leidenschaften, lebten in Bosheit und Neid, waren verhasst und hassten einander. Als aber die Güte und Menschenfreundlichkeit *(philanthropia)* Gottes, unseres Retters, in Erscheinung trat, hat er uns errettet – nicht weil wir Werke vollbracht hätten, die uns gerecht machen könnten, sondern aus lauter Erbarmen – durch das Bad der Wiedergeburt und Erneuerung im Heiligen Geist, den er unter uns reichlich ausgossen hat durch Jesus Christus unseren Heiland, damit wir, durch dessen Gnade gerecht geworden, das ewige Leben ererben, das wir erhoffen.[28]

Martin Luther hat in seiner Übersetzung von Tit 3,4 »Philanthropie« mit »Leutseligkeit« wiedergegeben.[29] Gemeint war ein Zugewandt-sein, das Leute beseligt, beglückt, im Tiefsten befriedet. Erst später wurde aus »Leutseligkeit« eine Freundlichkeit gegenüber Leuten in untergeordneter Stellung[30], eine herablassende Attitüde: der gnädige Herr und die gnädige Frau mischen sich bei besonderen Gelegenheiten unters Volk, sie erkundigen sich nach diesem und jenem, trinken den treuen Untertanen zu, tanzen vielleicht bei einem Fest eine Runde mit und verschwinden dann wieder in ihre Gemächer. Eine solch gönnerhafte Geste ist die Epiphanie der Leut-seligkeit Gottes keineswegs. Könnte etwa gemeint sein, dass Gott sich mit uns gemein macht? In gewisser Weise schon. Wie, werden wir noch erfragen müssen. Aber er taucht nicht zu einem Blitzbesuch auf, und seine Epiphanie ist auch keine Gebärde der Verbrüderung.

Mit seiner Leutseligkeit greift Gott, unser Retter, in die Misere eines Gemeinwesens ein, das auf allumfassender Philanthropie aufgebaut werden sollte. Die Wurzeln humanitärer Menschenliebe als politischer Tugend sind im Zerfall der antiken Polis zu suchen. Eine ihrer Folgen war die Gleichstellung aller Menschen zu wechselseitig verpflichtender Verbundenheit. Damit sollten die politischen und religiösen Institutionen, die nicht mehr tragfähig waren, stabilisiert und notfalls ersetzt werden. Zuvor war Philanthropie das Vorrecht der Mächtigen gewesen, ein Akt der Herablassung, der freilich die Untergebenen an ihrem Ort verbleiben ließ, und dadurch wurde die eigene Überlegenheit nur noch stärker

---

28. Tit 3,4-7 ist in EGB 256 als Epistel für den Christtag vorgesehen, im Entwurf der Neuordnung der gottesdienstlichen Lesungen und Predigttexte (2014) für die Christvesper. Ohne Vers 3 verliert der Text seine kontextuelle Schärfe.
29. Erst bei der Revision 1996 wurde »Leutseligkeit« durch »Menschenfreundlichkeit« ersetzt.
30. Vgl. F. Kluge, a. a. O. (siehe Anm. 2), 517.

spürbar. Als die Grundlagen des Staatswesens ins Wanken gerieten, keine unbefragbar übergeordnete Instanz das Zusammenleben mehr lenkte, auch in sich gegründete Verbindlichkeiten fehlten, auf die man sich gegenseitig berufen konnte, da wurde Philanthropie zum geheimnisvollen Band menschlicher Gemeinschaft, mit der Devise »Wir alle sind doch Menschen, das bindet uns aneinander – denn sonst hält uns nichts und niemand mehr«.

Im Zusammenhang von Tit 3,4-7 wird eine zerstrittene, hemmungslos gewordene, hinterlistige, korrupte *polis* geschildert, die nicht mehr zur Vernunft kommt und auf Irrwege gerät. Die Beliebigkeit kann sogar zum Deckmantel für eine Toleranz werden, die alles gelten lassen will und nichts mehr wirklich achtet. Wer der jungen Christengemeinde angehörte, hatte sich früher nicht anders als alle anderen verhalten. Doch die Epiphanie der Leutseligkeit Gottes hatte ihr Licht auf sie geworfen, sie aus dem Zwielicht der Lebensgier herausgezogen und ihnen eine neue Richtung gegeben, gewiesen durch »das ewige Leben, das wir erhoffen«. Jetzt kam es darauf an, nicht falschen Anstoß zu erregen, etwa durch eine Arroganz, die von der eigenen, vermeintlich besseren Lebensführung auf andere herabsieht, oder durch eine Missachtung des Rechts, das für alle gilt. In dem, was sie zu tun vermögen: den »guten Werken« (Tit 3,8), teilt sich Gottes Güte anderen mit und leuchtet die Hoffnung auf Gottes Treue auf, auf die hin gerettete Menschen in einer Welt voller Hoffnungslosigkeit oder Illusionen das Notwendige tun.[31] Auf manche andere wirken sie befremdend, sie werden nicht verstanden, auch wenn sie die Hand zur Verständigung reichen, und sie können Feindschaft und Hass auf sich ziehen. Sogar Gottes unaufdringliche Menschenfreundlichkeit ist davon nicht verschont geblieben, aber sie wurde dadurch nicht außer Kraft gesetzt.

Der philanthropische Grundsatz »*Wir alle sind doch Menschen* – wir sind zwar *nur* Menschen, doch darin liegt auch unsere Bestimmung, unsere Würde, unsere Verpflichtung, das Maß unserer Lebensgestaltung!« bildet kein tragfähiges Fundament für ein Gemeinwesen. Er kann sogar früher oder später Menschenfeindschaft hervorrufen. Das Ungenügen, das wir an uns oder an anderen empfinden, lässt nicht bloß persönliche Verbitterung aufkommen, sondern mehr noch den kollektiven Hass auf bestimmte Gruppen, Klassen und »Typen«. Misanthropie wird so zur öffentlichen und Öffentlichkeit bestimmenden Macht. Den Ursprung dafür sah der Philosoph und Soziologe Helmuth Plessner im »Gefühl der unausgleichbaren Spannung zwischen« Freiheit und Ohnmacht«[32].

Es ist allzu menschlich, einzufordern, was unserer Vorstellung von reiner, wahrer Menschlichkeit entspricht. Wir messen uns und einander mehr oder

---

31. Hans G. Ulrich, Wie Geschöpfe leben. Konturen theologischer Ethik (EThD 2), Münster 2005, 30-32.
32. Helmuth Plessner, Über Menschenverachtung, in: Diesseits der Utopie (1966), Frankfurt am Main 1974, 213.

minder rigoros an dem, »was Menschen sein könnten, wenn sie wollten«[33]. Mit dieser Maxime kann Wohlwollen plötzlich in Widerwillen umschlagen: in die Verachtung all derer, die vor einem solchen Anspruch der Menschlichkeit versagen. Auch wer sich ständig von anderen enttäuscht sieht, wird allmählich selber zum Misanthropen, feindlich gegenüber anderen und misstrauisch gegen sich selbst. Und ein Denken, das sich, zu allem entschlossen, der universalen Philanthropie annimmt, einer »Lehre vom richtigen Leben«, kann unversehens zu einer »traurigen Wissenschaft« werden.[34]

Wie konnte Menschenfreundlichkeit zum Markenzeichen des Weihnachtsfestes werden?

In CHARLES DICKENS' bekanntester Weihnachtserzählung »Ein Weihnachtslied in Prosa. Zugleich eine Christnachts-Geistergeschichte« (1843) heißt es zu Beginn, Weihnachten sei »eine menschenfreundliche, angenehme Zeit voll Wohlwollen und Vergebung«, »die einzige Zeit im Kalenderjahr«, »in der Männer und Frauen gleichmäßig bereit scheinen, ihre verschlossenen Herzen frei zu öffnen und an ärmere Menschen zu denken, als ob sie wirklich Reisegefährten zum Grab hin wären und nicht Geschöpfe anderer Art mit anderer Wegrichtung«[35]. Hier ist Gottes Philanthropie in Wohlwollen aufgegangen, wenn auch in allerbester Absicht und mit ersichtlich guten Wirkungen: der alte Geizhals, dem in der Christnacht seine glückliche Jugendzeit, das gegenwärtige Elend anderer, das er bisher übersehen hatte, schließlich sein Grab und die üble Nachrede all derer, die er ausgebeutet oder vor den Kopf gestoßen hatte, vor Augen geführt werden, wandelt sich in dieser Nacht zu einem neuen, philanthropisch gesonnenen Menschen, der, beseligt über seine Güte, ausruft: »Ich fühle mich so leicht wie eine Feder, so glücklich wie ein Engel, so lustig wie ein Schuljunge, so schwindlig wie ein Betrunkener! Fröhliche Weihnachten jedermann!«[36]

Weihnachten ist jedoch für Unzählige zu einer traurigen Zeit geworden. Zur Quelle von Depressionen werden diese Festtage nicht nur für diejenigen, denen der Weg zur Gemeinschaft der Beschenkten und Schenkenden verschlossen ist. Auch vor den Krippen in Kirchen sitzen Vereinsamte, die ihr Alleinsein an diesem Tage noch mehr verspüren als sonst. Und auch dort, wo Geborgenheit, ja Erhebung in festlicher Stimmung erwartet wird, zumal im Kreise der Familie, können viele nicht mehr unbeschwert feiern. Daran ist weder nur der sogenannte Konsumterror schuld noch bloß die Krise des Familienlebens, obwohl diese wie andere Schäden an Weihnachten besonders krass zutage treten.

---

33. H. PLESSNER, a. a. O., 212.
34. THEODOR W. ADORNO, Minima Moralia. Reflexionen aus dem beschädigten Leben, Frankfurt am Main 1961, 7.
35. CHARLES DICKENS, Weihnachtserzählungen, übertragen von Karl Kolb, Zürich 1976, (5-110) 11.
36. A. a. O., 193.

Weihnachten wird zur Bedrängnis, wenn dieser Freudentag zur Pflichtübung der Liebe als Zuneigung verfälscht wird, gesteigert noch dadurch, dass wir uns darauf besinnen sollen, was fehlt, obwohl es doch endlich ausgeglichen sein müsste und auch sein könnte, wenigstens an Weihnachten. Manche Weihnachts-Beklemmung rührt daher, dass uns vorgehalten wird, was Menschen sein könnten, wenn sie nur wollten, und das wenigstens in dieser besonderen, hervorgehobenen Zeit! Diese Maxime hat Hochmut und Schwermut im Gefolge, und beide treffen in der Weihnachtsstube hart aufeinander. Nichts kann mehr desillusionieren als die kalte Pracht eines festlich geschmückten Zimmers, nachdem die Gemütlichkeit der Heiligen Nacht verflogen ist. Am Morgen des ersten Weihnachtstages ist oft nur der religiöse Katzenjammer über die entschwundenen Stimmungen geblieben, und der bittere Nachgeschmack verrät, was für Weihnachten erhofft worden war. Und dies hat sich eben häufig genug nicht eingestellt, oder doch nicht so, wie man es erhofft und gewünscht hatte. Wie kann das Weihnachtszimmer, wie kann ein festlich geschmückter Kirchenraum als Ort für den Eintritt Gottes in seiner überwältigenden Liebe wahrgenommen werden?

»Wie in allen protestantischen Städten spielt hier Weihnachten die Hauptrolle in der großen Winterkomödie«, schreibt Heinrich Heine 1822 aus Berlin. Er schildert dann, wie die Menschen »wie Schmetterlinge von Laden zu Laden« flattern und von einem Geschäft zum anderen »wallfahrten, als wären es Passionsstationen«[37]. Für manchen wird der Christtag wie eine letzte Passionsstation sein – allerdings in einem anderen, realistischen, nicht so ironischen Sinne wie bei Heine. Weihnachten stimmt traurig, weil wir hier deutlicher als sonst das Missverhältnis von Erwartung und Erfüllung erleben. Am Christtag bedrückt manche, dass sie sich zur Freude genötigt sehen, weil dies der Tag ist, an dem wir Gottes Liebe gedenken und von Neuem Liebe erwarten. Und wir fühlen uns zur Liebe verpflichtet, weil solche Liebe unserer Freude Ausdruck geben soll. Diese christlich verordnete, alle Jahre wieder verpflichtende Liebe und Freude: das ist's, was Weihnachten zu einer Passionsstation werden lässt, die uns traurig stimmt im Blick auf die Dunkelheit, Kälte, Lieblosigkeit und Trauer um uns her und womöglich in unserem eigenen Herzen.

An Weihnachten wird landauf, landab zur Menschenfreundlichkeit aufgefordert. Wir sollen Gottes Liebe in Menschenliebe umprägen oder umsetzen und sie weitertragen, als sei sie wie eine Fackel, die am olympischen Feuer entzündet wird. Doch gerade aus dieser verordneten Liebe, an der wir messen wollen, was wir und andere sein könnten, wenn wir nur wollten, kann Menschenhass und Menschenverachtung entspringen. Das ist unsinnig, aber bittere Wirklichkeit. Menschenhass und Menschenverachtung entstehen leicht aus der abgrundtiefen Trauer über eine unmenschlich gewordene Welt. Und das Christfest ist ein über-

---

37. Heinrich Heine, Reisebilder, hg. von Walther Vontin, Hamburg 1966, 50.

aus gefährlicher Tag, weil wir hier – bei der Geburt Jesu Christi, des wahren Menschen – über unsere Menschlichkeit ins Reine kommen möchten.

Wie werden wir von einer Menschenverachtung befreit, die nur die Kehrseite eines Selbstwertgefühls ist, das sich äußerstenfalls zum *Wohlwollen* für alle Menschen aufzuschwingen vermag? Gott nötigt uns nicht zu solchem Wohlwollen, das uns in die Trauer über uns selber treibt und Freude uns höchstens anempfehlen könnte. Nein, er hat – wie es der Engel in der Christnacht verkündet – *sein Wohlgefallen* an Menschen, die sich an die Krippe des Neugeborenen rufen lassen (Lk 2,14). So kann überraschend Freude einziehen, die sich in der Fassungslosigkeit des Herzens äußert, das die Stimme Christi vernimmt: »Lasset fahrn, o liebe Brüder, / was euch quält, was euch fehlt«, wie es in einem Weihnachtslied PAUL GERHARDTs heißt (1653; EG 36.5). Etwas fahren lassen, etwas aufgeben: das mag oft schwerer fallen als die größte Anstrengung. Doch sie dürfen wir heute fahren lassen: die Anstrengung der verstiegenen Erwartung, die Überanstrengung des Wohlwollens, das uns vorschreibt, was Menschen sein könnten, wenn sie nur wollten.

3. Was geschah an Weihnachten?

Die Epiphanie der Leutseligkeit Gottes ist eines der Narrative, mit denen erzählt wird, was sich an Weihnachten ereignet hat und dort für uns geschehen ist. In Tit 3,4-7 wird kein Datum genannt, auch von Jesu Geburt ist nicht die Rede, sondern davon, was Gott in seiner unermesslichen Güte uns zugewandt hat: unser rechtes Verhältnis zu seiner Treue und die Hoffnung des Lebens bei und in ihm, das uns als seinen Kindern zukommt. Dieses Geschenk wird von Jesus Christus gebracht, eingefasst von der »Erneuerung im Heiligen Geist« in Hülle und Fülle. Es ist eine Kurzfassung der Geschichte des Handelns Gottes an, mit und in Jesus Christus.[38] Sie umgreift alles, was mit Jesus Christus, an ihm und von ihm her geschehen ist. In ihm tritt Gott mit allem Glanz seiner Güte in Erscheinung, und seine Epiphanie hebt den Gegensatz von Ferne und Nähe auf: der ferne Gott kommt uns nahe, ja, er tritt uns so nahe, dass wir uns ihm nicht mehr entziehen können.

Ein anderes Narrativ führen die Weihnachtsgeschichten der Evangelien aus (Mt 1,18-25; Lk 2,1-20; Joh 1,1-18): der Heiland wird geboren, Jesus Christus der Herr, Gott wird Mensch. »Gottheit und Menschheit vereinen sich beide« (JOHANN LUDWIG KONRAD ALLENDORF, 1736; EG 66.1). Das Narrativ der Geburt verknüpft der Apostel Paulus in seiner Weihnachtsgeschichte (Gal 4,4-7) mit einem weiteren: der Sendung des Gottessohnes zur Befreiung der in sich selbst verkrümmten Menschheit, zu ihrer Versöhnung mit Gott, die Frieden stiftet.

---

38. Siehe S. 18 und 33.

Was Matthäus und Lukas erzählen, was Johannes in hymnischer Sprache komponiert und was Paulus die verwirrte Gemeinde in Galatien lehrt, enthält die Weihnachtsbotschaft in verschiedenen Brechungen, die nur zum Teil auf verschiedene Überlieferungen und Umstände zurückgeführt werden können. Wer sie gleichsam gegeneinander liest, wird theologische Nuancen entdecken, die ein noch reicheres Bild ergeben, als es sich bereits aus den unterschiedlichen Blickwinkeln bietet.

Matthäus, der die respektable Ahnenreihe Josefs, des Gatten der Maria, auflistete, befasst sich ausführlicher als mit der Geburt Jesu damit, dass Maria »vor- und außerehelich« schwanger geworden sei. Dadurch wurde die Geschlechterfolge durchbrochen und Josef durch die entehrte Verlobte in seiner Ehre als künftiger Vater getroffen, samt allen damit verbundenen Pflichten und Rechten. Dem wollte er sich entziehen, ohne seine junge Verlobte öffentlich – durch einen Prozess oder einen Scheidebrief – bloßzustellen. Er versucht, seine Gerechtigkeit, die ihn seine Nächsten lieben heißt (Lev 19,18), mit seinem rechtlichen Denken in Einklang zu bringen. Kein Wort davon, dass seine Zuneigung zu Maria alle seine Bedenken hätte zerstreuen können! Dass er ihr die Treue hält, rührt daher, dass Gott ihm zumutet, Maria als seine rechtmäßige Frau anzunehmen, weil der Name ihres Kindes die Verheißung der Rettung des Gottesvolkes tragen wird: zum Zeichen dafür, dass sie dieses Kind vom Geist, von Gott selbst, empfangen hat. *Jeschua* ist hier nicht ein Name, den ein Vater so wählen dürfte, dass er damit seine Ehrfurcht vor Ahnen oder seine eigenen Wünsche und Hoffnungen ausdrücken könnte. Es ist der Name, den Gott selbst bestimmt: der Name seiner helfenden Hand. Diesen Namen soll Josef dem Kind geben, und damit bekennt er sich auch zu ihm und zugleich zu allem, was ihm im Jesus-Namen zugesagt wird. – Vielleicht wird Josef sich nun auch auf seinen eigenen Namen angesprochen sehen. Er trägt ja den Namen dessen, der einstmals, von seinen Brüdern verraten und verkauft, dank seiner Gabe der Traumdeutung seine Sippe vom Hungertod errettete und gerade so dafür sorgen konnte, dass Gottes Segensverheißung in der Fremde, in Ägypten, weiter zum Zuge kam. Ein höchst verschlungener Weg göttlicher Vorsehung! Auch der Weg Jesu wird keinesfalls gradlinig verlaufen: Als Magier aus dem Osten dem neugeborenen König der Juden göttliche Ehre erweisen wollen, ahnt der Jerusalemer Herrscher, dass der Messias gemeint ist, und reagiert mit einem Mordbefehl. Josef muss mit dem Kind und seiner Mutter fliehen, ausgerechnet nach Ägypten, für viele Juden seit Langem der Inbegriff der Bedrohung. – Alle Abschnitte der Geschichte werden durch Träume miteinander verbunden, in denen Gott den Weg weist und seinen Willen gegen alle menschlichen Ausweichmanöver durchführt – wie, wird sich erst viel später zeigen.

Statt der ungewollten und doch willig akzeptierten Vaterschaft des Josef, die Matthäus hervorhebt, erzählt Lukas, wie Maria Mutter wird und wie sie ihr Kind zur Welt bringt. Die Geburt des Retters der Menschheit (»Heiland«), des Weltenherrschers, geschieht im Abseits eines Ortes, der damals trotz seines traditionsgesättigten Namens am Rande des Weltgeschehens lag. Für eine demoskopisch verbrämte Steuererhebung kommen Josef und Maria nach Bethlehem. Sie sind einem Staat steuerpflichtig, der nach damaligen Maßstäben eine Weltmacht ist. Deutlicher könnte nicht ausgedrückt werden, wie Jesus zur Welt kommt: in unsere stolze, reiche, laute, übersiedelte, dunkle Welt (vgl. HANS VON LEHNDORFF, 1968: EG 428). Mag er bei seiner Geburt noch einem unbeschriebenen Blatt gleichen – auf diesem Blatt sind schon Linien gezogen, die seinen Weg begrenzen.

Josef, der nach Bethlehem kommen muss, weil seine Sippe dort Land besitzt, findet nirgendwo Einlass, nicht einmal in einer Karawanserei, die schon überbelegt ist. Jesus wird draußen vor der Tür geboren. Wem wird da die Tür zugehalten, die Herberge verschlossen? »Die Seinen nahmen ihn nicht auf« (Joh 1,11). Er lässt sich aber nicht abweisen, sondern kehrt draußen ein – gerade bei denen, die sich immer wieder und vielleicht lebenslang ausgeschlossen fühlen.

Draußen sind auch die Hirten, die zwischen März und November mit ihren Herden auch nachts auf der Weide bleiben. Wenn andere schlafen, müssen sie wachsam bleiben. Plötzlich umfängt sie die Klarheit Gottes, ohne dass die Nacht taghell geworden wäre. Gottes *doxa*, mit der er sich selbst verherrlicht, ruft wie jede Theophanie Entsetzen hervor. Nur ein Gottesbote kann diese Furcht austreiben, sie sogar in Freude verwandeln. Was der Engel sagt, klingt wie eine Königsproklamation, verkündet wird aber die Geburt des Retters: »Christus, der HERR.« Wer von denen, die dies hörten oder später lasen, in den jüdischen Schriften kundig war, konnte an die prophetische Verheißung des kommenden Friedefürsten (Jes 9,1-6) erinnert werden. »Euch ist er heute geboren!« Dieses IST zeichnet diesen Geburtstag vor allen anderen Daten aus. An Weihnachten heißt es nicht mehr: »Es war einmal« oder »es wird sein«, aber auch nicht: »jetzt ist es so, doch bald wird es gewesen sein«. Dieses IST umspannt und erfüllt alle Zeiten.

Darauf antwortet zuerst »die Menge des himmlischen Heeres« mit dem Lobpreis Gottes und des Friedens »unter den Menschen seines Wohlgefallens«. In der Bronzeskulptur »Fürchtet euch nicht – siehe – ich verkündige euch große Freude« von RENATE STENDAR-FEUERBAUM im Eingangsraum der Antoniterkirche in Köln (1976) umringt diese Heerschar wie ein Schutzmantel den Verkündigungsengel, der segnend über der jungen Familie schwebt.[39] Nicht gleißend hell ist es dort, das Kind ist nicht von einem Strahlenkranz umgeben wie auf vielen Weihnachtsbildern, auch Heiligenscheine fehlen. Es ist dunkel in dieser Geborgenheit: »Gott will im Dunkel wohnen / und hat es doch erhellt«, wird JOCHEN KLEPPER 1938 dichten (EG 16.5) und dabei an die Einweihung des Tempels denken (1 Kön 8,12).

Wie haben die Hirten das Kind finden können? Als Erkennungszeichen wur-

39. www.antonitercitykirche.de.

den ihnen Windeln und ein geflochtener Futtertrog genannt, vielleicht in einer Felsennische oder einer Erdmulde. Die Windeln verhüllen die Nacktheit des Kindes, es ist schutzlos und hilfsbedürftig wie alle Neugeborenen, und wie sie braucht es Raum, äußerlich und in seinem Verhältnis zu anderen, zunächst zu den Eltern. Platz finden konnte das Jesuskind nur bei den Tieren, die sich vermutlich nicht so idyllisch benahmen wie Ochs und Esel auf den Weihnachtsbildern, die uns vertraut sind.

Den neugeborenen Retter haben die Hirten gefunden – doch was haben sie wirklich gesehen? Konnten sie schon wahrnehmen, dass er ihnen geboren war, und was dies bedeutete, nicht nur für sie?

Die lukanische Weihnachtserzählung, oft »die schönste Geschichte der Welt« genannt, ist wie die allermeisten biblischen Geschichten ganz aufs Wesentliche konzentriert: sie heben nur hervor, auf was sie hinauslaufen, Gefühle und Gedanken bleiben außer Acht und können nur aus dem erschlossen werden, was ausgesprochen wird. Die Weihnachtsgeschichte gruppiert sich um »das Wort«, von Gott dem HERRN autorisiert und vom Gottesboten verheißungsvoll verkündet. Die Hirten gehen, um zu sehen, was sich begeben hatte (LUTHER übersetzt ῥῆμα in Lk 2,15 mit »die Geschicht«, diese beruht aber auf dem Gottesspruch, der in Lk 2,17 ebenfalls ῥῆμα heißt). Wer der Neugeborene ist, musste ihnen gesagt werden. Diese Botschaft richteten sie Maria und Josef aus – was Maria gewusst haben konnte, wurde noch überboten. Jedes Wort behielt sie im Auge und im Gedächtnis und »bewegte es in ihrem Herzen«, bedachte und durchdachte es. Die Hirten breiteten das Wort aus und kehrten voller Lob und Dank an Gott zu ihrer alltäglichen Arbeit zurück.

Gottes Erlösungsverheißung bekommt in dem Kind in der Krippe ein Gesicht. Dass es unter ärmlichen Umständen und fast weltentlegen auf die Welt kam, dürfte die Hirten nicht verwundert haben, denn es ging ja seit Langem von Mund zu Mund, dass der Messias unerkannt und ohne Pomp und Glanz kommen werde. Das Wunderbare der Geburtlichkeit und kindlichen Unschuld werden sie nicht bestaunt haben, seine Armseligkeit, von der in Weihnachtspredigten so oft geschwärmt wird, hat sie wohl auch nicht angerührt. Hat der Kleine friedlich und satt geschlafen? Oder gelacht? Die Besucher angestrahlt? Schon auf dem Arm der Mutter gethront? Vielleicht hat er gestrampelt und geschrien. Wir möchten so gern viel mehr wissen! Haben die Hirten, denen die Geburt ihres Erlösers verkündet worden war, erlöster ausgesehen? Haben sie vielleicht in späteren Jahren ungeduldig nach ihm Ausschau gehalten? Sogar die beiden Jünger, die am Abend des Ostertages tieftraurig nach Emmaus gehen, klagen, als der Auferstandene ihnen unerkannt in den Weg tritt: »Wir hofften, er sei es, der Israel erlösen werde« (Lk 24,21). Viele Erlösungserwartungen versperren den Blick für den Kommenden.

Die Hirten haben das neugeborene Kind gesehen, an das Gott sich mit seiner Verheißung gebunden hat, es sei der Erlöser, der Retter, der Heiland. Wer ihn vor sich sieht und seiner gedenken will, wird sich an diese Verheißung halten – und dann vieles zu sehen bekommen, wenn die Augen dafür geöffnet werden.

»Der Erlöser ist euch geboren«: im Verheißungswort kommt er zu uns, er erreicht uns, wo wir auch sind und wie wir uns fühlen. Wie viele haben deshalb voller Hoffnung gegen alle Hoffnung aufblicken können, mitten in den Schrecken einer hoffnungslosen Welt! Der Gottesfriede kehrte ein, wo »Menschen seines Wohlgefallens« – und wer dürfte sich selber davon ausschließen! – sich rückhaltlos Gottes Handeln anvertrauen, sich in seine Hände begeben. Die Stimme wird zum Schweigen gebracht, die bohrend fragt, ob wir denn angesichts alles Unheils um uns her Weihnachten feiern dürfen – so, wie wir uns Weihnachten eben vorstellen, mit Kerzenduft, Lichterglanz und freudigen Gesichtern. Fehlt dies alles und noch mehr, so kann es die weihnachtliche Freude nicht austreiben, denn nicht wir können uns zu ihr aufschwingen und müssen uns dann vielleicht fallen lassen – sie will in uns einziehen, mitten in einer Welt, in der wir immer wieder darauf gestoßen werden, warum dieses Kind zur Welt kam. Manchmal erkennen wir erst viel später wirklich, was wir gesehen haben.

In Bethlehem, heute nördlich der Stadt durch die israelische Mauer von Jerusalem getrennt, und im Umfeld des Ortes konkurrieren seit Längerem drei Geburtsorte. Das Areal der Geburtskirche mit ihrer Grotte wird von den orthodoxen Kirchen und der lateinischen in Anspruch genommen. Es wurde in den Rang eines Weltkulturerbes erhoben.

Welches Erbe wird uns heute zugesprochen?

Von diesem Erbe schreibt Paulus in Gal 4,4-7, auch er mit einer Weihnachtsgeschichte, gedrängter formuliert und nicht so erzählerisch gestaltet wie die der Evangelisten. Der Apostel will hier verdeutlichen, dass und wie mit dem Kommen Jesu Christi die bisherige Weltordnung, in der kosmische Kräfte und menschliche Sicherungen Hand in Hand gehen, vergeht: sie wird nie mehr verlässlich tragen.

In einer Karikatur zum 21. Dezember 2012, dem Tage eines vorausgesagten Weltunterganges, war vor einem Markt, überschrieben mit »Fröhliche Weihnachten«, ein Weihnachtsmann mit der Ankündigung »Das Ende ist nahe!« zu sehen. Ähnliches hätte auch Paulus sagen können, freilich weder scherzhaft noch ironisch, sondern überrascht davon, dass mit Jesu Geburt »die Zeit erfüllt war« (Gal 4,4): das Maß der alten Welt-Zeit war voll geworden, jetzt ist sie abgeschlossen. Was jetzt kommt, wird unter einem neuen Zeit-Zeichen stehen.

Als Kind einer jüdischen Mutter kommt Jesus als Jude zur Welt, er untersteht er dem Gesetz, das Gott seinem Volk gegeben hat, deshalb wird er beschnitten (Lk 2,21-24) und damit in den Bund Gottes mit Israel aufgenommen[40] – zu-

---

40. Als »Tag der Beschneidung und Namengebung Jesu« ist der 1. Januar vorgesehen (EGB 422 f.), wenn dieses Datum gottesdienstlich nicht als Neujahrstag gefeiert wird (EGB 266 f.). – Zur Bedeutung des Festes vgl. ALBERT GERHARDS, Das Fest der Be-

gleich ist er in unvergleichlicher Weise Gottes Kind. Diejenigen, unter denen er zur Welt kommt, leben wie in einem Gefängnis, dessen Zwänge sie nicht bemerken oder in denen sie sich eingerichtet haben. Ihnen sagt ein Kind nicht, wie in HANS CHRISTIAN ANDERSENS Märchen »Des Kaisers neue Kleider«, die nackte Wahrheit. Dieses Kind *ist* die Wahrheit, die von Selbstverblendung befreit. An ihm sehen die Gefangenen, dass sie in dieser Welt heimisch geworden sind und sich in ihr mehr oder weniger wohlfühlen, auch wenn sie gelegentlich beklagen, was ihnen abverlangt wird. Ein Kind, das auch als Heranwachsender und Erwachsener Kind Gottes bleibt, sprengt diese Welt auf – allein durch sein Dasein, ohne Gewaltakt.

Das wehrlose Kind setzt der Welt ein Ende: einer Welt, die durch das Gesetz eingezäunt und abgeriegelt wurde, das ihr aber auch zwanghafte Stabilität verleiht. Die Gesetzestreuen versuchen, diese Risse wieder zu schließen, bis sie sich nicht mehr anders zu helfen wissen als damit, den Störenfried auszuschließen. Doch in dem Augenblick, wo Jesus seinen Weg vollendet, bricht diese Welt endgültig zusammen, und diejenigen, die »*Abba,* lieber Vater!« rufen, werden von dem überrascht sein, der sich ihnen als ihr Vater zu erkennen gibt: den Juden anders als bisher, den Heiden erstmals, aber für beide befreiend.

Wer befreit wird, muss erst lernen, befreit zu leben. Er ist nicht mit einem Schlage ein anderer geworden. Schritt für Schritt, oft äußerst mühsam, wird er erfahren, dass er nicht nur durch Einschränkungen von außen eingeengt und durch Vorschriften gegängelt wurde. Er war unfrei geworden, gerade dort, wo er sich einige Bewegungs- und Handlungsfreiheit zumessen konnte. Ja, er hatte sich selber unfrei gemacht und stand sich selber entgegen: gerade dadurch, dass er wähnte, auf sich allein gestellt zu sein und sich so zu befinden. Verblendet wurde er, weil er das Sehen verlernt hatte: im Dunkel, das ihn umlauerte, und in den Illusionen, die er sich erträumte. Befangen war er in seinem unaufhörlichen Selbstgespräch, das ihn immer tiefer in sich selber hineintrieb.

Wer Gottes Volk angehörte, durfte Gott als Vater anrufen. Doch diese Anrede erhält nun, bei Jesu Geburt und dann in seinem Munde, einen anderen Klang: so rufen Gottes geliebte Kinder und Erben seines Lichtes, die nicht mehr so leben müssen, wie es ein Leben verlangt, das nach ihrer Überzeugung oder nach Meinung geistiger Eliten oder gar nach Anordnung der Weltmächtigen das allein rechte ist. Die Kinder Gottes müssen nicht mehr darüber besorgt sein, wie sie in einem »falschen Leben« recht leben können.[41] Und sie bekommen zwar viel zu

---

schneidung des Herrn am 1. Januar – Relikt oder Chance?, in: Im Angesicht der Anderen. Gespräche zwischen christlicher Theologie und jüdischem Denken. Festschrift für Josef Wohlmuth, hg. von Florian Bruckmann und René Dausner (Studien zu Judentum und Christentum 25), Paderborn 2013, 649-658.

41. Vgl. THEODOR W. ADORNO, Minima Moralia (siehe Anm. 34), 59: »Es gibt kein richtiges Leben im falschen.«

tun (davon wird Paulus sogleich sprechen), aber dass sie das Rechte tun, ist nicht mehr Vorbedingung ihres Kindseins.

Die paulinische Erzählung der Geburt Christi ist also die Geschichte eines Kindes für seinesgleichen: sie spricht Kinder an, die sich in Geschichten, wenn sie nur recht erzählt werden, ohne Wenn und Aber wiederfinden, weil sie genau wissen, was gemeint ist und dass sie gemeint sind. Es ist eine Kindergeschichte für alle, die »Kinder Gottes« heißen.

Wieder anders erzählt der Evangelist Johannes in einem kunstvollen Christuslied, das vom Evangelium auch sprachlich abgehoben ist: »Das Wort wurde Mensch« (Joh 1,14). Stilistisch ähnlich wird in Hebr 1,1-6 Gottes endgültiges Wort, wie es durch seinen Sohn »in den letzten Tagen« zur Sprache kommt, in einer feierlichen Kultrede besungen. Gottes herrlicher Glanz scheint so, dass er in Jesus Christus widerscheint. In ihm drückt Gott der ganzen belebten Welt seinen Stempel auf und bezieht sie in seine Erlösung ein.

Im Evangelium nach Johannes wird später nicht mehr vom *logos* die Rede sein: von der Wesenheit, die so vieles umfasst und in der Folgezeit unzählige Male zu deuten versucht worden ist. Der Johannes-Prolog erinnert an Gen 1,1: Er fängt mit dem »Anfang« an, mit dem Gott ohne jede weitere Voraussetzung schöpferisch zu handeln anhebt: »Im Anfang war das Wort, und das Wort war Gott.« Wer von Jesus Christus reden will, kann nicht erst bei seiner Geburt einsetzen. Der *logos*, der Gott ist, leuchtet, in ihm ist das Leben und das alles durchdringende Licht, das alle Menschen erleuchtet, die zur Welt kommen. Er hat die Welt geschaffen, darum ist sie sein eigen, aber sie verschließt sich ihm weitgehend, weil sie ihn nicht als ihren Herrn anerkennt. Wer ihn jedoch aufnimmt, bekennt sich zu seinem Geschaffensein (Joh 1,1-13).

»Und das Wort ward Fleisch« und schlägt »unter uns« seine Bleibe auf. Das Zelt ist der Zeit-Raum, den Gott beansprucht, wenn er zur Welt kommt – wie jedes Neugeborene einen Raum braucht, und sei er noch so klein und ärmlich. Auch die, die ihn aufnehmen und annehmen (Joh 1,12), schaffen ihm diesen Raum nicht – das Äußerste, was sie tun können, ist, ihm seinen Raum zu lassen. Vielleicht soll mit »zelten« auch gesagt werden, dass Jesus Christus sich wie ein Nomade unter uns aufgehalten hat, immer wieder im Aufbruch wie die markanten Gestalten des wandernden Gottesvolkes (vgl. Hebr 11,4-38).

»Fleisch« bezeichnet in der biblischen Sprache das vergängliche Leben, kann aber auch – im Gegensatz zu »Geist« – das Leben ohne Gott oder gar im Widerstand gegen ihn bedeuten. Letzteres wäre für »das Wort, das Gott ist«, ein Selbstwiderspruch. Dieses Wort wird ein Mensch wie wir: ein Mängelwesen, verwundbar, verletzlich, sterblich, weder Gottmensch noch Halbgott oder Übermensch. Dass »das Wort Fleisch wird«, bedeutet auch: Dieser Mensch kommuniziert (»als Fleisch«) mit anderen Menschen, kann von ihnen affiziert werden, ist der Menschheit mit all ihren Tiefen und Höhen nicht enthoben oder über sie erhaben. Wer aber ist dieser Mensch für andere Menschen?

An Joh 1,14 anknüpfend, heißt es im Bekenntnis von Nizäa-Konstantinopel: Jesus Christus, »wahrer Gott vom wahren Gott«, hat »Fleisch angenommen durch den Heiligen Geist von der Jungfrau Maria und ist Mensch geworden« – »*Deum de deum*« »*incarnatus est de Spirito Sancto ex Maria virgine et homo factus est.*« *Factus est* sagt dasselbe wie »wurde« in Joh 1,14. Der Evangelist erzählt, was geschehen ist – wie es geschah und geschehen konnte, ja, überhaupt geschehen kann, lässt er offen. Die ontologische Frage »Wie konnte, was ist, werden?« bleibt außer Betracht. Dürfte sie im Blick auf Gott überhaupt gestellt werden? Die altehrwürdige Bekenntnisformulierung könnte heute neudeutsch, aber sinngemäß wiedergegeben werden: »Fakt ist, dass Gott Mensch wurde.« Und doch wäre dies noch weniger als die halbe Wahrheit. Von diesem Faktum, dem Ereignis, das wir am Fest der Geburt Jesu Christi feiern, können wir nur sprechen, wenn wir zugleich sagen, wer dieses fleischgewordene Wort für uns und für andere ist. Wer würden wir, was wären wir, was würde aus uns, wie würde sich unser Leben vollziehen können, wenn das Wort nicht Mensch geworden, Gott nicht zur Welt gekommen wäre? In der gottesdienstlichen Weihnachtsfeier werden uns diese Fragen gestellt, viele Weihnachtslieder enthalten die Antworten früherer Generationen, die Festpredigt kann helfen, diesen Antworten nachzugehen und die Fragen zu verdeutlichen – eine persönliche Antwort muss jeder, jede geben, und sie wird sich auch darin zeigen, wie die Festtage begangen werden. Was treibt zur Freiheit, sich wider alle bedrückenden Umstände zu freuen, aus solcher Freude heraus zu schenken, mitgeteilte Hoffnung aufleuchten zu lassen, auch ohne sich selber dessen bewusst zu sein?

Gott hat unser Menschsein angenommen: Er kam zur Welt wie jeder Mensch, und wir sehen ihn als Menschen. Gott setzt sich mit seiner Inkarnation der Verwechselbarkeit aus, denn wiedererkannt werden kann nur, was auch verwechselt werden kann. Wie risikoreich dies ist, zeigt der Weg Jesu auf Schritt und Tritt.

Dass Gott unser Menschsein angenommen hat, bedeutet zugleich: Er hat sich dieses Menschsein zu eigen gemacht, hat es sogar auf sich genommen. Gott wurde Mensch, um unser Menschsein zu ertragen: nicht nur die begrenzte Lebenszeit eines jeden Menschen, sondern das schuldhaft unerträgliche Menschsein. Er ist wie unsereiner, aber er ist *Gott* in seiner Menschheit. Dies wird an Weihnachten oft übersehen und verschwiegen, wenn der Nachdruck allein darauf gelegt wird, dass Gott rückhaltlos unsresgleichen geworden ist. Der Evangelist fährt in einem Atemzug fort: »Wir sahen seine Herrlichkeit als des Einzigen, des einzigartigen Sohnes vom Vater, voller Gnade und Wahrheit« (Joh 1,14b): vom Vater untrennbar, derselbe eine und einzige Gott. Dass Gott so in Erscheinung tritt und von uns so gesehen werden kann, gehört zur Botschaft des Epiphanias-Festes. Damit wird der Lebenslauf Jesu nicht zu einem Triumphzug mit Glanz und Gloria, viel eher erscheint er als ein unaufhaltsamer Abstieg. Doch angenommen hat er uns als der, der mit dem Vater eins ist (Joh 10,30), der vom Vater kam und zum Vater ging (Phil 2,5-11).

Der Weg zur Krippe ist der erste Schritt, sich dem Geheimnis der Menschwerdung Gottes zu nähern: Gott hat sich unser angenommen, unseres Menschseins von Geburt an bis zum Tod, mit all seinen Freuden und seinen Leiden, seiner Not und Verzweiflung, seinen Versuchungen, Anfechtungen und Hoffnungen. Wer ihn, das Wort, das Gott ist, annimmt, dessen Schuld und Tod werden von ihm aufgenommen und getragen. »Das bedeutet, daß das Menschsein aufgehört hat, unser eigenes Menschsein zu sein.«[42] Weiter blicken sollten wir an Weihnachten noch nicht. Es wird noch vieler weiterer Schritte bedürfen, um sich entzogen zu werden, um in die Geschichte des Handelns Gottes an, in und mit Jesus Christus hineinzuwachsen – das Kirchenjahr will uns helfen, sie zu gehen.

Gott wird Mensch: »Werden« ist das weihnachtliche Urwort, das nicht aufgeschlüsselt wird: das sprachliche Zeichen des Geheimnisses, über das hinaus Größeres nicht gedacht werden kann.

4. »Das hat er alles uns getan ...«

Gottes Menschwerdung, der Schöpfer und Erhalter der Welt als Menschenkind im Schoß seiner Mutter, das ewige Licht, das die Welt hell und uns zu Gottes Kindern macht, Gott als Gast in der Welt, der uns seine himmlische Bleibe verschreibt, der unsere Armut teilt und uns mit seinem Reichtum begaben will: »das alles« (EG 23.6) bedeutete für MARTIN LUTHER, als er 1524 ein älteres Weihnachtslied fortschrieb, nicht bloß eine Zusammenfassung dessen, was an Weihnachten geschah, sondern die unermessliche Fülle der Menschwerdung Gottes als Weihnachtsgabe: »Das hat er *alles uns* getan.« PAUL GERHARDT brachte 1653 die Weihnachtsbotschaft so auf den Punkt: »Gott wird Mensch dir, Mensch, zugute« (EG 36.2). »Uns zugute«, »uns zuliebe«[43]: die Wendung setzt in Gang, was mit dem reformatorischen *pro me*, das inzwischen längst zur theologischen Floskel erstarrt ist, gesagt werden sollte: Gott geht aus sich heraus, um uns zu erreichen, wo und in welcher Lage wir auch sind, um uns zu ergreifen, mit seiner Güte an uns zu wirken, anders, als er es immer schon getan hat. Dieses »für uns«, »für mich« springt über – aus einer anderen Welt. Es ist eine Selbsthingabe sehenden Auges, nicht aus blinder Liebe und überschwänglicher Zuneigung. »Ich müsste es nicht tun, aber ich tue es dir zuliebe.« Es steckt Liebe darin – und die ist nicht immer herzlich willkommen. Könnte sich dahinter nicht ein Anspruch verbergen? Auch solches Misstrauen gehört zu Weihnachten, zu seinen Schattenseiten.

Was hat Gott uns angetan? Was werden wir, wer werden wir, weil Gott Mensch geworden ist?

---

42. KARL BARTH, Weihnacht, Göttingen 1957, 54.

43. HEINRICH SCHLIER, Der Brief an die Galater (KEK VII), Göttingen ⁵1971, 139.

»Gott wurde Mensch, damit wir Gott würden«, schrieb ATHANASIUS in seiner Zusammenschau von Inkarnation und Auferstehung, und ihm sind viele griechische Kirchenväter gefolgt.[44] Die Theologie der orthodoxen Kirche versteht unter »Erlösung« die österliche Befreiung von der Vergänglichkeit. In der Gemeinschaft der Kirche können die Gläubigen sich in Askese, Gebet und Buße Gott annähern und Vollkommenheit erreichen. Tendenziell ähnlich sieht auch die römisch-katholische Lehre den graduellen Aufstieg des Menschen zu Gott, allerdings mehr im Blick auf die Charakterbildung kraft des rechten Gebrauchs von Vernunft und Willensfreiheit, unterstützt und vervollkommnet durch die übernatürlichen, geistlichen Gaben, von der Kirche vermittelt.[45]

Doch nicht die Gottwerdung des Menschen, auch nicht eine annähernde, sondern seine Menschwerdung sah der junge LUTHER in seiner zweiten Psalmenvorlesung durch Gottes Verleiblichung herbeigeführt und verbürgt:

> Durch die Herrschaft seiner Menschlichkeit oder, um mit dem Apostel zu reden, seines Fleisches, die im Glauben ausgeübt wird, macht er [Christus] uns sich gleichförmig und kreuzigt uns, indem er aus unglücklichen und hochmütigen Göttern wahre Menschen macht, d. h. Elende und Sünder. Weil wir nämlich in Adam zur Gottähnlichkeit emporgestiegen sind, kam jener [Gott in Christus] herab in die Ähnlichkeit mit uns, um uns wieder zur Erkenntnis unser selbst zu bringen. Und dies wird durch das Sakrament der Inkarnation ausgeführt.[46]

Gottes Menschlichkeit, verkörpert in Jesus Christus, »kreuzigt« den alten Menschen, der »in Adam« Gottähnlichkeit erlangen wollte und sich im Wahn seiner Vergöttlichung zugrunde richtete. Mit Gottes Menschwerdung hebt an, was sich im Versöhnungsgeschehen am Kreuz vollendet (2 Kor 5,21), in dem Gottes Gerechtigkeit in seiner neuen Schöpfung zu ihrem Ziel kommt. Menschen werden erlöst, indem sie allererst zu wahren Menschen werden: zu Menschen, die erkennen, was sie wirklich sind. Befreit werden sie von ihrer verschuldeten Selbstverblendung, in der sie unaufhörlich zwischen Selbstüberschätzung und Selbstverachtung hin- und herpendeln. Das ist ihr Elend, die bittere Wahrheit. Hier verletzen sie sich selber, werden sie verwundbar. Jetzt aber geht ihnen auf – und diese Wahrnehmung will sie zeitlebens leiten, wie sie auf Gottes verhei-

---

44. Siehe Anm. 7.
45. Vgl. GERHARD SAUTER, Das verborgene Leben, Gütersloh 2011, 70-72.
46. M. LUTHER, Operationes in Psalmos (1519-1521), WA 5,128,36-129,1 (zu Ps 5,2): »Humanitatis seu (ut Apostolus loquitur) carnis regno, quod in fide agitur, nos sibi conformes facit et crucifigit, faciens ex infoelicibus et superbis diis homines veros, idest miseros et peccatores. Quia enim ascendimus in Adam ad similitudinem dei, ideo descendit ille in similitudinem nostram, ut reduceret nos ad nostri cognitionem. Atque hoc agitur sacramento incarnationis.«

ßungsvolles Handeln an ihnen und mit ihnen angewiesen sind. »Das hat er alles uns getan«: die weihnachtliche Menschwerdung Gottes *und* des Menschen.

Die Parole »Menschwerdung des Menschen«, die seit etwa zwei Jahrhunderten im Schwange ist, projiziert eine Humanität in ihrer Steigerungsform.[47] In der weihnachtlichen Menschwerdung werden dagegen Menschen sich selbst gegenübergestellt. Vor dem Kind in der Krippe erkennen sie sich selber, nehmen sie wahr, wie sie von Gott geschaffen wurden, in aller Vielfalt und Vielseitigkeit des Menschseins, dass seine Schöpferkraft sie trägt und in ihnen lebt, dass sie in diesem Kind angenommen sind, wo sie sich selber nicht annehmen wollen oder können – und dass sie nunmehr miteinander so umgeschaffen werden, dass sie in die Geschichte Jesu Christi hineinwachsen: in die Geschichte des einzigartig Menschgeborenen, an dem Gott für alle handelt.

> Wenn die Einfleischung Gottes wahr ist, dann wäre nichts wie zuvor, dann gäbe es eine Lücke im System der Welt, einen winzigen Riss zwischen Himmel und Erde, durch den ER eindringt und hineinspringt in die ›Themen des Tages‹. Verunsichert mich diese welterschütternde Nachricht? Sprengst du, Gott, mit deinem Kommen meine Welt, in der ich meine, mein eigener Herr zu sein?[48]

Wie mag das Gebet der Hirten an der Krippe gelautet haben? Unser Gebet, das dafür dankt, dass Christus der HERR »uns geboren« ist, wird darum bitten, dass klar wird, wie er auch für mich geboren ist und zu mir kommen will. Wie nimmt er mich auf, wenn ich ihn aufnehme? Und wie können wir ihn überhaupt aufnehmen? Vielleicht wie die Krippe, in die das Jesuskind gelegt wurde: notdürftig vorbereitet, gesäubert, so gut es eben ging, ausgelegt mit Stroh, das wohl nicht blitzsauber war. So kommt Christus im Leben der Menschen an, in all ihren Grenzen, in einem Leben, das sie nie selber grundlegend ändern können. In diesen Grenzen wird er aufwachsen, wenn auch nicht immer in so ärmlichen Verhältnissen wie bei seiner Geburt. Er ist »uns geboren«, nicht in uns. Doch er »macht uns des Lichtes Kinder« (MARTIN LUTHER, 1524; EG 23.4), für die eine neue Geschichte beginnt:

> Seht, welche Liebe hat uns der Vater erwiesen, daß wir Gottes Kinder heißen sollen – und wir sind es auch! Darum kennt die Welt uns nicht; denn sie kennt ihn nicht. Meine Lieben, wir sind schon Gottes Kinder, es ist aber noch nicht

---

47. Vgl. ERNST WOLF, Menschwerdung des Menschen? Zum Thema Humanismus und Christentum (1946), in: Peregrinatio, Bd. 2: Studien zur reformatorischen Theologie, zum Kirchenrecht und zur Sozialethik, München 1965, (119-138) bes. 130-135.
48. KURT JOSEF WECKER, Was wird aus Weihnachten nach Heiligabend?, in: Die Botschaft heute 10 (2012), (407 f.) 408.

offenbar geworden, was wir sein werden. Wir wissen aber: wenn es offenbar
wird, werden wir ihm gleich sein; denn wir werden ihn sehen, wie er ist. (1 Joh
3,1-2)[49]

Gott hat uns als seine Kinder erkannt und anerkannt (vgl. Gal 4,4-7), er sieht
zugleich, wer wir sind, wie wir sind und was wir aus uns gemacht haben. Er sieht
vor allem, was wir von ihm her sind, in und mit all unseren Entwicklungen,
Rückfällen, Umbrüchen, Abbrüchen, Neuanfängen und Verstiegenheiten. Wie
dies alles verwoben ist mit dem, was Gott uns zudachte und was er zu tun sich
vorbehalten hat – das verborgene Leben mit Christus in Gott (Kol 3,3) –, steht
noch aus und ist noch nicht herausgekommen für unser Wahrnehmungsvermögen, es ist uns nicht aufgegangen.[50] Dies wird jedoch geschehen, wenn wir
Gott schauen, d. h. wenn wir an dem Leben des Vaters und der Gerechtigkeit in
dem Vater teilhaben.[51] Daran hatte sich das erste Menschenpaar vergriffen (Gen
3,7). Gottgleichheit wird auch den Kindern Gottes nicht zukommen – sie würde
ja ihrer Kindschaft widersprechen, aber wenn sie Gott in Christus wahrgenommen haben, werden sie in seine, Christi, Herrlichkeit, seine *doxa* aufgenommen
werden (Joh 17,24): in die Herrlichkeit, die der Vater mit dem Sohne teilt. So
weit ist der Bogen der Weihnachtsbotschaft gespannt! Gottes Herrlichkeit
kommt – sie ist mit einem weihnachtlichen Vorschein versehen: »Die Herrschaft
kommt auf seine Schulter« (Jes 9,5), auf die Schulter des Kindes, über das in den
Stunden seiner tiefsten Erniedrigung die Machthaber Pilatus ausruft »*Ecce
homo* – Seht, welch ein Mensch!« (Joh 19,5): der Mensch, durch dessen Menschsein Gott beispiellos und zugleich für alle handelt. Messianische Erwartung und
Verheißung, die unverhofft und anders als erwartet erfüllt wird und in einer
gebrochenen Geschichte[52] Verheißung bleibt, zur bekräftigten und neu gehörten
Verheißung wird – was für eine Innenspannung!

49. Nach EGB 256 ist 1 Joh 3,1-6 die Epistel für den ersten Tag des Christfestes, die im
     Entwurf der Neuordnung (siehe Anm. 28) auf die ersten beiden Verse verkürzt wird.
     Die folgenden drei Verse können hinzugenommen werden, aber sie schlagen ein
     neues Thema an.
50. »Wenn aber erscheint, was wir sein werden«, übersetzt Rudolf Schnackenburg, Die
     Johannesbriefe (HThK 13/3), Freiburg im Breisgau 1953, 150. Gemeint sein könnte
     auch die Ankunft Christi (1 Joh 2,28), die uns ebenfalls offenbar werden lässt (vgl.
     Kol 3,3-4).
51. Martin Luther, Vorlesung über den 1. Johannisbrief (1527), WA 20, 698,12-14:
     »erimus similes, non idem quod deus, sed similes ei, qui est vita, iusticia i. e. omnia,
     participabimus omnium, quae in deo sunt.«
52. Dies ist der theologisch leitende Gedanke von Giorgio Agamben, Il Regno e la Glo-
     ria. Per una genealogia teologica dell'economica e del governo (Vicenza 2007), über-
     setzt von Andreas Hiepko: Herrschaft und Herrlichkeit. Zur theologischen Genea-
     logie von Ökonomie und Regierung, Homo sacer II/2, Berlin 2010.

5. Epiphanias: Die Herrlichkeit Jesu Christi als Licht der Welt

Das Fest der Erscheinung *(epiphaneia)* des HERRN wird im evangelischen Kirchenjahr heute zwar noch im liturgischen Kalender genannt, es werden auch Sonntage nach Epiphanias gezählt[53] und das Evangelische Gesangbuch enthält Epiphanias-Lieder, doch berücksichtigt wird das Fest im Gottesdienst leider in der Regel nur noch, wenn sein Datum auf den ersten Sonntag im Jahr fällt. Die Huldigung der drei Männer von weither (Mt 2,1-12), durch Jes 60,1-6 auf das Strömen der Völker zum »Licht« der »Herrlichkeit des Herrn« inmitten des Gottesvolkes erweitert, war in der westlichen Kirche aus der Weihnachtsgeschichte ausgegliedert worden. Spätere Versuche, das Fest auch oder ausschließlich auf die Taufe Jesu zu beziehen (Mt 3,13-17), setzten sich nicht durch.

Die lutherischen Kirchen (und später die Evangelische Kirche der Union) haben sich der westlichen Tradition angeschlossen[54], ohne aber die Verehrung, welche die drei exotischen Besucher dem königlichen Kind entgegenbringen, zum Dreikönigsfest mit seiner Heiligenverehrung auszuschmücken. Gott hat die »Weisen aus dem Orient« zur Krippe geführt und ihnen seinen Sohn geoffenbart (Tagesgebet, EGB 271). Letzteres erzählt die Geschichte nicht direkt; eher tun die Weitgereisten durch ihre Huldigung des Kindes seiner Mutter kund, dass sie einen König geboren hat, aber dies haben die Besucher sich natürlich nicht selber sagen können. Die Perikopenordnung nennt außer den beiden schon genannten Texten für Epiphanias die Bezeugung des Messias, des Sohnes Gottes durch Johannes den Täufer (Joh 1,15-18), Christus als Hoffnung der Herrlichkeit für alle Menschen (Eph 3,2-3a.5-6, Kol 1,24-27[55]) und das Aufleuchten des Gottesglanzes auf dem Gesicht Christi (2 Kor 4,3-6). Einleuch-

---

53. Nach dem Entwurf der Neuordnung (siehe Anm. 28) endet die Epiphaniaszeit immer am 2. Februar (»Tag der Darstellung des Herrn« im Tempel, Lichtmess). Durch diese Einteilung soll vermutlich ermöglicht werden, die Erscheinung der Herrlichkeit Gottes in Jesus Christus, dem »Licht der Welt«, die in der Verklärung Jesu gipfelt (Mt 17,1-9), ausführlicher als bisher und in einem festen Zeitrahmen zu entfalten. Auf katholischer Seite herrscht liturgisch die Tendenz vor, die Weihnachtszeit nicht zu sehr auszudehnen, im Gegensatz zu manchem kirchlichen Brauchtum (zum Beispiel bleiben die Weihnachtskrippen und manchmal sogar die Weihnachtsbäume in vielen Kirchen und Häusern bis zum 2. Februar stehen).

54. Zum Einzelnen siehe HANS-CHRISTOPH SCHMIDT-LAUBER, Artikel »Epiphaniasfest II: Praktisch-theologisch«, in: TRE 9, 1982, 769 f. – In der Festüberlieferung wurden auch die Taufe Jesu (Mt 3,13-17 oder Joh 1,29-34) und das Wunder Jesu bei der Hochzeit zu Kana (Joh 2,1-11) als Epiphaniegeschichten aufgefasst. Im EGB wird die erste dem 1. Sonntag nach Epiphanias, die zweite dem folgenden Sonntag zugeordnet.

55. Im Entwurf der Neuordnung wird dieser Text durch Jes 45,1-8 ersetzt: Der HERR tritt in seinem schöpferischen Handeln in Erscheinung, sogar durch die Hand eines fremden Herrschers.

tend wäre es, die Ankündigung Jesu durch den Täufer mit Joh 1,14b einzuleiten, vielleicht sogar diesen Satz des Johannesprologes als innere Mitte der anderen Texte zum Fest hervorzuheben. »Wir sahen seine Herrlichkeit als des einzigartigen Sohnes vom Vater, voller Gnade und Wahrheit«: dies steht ja über dem gesamten Evangelium, es gilt nicht nur für Weihnachten, wo die so gewichtige erste Vershälfte öfter dominiert. *An Epiphanias feiern wir, dass Gottes Glanz in dem menschgewordenen Wort in Erscheinung getreten ist.* In ihm werden wir Gottes *Herrlichkeit* gewahr: diese Herrlichkeit[56] ist der Inbegriff seines Auftretens unter den Menschen, dessen, was er ist, sagt und bewirkt, die *Wucht* der *Ehre*, die er dem Vater erweist und die ihm erwiesen wird, die *Majestät* seines Handelns. Sie ist der *Lichtglanz*, der erleuchtet und auch im Stern über Bethlehem aufstrahlt, der nicht nur den drei weitgereisten Männern, sondern auch uns den Weg weist.

In Bethlehem werden heute nicht nur die traditionellen Weihnachtsfiguren aus Olivenholz geschnitzt: das Kind in der Krippe, Maria, die es liebevoll anschaut, Josef, der über beide wacht, Tiere, die einen äußerst bescheidenen Schutz gewähren, der der Familie unterwegs von anderen Menschen vorenthalten wurde, herbeieilende Hirten mit ihren Tieren, drei stolze Könige. Seit Kurzem werden manche Ensembles auch noch mit der Mauer versehen, die das palästinensische Gebiet vom Staate Israel trennt. Gelegentlich werden aber auch grob schnitzte Gestalten verkauft, mit verschlossenen Gesichtern und nur angedeuteten Umrissen. Von ihnen geht ein inneres Drängen aus, sie scheinen von einer ungeheuren Kraft nach vorn gezogen zu werden, sie warten sehnsüchtig, blicken mit aufgerissenen Augen. Vielleicht sind sie »das Volk, das in der Finsternis wandelt« (Jes 9,1). Stehen sie uns vielleicht näher als die gewohnten Gestalten um die Weihnachtskrippe? Mit den Wartenden hoffen wir, das große Licht dort zu sehen, aber noch tappen wir im Dunkeln, in einer Welt, in der verschiedene Aufklärungen manche Klarstellung erreicht, aber auch mehrdeutige Direktiven verbreitet haben und wo Verblendung nicht sehen lässt, was in Entwicklungen, Veränderungen, Ab- und Aufbrüchen wirklich vor sich geht. Was wird uns aufgehen, wenn das »schöne Morgenlicht« anbricht (JOHANN RIST, 1641; EG 33.1): Jesus Christus selbst in seiner Herrlichkeit, so unscheinbar sie auch daherkommen mag?

Die Verheißung des Aufgangs der Herrlichkeit Gottes über Jerusalem (Jes 60), von der nur die ersten sechs Verse für Epiphanias vorgesehen sind, kündigt nicht nur den Lichtglanz an, der über Zion aufstrahlt und die Völker mit

---

56. Die im Folgenden hervorgehobenen Wörter sind Bedeutungsvarianten des alttestamentlichen Lexems *kābōd;* siehe CLAUS WESTERMANN, Artikel »כבד *kbd* schwer sein«, in: ThAT 1, München und Zürich 1971, (794-812), 805-807. 811. Es wird in Joh 1,14b aufgenommen: RUDOLF BULTMANN, Das Evangelium des Johannes (KEK II), Göttingen 1941, 44, Anm. 1.

ihren Königen dorthin zieht. Die Bewohner Jerusalems sollen selbst licht und
hell werden: Sie werden gleichsam vor ein Fenster gestellt, und zwar mit dem
Rücken, so dass das Licht hinter ihnen auf sie fällt. Je strahlender dieses Licht
ist, desto schärfer die Konturen – doch der Blick derer, die sie sehen, wird auf die
Helligkeit dahinter gelenkt, auch wenn sie aufstrahlen. Gerade dies sticht nicht
ins Auge. So entsteht »die Erleuchtung zur Erkenntnis der Herrlichkeit Gottes«
durch uns (2 Kor 4,7). Was an und mit denen geschieht, die so im Licht stehen,
geht oft anderen viel eher auf als ihnen selbst. Dadurch, nicht nur weil ihre
Haltung nicht lichtscheu ist und sie sich nicht undurchschaubar verhalten, ziehen sie »die Völker« an, die dann »die Ruhmestaten des Herrn« verkündigen
werden (Jes 60,6), denn sie finden die Gerechtigkeit und den Frieden, der in
der Gottesstadt herrscht (Jes 60,17). Dort ersetzt Gott, der Heiland und Erlöser,
sogar die Lichtquellen, die er geschaffen hat, durch das Licht, das er selbst ist
(Jes 60,16.19).

Diese Verheißung wirft auch Licht auf die drei Magier, Sterndeuter, Astro-
logen »aus dem Morgenland«. Sie suchen das Kind in der Krippe auf und bringen ihm ihre Gaben, mit dem sie ihm Ehrfurcht und höchste Wertschätzung
erweisen. Der Stern, den sie »bei seinem Aufgehen« (Mt 2,9) gesehen hatten,
ein kosmischer Orientierungspunkt, wies ihnen den Weg. Den Repräsentanten
des gebildeten Heidentums ist als ersten die göttliche Bedeutung des Kindes
aufgegangen. Sind sie Repräsentanten der Wissenschaften aus dem Osten, wo
ja die kulturgeschichtlichen Wurzeln der westlichen Hemisphäre zu suchen sein
sollen? Soll ihr Besuch die Unterordnung der antiken Wissenschaft unter die
Christusherrschaft symbolisieren? Frühe Darstellungen zeigen die drei Besucher
als Diplomaten mit huldigenden Gesten. Als die Magier in der christlichen Kunst
des 11. Jh. zu Königen befördert wurden, sollte dies an die Verheißung erinnern,
dass Könige aus fernen Ländern Gott ihre Gaben darbringen und ihn anbeten
werden (Jes 60,3; Ps 72,10-11); außerdem wollten die salischen Herrscher sich in
dieser Reihe verstehen und auch den sakral begründeten Anspruch ihres König-
tums ins Bild setzen. Maria erhält nun die Würde der thronenden Gottesmutter;
als »Sitz der Weisheit« wird sie neben dem Kruzifix zum wichtigsten kirchlichen
Kultbild.

Dass die Fremden aus dem Osten den »neugeborenen König der Juden« anbeten wollen, klingt mehr als verwunderlich – warum sollten Weise von weither
kommen, um einem Duodezfürsten zu huldigen? Es sei denn, sie wüssten besser
als Herodes, wer jener neugeborene König der Juden wirklich ist: jedenfalls nicht
bloß ein Thronprätendent! Er ist der lang erwartete Herrscher, dessen Geburt
von einer Himmelserscheinung angezeigt wird, die auf bahnbrechende Geschehnisse vorausweist. Später wurde als »Stern beim Aufgehen« Jesus Christus
selbst angesehen. Auf einer Grabplatte aus dem 3./4. Jh. zeigt Bileam den Ma-
giern auf ihn als den »aufgehenden Stern aus Jakob« (Num 24,17): einen gewaltsamen Erlöser; dies ist eine Erwartung, die das Kind in der Krippe nicht kriege-

risch einlösen wird. Christus, der Kommende, ist der »helle Morgenstern«, der vor der Dämmerung aufgeht und den neuen Tag mit sich bringt: mit seiner Geburt und auf andere Art und Weise am Ende aller Tage (Apk 22,16).

»Jesus ist kommen, Grund ewiger Freude, / A und O, Anfang und Ende steht da«, dichtete JOHANN LUDWIG KONRAD ALLENDORF 1736 in seinem Epiphaniaslied (EG 66.1). A und Ω, *Alpha* und *Omega*, der erste und der letzte Buchstabe im griechischen Alphabet, umfassen alles, was gezählt und gesagt werden kann. Gott der HERR ruft als »der Erste und der Letzte« sein Volk auf, auf ihn als den Schöpfer zu hören (Jes 44,12-13), der »die Geschlechter von Anbeginn rief« (Jes 41,4), der als Erlöser handelt und das Künftige vernehmen lässt (Jes 44,6-8). Er lässt das Neue gewahr werden, das er erschafft (Apk 21,6). Dieses Gottesprädikat, eine Verbildlichung der *doxa* Gottes, kommt auch Jesus Christus, dem »Lebendigen«, zu (Apk 1,8; 22,13). In der Alten Kirche symbolisierte es die Einheit von Gott Vater und Sohn.[57] Die Chiffre »A und Ω« kann Unruhe stiften. So noch vor wenigen Jahrzehnten in der DDR, als ein Kirchentag wegen seiner Parole »Jesus Christus – A und Ω« verboten werden sollte, weil A als Signal der Anarchie und Ω als Anspielung auf die Maßeinheit des elektrischen Widerstandes (Ohm), also als Geheimsymbol für Gegenwehr, gedeutet werden könnte.

Christi Geburt ist ein unverhofftes Gottesgeschenk: jenseits alles dessen, was wir uns vorstellen und begreifen können, auch wenn wir allerlei erwartet haben mögen. »Was der alten Völker Schar / höchster Wunsch und Sehnen war / und was sie geprophezeit, / ist erfüllt in Herrlichkeit« (HEINRICH HELD, 1658; EG 12.2) – trifft das wirklich zu? Hat die Christenheit nicht oft nachträglich Weihnachten allzu menschlicher Sehnsucht und diese Sehnsucht dem Weihnachtsfest angepasst, so, wie sie dieses Fest einschätzte? Hat sie nicht auch aus Erlösererwartungen im Umkreis Israels die messianische Hoffnung herausgelesen, die sie in Jesus Christus »erfüllt« sah? Hat diese Rede von »Erfüllung« nicht die Ohren für jüdische Erwartungen damals und heute verschlossen oder sie nur verzerrt gezeichnet, um sie verwerfen zu können? Christi Geburt ist ein Weihnachtsgeschenk, das auch wir *so* uns gar nicht gewünscht haben mögen. Die Christusgeschichte beginnt vielleicht mit einer großen Enttäuschung – so, wie viele unserer Bescherungen und Weihnachtsfeste zu Ende gehen! Gerade dann will die Weihnachtsbotschaft wieder neu zu uns sprechen, und wir werden aus dem Staunen nicht mehr herauskommen.

---

57. MARTIN KARRER, Artikel »A und O«, in: RGG[4] 1, 1998, 2.

4. Die Passionszeit begehen

1. Erleiden lernen

Der letzte Sonntag nach Epiphanias steht noch einmal ganz im Licht der Herrlichkeit Gottes, wie das Antlitz des Gottessohnes sie widerspiegelt (2 Kor 4,6) und wie Gottes Klarheit, zu der Christus erhöht werden wird (Joh 12,32-33)[1], in ihm für wenige Momente zum Vorschein kommt (Mt 17,2). Das Evangelium für *Invokavit*, den ersten Sonntag der Passionszeit[2], erzählt die Geschichte von der Versuchung Jesu nach vierzig Fastentagen in der Wüste (Mt 4,1-11). Die gleiche heilige Zeitspanne bildet im Kirchenjahr den Rahmen für die Passion, in der Gottes Sohn seinen Kampf mit der verführerischen Macht der Gottesverleugnung aufnimmt.

Jesus hat den Weg in die Wüste nicht gewählt. Gottes Geist hat ihn dorthin geführt, und Jesus ist ihn gegangen, ohne jede Begleitung. Auch den Weg seiner Passion wird er einsam gehen, obwohl seine Jünger bei ihm sind, viele Menschen zu ihm kommen, und sie alle viel, allzu vieles von ihm erwarten. Doch seinen Weg, der nach Gethsemane führt, kennen sie nicht wirklich. Dort, in der entscheidenden Stunde seines Ringens um Gottes Willen, werden sogar die drei Vertrauten ihn im Stich lassen, die er so inständig gebeten hatte, mit ihm zu wachen und zu beten.

In einer Wüste hatte Gott einst sein Volk vierzig Jahre lang begleitet. In der Wüste, in die Jesus geschickt wird, tritt der Versucher nach vierzig Tagen an ihn heran. Er flüstert ihm ein, Hunger zu stillen und sein Leben zu retten. Er lockt ihn auf die äußerste Spitze der Tempelmauer, die steil ins Kidrontal abfällt, damit er hinunterspringe und beweise, dass er sich auf Gottes Hilfe verlassen könne. Und schließlich will er ihm die Welt zu Füßen legen, wenn er sich ihm, dem Verführer, unterwerfe. Doch nicht einmal in diesen verlockenden Versprechungen besteht die Versuchung Jesu, sondern darin, dass er auf alles angesprochen wird, was er ist und wozu er in die Welt gekommen ist. Er soll Gott auf die Probe stellen – *ihn* versuchen! Würde Jesus sich aber dem Vater der Hinterlist völlig anvertrauen, könnte er selbst mit allem fertig werden: auf teuflisch raffinierte

---

1. Um diese beiden Verse erweitert der Entwurf der Neuordnung der gottesdienstlichen Lesungen und Predigttexte (2014) das Evangelium zu diesem Sonntag (bisher: Joh 12,34-36; 37-41).
2. Der Entwurf der Neuordnung sieht fünf Sonntage (statt bisher drei) vor der Passionszeit vor.

Weise. Unter dieser Bedingung würde er sich ein für alle Mal ersparen, sich Gottes Handeln aussetzen zu müssen. Doch in diesem Moment würde die Welt eine völlig andere, würde er selbst für immer ein anderer geworden sein. Der Augenblick, in dem Jesus Gott anruft und sich damit jener Bedingung entzieht, ist ein entscheidender Schritt seiner Leidensgeschichte.

Zu diesem Leiden gehört, dass ihn das Unverständnis vieler schmerzen wird, die nichts weiter als geheilt werden wollen, um dann ihrer Wege gehen zu können. Viele der gottesdienstlichen Lesungen und Predigttexte der Sonntage der Passionszeit schildern die Fremdheit Jesu, auch gegenüber seiner Familie und seinen Jüngern. Bei anderen steigert sich der Widerstand gegen ihn, gegen seine Worten und Taten, der in Todesdrohungen gipfelt. Jesus steht vor Augen, gehasst, verraten und verkauft, verleugnet, gequält, entehrt, als Unruhestifter, Ungerechter und Verfluchter hingerichtet zu werden. Seine Jünger, allen voran Petrus, werden ihn vor solchem Leiden bewahren wollen, damit er seinen erlösenden Auftrag erfüllen könne – so, wie sie eben diese Sendung auffassen: im Grunde als einen gloriosen Feldzug gegen alles Unheil in der Welt mit einer völligen, endgültigen Niederlage der Gegner und aller ihrer Machtmittel. Jesus wird Petrus so leidenschaftlich zurechtweisen, wie er den Teufel angefahren hatte: »Fort mit dir! Denn du richtest deinen Sinn nicht darauf, was göttlich, sondern was menschlich ist.« (Mt 16,23) Du willst dich nicht dem stellen, was Gott von mir – und damit auch von dir – will! Du beanspruchst zu wissen, was mit mir geschehen soll!

»Was göttlich ist«, ist nicht übermenschlich, auch nicht heroisch im Unterschied zum allzu Menschlichen. Jesus richtet seinen Sinn auf das, was Gott im Sinn hat. Darum reicht die Passion Jesu viel tiefer als alles, was wir mit unseren Leidenserfahrungen ermessen können. Denn in dem, was Jesus erleidet, tritt das fürchterliche Ausmaß des menschlichen Unwillens gegen Gottes Willen hervor: der Abgrund der Sünde als Feindschaft gegen Gott. Jesu Leidensankündigungen – wenn sie nicht überhört werden oder unverstanden bleiben – entfachen die schwelende Feindschaft, die sich an ihm austobt und Gott treffen will.

Dass am Eingang der Passionszeit die Geschichte von der Versuchung Jesu erzählt wird, wirft ein neues Licht auf alles, was wir gemeinhin als »Leiden Christi« ansehen, meditieren und auf Folgerungen hin befragen: die Wunden, die ihm geschlagen werden, die Schmerzen, die ihn peinigen, die Entwürdigung, die er erdulden muss, seine schmähliche Hinrichtung und die Todesqualen vor aller Augen. So gesehen, würde die Passionszeit erst in der Nacht beginnen, in der Jesus verraten und verhaftet wird.

Die Evangelien der Sonntage der Passionszeit greifen weiter aus. Sie variieren die Frage, wer Jesus ist und was mit ihm geschieht: Wie der Sohn eines abwesenden Winzers wird er von denen ermordet, die sein Erbe an sich reißen wollen (Mk 12,1-12; *Reminiszere*); der Menschensohn ist heimatlos auf Erden und erlaubt seinen Jüngern keine Rücksicht (Lk 9,57-62; *Okuli*); der Verherrlichung

Jesu wird sein Sterben vorausgehen, das Frucht bringt (Joh 12,20-26; *Lätare*); die Jünger Jesu haben nur daran teil, dass er einzig und allein gekommen ist, um »alle« zu erlösen (Mk 10,35-45; *Judika*); mit der Auferweckung des Lazarus und der Faszination, die er dadurch ausübt, drohen alle Dämme der Weltordnung zu brechen: Jesus hat sein Todesurteil erwirkt (Joh 12,12-19; *Palmsonntag*). So nehmen diese Sonntage die Botschaft der Versuchung Jesu auf: Seid auf das gesonnen, worauf Jesus Christus seinen Sinn richtete – Gott gehorsam zu sein, auf ihn zu hören, ihm zu folgen (Phil 2,5-11; Epistel zu Palmsonntag). Darauf werden wir hingeführt, und so begehen wir die Passionszeit, Schritt für Schritt auf Jesu Beten in Gethsemane hin.

Die Passion Jesu ist eine Schrittfolge des Kirchenjahres. Wir können sie nicht von uns aus begehen – es sei denn, wir würden in Gottes Handeln an und mit Jesus, das die Feindschaft gegen Gott besiegt, hineingezogen. Wie weit sind wir davon entfernt, auch und gerade in der Zeit, die »Passionszeit« genannt wird!

Der Kontrast könnte größer nicht sein: Die Passionszeit bereite auf das »Fest der Feste« vor, auf Ostern als Fest des Lebens. Dies entspreche auch dem biblischen Sinn des Fastens. Denn Fasten bedeute zwar einen gewissen Verzicht auf Überflüssiges, und dies diene dazu, dass wir wieder zu uns selbst kommen und uns auf Wesentliches besinnen. – So hört man es neuerdings auch von evangelischen Christen, sogar in evangelischen Gottesdiensten zum Beginn der Passionszeit. Dass der Zeitraum von Aschermittwoch bis zur Osternacht als Vorbereitung auf Ostern angesehen wird[3], entspricht der zentralen Stellung des »Jahrespassa« im katholischen liturgischen Jahr, das in den Weihnachts- und den Osterfestkreis aufgegliedert ist. Die vierzig Tage vor Ostern sind eine Zeit zur Selbstprüfung und Buße, die durch Fasten zur Selbstreinigung verhelfen soll. Seit der Liturgiekonstitution des Zweiten Vatikanischen Konzils (*Sacrosanctum Concilium*, 1963) will sie auf die Feier des Todes und der Auferstehung Jesu Christi sowie auf die Aufnahme in die Kirche vorbereiten bzw. an die Taufe erinnern. Die Bezeichnung »Passionszeit« war dagegen in der katholischen Kirche früher nur für die beiden letzten Wochen nach dem 5. Fastensonntag gebräuchlich; die Passion steht am Palmsonntag im Mittelpunkt, die Karwoche heißt auch »Leidenswoche«.[4]

Dass evangelische Christen die Fastenpraxis anderer Kirchen nicht mehr in Bausch und Bogen als Quelle von Missbräuchen und Fehldeutungen ablehnen, dass sie vielmehr manches davon wieder übernehmen, dürfte überfällig sein. Wenn die Wochen vor Ostern heutzutage als Vorbereitung auf Ostern als Fest des Lebens propagiert werden, hat dies allerdings meistens weder etwas mit

---

3. Zu den im Laufe der Zeit unterschiedlichen Datierungen siehe Edward B. Foley, Artikel »Passionszeit«, in: RGG⁴ 6, 2003, 985-987.
4. Grundordnung des Kirchenjahres (1969), Nr. 30 f.

»Passionszeit« noch auch wirklich mit einer »Fasten«- oder »Bußzeit« gemein – ganz abgesehen davon, dass jene Bezeichnungen nur noch Eingeweihten verständlich sind. Unmittelbar ansprechend ist dagegen die Parole »Sieben Wochen ohne ...«: ein Ersatz für den Ruf zur Buße, zu einem Umdenken, eine Einladung – wofür? Für eine vollkommene, »ganzheitliche« Lebensweise, stufenweise erreichbar durch vorübergehenden Verzicht auf Entbehrliches, auf die Überfülle an Eindrücken, Genüssen, Zerstreuungen? Für eine Lebensfülle, vorbereitet durch eine Selbstbesinnung, die Facetten der eigenen Begabung wieder entdeckt und Einsatzmöglichkeiten für sie erkundet? Für eine Spiritualität der Selbstumwandlung, die sich für Kräfte öffnet, die das Bewusstsein erweitert und schlummernde schöpferische Potenzen entbindet?

Solche Anweisungen für ein Heilfasten sind für die seelisch-körperliche Gesundheitsvorsorge angebracht, und sie können auch helfen, die Aufmerksamkeit für Vorgänge zu wecken, die wir sonst allzu gern ausblenden. Diese Achtsamkeit wäre aber Mittel zum Zweck, der dann auch die Mittel heiligt: sich selber deutlicher und chancenreicher als bisher sehen zu können, eine Zeitlang ein klein wenig Verzicht zu leisten (»leisten«: welch verfängliches Wort aus dem Wörterbuch des Menschen, der etwas »aus sich selber macht«!), um dann desto ausgiebiger zu feiern und nachzuholen, was man sich zeitweise nicht gegönnt hat. Dass die so verstandene Fastenzeit die Passionszeit ersetzen könnte, entspräche aber ganz und gar nicht der Schrittfolge, die sich auch in der evangelischen Perikopenordnung widerspiegelt. Ihre Struktur der Lesungs- und Predigttexte für die sechs Sonntage der Passionszeit und für Gründonnerstag zieht uns in die *Passion Jesu* hinein. Und wird Ostern in dieses Passepartout des Feierns von Festen eingepasst, dann wird das Fest des Lebens zur Gelegenheit für gesteigerte Genüsse und für das Hochgefühl der Ahnung eines vollkommenen Lebens. Hier schleicht sich eine Religion des Wohlgefühls und Wohlseins ein, die eine Zeit des Kirchenjahres umwidmet und sich auf das gesamte Kirchenjahr auswirkt.

Abwegig wäre es, dieser Umwidmung die Passionszeit als eine Kette von Gedenktagen an die dunklen Tage Jesu entgegenzusetzen, gipfelnd im Karfreitag. Auch die Schmerzen und Qualen Jesu, seine Angst, seine Anfechtung und seine Trauer, die die Passionsfrömmigkeit so oft in ihren Bann gezogen haben, sind kein hinreichender Wegweiser zur Passion, so wenig wir sie ausblenden dürfen.[5] Was Jesus *leidentlich geäußert hat, führt immer wieder zur Frage, wie sich das Leid, das ihm widerfuhr, zur Einheit seiner Person als wahrer Gott und wahrer Mensch verhielte.*[6] Musste er denn wirklich Leid bis zum äußersten Ausmaß menschlicher

5. Siehe Ulrich Köpf, Artikel »Passionsfrömmigkeit«, in: TRE 27, 1997, 722-764.
6. Philipp Stoellger, Passivität aus Passion. Zur Problemgeschichte einer ›categoria non grata‹ (HUT 56), Tübingen 2010, bes. 116-131. 144-181; Gerhard Sauter, Das verborgene Leben, Gütersloh 2011, 236-240.

Wehrlosigkeit erleben, wurde er tatsächlich von Schmerzen derart überwältigt, dass er nicht mehr aus noch ein wusste? Oder hat er sein Schmerzempfinden doch noch so weit reflektieren können, dass er vermochte, sich mit dem Sinn seines Leidens auseinanderzusetzen? Oder blieb ihm dies alles erspart, weil er sich mit Gott einig, ja sogar eins mit ihm fühlte? War er seinem Leiden im Innersten überlegen?

Solche Erwägungen werden durch *Jesu Passionsgebet* wie weggeblasen. Die Gethsemaneszene (Mt 26,36-46; Evangelium zu Gründonnerstag) erzählt eine Versuchung Jesu, eine andere als jene in der Geschichte, welche die Passionsgeschichte einleitete, aber doch auf sie bezogen, und zwar nicht nur, weil Jesus auch hier allein ist und in Einsamkeit betet. Jetzt kämpft Jesu mit der Versuchung, *das Leiden*, das auf ihn zukommt, nicht als Gabe seines Vaters zu empfangen. Dann müsste er selber über sein Geschick befinden und sich dementsprechend verhalten. Dieser Versuchung setzt er einzig und allein das inständige Gebet um sein Geschehen-lassen des Willens Gottes entgegen: Was er, der aufs Äußerste bekümmerte Mensch, mit allen seinen Kräften nicht zu leisten vermag, möge ihm so geschehen, dass Gott sein Werk an ihm und mit ihm vollbringe. Es ist ein leidentliches Beten, ein leidenschaftliches auch, »mit lautem Schreien und unter Tränen« (Hebr 5,7; aus der Epistel zum Sonntag *Judika*), wie sicherlich schon früher und am nächsten Tage auf Golgatha. Doch vor allem ist es eine Anrufung Gottes, mit der der Beter sich vor Gott völlig ungeschützt zeigt. Er setzt sich fragend dem aus, was Gott wirklich will und was in seinem Wollen beschlossen ist. Die Worte dieses Gebetes können uns nur bruchstückhaft mitteilen, was an dem Betenden und mit ihm geschieht.

Auf das Leiden, das schon seine Fänge nach ihm ausstreckt, antwortet Jesus weder mit Widerstand noch in Ergebung. Er bittet seinen Vater weder, von Leiden und Sterben solange verschont zu werden, bis er seine Sendung erfüllt haben kann, noch fleht er ihn an, ihm wenigstens einen natürlichen Tod zu gewähren und ihn nicht den Tod eines Verbrechers, ja eines Verfluchten (Gal 3,13) erleiden zu lassen, noch fügt er sich in das Unvermeidliche. Er wird auch nicht von Zweifeln an seinem messianischen Auftrag gequält oder müht sich ab, standhaft zu bleiben, und er erbittet keinen himmlischen Beistand, mit dem er vermöchte, die Bestimmung seines Lebens auf Biegen oder Brechen zu erfüllen.

Jesus fragt, wie Gottes Wille geschehen muss: »Ist's *möglich*, dass dieser Kelch an mir vorübergehe? Doch nicht, wie ich will, sondern wie du willst!« »Wenn es nicht möglich ist und ich ihn trinken muss, so geschehe dein Wille« (Mt 26,39.42). Sein Beten im Garten Gethsemane ist eine höchst persönliche Paraphrase der Bitte »Dein Wille geschehe, wie im Himmel, so auf Erden« (Mt 6,10 par.).

Zwischen dem göttlichen Muss und dem Wie seiner Verwirklichung an und mit *diesem* Menschen besteht eine undenkbare Innenspannung. *Jesus will Gottes*

Willen annehmen, nicht nur hinnehmen. Wie bei seiner Versuchung in der Wüste stellt sich für ihn die Frage, wer er selber ist – im Dienste Gottes, im Zuge seines, Gottes, Willens. Jetzt verschärft sich diese Frage ohnegleichen: Was geschieht, indem Jesus den Kelch des Leidens empfängt – aus Gottes Hand? *Er erleidet Gottes Willen:* ihn empfängt er in dem, was an ihm geschieht – dazu bedarf es dreier angstvoller Ansätze! –, er lässt dies *mit sich geschehen,* nicht nur *an sich,* so und nicht anders wird er daran beteiligt.

In seinem Gebet spricht Jesus ganz und gar als Mensch. Seine Menschheit[7] äußert sich nicht etwa im Versuch, den fraglich gewordenen Sinn seines Daseins zu finden und zu erfüllen. Er wird bereit, in Gottes Willen einzuwilligen, hineinzuwachsen – und das heißt zugleich: leidend zu vollziehen, dass Gott selbst in ihm ins Leiden gezogen wird. »Die Gottheit Gottes reicht herunter bis ins Leiden, ja bis in den Tod und das Fluchgericht über die Sünde. Die Gottheit Gottes reicht so tief!«[8] So *wird* die Passion Jesu zum »»Mitleiden‹ Gottes mit uns«[9]. An Ostern wird aus der Leidens- und Todeswelt hervorbrechen, dass Gottheit und Menschheit eins sind im auferstandenen Jesus Christus. Dann wir auch deutlich werden, dass dieses Eins-Sein der innere Grund ist, für den Jesus sich hat bereiten lassen – nicht erst im Garten Gethsemane, aber hier ausdrücklich und eindringlich. Zu diesem inneren Grund der Passion Jesu will die Passionszeit uns hinführen, und nur insofern kann sie auf Ostern als Fest des Lebens vorbereiten.

2. Gottes Mit-leiden mit uns

Die Erhörung des Gebetes Jesu in Gethsemane, die keiner Worte bedarf, ist ein Brennpunkt der Theologie. Untrennbar mit Jesu Sterben auf Golgatha verbunden, wurde im Wunder der Weihnacht angesagt, dass Gottes Wille für seine Welt sich in seinem Sohn verkörpert. Darum konnte LUTHER die Inkarnation und Jesu Kreuzestod in eins sehen.[10] Dass Gott zur Welt kommt, vollendet sich in seinem Mit-leiden mit uns. Durch diese Wendung wird, wenn überhaupt, wenigstens ansatzweise verständlich, dass Jesus für uns leidet und wie wir da-

---

7. Siehe dazu S. 28, Anm. 37.
8. HANS JOACHIM IWAND, Christologie. Die Umkehrung des Menschen zur Menschlichkeit (Nachgelassene Werke. Neue Folge, Bd. 2), bearbeitet, kommentiert und mit einem Nachwort versehen von Eberhard Lempp und Edgar Thaidigsmann, Gütersloh 1999, 193.
9. H. J. IWAND, ebd. Iwand bezieht sich auf die Konzeption der Teilhabe dessen, was Gott eignet, und dessen, was dem Menschen eignet, in der Person Jesu Christi *(communicatio idiomatum),* mit der LUTHER die Zweinaturenlehre fortführte, die aus der christologischen Formel des Konzils von Chalcedon (451) entstand; vgl. S. 19, Anm. 17.
10. Siehe S. 74; vgl. auch S. 93.

durch erlöst werden: indem Jesus in das Menschheitsleiden ganz und gar hineingezogen wird, begibt Gott sich in unser Leiden, teilt es und reißt uns von dem selbstherrlichen Unwillen gegen sein Handeln los.

Die Passion Jesu Christi ist keine *compassion*, keine empfindsame und hilfsbereite Solidarität mit Leidenden, von Schmerzen zur Verzweiflung Getriebenen, Verelendeten, Hilfsbedürftigen. So viel Mitgefühl mit offensichtlichem oder verstecktem Leid anderer Jesus auch empfunden und oftmals geäußert hat, so oft er sich ihr Leiden zu Herzen gehen ließ und ihnen aus Notlagen heraushalf – sein Erleiden ist das göttliche Mit-leiden mit uns, das ihm zu eigen wird, indem er »an sich für uns« leidet[11]: Jesus erleidet, was uns Menschen in den Fängen der Untreue gegen Gott zukommt. Sein Mit-leiden weiß zwar auch um allzu menschliche Schwächen: um die Hilflosigkeit einem Leid gegenüber, das die Tiefe unserer Existenz aufwühlt, das unsere Leiblichkeit so sehr aufreibt, dass wir fassungslos werden; Schwäche ist auch Furcht vor dem Leiden, die sich sogar in Mitleid verkleiden kann; aus Schwäche greifen Menschen nach allem, was Leiden zu mindern oder zu vermeiden verspricht, auch wenn es schädlich ist. Nichts dergleichen war ihm fremd, er konnte auch mit unserer Schwachheit leiden (Hebr 4,15; aus der Epistel zum Sonntag *Invokavit*). Niemals aber erlag er der Versuchung, sich von Gott abzukehren: der Versuchung in der Tiefenschicht so vieler unserer Leiden. Wir werden zwischen Hochmut und Verzweiflung, Leichtsinn und Trübsinn hin- und hergetrieben: zwischen einem Hochmut, der meint, ohne Gott auskommen zu können, und einer Verzweiflung, die meint, ohne ihn auskommen zu müssen; zwischen einem Leichtsinn, der uns einflüstert, wir könnten allein mit unseren Möglichkeiten die Lebens- und Überlebensfragen und die Machtfragen der Menschheit beantworten oder auch nur angehen, und dem Trübsinn, der uns einflüstert, wir sollten lieber unsere Aufgaben ruhen lassen, als hätte Gott sie nicht geboten.

Jesus hat solcher Versuchung in all ihren Facetten widerstanden. Darum blieb er vom Elend der Sünde frei (Hebr 4,15) – und gerade diesem Menschheitsleiden wird er sich aussetzen müssen! »Christus litt nicht an irgend etwas, sondern an dem, was als Sünde ihm widerfuhr und ›was wir nicht lassen können‹.«[12] Jesus erlitt die Sünde der Welt, das Menschheitsleiden, das tiefverwurzelte und weitverzweigte Nein zu Gottes Willen, das alle die rettungslos umklammert hält, die sich daran festhalten wollen.

»So lernte er, obwohl er Gottes Sohn war, an dem, was er litt, den Gehorsam«, heißt es in Hebr 5,8 (aus der Epistel zum Sonntag *Judika*). Damit wird auf die Spitze getrieben, was zu erleiden gelernt werden kann. Dass aus Leiden Erfahrungen gewonnen werden können und sollten, mag eine Allerweltsweisheit

11. Ph. Stoellger, a.a.O. (siehe Anm. 6), 35.
12. Ph. Stoellger, a.a.O., 25.

sein[13], aber sie bezieht sich auf die Erziehung zum vernünftigen Umgang mit sich selber und mit eigenen Möglichkeiten. Und von einer »Leidensschule Gottes« sollten wir lieber nicht reden, denn Leiden ist keine wohldosierte Bildungsmaßnahme. *Der* Gehorsam, den Jesus lernte, ist – wie in Hebr 5,8 betont wird – der Gehorsam des Sohnes. Er wird an allem teilhaben, was dem Vater zu eigen ist. »Gehorsam« geht von »hören« aus.[14] Auf jemanden hören, seine Weisung annehmen und ihr folgen, vertrauensvoll, mit wachsendem Verständnis, dann auch in eigener Verantwortung: diese positive Konnotation des Wortes »Gehorsam« ist uns weithin verloren gegangen, weil »gehorchen« meistens auf Autorität und auf autoritäre Strukturen bezogen und mit dem Generalverdacht auf Hörigkeit belegt wird; als »Kadavergehorsam« wurde ein allzu bereitwilliges Gehorchen politisch missbraucht und geriet seitdem in Verruf. Doch Gehorsam kann auch aufgekündigt werden, wenn das Vertrauensverhältnis, das ihn begründet, zerbrochen ist, weil das Gehorchen in eine Richtung gewiesen wird, die unrecht ist. Und Gehorchen will desto mehr gelernt werden, je befremdlicher, bedrängender, lebensbedrohender sich die Weisung ausnimmt, der zu folgen ist. Wo gilt dies mehr als angesichts des unfassbaren Willens Gottes, der wie in Gethsemane und auf Golgatha gar nicht einmal ausgesprochen wird, sondern sich in dem verbirgt, was geschehen muss?!

Durch seinen Gehorsam, der im Sterben vollendet wurde, hat Jesus denen, die ihm gehorchen, ewiges Heil erbracht (Hebr 5,8). Zu dieser Heilung des Menschheitsleidens namens »Sünde« gehört, dass Menschen im Blick auf Christus Gott wahrhaft gehorchen können. Erst Jesu Gehorchen macht uns gehorsam (ebd.). Denn von uns aus, verwickelt in das Menschheitsleiden wie wir sind, könnten wir ihn wohl hören, aber wirklich auf ihn zu hören und ihm zu folgen, vermögen wir nicht. Nur in ihm und verbunden mit ihm werden wir gehorsam für Gottes Willen – und dies müssen wir erst erlernen. Wird es durch Leiden geschehen, auch wenn dieses Leiden anders sein wird als das Leiden Jesu Christi? Denn seine Passion ist unvergleichlich, sogar für Märtyrer, die leiden und sterben mussten und müssen wie er.

Leid, das uns trifft, und Leiden in der unübersehbaren Vielfalt dieses Wortes – Leiden, die wir erleben und die wir so oft nicht zur Sprache bringen können, obwohl wir darüber reden: sie haben nicht mehr die Macht, geschweige denn die Befugnis, uns von Gott zu trennen. Gerade dies können wir nur Schritt für Schritt erlernen, in schmerzlichen Wandlungsprozessen, unter der Wucht widerfahrenen Leides, dem wir uns nicht gewachsen fühlen, in die Enge getrieben von

---

13. Belege bei Erich Grässer, An die Hebräer (Hebr 1-6) (EKK XVII/1), Zürich/Braunschweig und Neukirchen-Vluyn 1990, 306 f.

14. [Friedrich] Kluge, Etymologisches Wörterbuch der deutschen Sprache, bearbeitet von Elmar Seebold, Berlin/New York ²³1999, 307.

lauter Furcht vor einer Lebensbedrohung oder dem unaufhaltsamen Schwinden eigener Kräfte. Der Gehorsam Jesu Christi, dem wir in der Passionszeit nachgehen, verbürgt uns, dass wir leidentlich *leben* können: Gottes Handeln erleidend in dem, was uns geschieht, empfangend leben, geleitet von der Bitte »Dein Wille geschehe!«

So werden wir gehorsam: durch Gottes Mit-leiden mit uns in Christus. Dann lernen wir auch, *mit Christus zu leiden*. Wie kann das geschehen? Viele, die von Leiden gezeichnet sind, möchten sich in Jesus als dem »Schmerzensmann« sehen, sich in seine Qualen »ein-bilden« und sich so in der »Gemeinschaft seiner Leiden« (Phil 3,10) wiederfinden; andere wollen Schmerzen, Enttäuschungen, erlittenes Unrecht bereitwillig als »ihr Kreuz« auf sich nehmen; wieder andere, die das Kreuz Jesu Christi als Folterinstrument und Hinrichtungswerkzeug betrachten, wenden sich schaudernd davon ab; dagegen dient die Passionsgeschichte anderen als Projektionsfläche für himmelschreiendes Leiden auf Erden, das sie uns vor Augen führen, brandmarken, gegen das sie ihren Protest erheben, das sie aus der Welt schaffen oder wenigstens eindämmen wollen.

Leiden wir mit Christus, stehen wir ihm nicht mehr gegenüber. Denn er will doch in die Geschichte seines Erleidens aufnehmen und hineinziehen! Dann lernen wir, uns neu zu sehen, samt unseren Leiden und unserem Erleiden. Im Blick auf den leidenden Christus, im Horizont des Mit-leidens Gottes mit uns, nehmen wir uns anders wahr als bisher. Auf menschliches Leben und Sterben fällt ein neues Licht, vielleicht nur durch den schmalen Spalt eines Gebetes wie im Garten Gethsemane. Uns tritt gegenüber, was wir wollen und was wir nicht wollen können. Im Gebet kann beides aufgehoben werden: es wird zu Gott gebracht, von ihm neu empfangen und von uns gehorsam ausgetragen. Dies kann bedeuten, eine schwere Krankheit, eine falsche, aber unabwendbare Beschuldigung, zerstörerische Vorkommnisse *zu leben*, statt sie überwinden oder wenigstens durchstehen zu wollen. Leiden zu leben, bedarf eines neuen Sinnes für das, was hier aus Gottes schöpferischen Kräften zuteil werden kann; dieser Sinn würde verkümmern, wenn nur die Fragen umtreiben: »Warum gerade ich?«, »Wer ist daran schuld?«

Die Passionszeit gibt menschlichem Leiden in all seinen Facetten Raum. In ihr können wir achtsam werden für vielfältige Leidensäußerungen und für so manches, was hinter ihnen steht und unausgesprochen bleibt, weil uns von anderen nur Schmerzempfinden erreichen und weil wir anderen nur solche weitergeben können. Leiden bringt uns an die Grenzen unserer Sprache. Darum ist die Passionszeit eine seelsorgerlich besonders wichtige, aber auch kritische Zeitspanne.

3. Das Abendmahl als überlieferte Passion

Auch das letzte Mahl Jesu Christi gehört zur Passionszeit. So will es auch gefeiert werden, nicht nur in einem Gottesdienst am Abend des »Tages der Einsetzung des Heiligen Abendmahls« (EGB 308-311; »Gründonnerstag«).

Der Tagessspruch lautet: »Er hat ein Gedächtnis gestiftet seiner Wunder, der gnädige und barmherzige HERR.« (Ps 111,4) Der Ton liegt dabei nicht eigentlich auf »Stiftung« im Sinne einer auf Dauer angelegten Einrichtung, sondern auf der Gegenwart des HERRN, der den Vollzug des Ritus – die Anbetung und den Lobpreis Gottes – verbürgt (vgl. Ex 20,24). Die »Einsetzungsworte« Jesu, bei jeder Feier des Abendmahls rezitiert (1 Kor 11,23-25; Text zu Gründonnerstag), sollen nach evangelischem Verständnis den Vorrang des Handelns Christi vor dem der Kirche betonen: Christus vergegenwärtigt sich selbst. Liturgiegeschichtlich älter ist wohl die Anrufung des Heiligen Geistes *(Epiklese)* als Bitte um die Segnung der Gaben und um das schöpferische, tröstende, versöhnende Wirken des Geistes (vgl. EGB 81).

Dieser Kontext handelt von Hingabe und Preisgabe, von inniger Gemeinschaft, die sich im gemeinsamen Mahl vollendet, und vom Vertrauensbruch, der dazu beitragen muss, dass Gottes unbegreiflicher Wille geschieht. Der Verräter, über dessen Motive und Absichten wir nichts erfahren, nimmt, auch nachdem er entlarvt ist, weiter am Mahl teil – unvorstellbar! In späterer Zeit wurden an diesem Gedenktag diejenigen, die öffentlich büßen mussten (»Greinende« – darauf ist wohl die Bezeichnung »Gründonnerstag« zurückzuführen) wieder in die volle kirchliche Gemeinschaft aufgenommen.[15]

Was dies für die Abendmahlsfeier als Bestandteil des christlichen Gottesdienstes und damit einer kirchlichen Feier bedeutet, ob hier die kirchliche Zugehörigkeit berührt wird oder ob »alle« ohne Wenn und Aber »eingeladen« sind und was »einladen« dann besagt: das sind Fragen, die hier nur erwähnt werden können. Dass Judas nicht vom letzten Mahl Jesu mit seinen Jüngern ausgeschlossen worden ist, reicht zur Antwort nicht aus. Das Abendmahl ist das Mahl Jesu Christi mit den von ihm gerechtfertigten Sündern. Zumindest dies müsste bei jeder Abendmahlsfeier klar und deutlich werden.

In diesem Mahl wird eine unvergleichliche Überlieferung vollzogen: er, der alsbald Ausgelieferte, überliefert sich selbst im Geheimnis der Mahlgemeinschaft, deren Herr er ist und bleibt: der dienende Herr. *Traditio* umschließt beides: Jesus überliefert sich uns – Judas liefert ihn aus. Die Überlieferung Jesu Christi ist uns immer voraus, sie liegt nie hinter uns. Wir treten in sie ein, werden sie nicht einholen oder gar überholen können.

Beim Mahl »bedient« Jesus so feierlich, wie es in vielen Kulturen geschieht (manchmal nimmt der Gastgeber sogar, um die Gäste ganz besonders zu ehren,

---

15. Karl-Heinrich Bieritz, Das Kirchenjahr, München 1987, 107.

nicht selbst am Essen teil!). Doch er bedient nicht bloß. Und er »dient« auch nicht »für etwas«. Er gibt sich selbst – wir empfangen ihn:

> Er, der gekreuzigte und auferstandene Herr, läßt sich in seinem für alle in den Tod gegebenen Leib und in dem für alle vergossenen Blut durch sein verheißendes Wort mit Brot und Wein von uns nehmen und nimmt uns damit kraft des Heiligen Geistes in den Sieg seiner Herrschaft, auf daß wir im Glauben an seine Verheißung Vergebung der Sünden, Leben und Seligkeit haben.[16]

Er gibt sich den Empfangsbedürftigen: denen, die ihn zum Leben und Sterben brauchen, für die er lebensnotwendig und im Sterben notwendig ist. Die Passion Jesu, seine Selbsthingabe, wird uns im Abendmahl angedient, so, wie in der Fußwaschung der Jünger in Joh 13,1-15; 34-35 (Gründonnerstags-Evangelium), in die knapp berichtete Mahlfeier eingebettet, die Reinigung als Teilhabe an Jesus vollzogen wird. Wir dürfen und sollen sie uns andienen lassen.

Entspricht dem unsere Abendmahlsfeier? Im Vollzug des Abendmahls werden wir in die Passion Jesu, das Mit-leiden Gottes mit uns, aufgenommen. Der Gottesdienst am Gründonnerstag bietet die Gelegenheit, darauf einzugehen und zu verdeutlichen, was in der Mahlfeier geschieht, was die Feier in ihrem *Vollzug* mitteilt, auch abgesehen davon, was in ihrem Verlauf gesagt wird. Kann die Gemeinde bemerken – auch aus dem Tonfall des liturgischen Redens und der Haltung, den Gesten des Liturgen –, dass Christus sich selbst gibt, sich von uns nehmen lassen will und uns aufnimmt? Wir sind die Empfangenden: dessen, was wir uns selber niemals geben können.

»Richtig« zu feiern, ist eine Kunst. Wird sie vernachlässigt, kann sich unversehens ein anderer Sinn der Mahlfeier einschleichen: vielleicht der Feier, in der sich eine Gemeinschaft von Gleichgesinnten und Gleichgestimmten selber feiert in Erinnerung an Jesus.

Was im Abendmahl geschieht, wird in dem wahrhaft ökumenischen Hymnus *Verbum supernum prodiens* des Thomas von Aquin (1264) zur Sprache gebracht, nachgedichtet von Otto Riethmüller (1932/1934):

> Da von dem eignen Jünger gar / der Herr zum Tod verraten war, / gab er als neues Testament / den Seinen sich im Sakrament, / gab zwiefach sich in Wein und Brot, / sein Fleisch und Blut, / getrennt im Tod, / macht durch des Mahles doppelt Teil / den ganzen Menschen satt und heil. (EG 223.2-3)

---

16. Arnoldshainer Thesen (1958), These 4, zitiert nach Eckhard Lessing, Abendmahl (BenshH 72), Göttingen 1993, 27.

So, wie in der Adventszeit vieles Weihnachtliche vorab gefeiert wird, wird auch mancher Osterbrauch in der Passionszeit vorweggenommen. Seit Karneval bevölkern Schokoladenosterhasen die Läden, auch der Osterschmuck wird schon lange vor Ostern aufgehängt. Spätestens nach dem Palmsonntag pflegen viele sich »Fröhliche Ostern!« zu wünschen. Der Gruß überspringt den Karfreitag: den Tag, der seiner sprachlichen Herkunft nach »Trauer, Kummer, Wehklage« bedeutet. Dass dieser »stille Feiertag« Vergnügungen zumindest in der Öffentlichkeit verbietet, wird von vielen als eine Störung empfunden, die nicht erlaubt, das um einen weiteren Tag verlängerte Wochenende auszukosten. Diese Verfügung reizt immer wieder zu Debatten darüber, inwiefern ein solcher Einfluss der Kirchen auf das gesellschaftliche und kulturelle Leben noch zeitgemäß ist. Wie ist der religiöse Anspruch – wenn es denn wirklich einer ist – begründet? Wir werden zuerst *uns* zu fragen haben, was uns zugemutet wird, wenn wir diesen Tag begehen: dem entsprechend, welche Schrittfolge der Hoffnung uns in der Trauer und der Stille des Festes zugewiesen wird und wie sie zur Sprache gebracht werden kann. Erst dann können wir vielleicht die rechten Worte für das finden, was von ihm ausgeht.

5. Das Wort vom Kreuz: Die Karfreitags-Botschaft

Wenn wir fragen, was auf Golgatha geschah, dann bekommen wir auch, ja vor allem zu hören, was der sterbende Jesus am Schandpfahl flüsterte und schrie. Es sind *Worte am Kreuz, vom Kreuz her*. Einige dieser Worte werden vielfältig überliefert oder sie werden verschieden gehört, manche sogar gegensätzlich verstanden. Die Passionsgeschichte differiert in den vier Evangelien weit mehr als andere Jesusworte und Jesusgeschichten. Offensichtlich ist Jesu Passion alles andere als eindeutig, und die Evangelisten kaschieren durchaus nicht die Schwierigkeiten, die dadurch entstehen. Auch darin zeichnet sich ab, was Paulus das *skandalon* des Kreuzes nennt (1 Kor 1,23): es erregt Anstoß, ruft Widerstand und Missverständnisse hervor, treibt unsere Fähigkeiten des Verstehens an ihre Schmerzgrenze, verunsichert, stört und verstört. Der Apostel lenkt unsere Aufmerksamkeit gänzlich auf das, *was das Kreuzesgeschehen uns sagt* und wie es uns dies sagt – auf *das Wort vom Kreuz* (1 Kor 1,18), mit dem Gott an uns handelt: Er, nach dessen Handeln wir unwillkürlich fragen, wenn uns die Passionsgeschichte erzählt wird. Das Wort vom Kreuz, das ja nicht die Summe der Kreuzesworte Jesu ist, setzt uns der Abgründigkeit dieser Worte aus und mutet uns zu, sie so gründlich wie nur möglich zu lesen und ohne Vorurteile oder vorgefasste Meinungen auf sie zu hören.

1. Passionsworte

Die Sterbensworte Jesu gehören zu seiner Passion. Aus dieser Geschichte dürfen sie nicht herausgelöst, für sich genommen und dann vielleicht aneinandergereiht werden, wie JOSEPH HAYDN sie 1785 als »Die sieben letzten Worte unseres Erlösers am Kreuze« komponierte: als eine feierliche Abfolge einzelner Momente, die die liturgische Rezitation instrumental kommentieren sollten. Da erbittet der Gemarterte Gottes Vergebung für seine Peiniger (Lk 23,34); einem Verbrecher, der neben ihm hingerichtet wird, verspricht er, ihn noch heute zum Leben bei Gott zu begleiten (Lk 23,43); seine Mutter und seinen geliebten Jünger vertraut er einander an (Joh 19,26-27); er überantwortet sich dem Tod, dem er von Gott überlassen wird (Mt 27,46), klagt über Durst (Joh 19,28), beendet sein Lebenswerk (Joh 19,30) und übergibt sich Gott (Lk 23,46). So bemüht Haydn sich, das vertrauensvolle Sterben Jesu musikalisch zu untermalen: Jesu letzte Worte erscheinen eingefügt in eine Sterbeszene, in der der Erlöser keinen Augenblick von dem abläßt, was er zeit seines Lebens gewesen ist, was er gesagt und für andere getan hat. Auch wenn er vor aller Öffentlichkeit stirbt, unter hämischen Worten, die seine Todesnot noch bitterer machen, beendet er seinen Weg auf Erden ganz bewusst voller Liebe zu allen Menschen und im Vertrauen auf Gott.

Worte Jesu am Kreuz lässt jedoch jeder Evangelist uns anders hören als die anderen, auch abgesehen von den teilweise unterschiedlichen Erzählungen, die sogar verschiedene Worte Jesu berichten. Ins Auge fällt dies vor allem beim Vergleich der ersten drei Evangelien, die streckenweise synoptisch gelesen werden können, mit dem Evangelium nach Johannes, wo die Passion wie eine Inthronisation geschildert wird: Jesu Leiden wird durchsichtig für seine Herrlichkeit, sein letztes Wort: »Vollbracht!« – nur ein einziges Wort (Joh 19,30)! – klingt wie ein Siegesruf. Welch ein Kontrast zu dem Psalmvers: »Mein Gott, mein Gott, warum hast du mich verlassen?« (Ps 22,2), den Jesus betet (Mt 27,46; Mk 15,34), bevor er den Todesschrei ausstößt! Wie kommt dieser Gegensatz zustande? Will der sterbende Christus, indem er Ps 22 anstimmt, sagen, dass Gott ihn dem Tod zur Verfügung stellt?[1] Dann wäre er Gottes Handeln nicht entnommen, auch wenn er dem Tod gegenüber völlig allein bleibt. Derart alleingelassen, vollbringt er, was Gott will. – Oder setzt mit der Klage des von Gott Verlassenen ein weitgespanntes Gebet aus der Tiefe tödlichen Leidens und der Gottesferne ein, das dieses Elend vor Gott bringt und schließlich Gott für die Errettung aus Todesnot preist? Gott hat den Beter gerade nicht im Stich gelassen! Träfe dies zu, dann würde der Bericht über die Kreuzigung Jesu, jedenfalls in der markinischen Fassung, mit dem Zitat von Ps 22,2 den gesamten Psalm aufrufen, der Jesu Leiden und Tod als dramatischen Einbruch des Reiches Gottes vernehmen lässt.[2] – Wenn Jesus dagegen ausruft »Vollbracht!«, hat er kurz zuvor gesehen, dass alles erfüllt ist, wozu er gesandt wurde, auch nach dem Zeugnis der heiligen Schriften (Joh 19,28).[3] Er hat alles überwunden, was ihn hätte hindern können, diese Sendung sieghaft auszuführen. – Wenn Jesus aber zuletzt Ps 31,6 betet (Lk 23,46), gibt er sein Leben Gott zurück, wie es viele fromme Juden vor und nach ihm und dann auch Christen getan und damit ihr tiefstes Vertrauen in Gottes Schöpfermacht ausgesprochen haben.

Dass das letzte Kreuzeswort Jesu bei Markus und Matthäus übereinstimmend, bei Lukas deutlich anders und bei Johannes erheblich anders lautet, lässt sich nicht in Einklang bringen. Von höherer Warte aus gesehen, könnte es eine

---

1. Vgl. ADOLF SCHLATTER, Der Evangelist Matthäus. Seine Sprache, sein Ziel, seine Selbständigkeit, Stuttgart 1929, 782 f.

2. HARTMUT GESE, Psalm 22 und das Neue Testament. Der älteste Bericht vom Tode Jesu und die Entstehung des Herrenmahles (1968), in: Vom Sinai zum Zion. Alttestamentliche Beiträge zur Biblischen Theologie (BEvTh 64), München 1974, (180-201) bes. 180. 192. 196.

3. RUDOLF BULTMANN, Das Evangelium des Johannes (KEK II), Göttingen 1941, 522 f.

Einheit bilden, doch uns kommt es nicht zu, diesen Standpunkt einzunehmen. Auch die Erklärung, hier seien unterschiedliche theologische Deutungen im Spiel, die sich auch auf verschiedene Überlieferungen stützten, hilft nicht weiter. Das Leiden und Sterben Jesu Christi steht, jedenfalls für unsere Augen und Ohren, unter einer unermesslichen Innenspannung. *Können wir damit leben, dass in Jesu Sterben Gottes Handeln verborgen bleibt?*

Die Passionsgeschichten schildern grauenvoll Anschauliches, ein »Schauspiel« (Lk 23,48-49), bei dem viele mitwirken, manche nur noch von ferne zusehen und vielleicht bloß einen letzten Aufschrei Jesu hören. Wir aber werden ganz nahe an das Kreuz herangeführt: so, dass wir auf den Gekreuzigten achten und dort vor die Frage gestellt werden, was mit ihm geschah, was er wirklich sagen wollte und was uns damit gesagt werden soll.

Erschwert wird dies dadurch, dass die Passionserzählungen bei näherem Zusehen sich als unausgeglichen und zerklüftet zeigen. Manches spielt sich auf verschiedenen Ebenen ab, ist doppelbödig und mehrdeutig, vieles kann missdeutet werden. Und wenn wir auf Worte Jesu hören, wie sie uns berichtet werden, sind sie nicht immer sogleich verständlich, nicht nur aus sprachlichen Gründen.

»Jesus von Nazareth, König der Juden«, hatte der römische Prokurator über das Kreuz schreiben lassen (Joh 19,19). Die höchsten priesterlichen Amtsträger wollten dies nur als anmaßende Behauptung Jesu gelten lassen. »Was ich geschrieben habe, das habe ich geschrieben«, entgegnet Pilatus ihnen in seiner unbeschreiblichen Arroganz (Joh 19,22). Er schreit nicht bloß »Basta!«, sondern er sagt zugleich mehr, als er eigentlich sagen will, weil ihm dessen Wahrheit verborgen bleibt: dass Jesus wirklich der Herrscher ist.

Warum vergibt Jesus denen, die ihn foltern, nicht selber, sondern bittet seinen Vater darum? »Denn sie wissen nicht, was sie tun.« (Lk 23,34) Wissen sie wirklich nicht, was sie anrichten? Haben sie nur den hilflosen Jesus im Blick, den sie bis aufs Blut quälen, nicht auch, was sie Gott damit antun? Sie wissen nicht, mit wem sie es zu tun haben, der am Kreuz stirbt. Aber woher hätten sie dies wissen können? Und wissen wir, mit wem wir es zu tun bekommen?

Dem Verbrecher neben ihm sagt Jesus zu, »mit ihm heute noch im Paradies zu sein« (Lk 23,43). Er verspricht ihm keinen Einzug in eine Sphäre der Glückseligkeit, sondern nimmt dem Sterbenden die Last seines Lebens ab: so, wie er schon immer gehandelt hat und wozu er auch jetzt, gerade jetzt, in äußerster Hilflosigkeit, bevollmächtigt ist.

»Mich dürstet« (Joh 19,28) – wonach? Möchte Jesus betäubt werden? Oder will er sich im Gegenteil dessen bewusst bleiben, was an ihm und mit ihm geschieht? Der Evangelist hat einen Blick auch für scheinbar Unwesentliches, für Kleinigkeiten, die das Ganze facettenartig verstärken. Mit seinem Seufzer nach Wasser dürstet Jesus auch danach, dass das Wort der Schrift erfüllt wird, das ihm auferlegt wird, gleichgültig, ob er nun kaum noch etwas davon merkt oder gar nichts mehr. Auch wo über seine Kleider verfügt wird, ist dies ein hintergründiges Geschehen (Joh 19,23-24), wird die Schrift erfüllt: Gottes Wille ist zum Zuge gekommen.

Warum kommt ausgerechnet dem Anführer des Hinrichtungskommandos über die Lippen:»Der da war wahrhaftig Gottes Sohn!« (Mt 27,54; Mk 15,39), oder warum bezeugt gerade er die Unschuld des Hingerichteten:»Wahrlich, dieser Mensch war ein Gerechter!« (Lk 23,47)? Es sind unwillkürliche Antworten auf den Todesseufzer Jesu:»Vollbracht, zu Ende gebracht, am Ziel!« (Joh 19,30) Aber was für ein Ziel? Und inwiefern »vollbracht«? Bricht der Gekreuzigte in dem Augenblick zusammen, als er in seinem Todeskampf, in dem er augenscheinlich unterlag, vollendet hat, wozu er zur Welt gekommen ist? Das wäre ein tragisches Ende, die Ankunft am Ziel wäre zwar »geschafft« – »geschafft«, und zwar tödlich, wäre aber auch der, der dieses Ziel erreichte.

Johann Sebastian Bach brachte in seiner »Johannespassion« zum Ausdruck, wie »zu Ende« und »Vollendet!« verschränkt sind: Der Schrei Jesu wird zunächst von einer Trauerarie aufgenommen. Es sind Töne völliger Erschöpfung. Plötzlich werden sie durchbrochen. Wie aus einer anderen Welt erschallt der Ruf »Der Held aus Juda siegt mit Macht, / und schließt den Kampf!«: ein Jubelruf, der ebenso unvermittelt wieder in das todesmüde »Es ist vollbracht« übergeht.

Der Evangelist hat schon früh darauf vorbereitet, dass Jesus am Kreuz, dem Ort tiefster Erniedrigung, »erhöht« werden wird (Joh 3,14-16). Bei der Wanderung durch die Wüste bedrohten Schlangen alle, die auf sie starrten; gerettet wurden sie, wenn sie zur ehernen Schlange an einem aufgereckten Stab aufblickten (Num 21,6-9). Dieses Heilszeichen präfiguriert das Kreuz. Zu ihm aufzuschauen, hilft aber noch nicht; es könnten ja auch neugierige oder mitleidige Blicke auf einen geschundenen Körper sein. Der Gekreuzigte will als der Retter erkannt werden: als Gottessohn, als Gottes Einziger, den er »gab« (Joh 3,16), indem er ihn in die Welt sandte, und den er »dahingab«, indem er ihn hinrichten ließ: ihn, den Richter! Jesus als hingerichteter Richter und souveräner Retter: diese Innenspannung wird mit dem »Vollbracht!« ausgesprochen. Jesus sagt es – zugleich ist es das Urteil Gottes. Es erinnert an Gottes Urteil über die Schöpfung, die er vollbracht hat: »Siehe, sehr gut!« (Gen 1,31)[4]

»Vollendet!« An diesem letzten Wort stoßen und scheiden sich die Geister. Das letzte Kreuzeswort Jesu wird zum ersten Wort, zum Anstoß für die Christenheit, für die einen zum Anstoß als störendes, Unruhe stiftendes Rätselwort, für andere als Impuls, Jesu Vermächtnis zu vollstrecken. Ist denn wirklich vollbracht, was Jesus aufgetragen war, was er erreichen wollte und wofür er bis zum Tode einstand? Oder ging Jesus bravourös seinen Weg zu Ende, stand er auch in äußerster Bedrängnis zu der Sache, die er vertrat, ließ uns aber noch viel zu tun übrig, damit unmenschliches Elend wirklich aus der Welt geschafft wird?

---

4. Vgl. dazu Hans Blumenberg, Matthäuspassion, Frankfurt am Main [3]1991, 12 f.

Offensichtlich ist eben noch nicht alles vollbracht, was an Weihnachten versprochen worden war! Oder haben *wir* uns zu viel versprochen?

Wenn aber am Kreuz nicht alles vollbracht ist – was dann? Diese Frage stellt sich jeder Karfreitagspredigt, sie stellt sich sogar einer jeden Verkündigung des Evangeliums in den Weg. Jede Predigt kann daraufhin durchmustert werden, ob sie diese Frage übergeht oder sie aufnimmt, vielleicht gar einschärft, ob und wie sie darauf antwortet oder ob sie die Frage offenhält. Sie ist ein Prüfstein für die Theologie und für unsere Erwartungen an Gott und an uns selbst.

Die Jünger Jesu und vielleicht noch manche andere haben nach einer gewaltigen Wende Ausschau gehalten. Wird Gott nicht in letzter Minute eingreifen? Kann Jesus sich nicht selber befreien? Die Lästerzungen, die Jesus derart herausfordern, verraten doch nur, was als unzweideutiges Zeichen für Gottes Ja zu diesem Menschen verstanden werden könnte, »damit wir sehen und glauben« (Mk 15,32). Ist das nur Hohn und Spott, verbirgt sich dahinter nicht auch der Anspruch auf einen Existenzbeweis Gottes? Als Jesus zuletzt ausruft »Mein Gott, mein Gott, warum hast du mich verlassen?«, da verhören manche diesen Schrei und missdeuten ihn als Hilferuf an Elia, den Propheten, der allem Unrecht wehrt und der Gottes Kommen ankündigt (Mk 15,34-36). Einer will noch den letzten Atemzug Jesu hinauszögern, um zu sehen, ob Elia erscheint. Auch dies ist eine pervertierte Hoffnung, aber doch auch eine Sehnsucht, die nicht aus der Luft gegriffen ist, sondern zum Repertoire messianischer Erwartung gehört. (Wenn heutzutage Heranwachsende einen Jesusfilm ansehen und sich von seiner Dramaturgie fesseln lassen, halten sie es selten für ausgeschlossen, dass die Geschichte kein gutes Ende nehmen könnte.) Sind die Jünger Jesu von einer solchen Hoffnung weit entfernt? Sie fliehen von Golgatha nicht nur aus Angst um ihr Leben, sondern auch, weil dort alles zusammenbricht, auf das sie gebaut hatten, als sie Jesus nachfolgten. »Wir hofften, er werde Israel erlösen«, sagen zwei Gefährten Jesu noch drei Tage später auf dem Weg von Jerusalem nach Emmaus (Lk 24,21). Daraus spricht ihre tiefe Enttäuschung über eine gewaltsam durchkreuzte Hoffnung.

Und wir? Stehen wir auf der sieghaften Seite des Kreuzes: dort, wo Jesus alles Elend der Welt, das auf ihn gehäuft wurde, hinter sich gelassen hat? Oder stehen wir auf der Seite derer, die fragen: »Hat Gott sich hier zurückgezogen? Hat er nur noch zugeschaut? *Was hat Gott gewollt und getan?*« Zur Antwort auf ein solch zweifelndes oder verzweifeltes Fragen streckt sich auch eine Hoffnung aus, der alles genommen ist, die keinen überzeugenden Gehalt mehr aufzuweisen und nichts mehr aufzubringen vermag, was sie wahrhaft erhoffen kann. Aus dem »Vollendet!« anderes herauszuhören als den letzten, erlösten Seufzer eines zu Tode Gequälten: das wäre »Glaube auf Hoffnung gegen alle Hoffnung« (Röm 4,18) – der Glaube, dem es nicht zusteht, schon auf Ostern hin zu blinzeln und ein Quäntchen Osterfreude herbeizulocken.

Auf der rechten Seite wusste sich wohl Friedrich Schleiermacher, wenn er

Joh 19,30 als letzte Selbstbesinnung Jesu stilisierte, mit der sich der Sterbende in »das Geheimniß der göttlichen Rathschlüsse« vertieft und ergriffen darauf zurückblickt, welche göttlichen Vorbereitungen für die Sendung, die er nun erfüllen konnte, getroffen worden waren. Dies »große Wort unseres Herrn« dürfen wir »auch auf uns selbst anwenden«: »im lezten Gespräch der Seele mit Gott«, in dem wir dankbar der göttlichen Führung in unserem Leben innewerden.[5] Auch dass Jesus seinen Geist in Gottes Hände legt (Lk 23,46), »ist das lezte stille Gespräch seiner Seele mit seinem himmlischen Vater«[6], »ein ganz menschliches Wort unseres Herrn« im Rückblick auf sein Leben, das wie jedes andere menschliche Leben »in das geheimnisvolle Getriebe der göttlichen Allmacht hineingesetzt« ist, welches im Sterben nur im völligen Gottvertrauen aus diesem Leben in das künftige überzugehen vermag, weil alles, »was sich aus diesem Ende entwickeln soll«, wie alles Bisherige »in derselben Hand« steht. Dieses »Bewußtsein des Erlösers von seiner innigen Gemeinschaft mit dem himmlischen Vater« dürfen wir so auf uns anwenden, dass nicht nur der Abschied von diesem Leben und allen, die in ihm verbleiben, sondern »unser ganzes Leben ein Sterbenlernen« ist und so fruchtbar wird. »Jeder Augenblick stiller Betrachtung, den uns der Herr gönnt, sei also ein solches Versenken in seinen göttlichen Weg mit uns und mit dem ganzen Geschlecht der Menschen, dem wir angehören.« »Denn jeden Augenblick flieht getrost die Seele« des Glaubenden, der sich seiner Gemeinschaft mit Gott bewusst ist, »aus dem Irdischen und Vergänglichen in das Ewige. Jeden Augenblick trennt sie sich von der Welt, um sich zu versenken in das Meer der göttlichen Liebe. Jeden Augenblick übergibt sie sich selbst und das Werk, worin sie begriffen ist oder den Teil desselben, den sie eben vollbracht hat, den Händen, in welche allein wir alles befehlen können, und so senkt sich immer der Geist in seinen ewigen Ursprung zurück.«[7]

Es ist ein eindrucksvolles Sinnbild getrosten Sterbens, wie aus einem Guss und in sich geschlossen. Eine solche Vergewisserung hat jedoch innerlich das Kreuzesgeschehen schon verlassen.

Wie aber trifft uns das fremde und befremdende Sterben Jesu und das, was er zu Gott ruft? In den Passionserzählungen bleibt so vieles unausgesprochen, das wir wissen müssten, damit der Resonanzboden der knappen Worte uns hergibt, was sie voll und ganz sagen wollen. Was Wunder, wenn wir Schwierigkeiten haben, diese Geschichten zu predigen, nicht nur mit vielen Lücken und Brüchen

5.   FRIEDRICH SCHLEIERMACHER, Der lezte Blikk auf das Leben. Passionspredigt (1821), in: Kleine Schriften und Predigten, Bd. 3: Dogmatische Predigten der Reifezeit, ausgewählt und erläutert von Emanuel Hirsch, Berlin 1969, (219-231) 225. 221. 226.

6.   FRIEDRICH SCHLEIERMACHER, Christi letztes Wort an seinen himmlischen Vater (Karfreitagspredigt vor 1826), in: Predigten, ausgewählt von Hans Urner, Göttingen 1969, 125-135; 125.

7.   F. SCHLEIERMACHER, a.a.O., 126. 127. 128. 133. 134.

nachzuerzählen – oder, was weit verhängnisvoller wäre, diese Leerstellen mit eigenen Mutmaßungen auszufüllen!

Gibt es eine Sprachform – und zwar eine Sprachform, die heute Gehör finden könnte! –, welche die Finsternis aushält, die drei Stunden lang über »dem ganzen Land« lastet (Mk 15,33 parr.) – und über uns vielleicht noch viel länger? In diesem Dunkel geschieht Entscheidendes, aber *was zwischen Jesus und Gott vor sich geht,* wird nicht erhellt. Könnten wir es sagen, hätten wir das Dunkel schon verlassen. Was wir »wissen« sollen, ist allein, dass Gott auch dieses Geschehen in der Hand hält, ohne sich sichtlich einzuschalten. Wie er hier handelt, wissen wir nicht. Dieses wissende Nichtwissen kann durch kein höheres »Wissen von Gott und seinem Handeln« aufgehoben werden. Einige Lichtblicke werden zuteil durch die Mehrdeutigkeit, die Doppelbödigkeit, die Innenspannung der Worte Jesu, ob die Evangelisten sie nun vom Hörensagen berichten – sie waren ja nicht dabei, Johannes vielleicht ausgenommen – oder ob sie Jesus in den Mund gelegt werden, nicht willkürlich, sondern im Blick darauf, was Jesus zeitlebens gesprochen und getan hat. Die doppelbödigen Worte wollen uns darauf aufmerksam machen, *dass* Gott wirkt an dem, unter dem und mit dem, was uns als Agonie Jesu vor Augen steht. Er hat sich nicht zurückgezogen, und wenn er schweigt, schaut er nicht nur zu. *Wie und woraufhin* Gott hier handelt, bleibt sein Geheimnis, und die mehrdeutigen Worte und Momente auf Golgatha lassen sich nicht einebnen, sie suspendieren auch unser banges Fragen nicht, viel eher verstören sie uns und scheuchen uns auf.

Wir sollten die Passionsgeschichten so gut wie nur möglich lesen, gerade in einer Predigtvorbereitung, »langsam, tief, rück- und vorsichtig, mit Hintergedanken, mit offen gelassenen Thüren« (Nietzsche)[8], damit sie genau gehört werden können. Dies fällt umso schwerer, je öfter diese Erzählungen schon gelesen und gehört wurden; wir hören sie auch musikalisch gestaltet, sehen sie ausgemalt und in Szene gesetzt. Dies alles kann das Lesen und Hören schädigen, wenn wir meinen, schon zu kennen, was uns hier gesagt und vor Augen geführt wird. Es gibt auch theologische Hintergedanken, die an einem guten Lesen hindern: zum Beispiel die Christologie nach dem Konzil von Nizäa, in der die Gottheit Christi so überragend in den Vordergrund gerückt wurde, dass sie das Kreuzesgeschehen überschattete. Umso mehr bedarf es einer weiträumigen und theologisch eindringenden Denkbewegung, die zu genauem Lesen und Hören verhilft: zu einem erwartungsvollen Lesen, das nicht meint, sogleich wiederzuerkennen, was es schon weiß.

Wir brauchen uns nicht künstlich in den Stand der Unwissenheit zu versetzen, damit wir die Passionsgeschichte neu hören können, so, als hörten wir sie zum ersten Male. Wir sollen genauer hinhören, gerade auf das, was erklärt zu werden scheint, auch auf die biblischen Referenzen, die nicht »abgehakt« werden

8. Vgl. S. 21, Anm. 21.

dürfen. Die Passionsgeschichte öffnet sich dem Hörer oder Leser, wenn er bemerkt, dass hier etwas aufgezeigt und mitgeteilt wird, das nicht unmittelbar in der Geschichte zur Sprache kommt. Er hält sich nicht bei *Déja-vu*-Erlebnissen auf. Er trifft wieder auf etwas, das unausgesprochen gesagt werden soll. Im Vorhinein weiß er nicht, jedenfalls nicht hinreichend, was gemeint ist, auch wenn er es noch so oft schon gehört oder gelesen hat. Auch die beste Bibelkenntnis kann nur erreichen, dass er noch genauer liest oder hört und zu verstehen versucht, mehr noch: dass er von Neuem überwältigt wird von dem, was ihm da begegnet. Die affirmative Aktivität des Lesers oder Hörers, vom Text angeregt und angeleitet, kann gesteigert werden. Darüber hinausgeführt wird sie nicht.

2. Unter dem Kreuz

Wer die Karwoche in Jerusalem verbringt, wird vielleicht erleben, wie heftig dort an Frühlingstagen die Sonne brennt und welch scharfer, heißer Wind weht. Die Qual einer Hinrichtung wurde dadurch noch vergrößert. Was aber Jesu Sterben vollends verdüsterte, war der Kreuzigungsort außerhalb der heiligen Stadt, vor ihren Mauern, ein Schindanger. Kann eine solche Stelle zum »Erinnerungsort« werden, und welcher Art wäre eine solche Erinnerung? Trotz aller christlichen Erinnerungskultur und archäologischen Akribie ist er unzugänglich geblieben. Und auch wenn tatsächlich noch zweifelsfrei Spuren von ihm entdeckt werden sollten – auch sie könnten nicht mehr ahnen lassen, was dort wirklich geschah: »Verflucht ist, wer am Kreuz hängt!« (Gal 3,13), wer den Tod des Verbrechers stirbt, welcher sich an Gottes Gesetz vergangen hat. Er wird verstoßen, von der Volksgemeinschaft ausgeschlossen, im Namen heiligen Rechts exkommuniziert, sogar vom Erdboden vertilgt. Geboren wurde Jesus draußen vor der Tür, gestorben ist er draußen vor dem Tor. Und dort soll das Tor zum Himmel sein, zum Gottesdienst, wo wir ohne die untragbare Last unseres Lebens vor Gott treten dürfen (Hebr 13,11-15)?[9]

»Außerhalb des Lagers« starb Jesus wie ein Opfertier, das dort mit der Sündenlast, die ihm aufgebürdet wurde, verbrannt wird. Dorthin sollen wir gehen, »um seine Schmach zu tragen« (das heißt: Anteil zu nehmen an dem, was ihn ans Kreuz brachte), heraus aus dem Lager, in dem wir uns gesichert fühlten. Außerhalb der heiligen Stadt und allen ihren Einrichtungen für den Verkehr des Gottesvolkes mit Gott suchen wir die künftige *polis*, die nicht vergeht, sondern bleibt und die unsere Bleibe sein wird; dort werden wir wahrhaft Gottesdienst feiern, der allen irdischen Opferkult weit hinter sich lässt. Außerhalb des Lagers, das durch das Gesetz befestigt ist, öffnet der Christus Israels seine Arme auch

---

9. Vgl. dazu Erich Grässer, An die Hebräer (EKK XVII/3), Zürich und Neukirchen-Vluyn 1997, 382-385.

für die Heidenvölker. Die Art und der Ort seines Todes weisen auf ihn als den *Heiland der Welt.* Der Ausgeschlossene ruft zu sich, die sich in Lagern aller Art verschanzt haben, um sich dort gegen die *stoicheia tou kosmou* abzusichern: gegen die »Weltelemente«, die »elementaren Kräfte der Gestirne«[10] und andere über- und unterirdische »Weltmächte«, deren Schutz sich die Menschen versichern müssen, weil sie ihr Leben lenken und dafür verehrt werden wollen, indem ihr Wille befolgt wird (Gal 4,3). Durch den Tod Jesu sind sie ebenso entmachtet worden wie das »Gesetz«, sofern es »Provokation der Selbstgerechtigkeit« ist. Mit ihr pervertiert der Sünder unter der Macht der Sünde Gottes Gebot, indem er meint, Gottes Forderung nachkommen zu können und damit Gerechtigkeit vor Gott zu erlangen.[11]

Das Kreuz Jesu »draußen« ist der Ort des Glaubens »auf Hoffnung wider alle Hoffnung«: ein Ort, der lokalisiert werden mag, aber damit nicht als Hoffnungsort identifiziert werden kann. Denen, die Jesu Leidensweg heute auf der *via dolorosa* in Jerusalem nachgehen und den Gekreuzigten so vergegenwärtigen wollen – oder wer dies auf andere Weise und an anderer Stelle unternimmt –, müsste entgegengerufen werden (schon jetzt, nicht erst am Ostermorgen): »Wo sucht ihr Jesus? Er ist nicht hier!« »Gehet hin in alle Welt … !«

Die Tiefendimension des Todes Jesu kann nicht zur Schau gestellt oder nachgespielt werden. Passionsspiele führen auf Abwege, wenn sie bloß ehrfürchtiges Schaudern bedienen und den Blick auf die Henkersknechte und Schaulustigen lenken, und zwar so, dass wir uns gerade nicht unter ihnen wiederfinden. Dann steigen nur betrachtende Emotionen auf, die sich aber leicht gegen die beteiligten Juden richten, die auch nicht einfach »umbesetzt« werden können.

Von Jerusalemer Prozessionen und Karfreitagsfeiern hat die Pilgerin Egeria berichtet, die 383 die heilige Stadt besuchte. In der Ostkirche gedenken die Gläubigen am »Heiligen und Großen Freitag« der Kreuzigung, indem sie Jesus auf seinem Weg nach Golgatha symbolisch nachgehen. Unter sieben Fürbitten, Evangelienlesungen und Gesängen werden Kerzen um ein Kreuz, das in der Mitte des Gotteshauses errichtet wurde, entzündet. Christus wird begraben, indem eine liturgische Decke (griechisch *Epitaphios,* kirchenslavisch *Plaschtschaniza*), welche die Grablegung und Beweinung Christi darstellt, zur Verehrung durch die Gläubigen auf einen Katafalk gelegt wird.

Die römisch-katholischen Straßenprozessionen im Mittelmeerraum wollen Leiden und Sterben Jesu Christi auf dramatische Weise vergegenwärtigen. Sie ziehen viele Gläubige und manche Zuschauer in ihren Bann, aber je länger der Zug, desto mehr volksfestartige Stimmung kann aufkommen.

---

10. Heinrich Schlier, Der Brief an die Galater (KEK VII), Göttingen ⁵1971, 192. – Siehe auch Hans Dieter Betz, Der Galaterbrief, aus dem Amerikanischen übersetzt und für die deutsche Ausgabe bearbeitet von Sybille Ann, München 1988, 269 f.
11. H. Schlier, a.a.O., 185. 183.

In den katholischen Gotteshäusern läuten am Karfreitag keine Glocken, und die Orgel schweigt. Der Gottesdienst wird am Nachmittag gefeiert. Er enthält sich des Wortes, um Stille walten zu lassen, und lässt das Kreuz sprechen, das verehrt wird. Die Lesung des Passionstextes, der von Gethsemane bis zur Grablegung reicht, will die Aufmerksamkeit gänzlich auf das Kreuzesgeschehen lenken; die knappe Predigt soll nur kommentieren. Die Kommunion des Karfreitags ist die der Messe von der Einsetzung der Eucharistie am Vorabend[12] – dies alles unterscheidet sich vom evangelischen Karfreitagsgottesdienst mit seiner Abendmahlsfeier. Neuere liturgische Reformbewegungen haben zum Ausdruck bringen wollen, dass »Kreuz« und »Auferstehung« innerhalb des »Pascha-Mysteriums« eine untrennbare Einheit bilden.[13] Darum enthält die Liturgie auch Einsprengsel des Osterlichtes in das Dunkel des Karfreitags.

Den Karfreitag haben evangelische Christen lange Zeit als den höchsten Festtag im Kirchenjahr begangen, für manche gilt dies auch heute noch; zum vollen Feiertag war er in den meisten lutherischen Territorien erst um 1700 geworden.[14] In manchen konfessionell gemischten Gebieten galt er noch vor wenigen Jahrzehnten als markantes Unterscheidungsmerkmal, auch im Protest gegen katholische Nachbarn, die diesen Tag ostentativ nicht achteten. Zum öffentlichen, zugleich »stillen« Feiertag ist der Karfreitag in manchen katholischen Ländern bis heute nicht geworden, und in Staaten wie Südkorea, in denen christliche Minderheiten Weihnachten, Ostern und vielleicht noch Pfingsten vernehmlich begehen, bleibt der Karfreitag davon ausgeschlossen, auch für evangelische Kirchgemeinden.

Im letzten halben Jahrhundert hat jedoch auch in der evangelischen Bevölkerung der Karfreitag hierzulande spürbar an Bedeutung verloren. Während in städtischen Kirchengemeinden inzwischen für manche Gemeindeglieder die Osternacht, die frühmorgens gefeiert wird, und der festliche Ostergottesdienst eine größere Anziehungskraft als der Karfreitag entfalten – ein Anzeichen ökumenischer Annäherung, nicht nur an die katholische, sondern auch an die orthodoxe Festkultur? –, ist in ländlichen Bereichen ein Traditionsabbruch festzustel-

---

12. Die Eucharistie ist für den Karfreitagsgottesdienst in Rom erst gegen 750 bezeugt, im gallisch-fränkischen Raum war sie im 7./8. Jh. bekannt. Von 1570 bis zur Neuordnung 1955 unter Pius XII. kommunizierte nur der Priester. Seitdem und auch seit der Messbuchreform 1970 kommunizieren Priester und Gemeinde, doch ist dies liturgiewissenschaftlich umstritten. – Siehe Adolf Adam, Das Kirchenjahr mitfeiern, Freiburg im Breisgau ³1983, 62-64; Hansjörg auf der Maur, Feiern im Rhythmus der Zeit, Bd. 1: Herrenfeste in Woche und Jahr (Gottesdienst der Kirche. Handbuch der Liturgiewissenschaft 5), Regensburg 1983, 107-113.
13. Anne Hunt, Artikel »Passamysterium«, in: RGG⁴ 6, 2003, 971-973.
14. Helmut Merkel, Artikel »Feste und Feiertage IV. Kirchengeschichtlich«, in: TRE 11, 1983, (115-132) 127.

len, der sich nicht nur am Gottesdienstbesuch ablesen lässt. Früher wurde am Vormittag des Karfreitags ein Festgottesdienst gefeiert, der ganz auf *die Botschaft des Leidens und Sterbens Jesu Christi für uns Menschen* ausgerichtet war, auch in der kirchenmusikalischen Gestaltung. Im Abendmahl – für manche Gemeindeglieder früher das einzige Mal im Jahr, wo sie Leib und Blut Jesu »für dich gegeben, für dich vergossen« empfingen –, wurde die Vergebung der Sünden zugesprochen. Darum war dieser Gottesdienst weder eine Gedächtnisfeier für den verstorbenen Jesus, noch wollte er zum Mitleiden an einem dramatisch vergegenwärtigten Todeskampf bewegen, noch sollte er Trauerstimmung über ein unverzeihliches Unglück in der Menschheitsgeschichte verbreiten, das sich nie mehr ereignen darf. Liturgie, Predigt und Sakramentsfeier waren vielmehr darauf konzentriert, dass Christus »für unsere Sünden gelitten« und »für unser Heil gestorben« ist. Unser Glaube und unsere Hoffnung hängen daran, dass Gott hier ein für allemal einschneidend gehandelt hat: Uns, die ohne ihn, gott-los, leben wollten oder sich von ihm abwandten oder gegen ihn wandten, sieht er in seinem gekreuzigten Sohn so an, dass wir uns selbst in unserer Gottferne wahrnehmen, uns zu ihm ziehen lassen und einwilligen in das, was Gott will. Auch der Tod vermag davon nicht mehr zu trennen, denn Christus hat ihm diese Macht genommen. Insofern war *die Karfreitagspredigt die Geburtsstunde jeder evangelischen Predigt*, der Predigt des Evangeliums. – Ist sie es heute noch? Oder hat sich ihr Charakter verändert? Und trägt sie dazu bei, dass Karfreitag auch wirklich als Christusfest begangen wird, nicht etwa als eine eingetrübte Durchgangsstation auf dem Wege zur Osterfeier?

Martin Luther hat schon früh eine wildwuchernde Passionsfrömmigkeit verworfen und ihr als entscheidende Frage entgegengehalten, ob und wie wir Jesus Christus als Gekreuzigten erkennen. Sein Leiden »bedenken« können wir nur, wenn Gott uns dafür bereitet:

> Darum sollst du Gott bitten, daß er dein Herz erweiche und lasse dich fruchtbarlich Christi Leiden bedenken, denn es auch nicht möglich ist, daß Christi Leiden von uns selber möge bedacht werden gründlich, Gott senke es denn in unser Herz.[15]

Nur dann werden wir auf die Anfechtungen Jesu blicken und sehen, wie unsere Sünde ihn schmerzt, nicht aber, wenn wir uns seine körperlichen Qualen so ausmalen, dass sie uns zum Mitleiden (zur *compassio*) bewegen, oder gar den leidenden Jesus nachahmen wollen *(imitatio)*, damit wir uns so seine Gnade verdienen. Mit dieser Belohnung hatte auch der Ablasshandel sein Geschäft betrieben.[16]

---

15. M. Luther, Ein Sermon von der Betrachtung des heiligen Leidens Christi (1519), WA 2, (136-142) 139,1-4.
16. Siehe dazu Ulrich Köpf, Artikel »Passionsfrömmigkeit«, in: TRE 27, 1997, (722-764) 750-753.

In den Karfreitagspredigten Luthers[17] herrscht bis etwa 1524 die Mahnung vor, dem leidenden Christus nachzufolgen und von ihm Demut und Geduld zu lernen. Sein Leiden wird ausgreifend und eindringlich geschildert: Christus leidet nicht nur die Qualen, die ihm mit seiner Verurteilung und bei seiner Hinrichtung zugefügt werden, sondern auch und unermesslich mehr unter der Last unserer Sünde, wegen der wir hoffnungslos sterben müssten. Auf Golgatha legt Gott diese für uns untragbare Last auf Jesus Christus. Indem er, Christus, unsere untilgbare Schuld auf sich nimmt, leidet und stirbt er für uns. Am Kreuz ersehen wir das volle Gewicht unserer Sünde. Der Gekreuzigte ist der Spiegel, »darin wir sehen, wie uns Gott warnt und was er zusagt«[18]. So lernen wir, indem wir den Tod Jesu beklagen, über unser Elend zu klagen. Wir leiden also am Leiden Christi, das mit keinem Leid, das uns trifft, und sei es unverschuldet, gleichgesetzt werden kann. Aber weil Christi Leiden so unermesslich ist, hilft es uns, auch schwerstes Leid zu ertragen. Christus steht uns gerade darin bei, dass er aus tiefster Todesnot ruft: »Mein Gott, mein Gott, warum hast du mich verlassen?« (Ps 22,2 in Mt 27,46; Mk 15,34) Ein verzweifelter Schrei – und zugleich eine vertrauensvolle Anrufung Gottes: ein wirklicher oder nur vermeintlicher Widerspruch?[19] Christus klagt als Angefochtener, der doch wie kein anderer »weiß, was Gott ist«, nämlich »Leben, Licht, Weisheit, Wahrheit, Gerechtigkeit, Güte, Macht, Freude, Ruhm, Friede, Glückseligkeit und alles Gute«[20]! Und gerade ihm widerfährt Verlassenheit wie einem, den Gott verdammt hat. Indem er aber sagt: »Mein Gott«, bekennt er, »daß er nicht verlassen sei. Denn niemand kann sagen, ›mein Gott‹, der ganz und gar verlassen ist«[21].

Von einer Theologie der an Christus erlernten Demut vor Gott (humilitas) entfernt Luther sich, je mehr er seine Karfreitagspredigten auf das Evangelium des Sterbens Jesu für uns Menschen ausrichtet. Nicht mehr eine unvergleichliche Leidensgeschichte aus alter Zeit wird erzählt, und zwar so, dass sie als beispielhaft vergegenwärtigt werden kann. Vielmehr wird die Karfreitagsgemeinde hineingenommen in dieses Geschehen, in dem sich die Vergebung unserer Sünden uns mitteilt. Hier erzählt Christus seine Geschichte, indem er Ps 22 betet.[22] Wer

---

17. Einen Überblick über Luthers Karfreitagspredigten verdanke ich einer unveröffentlichten Studie Ernst Bizers zu diesem Thema, die ich von Frau Elisabeth Bizer erhalten habe.

18. Sermo de passione domini vom 29. März 1521 (Karfreitag), WA 9, 650,27 f.

19. Mit ihm beschäftigt sich Luther in seiner zweiten Psalmenvorlesung: Operationes in Psalmos (1519-1521), WA 5, 601,5-607,12.

20. A. a. O., 602,15 f.: »vita, lux, sapientia, veritas, iustitia, bonitas, potentia, laetitia, gloria, pax, beatitudo et omne bonum.«

21. A. a. O., 602,26-28: »deum suum vocat ac per hoc non derelictum sese confitetur. Nemo enim dicit ad deum ›Deus meus‹, qui omnino derelictus est.«

22. M. Luther, Auslegung der ersten 25 Psalmen auf der Coburg (1530), WA 31/I,

Christi Leiden im Glauben ergreift[23], wird von Christus ergriffen und flieht das Unheil, das ihn bedrängte und das ihn weiterhin umlauert. Alle Affekte stehen im Dienste dieses Glaubens. – Die (geistliche) Passion Jesu beginnt mit seinem einsamen Gebet in Gethsemane, in dem er sich dem Zorn Gottes über menschliches Unrecht aussetzen will, das aus der Abwendung von Gott erwächst.[24] Er lässt alle Sünde auf sich laden, darunter wird er so begraben, dass ihn alle Kräfte verlassen und er sogar in Verzweiflung an Gott gerät.[25] Am Beten hält er jedoch fest. Er, der sich als Opfer hingibt, wird am Kreuz zugleich zum Priester, der für Sünder einsteht und Gott um Vergebung für sie bittet.[26] So dient er Gott an uns, und so herrscht er, aufs Innigste eins mit Gott. Er stirbt für uns Menschen, gibt sein Leben für unser Leben aus Gott: dies geschieht an uns, indem wir es neu empfangen. »Und dies soll ich nicht allein bedenken, sondern auch mit Gewißheit glauben und nicht daran zweifeln.«[27]

»CRUX sola est nostra Theologia«, »das Kreuz allein – unsere Theologie«: am Kreuz haftet unsere Theologie, hatte der junge Luther geschrieben.[28] Was dies für die Predigt – nicht nur am Karfreitag – bedeutet, hat LUKAS CRANACH der Ältere um 1540 auf der Predella, dem Gemälde unter seinem Altarbild in der Stadtkirche in Wittenberg, Luthers Predigtkirche, dargestellt: Der Reformator blickt von der Kanzel auf die Gemeinde, die Gemeinde schaut auf, doch beider Blicke treffen auf den Gekreuzigten, der zwischen ihnen schwebt und der sie gerade so verbindet. Auf ihn weist der Prediger mit seiner rechten Hand, die linke liegt auf der aufgeschlagenen Bibel.

Luther zog eine scharfe Grenze zwischen unserer Anschauung vom Leiden Jesu und der Botschaft des Kreuzestodes Jesu Christi. J. S. BACH verstand es zwei Jahrhunderte später, die Passionsgeschichte affektiv so nahezubringen, dass sie für das Evangelium vom Sterben Jesu Christi für uns Menschen noch tiefer empfänglich werden lässt. Auf die rezitierte Passionserzählung antwortet die vom

---

353,27 f. (zu Ps 22,2): »Deinde [propheta] facit ipsum Christum narrantem suas passiones […].«

23. Predigt vom 10. April 1528 (Karfreitag), WA 27, 107,22 f.: »Greiff per fidem in Christi passionem, qui habet utrumque: pretium et exemplum.«

24. Predigt vom 30. März 1537 (Karfreitag), WA 45, 64,8-10.20 f.

25. Predigt vom 13. April 1536 (Gründonnerstag), WA 41, 521,19-27.

26. Predigt vom 7. April 1531 (Karfreitag), WA 34/I, 245,4-6; 11-15; 247,14-17: »Das ist das heuptstück und der kern yhm gantzen leyden«; Predigt vom 3. April 1534 (Karfreitag), WA 37, 353,1-8.12-15.; 354,14-16; 356,4-7.

27. Predigt vom 19. April 1538 (Karfreitag), WA 46, 294,5-7: »Sed ipse corpus pro te, sanguinem effudit, non tantum sol bedencken, sed etiam certo credere et non dubitare.«

28. M. LUTHER, Operationes in Psalmos (1519-1521), WA 5, 176,32 f. (zu Ps 5,12). – Ähnlich hatte schon BERNHARD VON CLAIRVAUX, von 1 Kor 1,18 ausgehend, im Kreuz unser Heil begründet gesehen: »Ecce enim in cruce est salus nostra« (Festo S. Andreae Apostoli Sermo 2,7, PL 183, 512).

Chor vertretene Gemeinde mit Chorälen; in Arien begleiten Einzelne das Geschehen und bringen zum Ausdruck, wie es sie trifft. Gegensätze prallen aufeinander, Wechselgesänge steigern die Dramatik, eine brodelnde Unruhe kommt erst zum Schweigen, wenn Jesus zur Ruhe gebettet wird und menschlicher Einwirkung entzogen ist. Im Eingangschor der »Matthäuspassion« drängt eine aufgeschreckte Menschenmenge vorwärts, manche werden nur mitgerissen und wissen nicht, wohin. Wen sollen sie denn sehen, und was werden sie erblicken? Andere antworten ihnen, aber bloß mit Stichworten, welche die Tragweite dessen, was auf sie zukommt, nur ahnen lassen. Das Hin und Her beider Gruppen wird durchdrungen von der Anrufung Christi, des Gotteslammes. Diesen Choral »O Lamm Gottes, unschuldig« (Nikolaus Decius, 1523 nach dem altkirchlichen *Agnus Dei;* EG 190.1) kennen sie alle, die Klagenden und die, die sie singen hören – hören, als wäre es zum ersten Male. Dieses Wiedererkennen ist charakteristisch für Bachs Passionen, auch für seine Kantaten: Die musikalische *relecture* der biblischen Texte wird gestützt und gestaltet durch zahlreiche theologische Bezüge, sie bringt die Texte neu zu Gehör und öffnet einen Raum zwischen Wort und Ton, der zu unverhoffter Achtsamkeit verhilft. Die Passionen gehen zu Herzen, sie bewegen und erwecken Zuversicht, gerade weil sie nichts von dem wegstreichen, was die Leidensgeschichte Jesu so unbegreiflich macht.

1727 uraufgeführt, war die »Matthäuspassion« länger als ein Jahrhundert fast vergessen, als Felix Mendelssohn Bartholdy 1829 eine gekürzte Fassung in der Berliner Singakademie der protestantischen Elite wieder bekannt machte. Die oratorische Passion wurde zum kulturprotestantischen Ereignis der preußischen Hauptstadt. Neben anderen folgte Robert Schumann 1851 in Düsseldorf mit Bachs »Johannespassion«, die 1724 zum ersten Male in Leipzig erklungen war. Dass beide Musiker Retuschen bei der Instrumentierung vornahmen, wie es damals üblich war, ist weniger bedeutsam als ihre Verlegung der Passionen in den Konzertsaal. Zwar hat Mendelssohn die »Matthäuspassion« auch in der Leipziger Thomaskirche dirigiert, aber auch dort vor einem Konzertpublikum, nicht für eine Gottesdienstgemeinde.

Warum sprechen die Passionsmusiken Bachs heutzutage auch viele »Kirchenferne« an, durchaus nicht als Religionsersatz oder bloß ästhetisch? Die ungekürzte dreistündige »Matthäuspassion« und die kürzere, aber ungemein dichte »Johannespassion« kann niemand an sich nur vorüberrauschen lassen, vor allem nicht, wenn er sich auch auf die Texte einlässt, die ihm Äußerstes abverlangen. Er muss sich ihrem Bekenntnischarakter stellen: Hier begegnet uns eine Gestalt jenseits unserer Befindlichkeiten, deren Sterben und Tod uns umfängt, die uns von vielem löst, uns abnimmt, was uns auf uns selbst zurückwirft, die sogar uns selbstvergessen werden lässt und uns zu sich ruft, dorthin, wo wir empfangen, was »außerhalb unser selbst und in Christus ist«[29]. Dies verbietet, Christi Passion

---

29. Vgl. Martin Luther, Vorlesung über den Römerbrief (1515/16), WA 56, 158,9

für eine Selbstinszenierung des eigenen Zustands in Anspruch zu nehmen, etwa einer Gebrochenheit, die inneren Halt zu finden sucht.

Die Sopranistin CHRISTIANE OELZE meinte vor einer Aufführung der »Johannespassion«, sie sei vom Wirken Jesu fasziniert: »Ein Heiliger mit einer Mission, für die er sein Leben geopfert hat – wo gibt es das noch?« Dann aber wechselte sie gleichsam die Tonlage: »Ich gehe anders heraus – irgendwie gereinigter.«[30] Die amerikanische Religionswissenschaftlerin ELAINE PAGELS (Princeton) sagte, sie verdanke Bachs »Matthäuspassion« eine Umwandlung ihres Denkens.[31] Der Philosoph HANS BLUMENBERG, der vehement bestritt, dass die neuzeitliche Säkularisierung christliches Erbe bewahrt habe und dass es von ihr zurückgefordert werden könne, vernahm aus dieser Passion, was er in historisch-kritischer Exegese der Leidensgeschichten vermisste oder gar mundtot gemacht sah, aber auch einer kerygmatischen Verkündigung nicht entnehmen konnte.[32] Allerdings vernahm er dies nur aus Bachs Komposition, nicht aus den ihr zugrunde liegenden Texten, und er rezipierte einzig und allein ein Leiden ohne Hoffnung.

1757, sieben Jahre nach Bachs Tod, schrieb CHRISTIAN FÜRCHTEGOTT GELLERT das Karfreitagslied »Herr, stärke mich, dein Leiden zu bedenken« (EG 91), das streckenweise 1 Kor 1,18-24 und 2 Kor 5,19-21 paraphrasiert; der zweite Text ist die Epistel zum Karfreitag. Im Unterschied zum Thomaskantor traf Gellert mit seinen Dichtungen den Geschmack seiner Zeitgenossen. Wie verhalten, nachdenklich und ergriffen von Gottes unbegreiflicher Weisheit ist diese Aufklärung gewesen, verglichen mit der Aufklärung unserer Tage! Gellert schreibt, er wolle die »Torheit des Kreuzes« »bedenken«, sein Geist könne die Erlösung der Welt nur »mit Schrecken und Entzücken am Kreuz erblicken«. Doch bei allem Staunen darüber und bereit, sich in dieses Geheimnis zu »versenken«, möchte er das Kreuzesgeschehen zum Erlebnis werden lassen: zum Erlebnis der Erlösung, die kraft göttlicher Liebe geschehen ist. Dass solches Bedenken unsere Kräfte übersteigt, wusste auch Gellert zu sagen; doch er dachte an die Schrecklichkeit des Kreuzestodes, jenes von Hohn und Spott begleiteten Leidens, das sich dem Nachempfinden der Lebenden noch mehr als andere Todesarten entzieht. Warum wir aber in das, was dort, auf Golgatha, geschah, mit aller Geisteskraft nicht eindringen können, ist viel tiefer begründet. *Unser Betrachten und Bedenken müsste für dieses Ereignis allererst aufgeschlossen werden, weil wir mit der Blindheit geschlagen sind, die dem Unheil zuzurechnen ist, von dem Jesu Tod uns Menschen errettet.* Wird

(Scholion zu Röm 1,1): »[…] omnia, que extra nos sunt et in Christo.« Gemeint ist das Andere außerhalb unserer Selbstverschlossenheit, die sich auch nach innen, nicht nur nach außen richten kann.

30. In: Bonner General-Anzeiger vom 13./14. April 2006, 15.
31. In ihrer autobiographischen Rede »How My Mind Has Changed (or remained the same)« beim Kongress der American Academy of Religion in Chicago am 21. November 1988.
32. H. BLUMENBERG, Matthäuspassion (siehe Anm. 4), 8.

diese Selbstverblendung nicht durchbrochen, bleiben wir an der Außenseite des Geschehens stehen und stoßen uns daran wund. Der Karfreitag kann nur von denen begangen werden, denen mit grundstürzender Erschütterung aufgeht, was Jesus hier erlitten hat: für sie, für alle Menschen.

Der Karfreitag ist heutzutage für viele verblasst, weil sie sich von der Trauerstimmung abkehren wollen, die diesen Feiertag aus ihrer Sicht verdüstert. Sofern dies nicht nur ein Vorwand ist, der sogar in manchen Predigten bestärkt wird, macht sich hier ein mentalitätsgeschichtlicher Wandel bemerkbar. Sozialpsychologisch könnte untersucht werden, ob sich an ihm nicht auch eine »Unfähigkeit zu trauern« abzeichnet. Allerdings würde diese Unfähigkeit nicht davon herrühren, dass eine Gesellschaft sich einer Erinnerungsarbeit verweigert, die es unternehmen müsste, eine kollektiv verdrängte Vergangenheit aufzuklären und ihre Folgen zu bewältigen.[33] Es wäre vielmehr eine Unfähigkeit zur »gottgemäßen Trauer, die [uns] zum Heil hin wendet«, wie Paulus schrieb (2 Kor 7,10). Diese heilvolle Trauer, die Gott bewirkt, trifft unsere Selbstwahrnehmung und die von ihr bestimmte Denkweise viel tiefer greifend, als es irgendeine schmerzliche Auseinandersetzung mit der inneren Abwehr früherer Vergehen vermag. Trauer von Gott her ist auch Gottes Trauer, bei der er es nicht beläßt, wenn er uns vor sich stellt – im Angesicht des sterbenden Gottessohnes, mit dem er eins ist. Haben wir Jesus aufgenommen, als er uns für seine Wahrheit und sein Leben freimachen wollte – oder stießen wir ihn von uns? Sind wir gar beteiligt, wenn sein Leiden für uns andauert?

Wir leben am Fuß des Kreuzes. Die Menschheit kommt nicht weiter, sondern sie kreist um das Kreuz. »Christus ist im Leiden bis an das Ende der Welt« – man könnte auch sagen: das Leiden Christi ist Anfang und Ende der Weltgeschichte. Da müssen wir stehenbleiben. Wer oberhalb des Kreuzes, über das Kreuz hinaus noch etwas sucht, der wird stets nur einen gespenstischen Gott finden, einen Gott, der zu gut ist, um gerecht, und zu gerecht ist, um gut sein zu können. Und auch der Mensch, der sich dann findet, wird gespenstisch sein: ein illusionärer Mensch, eine fromme Maske, ein Komödiant.[34]

Wenn wir darüber trauern, könnte dies auch der gesellschaftlichen Trauer aufhelfen, die seit einigen Jahrzehnten öffentlich gefordert und gefördert wird. Denn diese Trauer will Verdrängung aufklären, schuldverhaftete gemeinschaftliche und persönliche Vergangenheit bereinigen, lernen, sich anders zu verhalten als bisher, und mit alledem Trauer zu bewältigen. Zwischen Verdrängung und Bewältigung steht aber die Trauer, die auf Trost wartet. Sie hilft uns, Schuld vor Gott zu bekennen: in der Bitte um Vergebung, für die Jesus Christus schon ein-

---

33. Alexander und Margarete Mitscherlich, Die Unfähigkeit zu trauern. Grundlagen kollektiven Verhaltens, München 1967, Neuausgabe 1977.

34. Roland de Pury, Présence de l'Eternité, Neuchâtel et Paris o.J.; dt.: Die Gegenwart der Ewigkeit, übersetzt von Otto Weber, München 1958, 65.

getreten ist. Darum feiern wir Karfreitag: weil wir um Jesus trauern und damit um uns selbst. Diese Trauer holt uns immer wieder ein. So wenig wie wir den Tod Jesu hinter uns lassen können, so wenig können wir mit unserer Trauer fertig werden. Wenn wir den Karfreitag begehen, bleiben wir auf Erlösung Wartende. Dies ist auch ein politisches Memento.

Der Schmerz aus Trauer von Gott her ist ein Stachel im Fleisch unserer Frömmigkeit und Erinnerungskultur. Wenn wir dies nicht wahrhaben wollen – auch in der Form, dass wir den Karfreitag möglichst schnell hinter uns bringen, am besten schon im Karfreitagsgottesdienst, damit wir uns auf die Osterfreude einstellen können, die für einen neuen Aufbruch zum Leben anspornt oder wenigstens hoffen lässt, dass das Leben weitergeht, auch nach Durststrecken –, wenn wir also baldigst umgestimmt werden möchten, verbleibt für die Karfreitagspredigt bestenfalls ein Kontrastprogramm zur Aufklärung über die Verfinsterung der Welt, in der wir leben und in der so viele unschuldig sterben, die Entrüstung über unzählige Verbrechen an der Menschlichkeit, die Empathie mit den ungerecht Leidenden, von denen leider jedes Jahr wieder neue beklagt werden müssen, und die Beschuldigung ihrer Täter. Dass Jesus als »Opfer« starb, wie es im Neuen Testament heißt (Hebr 9,11-28[35]), kann dann nur noch insofern einleuchten, als er unter die Räder einer Willkürjustiz geriet oder einer Konspiration zum Opfer fiel, die die hohe Geistlichkeit und die Staatsmacht anzettelten, um sich eines Störenfrieds zu entledigen. Träfe dergleichen zu, wäre der Karfreitag der Jahrestag des Protestes gegen Gewalttäter und der Solidaritätsbekundung für ihre Opfer, die sich nicht wehren können und deren Stimme ungehört bleibt. Und so wird der Karfreitag auch in manchen Gottesdiensten plausibel gemacht und vermeintlich konkretisiert.

Hier beherrscht die Frage »Wer war schuld am Tode Jesu – und wer könnte wieder ähnlich schuldig werden?« das Feld. Sie hat dazu beitragen, die Juden kollektiv des Gottesmordes zu beschuldigen und den Vorwand für Pogrome zu liefern. Doch auch redliches Bemühen, diese grauenvolle Wirkungsgeschichte zu bereinigen und jeden Antijudaismus aus der historischen Erforschung des Verfahrens gegen Jesus auszuschließen, hat weithin nicht eingesehen, dass die Fahndung nach den Verursachern und Tätern abwegig ist. Sie wurde auf die Machtverhältnisse in Palästina zur Zeit Jesu gelenkt und berücksichtigte allenfalls noch einen demagogisch aufgehetzten religiösen Fanatismus in der Jerusalemer Bevölkerung. Vollends absurd wird es, wenn die Frage, wer Christi Tod herbeiführte, auch noch Gott ins Spiel bringen soll, einen blutrünstigen Gott, der ein

---

35. Hebr 9,15.26b-28 ist in der IV. Reihe der Perikopenordnung für den Karfreitag vorgesehen (EGB 312). Diese Abgrenzung ist problematisch, weil der Mittelteil weggelassen wird, der von der Einheit von Priester und Opfer handelt: vom Opfer im Horizont der Erlösung – und damit von einem wesentlichen Aspekt des Karfreitagsgeschehens.

Menschenopfer fordert, damit er wieder im Recht ist – ein »Gottesbild«, das indessen überholt gewesen sei, weil der Gott Israels sich schon längst vom zornigen Gott zum überquellend liebenden Gott entwickelt habe, der »das Lamm Gottes, das der Welt Sünde trägt« (Joh 1,29), aus Liebe zu dieser Welt zu ihr sandte.

»Seht unsere Schuld« singen dagegen die Klagenden im Eingangschor der »Matthäuspassion«. Wer »Schuld« mit »Verursachung«, »schuldig sein« mit »schuld haben an etwas« verwechselt[36], lenkt von dem Erschrecken über die Sündenschuld ab, die das Kreuz Jesu kenntlich macht, wo uns ein Spiegel unser selbst vorgehalten wird, in dem wir uns sehen, wie wir uns noch nie gesehen haben und wohl auch nicht sehen wollten: verkrümmt in die Selbsttäuschung der Selbstgerechtigkeit, in die Lebenslüge selbstmächtiger rechtschaffener Lebensführung. Hier greift die geläufig gewordene Unterscheidung zwischen »Tätern« und »Opfern« nicht mehr.

Die Trauer, die wir doch nicht »abarbeiten« können, die Identifikation von Opfern mit dem Gekreuzigten, die Anklagen, mit denen wir uns von den Beschuldigten distanzieren: dies sind einige der theologisch destruktiven Motive, die die Karfreitagspredigt in Mitleidenschaft ziehen. Sie mögen in bester Absicht geltend gemacht werden, aber sie verwirren die Karfreitagsgemeinde – nicht nur die meist älteren Gemeindeglieder, für die der Karfreitag nach wie vor ein Feiertag höchsten Ranges ist und für die die altvertrauten Choräle keine abständige und abstoßende »Blut- und Wundentheologie« wiedergeben. Auch sie mögen größte Mühe haben, Jesus den Gekreuzigten als den wahrzunehmen, der an ihrer Schuld leidet, der die Sünde der Welt hinwegträgt und der in alledem Gottes Willen erleidet. Aber sie kommen, singen, beten und hören in der Hoffnung, dass die Vergebung, um die Jesus für sie bittet und die er für sie erbringt, im Gottesdienst am Karfreitag auch sie erreicht und dass ihnen klar wird, ein Stück weit deutlicher als bisher, was damit an ihnen und nicht nur für sie allein geschieht.

3. Gottes Urteilsspruch

»Warum musste Jesus Christus leiden?« Diese oder ähnliche Fragen drängen sich auf, wenn die Passion Jesu zur Anschauung gebracht werden soll. Solche Fragen schneidet das *Wort vom Kreuz* (1 Kor 1,18) ab, indem es *verkündet, was Gott im Gekreuzigten*, in seiner Person *für uns vollbrachte*. Das Wort, das Gott war und

---

36. Vgl. dazu Gerhard Sauter, Schulderkenntnis in der Bitte um Vergebung, in: GlLern 1 (1986), Heft 2, 109-119, bes. 109-111.

Mensch wurde (Joh 1,1.14), starb »uns zuliebe«, »uns zugute«, »an unserer Stelle«[37]. Doch dieses Wort verstummt nicht, im Gegenteil: Es teilt sich mit als Gottes rettende Kraft und unergründliche Weisheit (1 Kor 1,24).

Das Wort vom Kreuz öffnet »uns, die wir gerettet werden« (1 Kor 1,18), das Erkenntnisvermögen für Gottes Weisheit und reißt den Panzer der Selbstgerechtigkeit mit seinem geschlossenen Visier auf. Denn was uns hier zugesprochen wird, können wir nicht fassen. Schon gar nicht können wir Gottes Handeln kraft unserer »Warum?«-Fragen begreifen, eines uferlosen Fragens, das Gottes Willen erklären möchte und in die Sinnzusammenhänge einordnen will, die wir zusammenbasteln, um mit ihnen unser Leben und vielleicht sogar unser Sterben zu meistern. Dass Christus leiden und sterben musste (Lk 24,26), geht uns gegen den Strich.

> Die Christenheit ist aus einem Ringen geboren, hervorgegangen daraus, dass Männer und Frauen dem Paradox gegenübergestellt wurden, wie Gott in einem toten und verstoßenen Menschen leibhaftig zu seinem Ziel kam.[38]

Wie dies geschah und weiterhin geschieht, war und bleibt ein befremdendes Widerfahrnis »tiefer Widersprüchlichkeit«. Manche erfahren besonders drastisch, wie unnachgiebig es wegreißt, womit sie sich verhüllen und hinter dem sie sich verstecken, und lässt sie sprachlos werden durch das, was im Brennpunkt des Glaubens steht.[39]

Das Wort vom Kreuz erzählt nicht mehr wie die Evangelien die Geschichte des Leidens und Sterbens Jesu Christi; Paulus greift auch nirgendwo auf Sterbensworte Jesu zurück. So eindringlich und erschütternd diese auch sind – sie sind zwar äußerst gewichtige Worte am gewaltsamen Ende eines Lebensweges, aber doch nicht das letzte Wort: *das Urteil, das Gott über das Kreuz spricht und das als Wort vom Kreuz laut wird.*

Das Wort vom Kreuz verdichtet die gesamte Botschaft, die der Apostel zu überbringen hat. Paulus führt diese Formulierung in 1 Kor 1,18 ein oder greift

---

37. Umschreibungen des »Für uns« von H. Schlier, a.a.O. (siehe Anm. 10), 139, zu Gal 3,13.
38. »Christianity is born out of struggle because it is born from men and women faced with the paradox of God's purpose made flesh in a dead and condemned man.« Rowan Williams, The Wound of Knowledge. Christian Spirituality from the New Testament to St John of the Cross, London (Darton, Longman and Todd) [2]1990, 3.
39. R. Williams, a.a.O., 1: »Christian faith has its beginning in an experience of profound contradictoriness. [...] It is the *strangeness* of the ground of belief that must constantly be allowed to challenge the fixed assumptions of religiosity. [...] And the greatness of the great Christian saints lies in their readiness to be questioned, judged, stripped naked and left speechless by that which lies at the centre of their faith.«

auf sie zurück, ohne mehr dazu zu sagen, als dass das »Wort vom Kreuz« sich als Gottes Kraft und Weisheit denen mitteilt, »die gerettet werden«, die sich von Gott retten lassen und aufgeben, worauf sie bisher gebaut haben. Andere wollen sich nicht zum Narren machen. Dies könnte ihrer Meinung nach geschehen, wenn sie auf beweiskräftige »Zeichen« verzichten würden, die einen Botschafter beglaubigen. Wieder andere möchten sich lieber auf ihre Geisteskraft verlassen, mit der sie in göttliche Sphären aufsteigen, auf einer selbstgestrickten Himmelsleiter, ähnlich jener, mit der Münchhausen auf den Mond kletterte.

Paulus wird im 1. Korintherbrief Schritt für Schritt am Verhalten von Gemeindegliedern, an ihren Taten und Untaten, ihren Streitigkeiten, dem Pochen auf ihre Freiheit und ihrer unklaren Hoffnung aufzeigen, wo sie dem Wort vom Kreuz widersprechen und wie es »entleert« (1 Kor 1,17), gleichsam ausgeraubt wird. Auf dieser Folie hebt sich allmählich die Kontur seiner Theologie des Kreuzes ab. In anderen Briefen nennt er Kennworte, die markieren, was der Kreuzestod Jesu Christi »ein für allemal« (vgl. Hebr 7,27) erbracht hat: Befreiung (Gal 5,1), Freikauf (mit dem Jesus unsere Vergangenheit auf sich nimmt: Gal 3,13; 1 Kor 6,20; 7,23), Sühne (Röm 3,25), Versöhnung (2 Kor 5,18-21), Rechtfertigung der Gottlosen (Röm 3,21-26). Keine dieser Sprachfiguren steht für sich allein, sie alle finden sich im Kontext der Initiative Gottes, der seine Gerechtigkeit durchsetzt, seine Herrschaft aufrichtet, erleuchtende Klarheit schafft, heilvollen Frieden stiftet, welcher zuallererst die menschliche Rebellion gegen ihn überwindet (Röm 5,1-11).

Die Kennworte wie andere Umschreibungen wollen umreißen, was »Gott in Christus« (2 Kor 5,19) getan, welche Initiative er ergriffen hat und wie er so sein Urteil über den Tod Jesu spricht. Gott hat sich mitnichten zurückgezogen. Sein Handeln am sterbenden Jesus und in seinem Tode ist ein Vorstoß zu uns, zu denen, die für die Karfreitags-Botschaft natürlicherweise verschlossen sind. Dies geschieht auf eine so umwerfende Weise, dass es uns die Sprache verschlägt, weil wir uns nicht mehr vorfinden, wo wir uns lokalisiert hatten und meinten, dort stehen und gehen zu können.

Wie kann die Karfreitagspredigt dem nachkommen? Wird sie so anstößig ausfallen, wie sie es von ihrem Ursprung her sein muss, oder stößt sie nur vor den Kopf, weil sie unzeitgemäß geworden ist? Oder wird sie fad, weil sie das Wort vom Kreuz verwässert, damit es leichter verständlich werden kann?

Wie Gott am Kreuz gehandelt hat: dieser Grundzug des Wortes vom Kreuz soll an Jesu Hingabe, an Gottes Bitte um Versöhnung und am Sterben mit Christus verdeutlicht werden – im Blick auf die Karfreitagspredigt.

Wir erkennen Gott in Jesus Christus, und Gott sieht uns in Jesus Christus an. Dies ist eine Kurzfassung der *Rechtfertigungsbotschaft:* Wir werden vor Gott gerufen, um unser Leben zu verantworten. Hier vermögen wir nicht zu bestehen, wir sind verloren. Doch nun tritt Jesus zwischen den richtenden Gott und uns. Er ist der »Spiegel des väterlichen Herzens Gottes«, »außer welchem wir nichts sehen denn einen zornigen und schrecklichen Richter«[40]. Zuvor konnten wir dort nur uns als diejenigen erblicken, die auf sich selber fixiert sind, auch dann, wenn wir uns mit allen Kräften bemühen, Gott recht zu sein und vor ihm Recht zu bekommen. Jetzt aber sieht Gott uns in Jesus Christus, der in seinem Sterben für uns eingetreten ist. Wenn nun Gott jeden von uns fragt: »Wo bist du, Adam? Wo warst du, als du hättest zur Stelle sein müssen, um meiner Verheißung zu folgen und mein Geheiß zu befolgen?« – da wird Christus für uns sprechen und antworten: »Hier bin ich: der ich mich für sie hingegeben habe.« So handelt »Gott in Christus« als Richter und Retter. Auch darin zeigt sich die gewaltige Innenspannung des Kreuzesgeschehens.

Sie wird sogar noch gesteigert. Christus wechselt den Platz mit uns, er nimmt unsere Stelle, wir nehmen die seinige ein: so werden wir mit Gott versöhnt. »Er hat den, der keine Sünde kannte, für uns zur Sünde gemacht, damit wir Gerechtigkeit Gottes in ihm würden.« (2 Kor 5,21) Christus, der uns als Sünder repräsentiert und nur noch dieses Sünder-Sein erkennen lässt – unfassbar! Und ebenso umwerfend: Gottes Urteil ergeht als Bitte, uns mit ihm versöhnen zu lassen – eine Bitte, die jetzt im Auftrag Christi ausgerichtet wird (2 Kor 5,20): zu leben als mit ihm Versöhnte, die sich dies immer wieder neu zugesagt sein lassen. Christus »ist für alle gestorben, damit, die [durch und in ihm] leben, nicht mehr sich selbst leben, sondern dem, der für sie starb uns auferweckt wurde« (2 Kor 5,15).

Ob Paulus mit »Versöhnung« und der Entlastung von »Sünde« auf kultische Regelungen und geprägte Vorstellungen zurückgegriffen hat, ist umstritten.[41] Sie bezeichnen, was Gott von alters her für sein Volk »eingerichtet« hat, damit es wieder mit ihm verkehren kann. Am »Versöhnungstag« (Jom Kippur) werden die Verfehlungen des Volkes, auch die ihm nicht bewussten, einem Sündenbock auferlegt, der in die Wüste getrieben wird, und an einem zweiten Tier wird ein Sühnopfer vollzogen (Lev 16). Dann ist die Sünde fortgetragen und getilgt. Nun trennt sie das Volk Gottes nicht mehr von Gott und steht auch nicht wie eine unübersteigbare Barriere zwischen Menschen. Gott hat verhindert, dass Menschen aus ihrer Schuld nicht mehr herauskommen können. Mit berechenbaren Schulden könnte es schon mit Mühe und Not weitergehen, denn sie können allmählich abgetragen werden. Sünde erwächst jedoch aus zerstörerischer Untreue. Ihre Verfehlungen breiten sich mit unheimlicher Eigendynamik aus und ballen sich unaufhaltsam zu einem Verhängnis zusammen, dem niemand mehr entrinnt und das nur durch einen einschneidenden Eingriff von außen durchbrochen werden kann. So erlässt der Gott Israels seinem Volk alljährlich die im vergangenen Jahr begangenen Sünden.

Ob Paulus an dergleichen gedacht hat und ob er voraussetzen durfte, dass

---

40. Siehe S. 64, Anm. 24.
41. Vgl. den Überblick von ERICH GRÄSSER, Der zweite Brief an die Korinther, Kapitel 1,1-7,16 (ÖTK 8/1), Gütersloh und Würzburg 2002, 233 f.

alle Leser seines Briefes die Andeutung eines solchen Ritus verstehen konnten, mag fraglich sein. Aber auch er betont den Neubeginn, allerdings einen unvergleichlichen: »Ist jemand in Christus, so ist er ein neues Geschöpf; das Alte ist vergangen, siehe, Neues ist geworden.« (2 Kor 5,17) Was verändert Gottes Versöhnung in Christus grundlegend? Indem Gott Christus »für uns zur Sünde gemacht hat«, überbietet er unermesslich die Entlastung durch einen Sündenbock, den man fortjagen konnte, damit er umkam, und durch ein Sühnopfer, das verbrannt wurde, vernichtet samt seiner Bürde. Jetzt aber stellt er seinen Sohn in die Gottesferne der Sünde hinein. Darum wird in der Vergebung, die der sterbende Jesu erbittet, nicht nur Schuld erlassen, so schwer sie auch wiegt. Jesus wird mit uns selbst belastet, mit Sündern, die sich von Gott losgerissen haben und in den unaufhaltsamen Strudel der Sünde hineingerieten. Dem Gekreuzigten überträgt Gott die untilgbare Last unseres Lebens und unseres Sterbens: eines Lebens, das uns umbringt, weil wir es für uns leben wollen. Dieses Leben und Sterben nimmt Gott in Christus in sein Handeln auf, er nimmt es an sich und verwandelt es so, dass wir andere werden: »Gottes Gerechtigkeit« als Menschen, die diesem göttlichen Schaffen treu bleiben, das ihnen die fundamentale Sorge um ihre Existenz abgenommen hat, und die anderen aufhelfen, welche von Alltagssorgen bedrückt sind, so sehr, dass ihnen den Blick für Gottes Handeln verstellt ist. Verändert wird auch unsere Vergangenheit kraft der Vergebung, die Jesus für uns erbeten hat. Was wir getan, versäumt und erlitten haben, ist nicht mehr allein unsere Sache. Sie bleibt nicht unserer Erinnerung und Selbstbeurteilung überlassen oder dem Urteil anderer anheimgestellt.

Jesus starb von Menschen verstoßen und als Verworfener, von Sünde so belastet, dass ihn die Erde nicht mehr tragen konnte (Gal 3,13). Dass er, der »uns zugute« gestorben ist, nicht in Gottesferne verblieb, sondern vom Tode erweckt und zu Gott erhöht wurde, »weiß« Paulus und sagt es oft genug. Aber der Apostel konzentriert sich hier, wo er in äußerster Zuspitzung von Gottes Handeln an Jesus für uns schreibt, ganz darauf, woran wir wahrnehmen, dass wir unter dem Kreuz Christi zu stehen kommen – nicht mehr aus eigenem Antrieb, aus Mitleid oder Neugier, verzweifelt oder noch voller Erwartungen an ihn, sondern weil Gott uns dorthin heimholt.

Neuerdings ist geltend gemacht worden, dass das griechische Wort *katallage*, das mit »Versöhnung« übersetzt wird (wortgeschichtlich mit »Versühnung« und »Sühne« verbunden)[42], in der Diplomatensprache gebräuchlich war[43]: Aussöhnung wird eingeleitet, wenn Botschafter bisherigen Feinden ein Friedensangebot

---

42. Zur Wirkungsgeschichte vgl. die kommentierte Textsammlung: »Versöhnung« als Thema der Theologie, hg. von Gerhard Sauter unter Mitarbeit von Heinrich Assel (TB 92), Gütersloh 1997.

43. Cilliers Breytenbach, Versöhnung. Eine Studie zur paulinischen Soteriologie (WMANT 60), Neukirchen-Vluyn 1989.

überbringen, das die beschädigten Beziehungen auf eine neue, tragfähige Grundlage stellen soll. Konflikte werden durch Vereinbarungen auf Gegenseitigkeit gelöst, nicht durch ein Diktat des Stärkeren beendet, vertrauensbildende Maßnahmen beugen weiteren Streitigkeiten vor, kurz: gestörte Beziehungen werden entstört. Diese Auffassung kommt dem heute weitverbreiteten, vorwiegend politischen Verständnis von »Versöhnung« entgegen, für das viele eindrucksvolle und zukunftsweisende Beispiele genannt werden können: Versöhnung der Völker, die Deutschland benachbart sind, mit den Deutschen, Ansätze friedlicher Überwindung der Rassentrennung und ihrer Folgen durch die gewaltlose Bürgerrechtsbewegung in den USA, die Arbeit der Wahrheits- und Versöhnungskommissionen in Südafrika und Peru und vieles andere mehr, auch in kleineren sozialen Bereichen. »Versöhnung« kann auch als Brückenbegriff zwischen Religion und Politik gelten. Denn die Bereitschaft, die Hand zur Versöhnung auszustrecken oder sie zu ergreifen, bedarf starker innerer Kräfte und einer festen Zuversicht, die den Blick von früherer Zwietracht zu gemeinschaftlicher Zukunft hin wendet, ohne dass ein Schlussstrich unter das Vergangene, das ja immer noch fortwirkt, gezogen würde. Und die Macht zu verzeihen, ohne die kein Neuanfang möglich wäre, verlässt sich darauf, dass das Leben weitergeht, wenn Menschen wagen, neu anzufangen.[44]

Trifft diese einleuchtende Vorstellung auch nur annähernd für das Versöhnungswort zu, das Gott in Christus aufgerichtet hat, wie das Kreuz, das zum Rettungszeichen wird? Er *bittet*, dass wir uns mit ihm versöhnen *lassen*, er fordert es nicht und ordnet es auch nicht an. Diese Bitte, die die Boten Christi an seiner Stelle aussprechen, spiegelt wider, wie ungeschützt der gekreuzigte Christus ist. Und so kraftvoll und neuschöpferisch das göttliche Versöhnungswort ist – es begegnet uns ohne zwingenden Anspruch und nötigt uns nicht.

Dass »wir« nicht mit Gott versöhnt waren, *darum* auch nicht untereinander und mit uns selbst, ist uns alles andere als klar und deutlich, vielen gesetzestreuen Juden ebenso wenig wie den weltordnungs- und schicksalsgläubigen Heiden. Nur weil Gott diese Feindschaft, die er nicht teilt, als *überwundene* verkündigen lässt, öffnet er uns die Augen für das volle Ausmaß und die ganze Tragweite dessen, was »Sünde« ist, »ein Verhangensein«, »das diese Welt nicht zur Ruhe kommen läßt, das dem Mißtrauen Nahrung gibt, der Angst, dem Tod, das Vernunft in Unvernunft verkehrt«[45]. Unser Denken ist auf Beziehungen eingestellt, darauf, wie sie angebahnt und gepflegt werden müssen, wie sie abbrechen und wieder angeknüpft werden können, in welche Krisen sie geraten und wie diese überwunden werden. Gottes Treueverhältnis zu seiner Welt und den

---

44. Hannah Arendt, Die Unwiderruflichkeit des Getanen und die Macht zu verzeihen, in: Vita activa oder Vom tätigen Leben, Stuttgart 1960, (231-238) 235.
45. Theophil Askani, Predigt vom 4. April 1980 (Karfreitag), in: Als es aber jetzt Morgen war, stand Jesus am Ufer. Predigten, Reutlingen o.J. [1981], (77-84) 82.

Menschen, zumal zu denen, denen er in besonderer Weise seine Treue gelobt hat, kann aber heillos zerstört werden, nicht nur gestört. Indem Gott in Christus das Wort der Versöhnung aufrichtet, schafft er ein vernichtetes Verhältnis zu ihm neu. Wir werden gebeten, in diesem Verhältnis zu existieren – und diese Bitte wird uns nicht nur ein einziges Mal erreichen müssen. Darüber werden wir nie hinauskommen, so viele Schritte wir auch gehen mögen.

Die Bewegung, in die uns das Wort vom Kreuz hinein ruft, *reißt uns von uns selber los*, weil sie uns »in Christus« und damit in die Geschichte des Handelns Gottes versetzt. Mitunter werden wir dann weggerufen von dem, woran wir uns gewöhnt haben, was wir für unabänderlich halten und wozu wir uns unter allen Bedingungen verpflichtet fühlen, und dadurch wandeln sich auch andere Verhältnisse und sie können neugestaltet werden. Von uns weggenommen wird manches, was wir nicht tragen oder auch nicht ertragen können, anderes werden wir nun ertragen. Wir werden entlastet, ohne uns über all das erhaben zu fühlen, was wirklich daseinsnotwendig ist, aber dies bedarf immer wieder der Überprüfung.

Von Grund auf verändert wird nicht zuletzt auch unser Verhältnis zu Sterben und Tod. Gott hat an Jesus Christus und mit ihm so gehandelt, dass wir mit Christus sterben dürfen, damit wir hoffen, seines Lebens teilhaftig zu werden (Phil 3,10-11). Den über alle Maßen schrecklichen Tod, den er erleiden musste, den Tod eines Verfluchten »im Namen des Gesetzes Gottes«, brauchen wir nicht zu erleiden. Und dass Jesus eines gewaltsamen Todes starb, muss nicht auch allen von uns widerfahren. Wenn Paulus den Gemeindegliedern in Rom schreibt, sie wüssten doch, dass sie mit Christus gekreuzigt werden (Röm 6,6), dann will er sagen, dass sie nicht mehr der Sünde unterworfen sind. Manche Märtyrer haben diese Redeweise allerdings wortwörtlich genommen und sind so in den Tod gegangen, andere suchten sogar das Martyrium. »*Mit Christus sterben*« (Röm 6,8) heißt aber für »uns« alle: im Sterben nicht allein gelassen werden, nicht von ihm getrennt werden, auch nicht durch den Tod. »Indem ich vor ihn und sein Kreuz trete, wird die Frage virulent, wem ich sterben werde, wer dann in meiner Nähe aushält, auf wen ich zufalle im Sterben. Es wäre Gnade, wenn ich zu verstehen beginne, was es Ihn kostet, mir nahe zu sein und der Allernächste der Welt zu bleiben.«[46]

Dass Jesus Christus für uns *so* gestorben ist, dass wir mit ihm sterben dürfen, dass wir wieder und wieder gebeten werden, uns mit Gott versöhnen zu lassen, weil Gott richtend und rettend an uns handelt – vom Standpunkt vieler aus der Gemeinde in Korinth aus war dies längst zur Genüge geschehen. Warum dann immer noch das »Wort vom Kreuz«? Wurde es nicht höchste Zeit, zu neuen Ufern aufzubrechen, auf dem Weg, den die sieghafte Seite des Kreuzes weist?

---

46. Aus einem unveröffentlichten Vortrag »Karfreitag predigen« von KURT JOSEF WECKER.

Andere können, was am Kreuz geschah, immer noch nicht hinlänglich begreifen und damit fertig werden. Paulus nennt sie zu Eingang seines Briefes »Törichte« und »Schwache«, und er sieht sich an ihrer Seite. Es sind Menschen mit ausgestreckten Händen und mit hungrigen Blicken, nicht etwa intellektuell und ökonomisch Minderbemittelte. Paulus will keine Daten für eine Bildungs- und Sozialstatistik der korinthischen Gemeinde liefern. Er singt auch kein Loblied auf die Dummheit und preist Arme nicht deswegen, weil nur sie, die nichts zu verlieren haben, viel mehr als andere gewinnen können. Aber sie haben wohl ein Gespür dafür, dass die Freiheit, zu der sie von Christus befreit worden sind, aufmerksam macht für das, was von seinem Wirken erhofft werden will und so das eigene wie das gemeinschaftliche Verhalten leitet. Wer von Gott errettet wird, kann die Welt nicht nur für verbesserungsfähig halten. Sie ist und bleibt erlösungsbedürftig. Auch dafür ist das Kreuz Jesu Christi ein unübersehbares Zeichen.

4. Im Schatten des Kreuzes

Doch so sichtbar das Kreuz war, an dem Jesus starb – es wirkte auf höchst unterschiedliche Weise und ruft auch heutzutage gegensätzliche Eindrücke hervor. Wenn Paulus das »Wort vom Kreuz« eine rettende Gotteskraft nennt, fügt er sogleich hinzu, dass es für andere anstößig ist und von ihnen für unsinnig gehalten wird. Wie kann Gottes Kraft denn in einem Gestorbenen lebendig sein, und kann gar einer »für uns« gekreuzigt werden (1 Kor 1,13)? Weil das Wort vom Kreuz dies sagt, verärgert es, stößt es vor den Kopf, und es kann zum Widerspruch gegen die Macht der Gnade verleiten, wie sie sich im Kreuzesgeschehen, im »gekreuzigten Christus« (1 Kor 1,23) – und allein hier! – kundtut. Und als Zeichen ist das Kreuz auf Golgatha ebenso mehrdeutig wie manche Sterbensworte Jesu. Die Römer kreuzigten Aufrührer und Hochverräter und demonstrierten damit ihr Gewaltmonopol, auch gegenüber unterworfenen Völkern. Hier war das Kreuz ein Instrument der Hinrichtung. Für Juden wurde ein jeder, »der am Holz hängt«, zum Fluch, weil er Gottes Gesetz, seinen ausgesprochenen Willen, in unauslöschlicher Weise verletzt und ein todeswürdiges Verbrechen auf sich geladen hatte (Dtn 21,23). Mit dieser Beschuldigung haben Menschen Jesus getötet: als den von Gott Verworfenen – nicht (nur) von der Welt, wie das Lied »Holz auf Jesu Schulter« (JÜRGEN HENKYS, 1975. 1977; EG 97.1) meint! Ist dies beides, Hinrichtung und Fluch, denen klar, die sich das Kreuz als Bekenntniszeichen anheften oder es als Schmuckstück tragen? Oder sehen sie dieses Zeichen bereits als Zeichen des Lebens aus dem Tode – und nur so? Möchten sie sogleich, wie im eben genannten Passionslied, dazu übergehen, dass das Kreuz »zum Baum des Lebens« wurde? Dieses Werden lässt sich aber niemals von uns abschreiten. Dass das Kreuz als Zeichen des Fluches *zugleich* Heilszeichen ist, gehört zu der Innenspannung, die uns zugemutet wird. Sie kommt im Doppelsinn des »Es ist vollbracht!« zur Sprache: Im Tode Jesu handelt Gott so, dass er uns rettet – in Jesu Verlassenheit kommt Gott uns nahe – er nimmt sich unser an, sogar derart, dass er den Fluch, zu dem Jesus geworden ist und der auf uns lasten müsste, von uns nimmt. Darin besteht die Paradoxie der Weisheit Gottes, die das Wort vom Kreuz so anstößig werden lässt.

Bedarf das Wort vom Kreuz des *Kreuzeszeichens?* Wohl nicht. Aber kommen wir ohne dieses Zeichen aus?

Die Geschichte des Kreuzes als zeichenhafte Botschaft vom Sterben und Tod Jesu Christi, darin eingeschlossen die Bekreuzigung als Handlung, wäre ein Kapitel für sich; diese Geschichte deckt sich aber nicht mit der Karfreitags-Botschaft. Auch die Kunstgeschichte des *Crucifixus,* des gemalten Schmerzensmannes oder der Skulptur des Gekreuzigten, zeigt verschiedene Gesichter, in denen sich abzeichnet, wie die Passion Jesu wahrgenommen und das Wort vom Kreuz vernommen wurde. Hier sei nur erwähnt, dass für mindestens die ersten beiden Jahrhunderte der Kirchengeschichte Zeugnisse für ein greifbares Kreuzeszeichen oder bildliche Repräsentationen fehlen, ohne dass wir daraus schließen müssten, die frühe Christenheit sei ohne dieses Zeichen ausgekommen. Das Kreuz, an dem Jesus starb, ist unwiederbringlich zerfallen; ob Reste von ihm aufgefunden wurden, wie es von HELENA, der Mutter des Kaisers KONSTANTIN erzählt wird, mag dahinstehen. Eindrücklich sind aber die unzähligen winzigen Kreuzeszeichen, die an den Wänden der Treppe zur »Kreuzauffindungskapelle« unten in der Jerusalemer Grabeskirche eingeritzt worden sind: von Kreuzfahrern, die heute zumeist nur noch dafür bekannt sind, dass sie »im Zeichen des Kreuzes« ihre Eroberungsfeldzüge geführt haben. Viele von ihnen wollten aber, und sei es mit allerletzter Kraft, ihr Lebensziel dort erreichen, wo Christus gekreuzigt worden war. – Wahrgenommen wurde das Kreuz also auf höchst unterschiedliche Weise: Bei Christenverfolgungen konnte es für manche, wenn sie sich bekreuzigten, das Martyrium nach sich ziehen. Als Triumphkreuz war das Kreuz Zeichen des Sieges Christi über Sünde und Tod, es mochte aber auch, wie in KONSTANTINS berühmt/berüchtigter Vision, als Vorzeichen für den Sieg der christlichen »Sache« angesehen werden, der von Menschen erfochten werden muss, wenn auch mit himmlischem Beistand. Heutzutage sehen viele Zeitgenossen Kreuze in Gerichtssälen und Schulen nur als Restbestände kirchlichen Einflusses an. Viele Heranwachsende in einer nachchristlichen Gesellschaft kennen Kreuze nur noch als Gedenkzeichen für Verunglückte am Straßenrand oder auf unwegsamem Gelände. Auch ein Todesdatum wird mit einem Kreuz versehen. Zur DDR-Zeit wurde ein Pfarrer, der Schulklassen durch den Magdeburger Dom führte, um ihnen auf diese Weise noch eine Ahnung von christlichem Erbe zu vermitteln, von einem Mädchen gefragt: »Was soll das große Pluszeichen?« Ist es vielleicht wirklich dies und nur dies? »Was töricht ist vor der Welt, das hat Gott erwählt ...« (1 Kor 1,27)

Wie sieht eine Karfreitagsgemeinde das Kreuz in ihrer Kirche? In katholischen Gottesdiensten am Karfreitag wird das verhüllte Kreuz vor dem Altar in drei Stufen sichtbar gemacht, und dreimal wird die Gemeinde aufgerufen, zu sehen, wer an das Kreuz geheftet ist: das Heil der Welt. Die evangelische Liturgie kennt keine Kreuzverehrung *(adoratio crucis)*. Aber jede Karfreitagspredigt, auch wenn sie sich nicht auf Sterbensworte Jesu bezieht oder das Wort vom Kreuz ausdrücklich verkündet, wird auf irgendeine Weise durchsichtig werden dafür, wie das Kreuzeszeichen in unser Leben hinein gewuchtet worden ist.

Viele sehen im Kreuz das Zeichen für unschuldiges menschliches Leiden: Jesus hat so gelitten, wie manche Menschen leiden müssen. Sie halten sich daran, dass in menschlichem Leiden die Passion Jesu wiederkehrt, weil er exemplarisch gelitten hat. Darin finden sie Trost, gerade dann, wenn ihnen das unsägliche Leiden anderer so zu Herzen geht, dass sie ihm nicht gewachsen sein können. Aus diesem Trost kann auch Kraft zum Mitleiden mit Christus erwachsen. Als FRANZISKUS VON ASSISI 1226 starb, zeigten sich an seinem Körper die Wundmale des Gekreuzigten, die er bis dahin verdeckt hatte. Er hatte die Nachfolge Christi bis zum Äußersten erlebt und sich mit dem leidenden und sterbenden Heiland identifizieren wollen. – *Jesus Christus hat gelitten wie wir*, so, wie so viele, allzu viele leiden mussten und immer wieder leiden müssen in einer verkehrten Welt: dies ist eine Perspektive auf die Passion Jesu, die sein uneingeschränktes Menschsein hervorhebt, abgesehen davon, dass manche noch qualvoller und länger leiden müssen als Jesus auf Golgatha. Sterbende greifen nach dem Kreuz, um in den Momenten, wo alles dahinschwindet, was sie besaßen, und wo sie sich selbst entzogen werden, wenigstens noch dieses Zeichen der Solidarität zu berühren. Andere weisen gerade jetzt das Kreuzeszeichen zurück: »Wieder einer mehr, der unter die Räder gekommen ist – aber was hilft mir das?«

Christus hat für uns gelitten: dies ist die Spur, die das Gedenken des Todes Jesu im Neuen Testament hinterlassen hat (vgl. 1 Petr 2,21; 3,18) und die die Christenheit bereits in den »Gottesknechtsliedern« Jesajas sah, von denen Jes 52,13-15; 53,1-12 als alttestamentliche Lesung oder Predigttext für den Karfreitag vorgesehen ist.

> Er war durchbohrt um unsrer Sünden, zerschlagen um unserer Verschuldungen willen; die Strafe lag auf ihm zu unserem Heil, und durch seine Wunden sind wir genesen. [...] Ihn aber ließ der Herr treffen unser aller Schuld. (Jes 53,5-6)
> Aber Gott der Herr steht mir bei; darum bin ich nicht zuschanden geworden. [...] Er, der mir Recht schafft, ist nahe. (Jes 50,7-8)

Versuchen wir, dieser Spur (vgl. Röm 4,25; 1 Petr 2,21-24) zu folgen, dann kann es nur im Schatten des Kreuzes geschehen. Es ist das Zeichen dafür, dass Gott auf Golgatha für alle Zeiten auf unfassliche, verborgene Weise für uns und an uns gehandelt hat. Hier bildet sich die Frage ab, ob Menschen einen Menschen zur Strecke gebracht und als Zeichen dafür das Kreuz aufgerichtet haben – oder wie Gott sich gerade hier in Christus uns zuwendet, wie er uns nahekommen will, und sei es in der elementaren Schlichtheit des Gebetsanrufes »Mein Gott« (Ps 22,2), die alles andere als selbstverständlich ist, sondern alles in sich birgt, wessen wir Menschen uns getrösten dürfen.

Können wir das Geheimnis des Kreuzes lüften? Können wir die Verborgenheit des Handelns Gottes am Kreuz enthüllen? Nein, es lässt sich durch keine Deutung einholen, auch durch die radikalste nicht, die meint, dass Gott hier scheitert und sich selbst so aufgibt, dass wir in einer Welt voller Leid und Trauer zwar auf uns selbst gestellt sind, aber uns nicht damit abfinden müssen. Alle Zugänge, alle Aspekte, auch alle tröstlichen Aspekte sind Annäherungen – keine von ihnen entschlüsselt, was am Kreuz geschah. Paulus gibt ja auch keine Auskunft über den Inhalt des Wortes vom Kreuz oder über die Art und Weise, in der es Gottes Kraft ist. Das Verhältnis dieses Wortes zu den Kreuzesworten und ihrer Innenspannung lässt uns nicht zur Ruhe kommen: keines dieser Worte allein bringt auf den Punkt, was das Wort vom Kreuz uns sagt, und doch lassen sie Elemente seiner Botschaft aufleuchten. So werden wir zu neuen Wahrnehmungen des Leidens und Erleidens geführt. Es bleibt dabei: das Kreuz ist das Zeichen des »Glaubens auf Hoffnung gegen alle Hoffnung« – anstößig, verletzend, vieldeutig, widersprüchlich, im Tiefsten unbegreiflich. Weil es so zu uns spricht und weil wir darauf antworten, feiern wir Karfreitag.

6. An Ostern die Auferstehung verkündigen

An Ostern die Auferstehung verkündigen – was denn sonst? Das ist keine rhetorische Frage, sondern eine, die zur Selbstprüfung führt: Was ist Liturgen und Liturginnen, Predigerinnen und Predigern als Osterbotschaft und mit ihr anvertraut? Wie verhält sich dies zu so vielem, von dem wir meinen, es müsse an Ostern gesagt, eingeprägt, symbolisch verdeutlicht, vielleicht sogar demonstriert werden? Von uns wird eine Rechenschaft gefordert, deren Tragweite wir noch gar nicht absehen können. Was soll – oder vielmehr: wer will – an Ostern zu Wort kommen? Wie kann das geschehen? Worauf werden wir aufmerksam gemacht? Diese Fragen könnten aufdecken, wie es um den Grund »unserer Predigt« überhaupt und »unseres Glaubens« bestellt ist, nicht nur um den Grund der Osterpredigt und des »Osterglaubens«. Beruhen beide etwa auf einer grandiosen Illusion? So hat schon Paulus die Gemeinde in Korinth herausgefordert: »Wenn aber Christus nicht auferweckt worden ist, dann ist auch unsere Verkündigung ohne Grund, ohne Grund auch unser (oder: euer) Glaube« (1 Kor 15,14)[1], und er hat damit auf- und eingerissen, was Christen sich alles einbilden können: »im guten Glauben« daran, dass sie im Sinne Jesu leben und weiterführen, was er gewollt und erreicht hat.

> Ein Theologe erzählt anderen: »Habt ihr es schon in der Zeitung gelesen? In Jerusalem hat man ein uraltes Grab geöffnet, fand einige Knochen darin und einen Zettel, auf dem steht: ›Hier ruht Jesus von Nazareth‹.« Der andere lächelt überlegen und sagt: »Dacht’ ich’s mir doch – Jesus ist gar nicht auferstanden!« Der dritte aber ist oder tut völlig überrascht: »Ja, hat er denn wirklich gelebt?«

Nur ein schlechter Witz? Oder eine bitterböse Geschichte, wenn auch eine Karikatur, die uns fragen lässt: Was wäre, wenn Jesus im Grab geblieben und allmählich zerfallen wäre? Was würde sich dann am Christentum ändern, an unseren landläufigen christlichen Osterfeiern, an dem, was in unseren Kirchen an Ostern gesagt wird oder von dem wir erwarten, dass es wenigstens dann gesagt wird, so aufrüttelnd und weltbewegend wie nur möglich? Wäre Jesus nicht auferstanden: Müssten wir dann darauf verzichten, seiner Solidarität mit Armen und Unterdrückten nachzuleben und uns für alles einzusetzen, was lebensdienlich ist? Könnte Jesus uns nicht als Vorbild der Nächstenliebe weiter vorangehen? Gäbe es nicht, gerade im Blick auf alles, was er uns vorlebte, allen Grund für den Aufruf »Schließt euch dem Vortrupp des Lebens an! Ergreift Partei für

---

1. Übersetzung von Wolfgang Schrage, Der erste Brief an die Korinther (1 Kor 15,1-16,24) (EKK VII/4), Düsseldorf und Neukirchen-Vluyn 2001, 109.

das Leben gegen den Tod, für die Lebenden gegen die, die unser Überleben bedrohen! Widersteht allem, was den Tod bringen könnte! Blickt auf Anzeichen neuen Lebens!« Genügte es nicht, wenn Jesus als idealer Bannerträger dieser Parole angesehen wird, wie sie alle Jahre wieder an Ostern in vielen Variationen laut wird? Sollte sie nicht zumindest als ein öffentlicher Widerhall der Osterpredigt gehört und beherzigt werden? Auch bei Politikern ist sie doch so angekommen und kann als ein »Zeitzeichen« gelten.[2]

Was ist da nicht alles ausgeblendet worden! Letzten Endes könnte es sogar gleichgültig werden, ob Jesus von Nazareth wirklich gelebt hat oder nicht – falls nur lebendig bleibt, was sich mit seinem Namen als hilfreich und förderlich verbunden hat.

1. Kein Ostern ohne Karsamstag!

Wer sich auf die Osterbotschaft vorbereitet, kann nicht am Tag zuvor am versiegelten Grab Jesu vorbei- oder gar darüber hinweggehen. Dürften wir einen Blick hineinwerfen, würden wir einen Leichnam sehen, wie etwa HANS HOLBEIN der Jüngere ihn 1521/22 gemalt hat: »Der tote Christus im Grabe«, unwiderruflich und unabänderlich gestorben, nur noch ein unverhüllt wehrloser Körper. Völlig ist er dem Tode in dessen ganzer Gewalt und Schrecklichkeit preisgegeben. Die erloschenen Augen sind hoffnungslos nach oben gerichtet, wo es für sie kein Droben mehr gibt. – Wer dieses Bild im Basler Kunstmuseum gesehen hat, den wird sein schauerlicher Realismus nicht mehr loslassen und ihm jeden Gedanken daran austreiben, ein dermaßen geschundener Leib könne etwas wert sein und »bedeuten«, geschweige denn noch irgendetwas erreichen. Auf Darstellungen der »Kreuzabnahme Christi« erscheint der Gestorbene noch von der Liebe derer aufgefangen, die bis zum bitteren Ende bei ihm geblieben sind und die ihn nun mit ihrer Fürsorge umhüllen. Aber nachdem sie ihn begraben haben, mussten auch sie ihn allein lassen.

Jesus, der Gekreuzigte, ist tot, er ist allein bei den Toten, im Reich des Todes. Das ist sein äußerster »Abstieg«, ohne dass wir dafür irgendwelche räumlichen Vorstellungen heranziehen müssten. Er ist mit allen solidarisch, die in der Gottverlassenheit und an ihr leiden – er steht für sie und ihre Erlösungsbedürftigkeit ein, ohne sich mit ihnen zu verständigen, geschweige denn etwas an ihnen und für sie tun zu können.[3] Jesus Christus ist völlig »passiv«, eigentlich könnten wir auch gar nicht mehr von seinem Abstieg sprechen. Dass Jesus zu den Toten

---

2. Zum Beispiel KURT BECK, Fest der Befreiung. Vom österlichen Aufbruch und Neubeginn des Lebens, in: Zeitzeichen 9 (2008), 17.

3. HANS URS VON BALTHASAR, Der Gang zu den Toten (Karsamstag), in: Mysterium Salutis. Grundriß heilsgeschichtlicher Dogmatik, hg. von Johannes Feiner und Magnus

kommt und bei ihnen ist, wurde allerdings schon früh als sein glorioser Kampf, der sich bis ins Totenreich ausdehnt, gedeutet und ausgemalt: Jesus Christus steigt mit all seiner am Kreuz errungenen Macht zu den Toten hinab, um sie zu retten. Heldenhaft kämpft er mit den Gewalten der Unterwelt und unterwirft sie sich, und dann fährt er, siegreich sein Fähnlein schwingend, wieder zur Erde herauf. Doch die Formulierung »hinabgestiegen ins Totenreich« (*inferna*: was sich »unterhalb« von uns, den Lebenden befindet), die in das »Apostolische Glaubensbekenntnis« eingefügt wurde, darf nicht triumphalistisch (miss)verstanden werden.[4] Was der Sieg Jesu Christi bedeutet, werden wir noch bedenken müssen. Dass er bei den Toten ist und dass dieses Sein für sich selber spricht, ohne dass er ein Wort sagt oder gar lauthals die Toten aufweckt, ohne sie schon auferwecken zu können, mag in gewisser Weise in 1 Petr 3,19 angedeutet sein: »Er ging zu den [unterirdisch] Gefangenen und verkündete ihnen« – doch wohl zum Zeichen dafür, dass er auch sie erreicht und dass sie von der Kraft seines Todes nicht ausgeschlossen bleiben. »Verkündigung« könnte hier geschehen als lautloses Kundwerden dessen, was am Kreuz vollbracht wurde. Im Grabe Jesu herrscht eine beklemmende Stille: Totenstille. Was würde uns fehlen, wenn wir uns ihr nicht aussetzten? Auf seinen Gang vermögen wir Jesus nicht zu begleiten. Aber sein Tot-Sein fragt uns, ob er uns verlassen könnte, und sei es bei unserem letzten Gang.

Heutzutage wird der Karsamstag in protestantischer Frömmigkeit und Theologie sozusagen übersprungen. Was an ihm »begangen« und bedacht werden könnte, wird in der Regel auf den Karfreitag übertragen: Jesus Christus, der für uns, für alle Gottlosen, stirbt, besiegt die Macht des Todes. Das entspricht der Passionsgeschichte im Evangelium nach Johannes, wo der Gekreuzigte seine Sendung vollendet und wo »alles vollbracht ist«, was ihm aufgetragen und auferlegt war (Joh 19,30). An Ostern wird er, auf dem Wege zu seinem Vater, in Erscheinung treten und sich als »Herr und Gott« zeigen (Joh 20,28). Doch dies erlaubt uns nicht, Karfreitag und Ostern, Christi Tod und Auferweckung theologisch gleichsam kurzzuschließen. Der Karsamstag zerschneidet das theologische Junktim »Kreuz und Auferstehung«, das oft fast schon zur Phrase geworden ist. Es wird durchbrochen, nicht nur unterbrochen. Zwischen Karfreitag und Ostern geschieht etwas – gerade weil es so unheimlich still ist: wie bei einer Generalpause. Die Tür ist ins Schloss gefallen. Das dürfen wir nicht überhören, sonst können wir nicht mehr dessen gewahr werden, was mit dem Tode Jesu wirklich zu Ende ist – auch der Trost, das Leben gehe doch weiter, es fände sich nur in anderer Form wieder, nichts sei für immer verloren. Das wäre ein ver-

Löhrer, Bd. III/2: Das Christusereignis, Einsiedeln/Zürich/Köln 1969, 227-255, bes. 228.

4. Vgl. dazu H. U. von Balthasar, a. a. O., 227-229.

zwickter Versuch, mit dem Tode Jesu »fertig zu werden« und seine Auferstehung als Fort- oder Nachleben zumindest denkbar erscheinen zu lassen.

Doch dadurch würde das Osterwunder seines Anstoßes beraubt und die Osterpredigt wäre grundlos, gerade weil sie auf solche Weise plausibel erschiene. Zwischen Karfreitag und Ostern können wir keinerlei Entwicklung, keinen Fortschritt wahrnehmen. Was sich hier begeben könnte, entzieht sich zwar unseren Blicken, aber wir dürfen nicht übersehen, dass Jesus tot ist und bleibt. Da ist kein Raum für die Symbolik eines natürlichen Durchbruches von der Nacht zum Licht oder für eine Dialektik, die Tod und Leben als im Widerstreit aufeinander bezogen, als eine prozessuale Einheit begreiflich machen möchte. Dagegen stemmt sich der Karsamstag. Er ist die dunkle Seite des Osterlichtes.

Das »alte« evangelische Kirchengesangbuch enthielt in seinem Hauptteil wenigstens zwei Lieder zum Karsamstag: »O Traurigkeit, o Herzeleid« (Friedrich Spee 1628 und Johann Rist 1641; EKG 73) und »So ruhest du, / o meine Ruh, / in deiner Grabeshöhle / und erweckst durch deinen Tod / meine tote Seele« (Salomo Franck; 1685; EKG 74). Der zweite Choral hat einen etwas anderen Klang als der Schlusschor »Ruht wohl, ihr heiligen Gebeine« gegen Ende der »Passion nach St. Johannes« J. S. Bachs, wo der Begrabene »auch mich zur Ruh« bringt, weil das Grab »ferner keine Not umschließt«, denn es »macht mir den Himmel auf und schließt die Hölle zu«. Was muss geschehen, bis dies wahr wird, ja bis es erst einmal als Verheißung hörbar, wahrnehmbar werden kann? Salomo Francks Lied spricht von der Grabeskälte und von dem massiven Felsen, der den »Fels des Heils« umklammert. – Dieses Lied gehört für mich von jeher zur Vorbereitung auf die Osterfeier, und seine Botschaft wird weiterhin unverzichtbar sein, auch wenn es nun im Evangelischen Gesangbuch fehlt.[5] Wir bedürfen dieser Botschaft, nicht nur, weil sie fruchtbar die Betriebsamkeit der Festtagsvorbereitung stört und uns innehalten lässt, bevor wir weitergehen.[6]

Auch das katholische »Gotteslob« bietet kein Lied, das ausdrücklich für den Karsamstag bestimmt wäre.[7] Dass der Kirchenraum in Dunkel getaucht ist, alle Lichter erloschen sind, die eucharistische Substanz fortgetragen wurde, bietet liturgisch keinen Ersatz, ebenso wenig wie der Brauch, der sich in manchen evangelischen Gotteshäusern einzubürgern beginnt: der Altar wird leergeräumt, die Antependien entfernt.

Die orthodoxen Kirchen des byzantinischen Ritus begehen den »stillen Samstag« als »Heiligen und Hohen Sabbat« mit der Verehrung des toten Christus, der

5. Das erstgenannte Lied wurde in das Evangelische Gesangbuch (EG 80) und in das katholische »Gotteslob« unter die Passionslieder aufgenommen (GL 188, in der neuen Ausgabe 2013 Nr. 295).
6. Ob die Vorschläge im EGB (314 f. 699 f.) zur Feier des Karsamstags Beachtung finden, muss abgewartet werden.
7. Das »Gotteslob« enthält jedoch eine Rubrik »Karsamstag« (neue Ausgabe, Nr. 309) und eine Trauermette mit eigenen Gesängen und Gebeten (Nr. 310).

in Gestalt des *Epitaphios* bzw. der *Platschtschaniza*, eines bestickten Tuches, auf einem Katafalk in der Kirche aufgebahrt liegt.[8] Er wird wie ein Entschlafener vor der Beerdigung »behandelt«: sein Tod wird beweint, er wird verabschiedet – so, als wüssten die »Gläubigen« nicht, dass er auferstehen wird. Aber können wir das denn wirklich »wissen«? Die Gläubigen kriechen unter dem *Epitaphios* hindurch: sie nehmen den toten Christus auf sich. Ohne diese Totenklage wäre ihr Jubel, der sich während des Tages schon andeutet und am Ostermorgen losbrechen wird, nur ein Stimmungswechsel. In der Osternacht zieht die Gemeinde um die verdunkelte und verschlossene Kirche, die finster ist wie ein Grab. Weil aber die Kirche um Mitternacht zur Feier der Auferstehung Christi geöffnet und in ein Lichtermeer verwandelt wird, werden auch die Herzen der Gläubigen offen dafür, den Ostergruß zu hören: »Christus ist auferstanden!«, und sie antworten »Er ist wahrhaftig auferstanden!« Zuvor beginnt der Gottesdienst mit dem Lobpreis der Dreieinigkeit und dem *Ostertroparion:* »Christus ist auferstanden von den Toten, durch den Tod hat er den Tod besiegt und denen in den Gräbern das Leben geschenkt.«[9]

2. Eine unfassbare Botschaft

Wie Jesus von den Toten auferweckt wurde und wie er sein Grab verlassen konnte: von alledem, vom »Osterwunder« selbst, erfahren wir von den Evangelisten nichts – offensichtlich haben auch sie es nicht erfahren. Nur ein Erdbeben erwähnt Matthäus, wie es oft eine Gotteserscheinung, eine Theophanie, begleitet, als das Grab durch einen Engel vom Himmel aufgerissen wurde und so die beiden Frauen überraschte, die nach dem Grab sehen wollten (Mt 28,2). Die Evangelisten erzählen, wie Jesus unverhofft »erscheint« und ebenso urplötzlich wieder entschwindet, sie weisen auf seine Fremdheit und Befremdlichkeit, wie er sich naht und sich wieder entzieht, sie beschreiben das Erschrecken aller, die das Grab leer finden, die sogar von ihm weg vertrieben werden, sie umreißen die Verwirrung derer, denen Jesus begegnet, die ihn für jemanden anderen halten, für irgendeinen Fremden, der sich auf einmal zu erkennen gibt, doch so, dass sie ihn als anderen und ganz anders wahrnehmen, auch wenn er sich ihnen in Erinnerung bringt.

Alle Osterberichte sind von einer Erschütterung durchzogen, durch die die Beteiligten aufgestört und geweckt werden, nicht so, wie sie frühmorgens aufzuwachen gewohnt sind, gar in freudiger Erwartung des kommenden Tages. Es ist so, als ob sie in einem Dämmerzustand befangen wären, aus dem sie sich

---

8. Siehe S. 120.
9. Das Glaubensleben der Ostkirche, hg. von Hans-Christian Diedrich, München o.J. [1989], 68.

nicht selber befreien können und in dem ihnen nur allmählich deutlich wird, was hier und mit ihnen geschieht. Sie müssen erst aufmerksam werden – und nur so werden sie zu »Zeugen der Auferstehung«, vielmehr: zu Zeugen des Auferstandenen. Darauf sind sie alle nicht vorbereitet.

Die Ostererzählung, die das Evangelium nach Markus beschließt (Mk 16,1-8), verdeutlicht dies besonders treffend, gerade durch das, was nicht gesagt wird. Sie berichtet von drei Frauen, die sich frühmorgens auf den Weg machen, um Jesus einen letzten Liebesdienst zu erweisen. Der griechische Maler MICHAEL DAMASKINOS hat auf einer Osterikone, die heute in Heraklion auf Kreta aufbewahrt wird, den Morgenschimmer ahnen lassen: In fahlem Licht sind drei Kreuze zu sehen, sogar noch die Leiter, mit der man den Gekreuzigten geborgen hat. Alles ist noch ganz unverändert, den Leichnam Jesu hat man noch rasch vor dem Anbruch des Feiertages bestattet und nichts mehr in Ordnung bringen können. Blutrot ist ein Teil der Sonne zu sehen; wir könnten meinen, sie gehe erst unter.

Die Frauen wollen den, der ihnen vertraut war, salben, ihm so die letzte Ruhe geben und ihn konservieren. Sie leisten ein Stück »Trauerarbeit«: Indem sie sich zum letzten Mal liebevoll an ihm zu schaffen machen, wollen sie Abschied von ihm nehmen, ihn aber zugleich in Erinnerung behalten. Und nun, auf dem Wege, fällt ihnen ein Hindernis ein: der Stein, der das Grab verschließt und den sie nicht wegrollen können. »Wer wälzt uns den Stein von des Grabes Tür?« Dieser kleine Satz ist verräterisch. Der Stein vor dem Grabe sollte Jesus bewahren, ihn für die, die ihm anhingen, und für ihr trauerndes Gedenken einschließen, ihn auch abschirmen vor der feindlichen Welt. Doch mit diesem Stein haben sie zugleich mit Jesus abgeschlossen. In aller ihrer Fürsorge bleiben sie von der Frage bewegt, wie sie zu Jesus gelangen können, aber sie denken keinen Augenblick daran, ob und wie Jesus zu ihnen kommen könnte.

Welch eine Überraschung: Der Stein ist fort! Er ist jedoch nicht für die Frauen weggewälzt worden, sondern für den aus dem Grab Befreiten, den auferstandenen Jesus Christus. Zerrissen ist der Zusammenhang, an dem Menschen noch weiter arbeiten: die Erinnerung an Jesus von Nazareth, diesen seltsamen, wunderbaren und aufregenden Mann, der niemanden ausgegrenzt hat, der für alle dagewesen ist. Der Stein schien den Weg zu ihm abzuriegeln. Jetzt ist nicht bloß dieses Hindernis weggeräumt, sondern das Gefängnis ist geöffnet, das den Toten gefangen hielt. Alles, was den Weg zu Jesus und Jesus seinen Weg zum Leben versperrte, ist aufgebrochen.

Augenscheinlich endet diese Ostergeschichte mit den Symptomen eines sprachlosen Entsetzens vor dem Unbegreiflichen, einem Vakuum, das Angst und Schrecken hervorruft. »Der, den ihr sucht, Jesus, der Gekreuzigte, ist nicht mehr hier!« So sagt es die Gestalt im Grabe, die so hell erstrahlt, dass die Frauen nur von ihr wegblicken können. Der Blick fällt auf die gähnende Leere an der Stelle, wo der Tote gelegen hat. Sie sind völlig fassungslos – und sie zeigen damit, dass sie Menschen sind, die, was an ihnen geschieht, kaum in sich aufnehmen können. Dass Jesus ihnen für immer entrissen ist, können sie nicht fassen. Sie fürchten sich wie die Hirten auf dem Feld von Bethlehem, denen vom Engel »große Freude« verkündigt wurde (Lk 2,10). Die Frauen am Grabe können nichts mehr sagen. Sie sagen nichts, und gerade so sagen sie, was sie zu sagen haben.

Durch ihr erschrockenes Schweigen verweisen die Frauen auf das, was Gott sich selber zu tun vorbehalten hat. Das mag enttäuschen. Es fehlt ja auch zu viel: in dieser Ostergeschichte vermissen wir die Begeisterung über das neue Leben, eine ansteckende Osterfreude. Die Erzählung zeichnet kein gefälliges Bild, eher ein bleiches: die Gesichter sind aufgerissen vor Staunen, aber deshalb auch besonders wachsam. Die Zeuginnen fliehen augenscheinlich vor Gottes Gegenwart. Laufen sie aber nicht gerade in die Arme Christi? – Vielleicht ist der abrupte Schluss des Markus-Evangeliums auch ein versteckter Lesehinweis: Befasst euch doch noch einmal gründlich von Anfang an mit dem »Evangelium von Jesus Christus, dem Sohn Gottes« (Mk 1,1)! Das Ende verweist auf diesen Anfang. Lest ihn noch einmal eingehend, noch viele Male, von diesem Ende her! Das Evangelium wird sich euch neu erschließen!

Andere Ostererzählungen schildern nicht so drastisch, sind aber nicht weniger dramatisch: Zwei Jüngern, die kummerbeladen von Jerusalem nach Emmaus gehen, tritt Jesus in den Weg (Lk 24,13-35). »Wir hofften, er werde Israel erlösen!«, klagen sie dem Unbekannten, der sie begleitet, der sie fragt, warum sie so verstört seien. Warum musste Jesus, gerade er, der vollmächtige Prophet, sein Leben lassen, ohne sein Lebensziel erreicht zu haben? Und er, dessen Tod ihre Erwartungen zerstört hat, gibt ihnen keine Antwort auf die heimliche Frage, die hinter ihrer Enttäuschung steht: die Frage nach dem »Warum?« und dem »Wozu?« seines Sterbens, die Frage nach dem »Sinn« des Todes Jesu. Der unerkannt Auferstandene entgegnet: »Musste nicht Christus dies erleiden und in seine Herrlichkeit eingehen?« Christus beantwortet also nicht die Frage, *warum* er leiden musste. Er hebt sie auf, indem er »feststellt«, *dass* er seine Passion als Handeln Gottes erlitten hat (ἔδει markiert das *Passivum divinum*) – und daraufhin legt er seinen Jüngern »aus, was in der ganzen Schrift von ihm gesagt war«. Was wohl hat er da rezitiert, wie hat er es ausgelegt?

Mit seiner Auslegung, die keine »Erklärung« oder »Sinndeutung« ermöglicht, jedoch die Zukunft der Erlösung eröffnet, wird das »Schriftverständnis« der beiden Jünger auseinandergebrochen. Ihnen wird außerdem auf den Kopf zugesagt, dass ihre Erwartung fehlging, weil sie Gottes Verheißung nicht oder nicht recht vernommen hatten: als Zusage dessen, was Gott vollbringen will. So wird die Schrift grundstürzend »erfüllt«, nicht eine Hoffnung als »erledigt« abgehakt. Erst im Nachhinein wird den Jüngern bewusst, dass ihr »Herz brannte«, als der Fremde ihnen »die Schrift öffnete«. Dass *er* es ist, der aus Gottes Wort lebt, der *so* mit ihnen gegangen ist, wird ihnen erst augenfällig, *als* er beim Abendessen für das Brot dankt und es bricht; *wie* er das Brot bricht, wird nicht gesagt, an einem besonderen Gestus, der nur ihm allein eigen wäre, wird er also nicht wiedererkannt. Aber indem er für das Brot dankt und es bricht, steht ihnen plötzlich das letzte gemeinsame Mahl vor Augen, und es fällt ihnen wie Schuppen von den Augen: die Worte und der Gestus weisen ja auf ihn selbst! Gerade der vertraute Gestus verstört sie, weil er sie nicht nur an das Passahmahl erinnert, sondern auch an alles, was darauf folgte, eingeschlossen ihren Weg nach Emmaus und was dort geschah. Doch in demselben Moment, in dem er ihnen in voller Klarheit vor Augen steht, ist er nicht mehr da! Die innere Dramatik zeigt sich, wenn die Jünger vor dem Entschwindenden zurückweichen, wie REMBRANDT es in einer seiner Radierungen (1648-49) dargestellt hat.[10] Mehr ist nicht nötig! Es bedarf keiner weiteren Worte und Erklärungen mehr, auch nicht bei weiteren Mahlzeiten, an denen das Brot geteilt wird. Hier wird von jetzt an immer der Gegenwart Jesu gedacht werden. – Was wohl werden die Jünger auf dem Rückweg besprochen haben, was erzählt, als sie bei den anderen ankamen? Wenn sie dann hörten, was denen widerfahren ist? Wie fanden sie alle sich von jetzt an in der Mahlgemeinschaft mit Christus zusammen? Und was werden *wir* nun zu vernehmen, zu sehen und zu schmecken, zu sagen haben?

Dass das Osterzeugnis sogar bei denen, die Jesus gekannt hatten, keinen Anklang findet – vielleicht weil sie ihn zu kennen meinten! –, schildert die Geschichte vom Christusbekenntnis des Thomas (Joh 20,24-29). Es genügt Thomas nicht, dass andere Jünger den Auferstandenen erblickt haben. Er will die Wundmale des Gekreuzigten nicht nur sehen, sondern auch betasten, um sicher zu gehen. Und der Auferstandene erlaubt es ihm – was ihm kein kritischer Theologe gestattet hätte! Doch in diesem Augenblick sagt Thomas gerade nicht, was wir wohl von ihm erwarten würden: »Ja, jetzt glaube ich, dass du da bist, wirklich und wahrhaftig!« Er redet gar nicht mehr davon, was *er* glauben oder noch nicht glauben könne. »Mein Herr und Gott!« ruft er, so ruft er Jesus an, anbetend glaubt er *ihm*. Unwillkürlich kann er sagen, *wer Jesus ist:* der, der zu Gott erhöht wurde und dem er gehört, im Leben und im Sterben. Dieser Jesus ist gewiss kein anderer als der, der ans Kreuz geschlagen wurde und dessen Wunden sichtbar und spürbar bleiben. Doch dieser Gekreuzigte ist Gott selber, der dem Thomas von nun an nicht mehr fremd, sondern ganz, ganz nahe ist. Dies, nicht ein abgewiesenes Sehen, ist die Spitze der Zumutung Jesu Christi: »Selig sind, die nicht sehen und doch glauben!«

Dass Jesus, der Gekreuzigte, Herr und Gott ist: darauf war Thomas nicht vorbereitet. Die Botschaft »Er ist auferstanden!« trifft alle unvermutet, denen er begegnete oder die ihn nicht mehr auffanden, und sie können diese Botschaft erst verstehen, wenn Jesus Christus selber sie ihnen erschließt. Ihnen war nicht unbekannt, dass Gott die Toten belebt. Viele jüdische Gebete sagen es, und sie selber werden es oft nachgesprochen haben. Auch dass ihr Meister die Auferste-

10. Im Fitzwilliam Museum Cambridge.

hung der Toten nicht bestritten hatte, anders als andere Lehrer in Israel (Mk 12,18-27 parr.), war ihnen sicherlich in Erinnerung geblieben. Doch dass jemand sein Grab hinter sich lässt, bedeutet nicht, er habe dem Tod ein Schnippchen geschlagen und sei davongekommen. Ein Auferstandener ist noch nie da gewesen, und wenn dies geschieht, wird nichts mehr sein, wie es war.

[...] es komme, was niemals noch war!
Es komme ein Mensch aus dem Grabe.[11]

Ein Spagat für die Verkündigung: Wir »wissen« nun, dass die Zeuginnen und Zeugen des Auferstandenen nicht auf das Osterwunder vorbereitet waren. Gerade deshalb vermögen wir uns nicht mehr in das Erschrecken, das sie erfasste, einzufühlen, geschweige denn uns künstlich in den Stand der Unkenntnis hineinzuversetzen. Wir können auch keine Unkenntnis vorbereiten, sie schon gar nicht simulieren. Doch wir können aufmerksam werden für die Nuancen, die kaum merklichen Brüche und Schnitte, die Akzente der Erzählungen, ihre Wendungen, die bei jedem erneuten Hören und Lesen uns neu und oft unvermutet in die Ostergeschichte hineinziehen. Wenn wir die Zeugen und Zeuginnen auf ihrem Wege begleiten, werden wir auch bemerken, wie nahe sie uns stehen und wir ihnen: mit unseren durchkreuzten Erwartungen an Erlöser und Erlösung, unseren Erinnerungen an Jesus, mit denen wir ihn festhalten wollen, unseren Fluchtversuchen.

Ostern können wir nicht wiederholen, geschweige denn in Szene setzen. Am Ostermorgen ein Bibliodrama aufzuführen, das darstellen will, was gar nicht als Ereignis erzählt werden kann[12], wäre eine Geschmacklosigkeit, peinlicher noch als viele Krippenspiele zu Weihnachten, und ein leeres Grab könnte nur ein Loch sein, denn Jesus hat nichts in ihm hinterlassen. Das offene Grab (oder die Engelsgestalt dort) sagt: »Er ist nicht hier, er ist euch für immer entzogen, sucht hier nicht mehr weiter nach ihm.« Wohin werden wir von hier gewiesen?

3. Die Zumutung der Osterpredigt

Die Auferstehung predigen heißt zum einen: erzählen, wie Christus an unerwarteten Orten und auf unverhoffte Weise begegnet: als derselbe, den die Jünger kannten, und als der Andere, der auferstanden ist, der sich ihnen zu erkennen

---

11. PAUL CELAN, Spät und tief, in: Gesammelte Werke, Bd. 1, Frankfurt am Main ⁶1991, 36.
12. Siehe S. 26. – Ist diese Grenze in der Tradition der Osterspiele immer beachtet worden? Sie wollten vor allem eine Rollenidentifikation mit den Personen erreichen, die dem Auferstandenen begegneten, haben aber oft auch versucht, die Auferstehung Jesu dazustellen.

gibt und sich ihnen plötzlich wieder entzieht. Und die Auferstehung predigen, bedeutet zum anderen: zu Gehör bringen, was hier bestürzend vernehmbar wird. Hier wird unser verborgenes Leben mit Christus in Gott (Kol 3,3) geschaffen. Und uns wird zugemutet, uns allein an diese Hoffnung des Lebens zu halten. Es ist die Hoffnung darauf, dass Gott uns durch den Tod hindurch errettet; darum dürfen wir dem Tod weder ausweichen wollen noch uns ihm in allen seinen Anzeichen und Gestalten ergeben.

Ohne diese Hoffnung mag das Christentum wohl fortdauern – wie eingangs angedeutet –, und eine eindringliche Selbstprüfung könnte zeigen, dass manche Anzeichen dafür sprechen. Dann aber wäre das Christentum über das offene Grab Jesu Christi, die Wunde der Geschichte, hinweggegangen, hätte es vielleicht sogar zugepflastert. Doch die Kirche Jesu Christi konnte nur entstehen, weil der Tod nicht das letzte Wort über den gekreuzigten Jesus sprechen durfte. Gott bestätigte nicht nur, dass Leben und Sterben Jesu nicht umsonst gewesen sind – damit könnten wir ja einiges »anfangen« –, sondern hier wurde die Kirche ins Leben gerufen: als Gemeinschaft von Menschen, in der die wechselseitige Zerstörung keinen Platz mehr hat.[13] Wäre es anders, müsste die Zeile »Wär er nicht erstanden, / so wär die Welt vergangen« aus dem Osterhymnus »Christ ist erstanden« (Bayern/Österreich, 12.-15. Jh.; EG 99.1) uns in der Kehle stecken bleiben.

»Hoff[t]en wir allein in diesem Leben auf Christus, so wären wir die elendesten unter allen Menschen« (1 Kor 15,19)[14]: so stellt Paulus auf die Probe, was Gemeindeglieder in Korinth für ihren »Osterglauben« halten. Sie sagen treu und brav: »Jesus Christus ist auferstanden«, doch dann gehen sie zur Tagesordnung über, und die ist von Ruhmsucht und Überheblichkeit, selbstsüchtiger Freiheit, Konkurrenzdenken und Lieblosigkeit beherrscht. So hat es der Apostel zuvor in seinem Brief ausgeführt. Was diese Korinther wirklich geglaubt haben, was sie zu bekennen meinten, oder ob Paulus sie nur so schildert, wie er sie sieht, ob er vielleicht einiges übertrieben oder gar verzerrt darstellte, um die Verkündigung Christi, wie sie ihm aufgetragen wurde, unmissverständlich klarzulegen: das alles mag dahinstehen. Seine vielfach verschlungene Argumentation muss

---

13. ROWAN WILLIAMS, Resurrection: Interpreting the Easter Gospel, New York (The Pilgrim Press) 1984, 119.
14. Die Formulierung 1 Kor 15,19 lässt unterschiedliche Übersetzungen und dementsprechend divergierende Auslegungen zu; vgl. die Aufstellung von W. SCHRAGE, a. a. O. (siehe Anm. 1), 134-136, und seine Belege aus der Auslegungsgeschichte, 137-149. Weitgehende Übereinstimmung besteht darin, dass ohne die Auferstehung Jesu Christi der ganze christliche Glaube hoffnungslos hinfällig wäre. Umstritten ist nicht nur, wie unsere Auferstehung von Christi Auferstehung abhängt, sondern auch und vor allem, wie »dieses Leben« davon geprägt wird. Darin spiegelt sich, wie verschieden die Selbstprüfung ausfällt, und dies wirkt auf die Exegese zurück.

auf den springenden Punkt konzentriert werden: Auferstehungshoffnung ist Hoffnung auf Christus.

»Erschöpft sich unsere Hoffnung auf Christus in unserem Leben?« Diese Anfrage nötigt zur Selbstprüfung. Sie kann nicht pauschal und ein für alle Mal erledigt, sondern muss ganz persönlich und immer wieder, je nach Lebenslage, beantwortet werden. Die Antwort erstreckt sich auch darauf, wie die christliche Gemeinde Ostern feiert und wie alle, die ihr angehören, sich zueinander, zu anderen Menschen, ja zur gesamten Schöpfung verhalten. In der Osterfeier wird kund, dass *Jesus Christus als der Auferstandene unsere Hoffnung* ist: er, dessen Leiblichkeit zu einer neuen Gestalt gewandelt, neu geschaffen wurde. Mit seinem Sieg über die Macht des Todes beginnt hervorzutreten, wie und mit welchem Ziel Gott an und in ihm gehandelt hat. Seine Auferstehung zu verkündigen, heißt sich zu seiner Verwandlung ausstrecken und sie als Kraft des eigenen verborgenen Lebens wirken lassen: verborgen mit Christus in Gott. Darin ist unsere Hoffnung auf Auferstehung begründet. Wäre Christus nicht auferstanden, wäre die Hoffnung auf ihn haltlos, und würden wir nicht hoffen, an seiner Seite aus dem Tode errettet zu werden, damit wir in Gott leben, würden wir Gottes Handeln an ihm und an uns absagen. Die Selbstprüfung gilt also unseren Lebenserwartungen mit all ihren Folgen für unser Tun und Lassen – und der versteckten Hoffnungslosigkeit, die sich mit diesen Erwartungen auf unheimliche Weise decken könnte.

Beachten wir, wie unaufdringlich und behutsam Paulus hier erwägt, so einschneidend und folgenreich diese Erwägungen auch sind! »Wäre Christus nicht auferweckt, dann …« – »Würden wir nur in diesem Leben auf Christus hoffen, dann …« – »Würden die Toten nicht auferstehen, dann …« Mit den Folgerungen will der Apostel uns nicht überrumpeln, um so seiner Verkündigung Nachdruck zu verleihen. Die Schlüsse sollen wir selber ziehen, natürlich nicht nach Gutdünken oder so, wie eine herrschende Weltanschauung es uns vorschreibt, sondern zum Zwecke der Prüfung, ob wir auch wirklich leben, wie wir hoffen, und hoffen, wie wir leben werden.

Die Grundannahme, auf der diese Prüfung aufgebaut ist, lautet: Jesus Christus, den Gott durch seine Auferweckung als den bestätigt hat, der kommen soll[15], ist der, der kommen wird (1 Kor 15,23; vgl. 11,26). Diese Annahme hat uns als der Ruf »Christus ist auferstanden!« erreicht, unverhofft und undenkbar. Er sagt, was wir uns niemals selber zusagen könnten. Wie wäre es sonst möglich, von »Auferstehung« zu reden, von der wir nicht die Spur in uns entdecken können? Den österlichen Ruf gilt es auszuloten: Auferstehungsglaube als Christus-

---

15. Peter Brunner, Das Geheimnis der Auferstehung Jesu Christi (1965), in: Pro Ecclesia. Gesammelte Aufsätze zur dogmatischen Theologie, Bd. 2, Berlin/Hamburg 1966, (76-82) 81.

hoffnung ist auf das Kommen Jesu Christi gerichtet, auf alles, was in seiner Auferstehung verborgen ist und offenbar werden will. Nur im Blick darauf, was dieser Hoffnung verheißen ist, können ihre Tragweite und ihre Reichweite ermessen werden – und dies lässt das Elend erahnen, in das Menschen stürzen, wenn sie sich von der Verheißung abwenden oder diese, aus welchen Rücksichten auch immer, beschneiden. Wäre die Hoffnung auf unsere Auferweckung grundlos, würde alles hinfällig, nicht nur unser Glaube, sondern auch jede Grundlage für das, was wir im Gedenken und in der Erwartung Christi tun und lassen können. Alles würde sich ändern: zu unabänderlicher Hoffnungslosigkeit.

Die Osterpredigt wird uns nie erreichen, ohne dass wir immer wieder ins Staunen geraten: Wir sind zur »Hoffnung des Lebens«[16] von Neuem geboren worden, ohne dass wir dazu etwas beitragen konnten – wir konnten sie einzig und allein empfangen (1 Petr 1,3)! Dieses Staunen greift tiefer und reicht weiter als alle gutgemeinten Versuche, aus der Osterbotschaft Konsequenzen zu ziehen, sie »anzuwenden«, ihre Bedeutung für die Lebensführung abzuschätzen, für Proteste gegen alles Lebenswidrige und für die Politik des Überlebens. Es hilft auch nicht weiter, wenn die Botschaft symbolisch gedeutet wird, etwa nach dem Motto: »Nach der Krise eine neue Lebenschance – räumt nur die Steine fort, die euch dafür im Wege liegen!« Solche Versuche spiegeln die Schwierigkeit, sich dem österlichen Erschrecken auszusetzen, eine Botschaft zu vernehmen, die wir gar nicht erfragt haben: die undenkbare Zumutung, alles auf das Leben mit Christus, dem Auferstandenen, zu setzen – auf das Leben kraft der schöpferischen Gerechtigkeit Gottes und seines versöhnenden Friedens, an unerwarteten Orten und auf unberechenbare Weise.

Wenn Christus gar nicht der Auferstandene wäre, sondern vielleicht ein großer Lehrer zum besseren Leben gewesen, hätten wir uns in ihm getäuscht, wären nicht nur in unserer Erwartung betrogen, sondern hätten unser Leben und Sterben auf eine Illusion, schlimmer noch: auf Lug und Trug gebaut. Nicht die *Hoffnung auf Auferstehung* zählt, entscheidend ist *die Hoffnung, die sich dem Auferstandenen verdankt und unauslöschlich an ihn gebunden bleibt.* Auf ihn richtet sich unsere Hoffnung. Wer auf Christus hofft, darf hoffen, dass Christus ihm selbst voraus ist.[17]

---

16. So übersetzte MARTIN LUTHER ἐλπὶς ζῶσα (1 Petr 1,3) in: Epistel S. Petri gepredigt und ausgelegt (1523), WA 12,267,13.

17. Dies ist LUTHERS Argumentationsgang in seinen Reihenpredigten über 1 Kor 15 vom 11. August 1532 bis zum 27. April 1533, WA 36, 478-696. – Vgl. dazu meine Studie: Die Verkündigung des Auferstandenen als Zusage des Lebens bei Gott, in: RELATIONEN – Studien zum Übergang vom Spätmittelalter zur Reformation. Festschrift Karl-Heinz zur Mühlen, hg. von Athina Lexutt und Wolfgang Matz, Münster 2000, 383-398.

Jesus Christus hat »nicht nur den Weg zum Leben durch den Tod, sondern auch das Leben aus dem Tod« erfahren[18], wie LUTHER 1530 in seiner Auslegung von Ps 16,7 ausführt (»ICh lobe den HERRN der mir geraten hat, / Auch züchtigen mich meine Nieren des nachts«): Indem Christus in seinem Leiden Gehorsam lernt (Hebr 5,8), weil er sich Gottes Handeln aussetzt und dessen Willen folgt, wird er zu einem »Doctor«, einem »Gelehrten« und »Lehrer« ganz anderer Art: zum Gelehrten im Worte Gottes.[19] Darin und in nichts anderem besteht seine Erfahrung. Es ist die einzigartige Erfahrung, die er uns voraus hat und die wir auf gar keine Weise vorwegnehmen können, an der er uns aber teilhaben lässt: in der Hoffnung, die er uns gewährt. Weil Christus »sich auf Gott in seinem Wort verlässt, hofft er wider die Erfahrung des Todes, Gott werde ihn auf seine, unvorstellbare Weise retten – nicht vor dem Tod, sondern durch ihn hindurch«[20].

Diese Hoffnung kann ihrem Wesen nach nicht allein in diesem Leben erfüllt werden, sie kann hier nicht einmal voll zum Zuge kommen. Wäre Christus nicht auferstanden, bedürfte es dieser Hoffnung gar nicht. Weil sie aber Hoffnung auf Christus ist, wäre sie nichtig und die Ausgeburt aller Trostlosigkeit, wenn Christus nicht wirklich auferstanden wäre. Das Schlüsselargument in 1 Kor 15,19-20 setzt also den Charakter der Hoffnung als Teilhabe an Christus, an seinem Sterben und seiner Auferstehung voraus. Die Erfahrung Christi teilt sich uns allein in Gestalt des Glaubens und der Hoffnung mit und beide sind (wie LUTHER im Scholion zu Röm 10,15 bemerkt) für uns noch keine Erfahrungen, »bis das künftige Leben kommt«[21]. »Glaube und Hoffnung strecken sich nicht nach einem anderen Leben aus, sondern nach der Überwindung dieses vom Tode gezeichneten Lebens durch das aus dem Tod erweckte, neugeschaffene Leben.«[22]

Die Predigt der Auferstehung darf nicht ein »Leben danach« plausibel erscheinen lassen – wer dürfte heute auch noch so predigen wollen? Die Osterpredigt bindet »dieses Leben« ganz und gar an die Auferweckung Jesu Christi, an

18. SEBASTIAN DEGKWITZ, Wort Gottes und Erfahrung. Luthers Erfahrungsbegriff und seine Rezeption im 20. Jahrhundert (Beiträge zur theologischen Urteilsbildung 6), Frankfurt am Main/Berlin/Bern/New York/Paris/Wien 1998, 161.
19. MARTIN LUTHER, Auslegung der ersten 25 Psalmen auf der Coburg (1530), WA 31/I, 317,4-9): »Haec est experientia passionis. Duo igitur allegat: consilium divinum et experientiam carnis propriam. Deus docuit me et ipse expertus sum in mea passione [...]. Das ist denn ein rechter Doctor, qui primo a Deo docetur, deinde experitur. Experientia autem est, wenn Gott mit dem rat hilfft, das einer denckt: ich wills ausharren [...].«
20. S. DEGKWITZ, a.a.O., 195.
21. MARTIN LUTHER, Vorlesung über den Römerbrief (1515/16), WA 56, 425,3-5: »Sunt enim non exhibita ad sensum bona et pax, Sed nunciata verbo ac sic fide tantum percipienda i.e. sine experientia, donec vita futura veniat.«
22. S. DEGKWITZ, ebd.

das, was in ihr geschah und was mit ihr zugesagt wird. Unser Dasein »von der Wiege bis zur Bahre« darf nicht aus der virtuellen Perspektive eines künftigen Lebens oder im Wissen um das unvermeidliche Ableben bewertet werden. Eine solche Bewertung hat sich jedoch in unserer Kultur seit spätestens zwei Jahrhunderten weithin durchgesetzt[23]: Dem menschlichen Leben wird weit mehr Bedeutung zugemessen, wenn es in seiner Begrenzung bedacht wird, abgeschnitten durch den Tod. So lautet der »aufgeklärte« Einspruch gegen eine Hoffnung über den Tod hinaus, wie ihn beispielsweise GOTTFRIED KELLERS »Grüner Heinrich« (1854/55, überarbeitet 1879/80) vertrat, die literarische Gestalt der Religionskritik LUDWIG FEUERBACHS.

Verleitet nicht eine Hoffnung, die über den Tod hinaus reichen will, zur Abwertung »diesseitigen« Lebens? Darf dieses Leben etwa bloß als ein Durchgang zu einem künftigen, vielleicht besseren, angesehen werden? Sollte es nicht alle Kräfte beanspruchen, auch alle Hoffnungen? – Paulus schreibt jedoch nicht: »Müsste es mit diesem Leben sein Bewenden haben, wären wir elend dran.« Für ihn kommt nicht in Frage, dass ein Jenseits des Todes das Leben komplettiert, indem es dessen Bruchstücke zu einer höheren Einheit zusammenfügt und Fehlendes hinzufügen kann. Er fragt vielmehr danach, woran »dieses Leben« hängt. Denn daran entscheidet sich, ob es durch den Tod vernichtet wird oder nicht.

Die Antwort des Apostels ergibt sich daraus, dass Jesus Christus, der Auferstandene, der Sieger über den Tod ist und in diesen Sieg, in die Rettung durch den Tod hindurch, diejenigen einbezieht, die ihm ganz und gar glauben und auf ihn voll und ganz hoffen (vgl. 1 Kor 15,57). Durch die Art und Weise dieser Auferstehung ist der Tod derart entmachtet worden, dass er nicht mehr vom lebendigen Gott trennen kann. Gott hat Jesu Sterben und seinen Gang ins Totenreich bejaht, Jesu Handeln und Leiden zu seinem eigenen erklärt. Seine Auferweckung im Verhältnis zur unsrigen könnte mit einer Geburt veranschaulicht werden, die mit dem Kopf anhebt, der alle anderen Körperteile nach sich zieht. Wenn bei einer Geburt erst einmal der Kopf heraus ist – und dies ist die schwierigste, schmerzlichste Phase, bedroht von vielen Komplikationen –, dann geht alles andere sekundenschnell.[24] Weil Christus auferstanden ist, ist unsere Auferstehung mehr als zur Hälfte geschehen.[25] Mit ihm verwachsen, strecken Christen bereits ihren Kopf aus der Todeswelt heraus. Und darum sind sie schon jetzt nicht mehr völlig dort, wo sie sich im Elend wissen. Sie sind schon aus der Gra-

---

23. Vgl. W. SCHRAGE, a.a.O. (siehe Anm. 1), 135, 147-149.

24. M. LUTHER, WA 36, 548,1 f. (zu 1 Kor 15,20): »[…] ut mulieres dicunt: infantem natum capite, hats nicht not.«

25. WA 36, 548,5 f.: »Ideo nostra resurrectio mortuorum ist freilich mher den helfft geschehen, quia caput nostrum da.«

beswelt herausgewachsen.[26] Der Überschritt vom Tod ins Leben lässt sich mit keinem graduellen Übergang mehr vergleichen, mit einem allmählichen Reinigungs-, Reife- und Vollendungsprozess. Wir, der Leib Christi, bleiben an dem Auferstandenen hängen, denn nur so wird er uns aus der Welt des Todes herausziehen, und wenn wir auferweckt werden, hängen wir erst recht an ihm.

Doch »was kann Christi Sieg über den Tod Menschen und Völkern bedeuten, die sich in den Tod ergeben haben, nach Ewigkeit gar nicht mehr verlangen?«[27] Eine solche Ergebung in den Tod findet sich – wohl oder übel oder auch heroisch – mit dem befristeten Dasein aller Lebewesen ab, denen der Mensch allenfalls insoweit überlegen ist, dass er um seine Endlichkeit weiß, auch wenn er meistens so handelt (und nicht anders handeln kann), als ob er noch genügend Zeit vor sich hätte. Ergebung in den Tod kann auch darin bestehen, Sterbende möglichst lange in sozialen Beziehungen zu erhalten, weil allein diese als lebenswert gelten, während auf den Tod nicht vorbereitet wird. Und was besagt es, wenn Liturgen im Gottesdienst den Tod von Gemeindegliedern nur noch »abkündigen« und dann die Hinterbliebenen in die Fürbitte einschließen, ohne der Toten noch zu gedenken! Bedeutet das nicht unausgesprochen: »Die Toten sind tot – kümmern wir uns um die Lebenden und ihre Zukunft!«? Oder wenn Röm 14,7-8 rezitiert wird, vielleicht ausgerechnet im Ostergottesdienst: »Unser keiner lebt sich selber, und keiner stirbt sich selber. Leben wir, so leben wir dem Herrn; sterben wir, so sterben wir dem Herrn. Darum: wir leben oder sterben, so sind wir des Herrn« – doch die Begründung »Denn dazu ist Christus gestorben und wieder lebendig geworden, dass er über Tote und Lebende Herr sei« (Röm 14, 9) wird verschwiegen! Können wir von der Gemeinschaft mit Christus reden, ohne von der Gemeinschaft von Lebenden und Toten unter der Herrschaft Jesu Christi zu sprechen?

Beim Bekenntnis der Hoffnung geht ein Riss durch Kirche und Theologie. Was wird uns in der Hoffnung auf Auferstehung von den Toten zugemutet – womit würden wir uns übernehmen? Haben wir uns womöglich zu viele Ansprüche mit ihren Erwartungen aufgeladen, auch Ansprüche an uns selber? Genügte es deshalb vielleicht, an ein Aufgehen der Verstorbenen in ein umfassendes Ganzes, genannt »Gott«, zu denken? Gehört der Tod eines jeden Lebewesens nicht zum Prozess der Evolution und seiner Regeneration des Lebens? Verstorbene können, metaphorisch gesprochen, noch für diejenigen weiterleben, die sie im Gedächtnis behalten. Dürfen wir mehr erwarten – wollen wir dies überhaupt?

Viele möchten nur ganz und gar in Ruhe gelassen werden, wie der Todmüde im Gedicht »Grabschrift« MARIE VON EBNER-ESCHENBACHS (1830-1916):

---

26. WA 36, 547,9: »[...] sind mher denn die helfft lebendig.«
27. REINHOLD SCHNEIDER, Winter in Wien, Freiburg im Breisgau ⁵1958, 99.

Im Schatten dieser Weide ruht
Ein armer Mensch, nicht schlimm noch gut.
Er hat gefühlt mehr als gedacht
Hat mehr geweint als er gelacht;
Er hat geliebt und viel gelitten,
Hat schwer gekämpft und – nichts erstritten.
Nun liegt er endlich sanft gestreckt,
Wünscht nicht zu werden auferweckt.
Wollt Gott an ihm das Wunder tun,
Er bäte: Herr, o laß mich ruhn!

Der katholische Schriftsteller REINHOLD SCHNEIDER, der in den Bedrängnissen des Dritten Reiches für viele ein Glaubensrückhalt gewesen war, schrieb im Winter 1957/58, wenige Monate vor seinem Tode: »Kann der nur Gott lieben aus ganzer Seele, der das ewige Leben will […]? Kann nur der den Nächsten lieben wie sich selbst, der Gott liebt? – Ist nicht eine Existenz möglich, die diese Beziehungen nicht zu leisten vermag, wenigstens nicht zugleich, die Gott liebt, aber das Leben nicht sucht, die den Nächsten liebt, aber vielleicht nicht Gott und nicht das Leben?«[28] Die Bitte am Ende der katholischen Bestattungsliturgie »Herr, gib ihm/ihr die ewige Ruhe«, wird hier zum Stoßseufzer eines Angefochtenen, der völlig erschöpft ist. Er möchte in Ruhe verlöschen, verschlafen, was noch kommen mag. Den ganzheitlichen Sinnentwürfen seiner Zeitgenossen kann er nichts mehr abgewinnen. Es bleibt nur die Sehnsucht nach dem Ende. Aber es ist mehr als Resignation – es ist die angefochtene Erwartung eines persönlichen Weiterlebens, die zur Atemnot der Hoffnung führt: Ist es menschenmöglich, das biblische Liebesgebot in allen seinen Beziehungen *zugleich* zu erfüllen? – Wer aber vermag solche Beziehungen überhaupt zu »leisten«? Da müsste eine Tür von außen aufgestoßen werden, wenn gesehen werden soll, was Christus denen abnimmt, die nicht nur zeitlebens auf ihn hoffen, und was er ihnen zumutet: die Verwandlung ihres gelebten Lebens an seiner Seite.

Den Frauen wurde am leeren Grab etwas entzogen, an dem sie hingen, weil ihnen desto mehr gegeben wurde. Eine tragende Erinnerung wurde ihnen genommen und neue Hoffnung wurde ihnen geweckt, ohne dass sie zugleich ihrer inne wurden: der Hoffnung auf das Leben in der Nähe Christi, des verborgenen Lebens mit Christus in Gott (Kol 3,3). In diese Hoffnung mussten sie erst hineinwachsen. Auch heute will, inmitten einer Welt des Todes mit seinen vielen Gesichtern, eine neue Zukunft denen geschenkt werden, die sich von Gott nehmen lassen, woran sie sich so klammern, dass es ihnen das Leben und Sterben mit Christus versperrt.

Das Verstummen derer, die von der Osterbotschaft angesprochen wurden, und das Bekenntnis der Osterzeugen sprechen ihre eigene Sprache. Es ist der

---

28. R. SCHNEIDER, a. a. O., 99 f.

schärfste Kontrast zu dem, was FRIEDRICH NIETZSCHE seinen Propheten »Zarathustra« über diejenigen sagen lässt, die sich Christen nennen: »Bessere Lieder
müssten sie mir singen, dass ich an ihren Erlöser glauben lerne: erlöster müssten
mir seine Jünger aussehen!«[29] Zum »Osterlachen« wird ja in vielen Osterpredig-
ten animiert – wollten wir aber um jeden Preis erlöster aussehen, brächten wir
wohl meistens nur ein erzwungenes Grinsen zustande. Nietzsche meint, diejenigen, die mit ihrem Erlöser gleichgestimmt sein wollen, könnten ihren Glauben
nur unter Beweis stellen, wenn sie in unverhüllter Harmonie mit dem Leben und
ihrer Umwelt einhergingen, wenn sie die Leichentücher abwerfen und nicht
mehr »Gott« nennen würden, »was ihnen widersprach und wehe that«[30]. Ostern
tut weh, denn es zerreißt vieles, und vieles bricht unter Schmerzen auf. Wir
dürfen es nicht verkleistern oder beschönigen. Denn der Einspruch Gottes gegen
die Allmacht des Todes, den wir uns nicht anmaßen können, gehört zur Verkündigung der Auferweckung Jesu Christi und unserer Auferstehung als Zusage des
Lebens bei Gott.

Let us not mock God with metaphor,	Lasst uns nicht Gottes spotten
	mit Metapher,
analogy, sidestepping, transcendence;	Analogie, Ausflucht, Transzendenz;
making of the event a parable,	das Ereignis nicht zum Gleichnis
a sign painted in the	machen,
faded credulity of earlier ages:	zum Zeichen, gemalt in der verblassten
	Leichtgläubigkeit früh'rer Zeiten:
let us walk through the door.	Lasst uns die Tür durchschreiten.
Let us not seek to make it	Lasst uns nicht streben, es weniger
less monstrous,	ungeheuerlich zu machen,
for our own convenience,	nach unserm eignen Gefallen,
our own sense of beauty,	eignem Schönheitssinn,
lest, awakened in one unthinkable	damit wir nicht, erweckt in einer
hour, we are	undenkbaren Stunde,
embarrassed by the miracle,	fassungslos sind vor dem Wunder,
and crushed by the remonstrance.	und von Ablehnung zermalmt.[31]

29. FRIEDRICH NIETZSCHE, Also sprach Zarathustra. Ein Buch für alle und keinen. Zweiter
    Teil: Von den Priestern (1883), in: Werke, hg. von Giorgio Colli und Mazzino Mon-
    tinari, Bd. VI/1, Berlin/New York 1968, 114.
30. F. NIETZSCHE, ebd.
31. JOHN UPDIKE, Seven Stanzas at Easter (1960), Strophen 4 und 7, in: Collected Poems
    1953-1993, New York (Alfred A. Knopf) 1993, 20f. – Übersetzung G. S.

7. Die Hoheit Jesu Christi:
Das Fest Christi Himmelfahrt

1. Verherrlichung

Zum Ölberg bei Jerusalem, wo nach lukanischer Überlieferung Jesus Christus zum Himmelsthron erhoben wurde (Acta 1,9-12)[1], führt ein Umweg über Ephesus – geographisch gesehen ein weiter Weg, der uns aber nahebringt, was in der Hoheit Christi beschlossen ist. Der Aufblick zur *doxa* Jesu Christi, der Blick für seine Erhöhung an Gottes Seite, für den Glanz seiner himmlischen Macht, mit der er an den Seinen wirkt und sie ermächtigt, ihn anzurufen: dies wurde zur Lebensfrage der Gemeinde in Ephesus. Nähmen die Epheser nicht wahr, was Gott an Jesus Christus vollbrachte und wie er die Christengemeinde daran teilhaben lässt, würden ihre ansehnlichen Aktivitäten in einem hoffnungslosen Leerlauf enden, weil sie trotz aller guten Absichten nur der Selbsterbauung dienten. Ist ihnen wirklich schon klar und deutlich geworden, dass Jesus Christus mächtig ist »über alle Reiche, Gewalt, Macht, Herrschaft und alles, was sonst einen Namen hat, nicht allein in dieser Welt, sondern auch in der künftigen« (Eph 1,21)? Er, das Haupt seiner Gemeinde! Nicht nur ein Führer oder Anführer, sondern gleichsam der Kopf, von dem Atmung, Blutkreislauf und Nerven des Leibes abhängen und der verarbeitet, was die Sinne aufnehmen. Dass dies alles in seiner ganzen Tragweite und Reichweite erschlossen wird, ist nicht nur für die Gemeinde in Ephesus, sondern für jede Gemeinde lebenswichtig. Grund genug für uns, das Fest Christi Himmelfahrt zu feiern: als Fest Jesu Christi als des Herrschers, dem »alle Macht im Himmel und auf Erden gegeben« ist (Mt 28,18)!

Ephesus war im ersten nachchristlichen Jahrhundert eine der größten Städte des Römischen Reiches, ein kulturelles und wirtschaftliches Zentrum, ein bedeutender Hafen an der Westküste Kleinasiens.[2] In einem gewaltigen Tempel, einem der sieben Weltwunder der Antike, wurde die Göttin Artemis verehrt, deren Kult mit dem der regionalen Fruchtbarkeitsgöttin Kybele verschmolzen war. Die Goldene Straße mit ihren Prachtbauten führte zu einem riesigen Amphitheater, in dem der Goldschmied und Devotionalienhändler Demetrius einen Tumult gegen die Predigt des Apostels Paulus entfesselte, der die Artemis-(Diana-)Verehrung als Götzendienst gebrandmarkt hatte, was Demetrius und seine Zunft als ge-

---

1. Im Evangelium zum Fest Christi Himmelfahrt (Lk 24,50-53) wird Betanien, ein Ort südöstlich von Jerusalem, angegeben. Ein Weg dorthin führt über den Ölberg.
2. WINFRIED ELLIGER, Ephesus – Geschichte einer antiken Stadt, Stuttgart ²1992.

schäftsschädigend empfanden. Paulus wurde deshalb als Feind der Schutzgöttin angeprangert, und dadurch flammte auch der im Stadtvolk verbreitete Antisemitismus wieder einmal auf (Acta 19,23-34).

Das Judenviertel mit der Synagoge, in der Paulus drei Wochen lang Christus verkündete, befand sich wahrscheinlich hoch oben am Abhang über der Prachtstraße. Und irgendwo dort, also ganz am Rande der Weltstadt und teils über die Stadt verstreut, werden die Glieder der kleinen christlichen Gemeinde gelebt haben: eine winzige Minderheit in einer bunten Bevölkerung. Und ausgerechnet an diese Gemeinde wurde ein Brief gerichtet, der mit überschwänglichen Worten und in höchsten Tönen von der Macht Christi spricht, die durch die Existenz seiner Gemeinde kundgetan wird. Diese Macht hat sie ja »heraus- und hervorgerufen« aus der Hoffnungslosigkeit (Eph 1,18) inmitten der Vielfalt religiöser Verehrung unzähliger »Namen« und »himmlischer Mächte« unterschiedlicher Wirkungsgrade, einer Verehrung, die gerade in Ephesus besonders erfolgreich kultiviert wurde. Ihre Einwohner wussten sich tagtäglich, in all ihrem Tun und Lassen, von vielen Mächten abhängig und ihnen verpflichtet. Und das Gedeihen der ganzen Stadt hing davon ab, dass die »vielmächtige« Weltordnung (Jochen Teuffel) von allen Einwohnern anerkannt wurde. Nur im Einvernehmen mit den Schicksalsmächten konnte sie reibungslos regiert werden.

Wer vor diesem Hintergrund den Brief an die Epheser liest und sich in den Christushymnus in Eph 1,20-23[3] vertieft, dürfte wohl den Kopf schütteln, wenn er diesen Lobpreis des Glanzes Jesu Christi, der in den Augen der Christen in Ephesus widerstrahlen will, mit der Lage der Gemeinde dort vergleicht. Welch

---

3.   Eph 1,20b-23 ist dem Fest Christi Himmelfahrt zugeordnet (EGB 336). In der alten Perikopenordnung war Eph 1,15-23 für den 4. Sonntag nach Epiphanias vorgesehen, im Zusammenhang mit Geschichten, die von der Errettung des Gottesvolkes oder der Jünger aus Todesgefahr erzählen, die den Glauben auf die Probe stellt. Der Abschnitt aus Eph 1 wie die ihm korrespondierende Perikope Kol 2,8-25 lenken dementsprechend den Blick auf die Errettung, die der Christengemeinde durch die Auferweckung und Erhöhung Jesu Christi widerfahren ist: auf das Heilsgeschehen, das die Kirche als Teil der Welt ergriffen hat.
Dieser Kontext darf nicht außer Acht gelassen werden, wenn nur Eph 1,15-20a an der früher gewohnten Stelle im Kirchenjahr verbleibt (jetzt in der IV. statt in der VI. Reihe), während die hymnisch geprägten Sätze am Himmelfahrtsfest gelesen werden. Sie sprechen von der Herrschaft Jesu über alle Dimensionen des Kosmos und von der Präsenz, mit der Christus das All »erfüllt«. Werden Eph 1,20b-23 jedoch isoliert gelesen, erscheint dieser Abschnitt womöglich noch mehr in sich geschlossen, monumental und »abgehoben«, als es die wuchtige und hochgetürmte Sprache des Epheserbriefes ohnehin nahelegt. Doch was Gott an und mit Jesus Christus vollbracht hat, will als *Hoffnung* erkannt werden, *zu der Gott ruft* (Eph 1,18), nicht als »eine vollendete Tatsache«, die nur noch bekannt gemacht werden müsste (so Karl Barth, Die Kirchliche Dogmatik III/2, Zollikon-Zürich 1948, 363). Dieser Duktus muss in der Predigt zur Sprache kommen.

ein Missverhältnis! Soll etwa die kümmerliche Existenz der Christengemeinde dadurch kompensiert werden, dass sie sich bewusst werden soll, einer himmlischen Macht anzugehören, der gegenüber alle Verhältnisse auf Erden zusammenschrumpfen?

Muss es den paar Juden und Heiden, die sich hier zusammengefunden haben, nicht zu Kopf steigen und sind sie nicht versucht, in den Wolken zu schweben, wenn sie hören oder lesen, wie Gott der Herr aufs Allergewaltigste an ihnen gehandelt hat und wirken will? Oder ist die Hoffnung, zu der die Gemeinde gerufen wird, das einzig Echte und Verheißungsvolle im Treiben dieser Weltstadt mit ihrer – für damalige Verhältnisse – überregionalen religiösen Ausstrahlung (vgl. Acta 19,27)?

Manches Mustergültige hat diese Gemeinde aufzubieten: Unablässig bemüht sie sich, gute Werke zu vollbringen, in schwierigen Zeiten beweist sie Geduld, erträgt Belastungen und weicht nicht vom rechten Wege ab, sie lässt sich nicht von falscher Propaganda verleiten und setzt sich unbeirrt dem Hass aus, der dem Jesusnamen entgegengebracht wird (Apk 2,2-3). Vermutlich hat es in Ephesus auch nicht wie in anderen Gemeinden Zwistigkeiten zwischen Juden und Christen gegeben, etwa Streitigkeiten um ererbte Vorrechte und neue Freizügigkeit. Die Gemeindeglieder können daran erinnert werden, dass die Versöhnung mit Gott Menschen aus zwei unvereinbaren religiösen Welten, die sich fremd, wenn nicht sogar feindlich gegenüberstanden, zu einer Glaubensgemeinde vereinte, in der sich der Gottesfriede verkörpert (Eph 2,14-18). In einer Weltstadt, in der verschiedene Religionen aufeinander trafen, die bestenfalls schiedlich/friedlich ihren Platz nebeneinander behaupten durften, musste eine Gemeinde aus Juden und Heiden, die keine synkretistische Mischform war, nicht nur als merkwürdige und unbegreifliche Novität erscheinen. Sie befremdete und konnte als Störenfried angesehen werden.

Später wird dieser Gemeinde vorgehalten werden, sie habe die »erste Liebe« aufgegeben (Apk 2,4). War es leidenschaftliche, hochgespannte Zuneigung, die sich alsbald mit alltäglichen Erfordernissen arrangieren musste? Das Gefühl innigster Zusammengehörigkeit, das sich mit der Zeit abgeschwächt hat? Wachsende Vertrautheit, die immer wieder neue Züge aneinander entdeckte, aber allmählich auch von Gewohnheiten überlagert wurde, die Vorurteile nähren? – Gewiss ist mit »allererster Liebe« hier hauptsächlich das Verhältnis der Gemeinde zu Christus gemeint, erst daraufhin die Liebe der Gemeindeglieder füreinander (vgl. Eph 1,15) und wohl auch ihr liebevoller Einsatz für andere. Sie hat sich an alles gewöhnt, was Menschen von Christus erhalten haben und bekommen können, doch diese Gewöhnung endet in der Routine gutgeölter Betriebsamkeit. Die Gemeinde hat ihre Leuchtkraft verloren, sie ist nahezu ausgebrannt. Ihr Leuchter, der sie kenntlich macht und Licht auf die nächsten Schritte ihres Weges wirft, wird umgestoßen (Apk 2,5) und erlischt.

Die drohende innere Leere könnte den Verfasser des Briefes an die Epheser zur Fürbitte bewogen haben (Eph 1,16-19): Er bittet den »Gott unseres Herrn Jesus Christus«, sich von den Ephesern erkennen zu lassen, damit sie mit der Hoffnung, die sie erwartet, so vertraut werden, dass diese Hoffnung sie immer stärker durchdringt. Dann werden sie mehr und mehr entdecken, was diese Hoffnung für sie bereit hält – gerade jetzt! Es ist Gottes Hoffnungsgabe, im Himmel bewahrt, aber dort nicht weggeschlossen, kein Guthaben, das irgendwann ausgehändigt werden soll, sondern das Hoffnungsgut, das unwiderstehlich zu Christus zieht. Wer den Ephesern diesen Brief schrieb – Paulus oder jemand, der ihm theologisch recht nahe stand und dessen Stil sogar für den sprachgewaltigen Apostel ungewöhnlich gewesen wäre –, zeichnet ihre *Gemeinde so, wie sie von Christus her zu Christus hin existiert und intensiv wächst, so wahr sie der Leib Christi ist:* ein Mikrokosmos der kosmischen Fülle des auferweckten, an Gottes Seite erhöhten Weltenrichters.

Die Christengemeinde vermag sich nur dann recht zu sehen, wenn sie sich von Gottes Handeln an Christus her wahrnimmt, das als unvergleichliche Macht *(dynamis)* am Werke ist *(energeia)*, als eine allen anderen Großtaten überlegene Gewalt *(kratos)*[4]: »Er hat ihn von den Toten auferweckt und sich zur Seite gesetzt.« (Eph 1,20) Hoch erhaben teilt er mit ihm, jetzt und in aller Zukunft, sein Regiment über alle himmlischen und irdischen Reiche, Mächte und Namen. So wird Christus verherrlicht: er ist der *Herr Jesus Christus* (Eph 1,17), dem die vielmächtige Weltordnung zu Füßen liegt, der nicht auf ihr herumtrampelt, sondern die ihm zu ihrem Schutz und Gedeihen unterworfen ist. Er wehrt die gottfeindlichen Mächte ab, die sie bedrohen. Und in anderer Weise ist er Herr der Kirche, jeder einzelnen Gemeinde ebenso wie der Kirche in ihrer Ganzheit *(ekklesia)*: der Raum, in den hinein er Menschen aus der vielmächtigen Welt herausruft und zu sich zieht. Sie bildet den Leib, dessen Haupt er ist, das den Leib lebendig erhält und wachsen lässt (Eph 1,20b-23). Der Christusleib ist Teil der allumfassenden Fülle Christi und darum kein Fremdkörper in der »Welt«. Wie jeder Körper nimmt er Raum ein. Raum der Kirche ist – nicht nur während des Gottesdienstes! – das Leben vor Gott, erfüllt von Gottes Handeln an Christus.

Der Glanz seiner Macht fällt auch auf die Kirche, indem sie zu der Hoffnung aufschaut, die sie erwartet. So hat sie Anteil an der *Verherrlichung Christi:* Sie wird ihr zuteil, weil sie durch Gottes machtvolles Handeln, das »Tote auferweckt und das Nichtseiende ins Sein ruft« (Röm 4,17), geschaffen wird. Und die Kirche nimmt insofern an der Verherrlichung Christi teil, als sie ihn als ihren Herrn anruft.

Von der Kirche ist hier also erst im Zuge des Wirkens Gottes an Jesus Christus die Rede. »Ihn erweckte er von den Toten und setzte ihn zu seiner Rechten in den Himmeln.« Diese hymnisch geprägte Formulierung ist eine Vorform der theo-

---

4. Zum Einzelnen siehe HEINRICH SCHLIER, Der Brief an die Epheser, Düsseldorf ³1962, 85-87.

logischen Sequenz im *Credo:* »auferstanden von den Toten, aufgefahren in den Himmel; er sitzt zur Rechten Gottes, des allmächtigen Vaters«. Das zweite Element ist das Bindeglied zwischen dem ersten und dem dritten. Deshalb sollte es nicht herausgestellt oder verselbstständigt werden, wie es am Fest Christi Himmelfahrt geschieht, wenn hauptsächlich auf die narrativen Anhaltspunkte in Lk 24,50-53 (Evangelium) und Acta 1,9-12 (Epistel) Bezug genommen wird. Die »Auffahrt« Christi (wie die Schweizer sagen) will als Auftakt zu seiner Inthronisation wahrgenommen werden. Geschieht dies nicht, wird ihre theologische Aussagekraft gemindert und kann leicht missdeutet werden.

Das Fest Christi Himmelfahrt will uns helfen, die Sequenz »auferstanden von den Toten, aufgefahren in den Himmel; er sitzt zur Rechten Gottes, des allmächtigen Vaters« als Einheit des Handelns Gottes an Jesus Christus zu verstehen, das in der Inthronisation Christi gipfelt. In der christlichen Kunst bot sich allerdings das Entschweben des Auferstandenen als Motiv viel eher an als eine Ikonographie der Verherrlichung Christi, die sich ja jeder topographischen Ortsbestimmung entzieht. Mit seiner Erhöhung rückt der Auferstandene Gott unmittelbar nahe; diese Nähe wird mit »in den Himmeln« umschrieben. »Himmel« (englisch *heaven*) heißt das Wirkungs»feld« Gottes, seines unbeschränkten Handelns, wohin er heimholt und aufnimmt, wer zum ihm gehört. Dieser Himmel ist grundverschieden von allem, was »auf Erden ist« und »von der Erde ist«, was dort verbleibt und vergeht, einschließlich des Himmels über der Erde, dem oberen Grenzbereich des Geschöpflichen (englisch *sky*). Abgebildet werden konnte die Auffahrt Jesu nur um den Preis, dass die beiden metaphorischen Bedeutungen von »Himmel« miteinander vermengt wurden. Doch jeder Versuch, Jesus nur als immer weiter von der Erde »entrückt« darzustellen, musste widersinnig ausfallen. In der frühchristlichen Kunst scheint es genügt zu haben, Christus als über den Jüngern schwebend zu zeichnen. Doch allmählich verflüchtigte sich der aufsteigende Jesus gleichsam, manchmal wurden nur noch seine Füße gezeigt, später nur noch Fußabdrücke oder ein Teil der Wolke, die ihn aufnimmt.

Die lukanische Datierung der »Auffahrt« Christi – 40 Tage nach Ostern – hat dem Fest seinen Platz im Kirchenjahr angewiesen, obwohl es keine chronologische Zeitangabe ist, sondern eine »runde Zahl« für einen Zeitraum mit geschichtsübergreifender Bedeutung. Von dem, was zwischen der Auferweckung Jesu und seiner Rückkehr zum Vater geschah, erfahren wir nur, dass Jesus Christus auf seine Weise den Jüngern nahekommt, dass er hin und wieder kurz mit ihnen spricht, sie vielleicht eine kleine Wegstrecke begleitet, aber alsbald ihnen wieder entschwindet, bis Gott ihn sich zur Seite holt. Matthäus, Markus und Johannes verzichten auf jegliche Zeitangabe, wenn sie Jesu »letzte Worte« überliefern.

Jeder Versuch, Jesu »Himmelfahrt« zu veranschaulichen, stößt bald an Grenzen, auch in JOHANN CHRISTOPH BLUMHARDTS an sich ansprechender Schilderung:

Man hat gesehen, wie Er die Hände ausbreitete, und da hebt Ihn eine Wolke in den Himmel. Er steigt auf und hebt Seine segnenden Hände über die Zuschauer, und sie sind gesegnet. Mit Seinem Fortgehen ist etwas da geblieben. Denkt euch noch weiter hinein. Seine Segenshände bekommen einen immer weiteren Kreis zum Segnen. Je höher man von der Erde hinauf steigt, desto größer wird der Gesichtskreis und so kommt der Segen von Seinen Händen über alle Völker hin. Glaubet das: an jedem Menschen, an allen Völkern der Erde, so weit sie nur eines Segens fähig waren, ist damit etwas geschehen. Was? wie viel? könnten wir fragen; das liegt außer unserer Berechnung, aber ohne diesen Segen hätten die Jünger keine offenen Herzen gefunden, als sie anfingen den Mund aufzuthun, um Jesum zu verkündigen, was sie mit großer Freude thaten. Es ruht von jener Zeit an ein gewisser Segen auf der ganzen Erde, wenn derselbe auch sehr verdunkelt ist, freilich weil die Menschen darnach sind.[5]

Im Zeitalter der Raumfahrt mag die Vorstellung vom Aufsteiger in himmlische Sphären manche abwegigen Assoziationen wecken, die in manchen Predigten gern aufgegriffen werden, um sie lächerlich zu machen (»Jesus hat doch keine Leuchtspur hinterlassen wie eine Rakete, die in die Stratosphäre entschwindet!«). Was geschieht, wenn Jesus Christus »emporgehoben wird« (Acta 1,9), kann zutreffend weder als »Aufstieg« noch auch als »Abschied« bezeichnet werden. Die Wolke, die ihn aufnimmt, ist eine Metapher für »Gottes geheimnisvolle Gegenwart«[6]. Sie nimmt den Auferstandenen auf und versetzt ihn an einen anderen Ort: Gottes Wirkungs»feld«. Hier wird er zu den Menschen in ihren Raum und ihre Zeit kommen (Acta 1,11). Darum konnte Blumhardt den Bogen vom Segen des erhöhten Christus, der die Jünger in die Freude an seiner Hoheit entlässt, zur weltumfassenden Macht seines Segens schlagen. Mit dieser göttlichen Macht begleitet Christus die Seinen, mehr noch: mit ihr kommt er ihnen zuvor, wenn sie seinen Verkündigungsauftrag ausführen (Mt 28,18-20).

Das Fest Christi Himmelfahrt feiern wir, weil *Jesus Christus Herr geworden ist, der Kyrios zur Rechten Gottes, als Mitregent und himmlischer Weltenrichter, der uns zu sich ziehen will* (Joh 12,32). Von der Tragweite und Reichweite dieses Geschehens bietet die Perikopenordnung allerdings nur ein unentschiedenes Bild. Außer den beiden knappen lukanischen Erzählungen und dem leider aus dem Zusammenhang gerissenen Ephesertext sieht sie Teile aus dem Bericht über die Einweihung des Tempels (1 Kön 8,22-24.26-28; 29-30), Jesu Gebet um die Einheit der Seinen und ihr künftiges Schauen seiner Herrlichkeit (Joh 17,20-26) sowie einen prophetisch gestimmten Christushymnus (Apk 1,4-8) vor. Was die-

5. J. CHRISTOPH BLUMHARDT, Predigt über Lk 24,49-53 (Himmelfahrt 1861), in: Gesammelte Werke, hg. von Christoph Blumhardt, Bd. 2: Evangelien-Predigten, Karlsruhe 1887, (254-263) 258, wieder abgedruckt in: Ausgewählte Schriften, hg. von Otto Bruder, Bd. 2: Die Verkündigung, Zürich 1948, (21-29) 24.

6. WALTER KASPER, Christi Himmelfahrt – Geschichte und theologische Bedeutung, in: IKaZ 12 (1983), (205-213) 211.

se Texte spezifisch miteinander verbindet, bleibt unklar. Die Weisheit kirchlicher Kommissionen ist unergründlich. Es läge viel näher, aus den Evangelientexten Joh 12,27-32 zu wählen (Joh 17,24 setzt Joh 12,32 voraus) und das Fest auch mit Hilfe des Christushymnus Phil 2,5-11 und der prophetischen Rede von Gottes Gericht über die urteilslosen Mächte (Ps 82) auszurichten.

2. Die Macht des Erbarmens

Jesus Christus zur Rechten Gottes nimmt nicht nur den Ehrenplatz an Gottes rechter Seite ein. Er erhält »Anteil an Gottes Herrschermacht«[7], an seiner »Rechten« (vgl. Ps 110,1; Mt 22,44 parr.; 26,64 parr.): *Gott will mit ihm regieren, mit ihm teilt er seine Herrschaft.*

Dies wird in Eph 1,20-21 und besonders drastisch in Kol 2,15 erläutert: Christus hat die »Mächte«, die ihn ans Kreuz gebracht haben, bloßgestellt und wie in einem Triumphzug vorgeführt; in J. S. BACHs Himmelfahrtskantate »Gott fährt auf mit Jauchzen« (BWV 43) heißt es: »Es will der Höchste sich ein Siegsgepräng bereiten, / Da die Gefängnisse er selbst gefangen führt.« Die Machtstellung Christi wird durch seine *Namenshoheit* unterstrichen: kein anderer Name reicht an den seinigen heran. Denn »der HERR hat ihn erhöht« und ihn des »Namens über jeden Namen« gewürdigt, »damit sich im Namen Jesu alle Knie beugen« und »alle Zungen bekennen: HERR IST JESUS CHRISTUS zur Ehre Gottes des Vaters« (Phil 2,9-11). »Name« ist »Wesenskennzeichnung« einer Macht; mit ihrem Namen wird sie angesprochen.[8]

Es dürfte nicht zu hoch gegriffen sein, wenn in der Namenshoheit Jesu seine Einbeziehung in das Namensgeheimnis vernommen wird, mit dem JHWH sich anreden lässt und zugleich unablässig seine Souveränität wahrt: »Ich bin, der ich bin!« (Ex 3,14)[9] Poetisch ausgedrückt: »Die Selbsterschließung Gottes in ›Ich bin, der ich bin‹ ist der schönste aller Kurzmonologe, in endloser Wortfolge zieht er durchs Universum.«[10] Gottes Selbsterschließung ist in Jesus Christus Gestalt geworden, und JHWH verbürgt sich für sie und für den Jesus-Namen: *Jeschua.* Diesen Namen hatte Gott selber für ihn als den Retter seines Volkes bestimmt (Mt 1,21). Jesus soll außerdem *Immanuel* heißen: »Mit uns ist Gott« (Mt 1,23), und als Auferstandener verheißt er den Seinen, ihnen allezeit beizustehen (Mt 28,20). Mit der Erhöhung bestätigt Gott die Namensverheißung und zugleich den Christustitel, der – wie auch immer – zum Eigennamen Jesu

7. H. SCHLIER, a.a.O. (siehe Anm. 4), 86.
8. H. SCHLIER, a.a.O., 87 f.
9. Siehe dazu JOCHEN TEUFFEL, Mission als Namenszeugnis. Eine Ideologiekritik in Sachen Religion, Tübingen 2009, 116-120, und die dort angegebene Literatur.
10. SIBYLLE LEWITSCHAROFF, Consummatus, München 2010, 220.

von Nazareth geworden ist: Jesus ist der Heilsbringer, der Erretter schlechthin. Er überragt alle anderen himmlischen, irdischen und unterirdischen Namen mit ihren Machtbereichen (Phil 2,9), die sich *in seinem Namen* beugen sollen, nicht nur *seinem Namen*. So müssen sie bekennen: »Jesus ist Sieger!«[11] Wer dagegen zu Jesus gehört und seinen Namen anruft, der wird nicht irgendeine Macht herbeilocken, sondern sich an seinen Herrn wenden. Er wird seine Stimme zu ihm erheben, der in das Geheimnis des Namens JHWH eingegangen ist. »Wem wäre wohl dein Name klar, wenn dein Sohn nicht wäre?«[12]

Dass Jesus unser Bruder sei, wird oft und gern gesagt – dass er unser Herr ist, kommt heutzutage vielen schwerer über die Lippen. Längst hat sich auch in der Kirche ein Widerwille gegen jede Art von »Herrschaft« eingenistet, weil Herrschaft unter Verdacht steht, Freiheit als Selbstbestimmung zumindest einzuschränken und Unterwerfung zu sanktionieren. »Königsherrschaft Christi« – Schlagwort einer Strömung deutscher evangelischer Ethik in den 1960er und 1970er Jahren[13] – klingt beinahe wie aus der Feudalzeit entlehnt, weil Könige heute fast nur noch eine repräsentative Rolle spielen. Und wer versteht heute noch, was ERNST KÄSEMANN emphatisch »Herrschaftswechsel« nannte[14], um zu umschreiben, wie Jesus Christus dazu befreit, ihm anzugehören und seinem Ruf zu folgen, statt fremden Herren dienen zu müssen.

Schon aus Eph 1,21-23 wurde deutlich, dass der Begriff *Herrschaft* mehrdeutig ist: Die Herrschaft Christi über die Mächte ist von anderer Art als sein Herr-Sein als Haupt der Kirche. Zugleich hat »Herrschaft« (wie »Reich«) eine räum-

---

11. J. CHRISTOPH BLUMHARDT berichtete, er habe 1843 einer Schwerkranken geraten, Jesus um Hilfe anzurufen, und die Kranke habe dann mit fremder Stimme herausgeschrien: »Jesus ist Sieger!« Blumhardt verstand diesen Ausruf als Kapitulation widergöttlicher und menschenfeindlicher Mächte, die sich Jesus beugen mussten. – Krankheitsgeschichte der G[ottliebin] D[ittus] in Möttlingen, mitgeteilt von Pfarrer Blumhardt, in: Der Kampf in Möttlingen. Texte (Gesammelte Werke I/1), unter Mitarbeit von Paul Ernst hg. von Gerhard Schäfer, Göttingen 1979, (124-299) 178.
12. NIKOLAUS LUDWIG VON ZINZENDORF, in: Evangelisches Gesangbuch der Brüdergemeine (1967), Hamburg ²1982, 606.2.
13. Siehe dazu ERNST WOLF, Königsherrschaft Christi und lutherische Zwei-Reiche-Lehre, in: Peregrinatio, Bd. 2, München 1965, 207-229; Kirchengemeinschaft und politische Ethik. Ergebnis eines theologischen Gespräches zum Verhältnis von Zwei-Reiche-Lehre und Lehre von der Königsherrschaft Christi, hg. von Joachim Rogge und Helmut Zeddies, Berlin 1980.
14. In zahlreichen seiner Arbeiten, beginnend mit der Dissertation »Leib und Leib Christi« (1933), hat KÄSEMANN dargelegt, dass die Herrschaft Jesu Christi sich in der Kirche verleiblicht und letztendlich Gott unterstellt wird (1 Kor 15,28). Vgl. z.B. Käsemanns Artikel »Epheserbrief« in: RGG³ 2, 1958, (517-520) 518: »In Leib und dessen Gliedern wird der Kosmokrator epiphan, um die Welt in den Gehorsam der wiederhergestellten Schöpfung zurückzurufen (2,10).«

liche Bedeutung. Christus herrscht über eine »vielmächtige« Weltordnung, indem er sie in Schranken hält, ohne dass er die Mächte am Gängelband führte oder wie Marionetten behandelte. Wollen sie sich eigenmächtig gegen Christus austoben, wird er ihnen über kurz oder lang die Stirn bieten. Denn Gott hat sie ihm unterstellt. Herr der Kirche ist Christus als ihr Haupt: ohne ihn wäre sie nicht lebensfähig. Er regiert über alles und durch alles, was in seinem Namen gesagt und getan wird – auch und gerade im Gottesdienst, in Liturgie, Wortverkündigung und Sakrament. Wenn die Gemeinschaft an seinem Tisch »Mahl des Herrn« genannt wird, heißt dies auch, dass er Herr dieses Mahles ist! Und weil im Herrn der Kirche alle Welt den Herrn der Mächte vor sich hat, gilt auch: »Im Herrn der Mächte hat alle Welt den Herrn der Kirche vor sich.«[15]

»Herrschaft« kann aber auch als Entmächtigung anderer verstanden und praktiziert werden: Menschen unterwerfen andere Menschen, machen sie sich botmäßig, unterjochen sie, reißen ihren Willen an sich und schränken ihre Handlungsfreiheit empfindlich ein. Eine solche Unterwerfung kann sogar mehr oder weniger freiwillig geschehen, wenn von ihr Schutz und Wohlergehen erwartet wird und weil es oft bequemer ist, Verantwortung abzugeben, als sie auf sich zu nehmen und zu tragen.

Darum wurde in der zweiten These der »Theologischen Erklärung der Bekenntnissynode von Barmen vom 29. bis 31. Mai 1934« die »falsche Lehre« verworfen, »als gebe es Bereiche unseres Lebens, in denen wir nicht Jesus Christus, sondern anderen Herren zu eigen wären, Bereiche, in denen wir nicht der Rechtfertigung und Heiligung durch ihn bedürften«[16]. Abgewehrt wurde eine theologische Billigung des totalitären Staates mit seinem Anspruch, nicht nur sämtliche Lebensbereiche kontrollieren und sie beherrschen zu wollen, sondern auch als oberste, letzte Instanz für jede Begründung des Rechtes und aller Machtausübung zu gelten, sogar für eine Zensur der Verkündigung des Evangeliums.

Trotz der Abgründe totalitärer Herrschaft in Deutschland, ihres Machtmissbrauchs und ihrer oft versteckten Verzweigungen, ungeachtet auch der Erscheinungsformen des Totalitarismus andernorts, blieb die Besinnung auf das Verhältnis von Herrschaft, Macht und Gewalt verworren. Allzu oft wird »Macht« nicht als Wirken verstanden, das zu bestimmtem Tun ermächtigt ist, sondern durch »Herrschaft« definiert und dann als Besitz von Gewalt über andere miss-

15. H. SCHLIER, a. a. O. (siehe Anm. 4), 79.
16. Die Barmer Theologische Erklärung. Einführung und Dokumentation, hg. von Manfred Heimbucher und Rudolf Weth, Neukirchen-Vluyn 2009, (33-43) 38. – Die Barmer Erklärung ist auch in Ausgaben des EG abgedruckt. Zur Entstehung und Bedeutung der zweiten These vgl. ERNST WOLF, Barmen. Kirche zwischen Versuchung und Gnade (BEvTh 27), München 1957. ³1984, 113-123; KLAUS SCHOLDER, Die Kirchen und das Dritte Reich, Bd. 2: Das Jahr der Ernüchterung 1934. Barmen und Rom, [Berlin] 1985, 194 f.

deutet. *Macht zu haben* bedeutet indessen zuallererst, *handeln zu können*. Darum muss gefragt werden, worin menschliche, zumal politische Macht verankert und letztlich begründet ist und wer sie erschafft, sie hervorbringt. Diese Frage war einstmals, vor dem Zeitalter des Staats-Absolutismus, lebendig, auch hinsichtlich der Macht zu regieren; heute ist sie nur noch in Spuren vorhanden. Sie stellt sich auch für den Grundsatz deutscher parlamentarischer Demokratie »Alle Staatsgewalt geht vom Volke aus ...« (GG Art. 20 Abs. 2), der sich nicht als Letztbegründung staatlicher Macht verstehen will. Macht zu regieren wird vom Volk verliehen, damit sie ausgeübt werden kann. Dadurch wird aber noch keine Macht generiert. Allmählich scheint sich jedoch die Vorstellung durchzusetzen, alle Regierungsmacht sei vom Volk nur ausgeliehen und könne je nach Bedarf plebiszitär zurückgefordert werden.

Diese illusorische Vorstellung wird noch überboten von der Sehnsucht nach einer allseits »herrschaftsfreien« Lebenswelt. Genährt wird sie von der – nur allzu berechtigten – Empörung gegen zahllose Mechanismen, die uns tagtäglich beherrschen, an denen wir aber auch wohl oder übel teilhaben. Der Widerstand gegen sie hat aber nur dann eine Chance, wenn die eigene blinde Beteiligung an ihrer Eigenmacht aufgedeckt und durchbrochen werden kann, wie Václav Havel schon vor Jahrzehnten anmahnte:

> Diese Aufgabe besteht darin, wachsam, bedachtsam und aufmerksam, doch gleichzeitig unter vollem Einsatz seiner selbst bei jedem Schritt und überall der irrationalen Eigenbewegung der anonymen, unpersönlichen und unmenschlichen Macht der IDEOLOGIEN, SYSTEME, APPARATE, BÜROKRATIEN, KÜNSTLICHEN SPRACHEN und POLITISCHEN SCHLAGWORTE entgegenzutreten, sich gegen ihren komplexen und allseitig entfremdenden Druck zu wehren – habe er nun die Gestalt des Konsums, der Reklame, der Repression, der Technik oder der Phrase (dieser Zwillingsschwester des Fanatismus und der Quelle des totalitären Denkens).[17]

In jüngster Zeit kommen »die (Finanz-)Märkte« und das World Wide Web mit seinen sozialen Medien hinzu, auch Versuche, Leben zu ergründen, um es nachzubauen und möglichst zu verbessern – zum Wohle der Menschheit, wie es verlockend heißt. Neben den von Havel genannten Gewalten gehören sie zu den Weltmächten im Zeitalter der Globalisierung, das als Epoche der Menschheitsrechte einer Freiheit ausgerufen wurde, die sich allein durch Selbstbestimmung ermächtigt.

Gegen diese »Anonymität der gewalttätigen Mechanismen von Schuld, Verstrickung und Verurteilung«[18] erhebt Gott Einspruch: so hat Martin Buber

---

17. Václav Havel, Im Anfang war das Wort. Texte von 1969-1990, Reinbek bei Hamburg 1990, 107f., zitiert nach: Hans G. Ulrich, Wie Geschöpfe leben, Münster 2005, 58.
18. H. G. Ulrich, ebd.

Ps 82 gelesen, als »Psalm des 20. Jahrhunderts«[19]. Wenn nicht alle Zeichen trügen, wird er ebenso sehr zum Psalm des 21. Jahrhunderts werden.

JHWH erhebt sich im Rat der Götter und klagt die göttlichen Richter an, die Welt heillos verdunkelt zu haben: wegen ihrer Unachtsamkeit für die Notleidenden und weil sie so voreingenommen sind, dass sie nichts und niemanden mehr wahrhaft unterscheiden können.

> Sie erkennen nicht, habens nicht acht,
> in Verfinsterung gehen sie einher.
> Alle Gründe des Erdreichs wanken. (Ps 82,5)[20]

Die Grundfesten der Erde und aller, die auf Gedeih und Verderb auf ihre Tragfähigkeit angewiesen sind, werden erschüttert, wenn Gerechtigkeit denen verweigert wird, die machtlos sind, die ihr Leben nicht aus eigener Kraft fristen können und ins Elend abgeschoben werden. Und die Verelendeten werden ins Unrecht gesetzt, wenn diejenigen, die über das Recht wachen sollen, blindlings die »Frevler« begünstigen, die sich ihnen, den Göttlichen, annähern wollen mit ihrem Willen zur Macht. Die göttlichen Richter hätten die Richter auf Erden dazu anleiten müssen, das Recht, das die Welt zusammenhält, zu wahren: das Recht, das nie zum Recht des Stärkeren werden darf oder durch bloße Gewaltakte gesetzt werden kann. Aber die Götter sind blind, taub und stumm geblieben. Darum spricht JHWH ihnen die Macht zu handeln ab. Das ist ihr Todesurteil. Sie selber haben sich als göttliche Richter entmachtet. Nun sind sie sterblich wie die Menschen. »Der lebendige Gott hat die Götter zum Tode verurteilt. Ihre Macht ist dahin.«[21]

JHWH erweist seine überlegene Macht, indem er das leere Gerede der Götterversammlung durchbricht und ihre Untätigkeit beendet.

> Stehe auf, Gott, und richte die Erde,
> denn (zu) dir gehören alle Völker. (Ps 82,8)

So rufen die Beter Gott an, sich ihrer anzunehmen – ihrer und ihrer zerrütteten Verhältnisse, des schwankenden Bodens, auf dem sie hin- und hertaumeln. Nur Gottes richtendes Handeln kann Klarheit in die Verworrenheit der Machtverhältnisse bringen, weil es aufdeckt, wie es um die Menschen wahrhaft steht: um die ohnmächtig Elenden und um die machtbesessenen, gottvergessenen Frevler, und wessen sie beide bedürfen. Deswegen bittet, wer Gott als Richter anruft, darum, ihn nicht allein zu lassen in seiner Mühe um die Unterscheidung von Recht und

---

19. Martin Buber, Recht und Unrecht. Deutung einiger Psalmen, Gütersloh/Gerlingen ²1994, 32. – Zur Auslegung vgl. H. G. Ulrich, a. a. O., 58-61.

20. Die Schrift. Verdeutscht von Martin Buber gemeinsam mit Franz Rosenzweig (1954-1962), Ausgabe Gütersloh 2007, 824.

21. Patrick D. Miller, Gott unter den Göttern. Ein differenziertes Gottesbild in differenzierten religiösen Kontexten, in: EvTh 73 (2013), (72-78) 76.

Unrecht – des Rechtes, das kein Mensch eigenmächtig setzen kann, und des Unrechts, das durch Verblendung entsteht, welche die Wirklichkeit verfälscht: die Wirklichkeit der Schöpfung Gottes, in der er seine Gerechtigkeit aufgerichtet hat, die für jedes Geschöpf Raum und Zeit zu leben und handeln vorsieht.

Gottes »Allmacht« zeigt sich in der Macht seines Erbarmens. Denn sein Erbarmen schränkt seine Macht zu handeln keineswegs ein. Es mindert Gerechtigkeit nicht, wie die Griechen meinten, die Erbarmen als Mitleid verstanden, das den unbestechlichen Blick für eine sachgemäße Urteilsfindung trüben kann. Inmitten eines hellenistischen Umfeldes lehrte der jüdische Religionsphilosoph Philo von Alexandrien (20/10 v. Chr. – 40-50 n. Chr.), Gottes Erbarmen gehe der Strafe voran.[22] Gottes Fürsorge um Gerechtigkeit ist in die Macht seines Erbarmens eingefasst. Darum darf sein Erbarmen nicht auf Mitgefühl reduziert werden, und obgleich »barmherzig« im Deutschen etymologisch »der ein Herz für die Armen hat« bedeutet[23], geht Gottes barmherziges Handeln nicht aus einem solchen Affekt hervor, so sehr er zum Anwalt der Armen und Schwachen wird, wenn andere nicht für sie eintreten (Ps 82,3).

Wenn Gott richtet, urteilt er nicht mit verschränkten Armen von oben herab. Er steht voller Erbarmen auf. Mit der Macht seines Erbarmens dringt er zu denen in der Tiefe vor. Er sieht bis in die Untiefen menschlichen Elends hinein, auch in das Elend, das den Hilferufenden gar nicht hinreichend deutlich sein mag. Dorthin streckt er seine Hände aus und rettet Bedrückte aus ihrer Not, die ihnen auch einredet, sie seien für Gott verloren. Zu den Verzagten beugt er sich hinab und richtet sie zu ihm auf. Und den Verblendeten öffnet er schmerzhaft die Augen, auch für ihre eigene Widerspenstigkeit. »Was den Menschen Anteil an Gott gibt, ist Gottes Erbarmen.«[24] Es begründet das Verhältnis, in dem Menschen zu Gott stehen, und er erschafft dieses Verhältnis neu, wenn Menschen es durch ihre Untreue zerstört haben. Sein Erbarmen zieht sie in sein gnädiges Handeln hinein. Wird der göttliche Name ausgerufen, vernehmen die Hörenden die Verheißung seiner unwandelbaren Treue:

> Wem ich gnädig bin, dem bin ich gnädig, und wessen ich mich erbarme, dessen erbarme ich mich. (Ex 33,19; 34,6; vgl. Ps 103,8; Röm 9,15)

Gnade und Erbarmen sind gleichsam Variationen des Tetragramms, des göttlichen Namensgeheimnisses »Ich bin, der ich bin«.[25]

---

22. Helmut Hühn, Artikel »Strafe I. Antike«, in: HWPh 10, 1998, (208-216) 213.
23. [Friedrich] Kluge, Etymologisches Wörterbuch der deutschen Sprache, bearbeitet von Elmar Seebold, Berlin/New York [23]1999, 82.
24. Adolf Schlatter, Gottes Gerechtigkeit. Ein Kommentar zum Römerbrief, Stuttgart 1935, 300 (zu Röm 9,15).
25. Zum Tetragramm siehe S. 204 f.

Gottes Gnade und sein Erbarmen bestimmen sich wechselseitig[26], doch gerade darin erweisen sie sich als verschieden: Gott ist in seiner Gnade und Huld immerwährend gegenwärtig, dauernd wacht seine Güte – erbarmend greift er ein,[27] dem Verderben gebietet er Einhalt, auch der selbstzerstörerischen und lähmenden Furcht.

Uns fehlen die Worte, die Gottes Handeln angemessen wären: dem Handeln, das ganz und gar an Gott hängt. Seine Gnade und sein Erbarmen werden daher oft miteinander vermengt; so entsteht der Eindruck, Gott handle aus gütiger Gesinnung, und sein Erbarmen sei von Mitleid getragen.

Jesus Christus, der an Gottes Namensgeheimnis teilhat, *ist das Gestalt gewordene Erbarmen Gottes.* Weil Gott Mensch wurde, ein Mensch wie wir, ist er aufs Intimste vertraut damit, wie sehr wir Gottes bedürftig sind. Am eigenen Leibe sind ihm die Ausflüchte, Täuschungen und Selbsttäuschungen von Menschen widerfahren wie auch die Mechanismen der Ausübung von Recht und Gewalt, die Eigenmacht politischer und religiöser Phrasen.

Ihm wird das Amt des Weltenrichters an Gottes Seite übertragen, das *munus (officium) regium,* wie es in der altprotestantischen Dogmatik genannt wurde[28]: *die Macht zu urteilen.* Er wird nicht anders richten, als er gelebt, erlitten und gehandelt hat. Seit seiner Verherrlichung ist er der Herr der Mächte: ihnen übergeordnet (Eph 1,21), der Sieger (Kol 2,15). Mögen die religionsgeschichtlichen Kontexte dieser doxologischen Ausdrucksweise andere sein als die der Anbetung Gottes als des Richters in Ps 82, wo von der Entmachtung der Götter, sogar von ihrem Tode die Rede war[29], so ist den biblischen Texten doch eines gemeinsam: *Gottes Namenshoheit* hält alle menschliche, übermenschliche, widermenschliche, untermenschliche Macht zu handeln in den Schranken seiner Schöpfertreue. Dass dies uns so oft, schmerzlich oft, verborgen bleibt, ermutigt uns zu fragen, wohin wir unsern Blick richten und wie weit unsere Urteilskraft reicht.

Die Koreaner – um nur ein Beispiel zu nennen – starren seit jeher auf die Macht, die die Ahnen über sie ausüben. Die religiöse Ahnenverehrung wurde deshalb zu einem der tragenden Pfeiler koreanischer Kultur, und die Angst vor dem Einfluss der Ahnen auf die Pflichten und das Ergehen der Nachkommen nimmt oft äußerst bedrückende Formen an. Von dieser Angst zu befreien vermag die Taufe »auf den Namen des Vaters und des Sohnes und des Heiligen

---

26. Hans Joachim Stoebe, Artikel »חסד *hæsed* Güte«, in: ThAT 1, München und Zürich 1971, (600-621) 605-607.

27. Vgl. Hans Joachim Stoebe, Artikel »רחם *rhm* pi. sich erbarmen«, in: ThAT 2, 1976, (761-768) 766 f.

28. Heinrich Schmid, Die Dogmatik der evangelisch-lutherischen Kirche (1843), hg. von Horst Georg Pöhlmann, Gütersloh ⁹1979, 240-243; Heinrich Heppe, Die Dogmatik der evangelisch-reformierten Kirche (1861), hg. von Ernst Bizer, Neukirchen ²1958, 365 f.; 383 f.

29. Vgl. dazu P. D. Miller, a. a. O. (siehe Anm. 21), 73-75.

Geistes« (Mt 28,19), verbunden mit dem Empfang eines neuen, christlichen Namens. Die Macht der Ahnen ist gebrochen, denn sie ist an den alten Namen gebunden, der jedes Glied einer Familie in die Geschlechterfolge einschließt, deren Weg es fortsetzt, denn die Ahnen gehen ihm voran. Der neue Name gehört zur Christusgeschichte: zu einer ganz anderen und andersartigen Geschichte, in der den Ahnen der schuldige Respekt in einem Gedenken erwiesen werden kann, das auf der Fürbitte für sie beruht.

3. Jesus Christus anrufen – himmelwärts schauen

Jetzt dürften wir für den Weg Jesu mit den Jüngern zum Ölberg vorbereitet sein: dorthin, wo er sich der Sicht der Jünger entzog und zugleich ihren Blick »nach droben«, himmelwärts richtete: zur Hoffnung bei Gott (Eph 1,18). Dort wird der Machtglanz Gottes erschlossen, öffnen sich die Himmel, Gottes Wirkungs»feld«, denn von dort her ist Christus mächtig. Sein Segen wird sie überall umfangen und überall hin begleiten. So gehen sie »voller Freude« (Lk 24,52) zurück nach Jerusalem, zur heiligen Stadt, die so viel Unheil, frömmelnden Hass, Selbstgerechtigkeit und in alledem Blindheit für Gottes Gegenwart in ihren Mauern birgt. Ihnen ist eine Theophanie widerfahren, wie den Hirten auf dem Felde bei Bethlehem (Lk 2,10), die dann, aus ihrem Erschrecken vor Gottes Kommen aufgerichtet, das Kind in der Krippe anbeteten. Nun beten die Jünger Christus an, wie es dem HERRN gebührt.

> […] denke nicht, er sei dahingefahren und sitze da oben und lasse uns hier regieren. Sondern darum ist er hinaufgefahren, daß er da am meisten schaffen und regieren kann. […] Darum hat er es derart angefangen, daß er mit allen zu schaffen habe und in allen regiere, daß er ihnen allen predige und sie es alle hören und er bei allen sein kann. Darum hüte dich zu denken, er sei jetzt weit von uns weggekommen! Ganz im Gegenteil: als er auf Erden war, war er uns zu fern, nunmehr ist er uns nah.[30]

Zum Gedenken – an den Abschied Jesu oder an die erste Anbetung des Herrn der Kirche? – wurde schon 387, drei oder vier Jahre nach der ersten Bezeugung einer Himmelfahrtsfeier in Jerusalem, eine achteckige Kapelle auf dem Ölberg gestiftet. Den heutigen Bau errichteten die Kreuzfahrer; später wurde er von den Muslimen in Besitz genommen, und formell ist er noch heute eine Moschee. Dort ist auf dem Felsengrund eine kleine Vertiefung zu sehen, die mit einiger Phantasie als Fußabdruck(e) gedeutet werden kann: die letzte Spur Jesu auf dem Erdboden – für viele Pilger eine Endstation ihrer Sehnsucht nach habhaften

---

30. Martin Luther, Predigt vom 14. Mai 1523 (Himmelfahrt), WA 12, 562,17-19.22-26.

Zeichen für Jesu Weg auf Erden. Von hier fällt der Blick auf den Tempelplatz mit dem Felsendom, vor dem sich Mohammed zum Himmel aufgeschwungen haben soll, hoch zu Ross, dessen Huf im Felsendom einen Abdruck hinterließ. Dort soll beim Endgericht das Seil zu himmlischen Höhen ausgespannt werden, das nur Menschen, die rechtschaffen gelebt haben, überschreiten können, während alle anderen abstürzen müssen.

Der Pilgerweg zum Ölberg mag begangen werden – er muss ja nicht mit einer Reise nach Jerusalem verbunden sein! –, um bei der letzten Spur Jesu Christi auf Erden zu verweilen, über seinen Abschied nachzudenken und darüber zu meditieren, wie er weiter anwesend bleibt – nicht nur bleibt, vielmehr allgegenwärtig wird.[31] Augustin hatte in einer Predigt diese Anwesenheit Jesu so paraphrasiert:

> Äußerlich hebe ich mich hinweg von euch, und mit mir selbst erfülle ich euch inwendig.[32]

Dies muss nicht eine Verinnerlichung bedeuten. Wenn Christus Menschen erfüllt, weitet er sie für die Herrschaft, die er antritt. Dann aber beherrscht bei seiner Erhöhung nicht mehr ein Abschied die Szene, mit allen Nebenwirkungen solcher Abschiede: letzte Worte werden ausgesprochen, Hinterbliebene trösten sich mit ihrer Erinnerung, müssen sich aber auch mit einem unwiderruflichen Einschnitt abfinden, der jedoch die Chance eines Neuanfangs bietet. War etwa dergleichen gemeint, als Jesus seine Jünger auf seinen Fortgang zu Gott dem Vater vorbereitete und sagte, dies sei auch für sie gut (Joh 14,28), denn sonst käme der Heilige Geist, der Tröster, Beistand und Helfer, nicht zu ihnen (Joh 16,7)? Nein, der Geist bringt kein Trostpflaster für die Trennungswunde Hinterbliebener, die von nun an ohne ihren täglichen Umgang mit ihrem Meister weiterleben müssen. Mit der Sendung des Geistes am Pfingstfest beginnt die Erfüllung der Verheißung Jesu: »Wenn ich erhöht werde von der Erde, will ich alle zu mir ziehen« (Joh 12,32) – und wer diese »alle« sind, wird an Pfingsten anfangen, sich zu zeigen. Zu Jesus gezogen werden sie nicht erst, wenn sie sterben. Mit der Taufe und der Geistbegabung werden sie hineingezogen in Gottes Wirkungsfeld, in den Machtbereich des erhöhten Christus.

Bei seiner Erhöhung zieht Jesus Christus seine Jünger zu sich, indem er sie von dort fortschicken lässt, wo sie ihn zum letzten Male erblicken konnten. Welch eine Bewegung! Sie entreißt seine Begleiter ihrer bisherigen Nähe zu ihm, aber auch allen Unklarheiten, mit dem ihr Weg an seiner Seite noch behaftet war, ihren Missverständnissen seiner Worte und Taten, ihrem Unverständnis gegenüber seinem Erleiden, ihrer Furcht, ihrer Untreue. Bei alledem ist er nicht

---

31. Vgl. Jean-Luc Marion, Verklärte Gegenwart, in: IKaZ 12 (1983), 223-231.
32. Augustin, Sermo 264.4, PL 38, 1216: »Tollo me a vobis exterius, et me ipso impleo vos interius.«

mehr zu finden, und sie werden sich selbst nicht mehr dort finden. Sie werden in die Stadt gesandt, in der ihr Herr nicht aufgenommen, sondern aus der er verstoßen wurde. Doch sie kehren nicht mehr einfach dahin zurück. Auch und gerade über der heiligen Stadt, aus der einige von ihnen in die Ferne ziehen werden, waltet jetzt die Macht des Erbarmens Christi – wie, wird sich alsbald zeigen: am Pfingstfest. Auf dem Ölberg, aber nicht nur dort, lernen die Jünger, zwischen dem Himmelsgewölbe über ihnen und »den Himmeln« Gottes zu unterscheiden. Sie müssen sich von ihrem Starren auf den Himmel lösen, damit sie »nach droben« sehen, himmelwärts, mit einem erwartungsvollen Blick, denn von dort wird Christus kommen (Acta 1,11). Eine weitere Schrittfolge der Hoffnung! Mit dieser Erwartung werden sie nicht in den Wolken schweben, sondern sie werden mit beiden Füßen auf der Erde stehen und gehen, inmitten einer friedlosen Welt, in der so viele aufsteigen wollen und sich dabei versteigen.

Wohin geht die Christengemeinde heute, am Fest Christi Himmelfahrt? Vielleicht ist sie ausgeflogen, um Gottesdienst und vielleicht noch manches andere nicht innerhalb der Kirchenmauern zu feiern, sondern inmitten von Frühlingsgrün und unter hoffentlich strahlendem Himmel. Auch dort kann sie lernen, diesen Himmel von den Himmeln zu unterscheiden, ohne dass sie die Augen vor der Pracht des Himmels verschließen müsste. Wohin aber wird sie ihre Gebete richten, werden ihre Gedanken gezogen?

In jedem Gottesdienst, wenn er denn liturgisch ausgestaltet ist, wird *Jesus Christus als Herr in der Macht seines Erbarmens* angerufen: »Herr, erbarme dich!« Dieser Ruf war eine Huldigung, wie sie einstmals auch römischen Kaisern entgegengebracht wurde; im Munde der christlichen Gemeinde, die ihren Herrn anrief, konnte er faktisch dem Kaiserkult opponieren. Die Volksmenge, die Jesus bei seinem Einzug in Jerusalem mit dem Ruf *Hosianna* – »Hilf doch!« empfing, huldigte ihm als dem königlichen Retter (Mt 21,9 parr.; Joh 12,13).

»Erbarme dich!«: so haben Hilferufende Jesus in seinen Erdentagen als Davidssohn (Mt 9,27; 15,22 parr.; 20,30-31) angefleht, sie haben ihn bedrängt, damit er ihnen etwas von seiner Heilkraft abgebe. Von ihm, dem Wundertäter, wurde nicht nur erwartet, dass er sein Können unter Beweis stelle (Mk 9,22). Kranke oder Besessene wollten ihn zu sich hinunter ziehen, damit sie ihn berühren konnten. Die Heilungsgeschichten erzählen, dass Jesu erbarmender Blick nicht nur auf die akute Hilflosigkeit achtete, sondern auch die Umstände, die Hinter- und Abgründe der Not durchschaute. Ober- und Untertöne der Notschreie, deren Frequenzen menschliches Hörvermögen übersteigen, wurden und werden von Jesus vernommen. Manchmal erbarmt er sich auf ganz andere Weise, als es von ihm erwartet wird: mit der heilenden Vergebung der Sünde statt mit einer Wunderkur.

Dies alles klingt mit, wenn Christus im Gottesdienst angerufen wird: »*Kyrie eleison* – Herr, erbarme dich!« Es klingt wie ein Notschrei aus den Evangelien. Doch er richtet sich jetzt an den Kyrios zu Gottes rechter Seite, an den HERRN in den Himmeln, *mit dem* – nicht mehr nur an dem und durch ihn – Gott sein Handeln vollenden will. Vom *Bittruf* an Jesus »Erbarme dich doch!« bis zur *Anrufung* des HERRN CHRISTUS in der Macht seines Erbarmens ist es ein weiter Weg.

Am Fest Christi Himmelfahrt feiern wir, warum wir Jesus Christus als Kyrios anrufen und wofür wir um sein Erbarmen bitten.

Die dreifache Anrufung *Kyrie eleison – Christe eleison – Kyrie eleison* bildet den ersten Teil des Ordinariums der katholischen Messe; der Wechselgesang von Liturgen und Gemeinde wird in den Messkompositionen meditativ erweitert. Der Vorentwurf einer erneuerten evangelischen Agende sah das *Kyrie* nach dem Rüstgebet und vor dem *Gloria* vor, wahlweise auch nach Eingangsspruch (und Eingangspsalm) und in verschiedenen Formen, die beachtenswert bleiben, auch wenn sie sich nicht durchgesetzt haben.[33] Der *Kyrie*-Ruf ist kein Kotau am Anfang des Gottesdienstes. Menschen treten vor Gott in Christus, indem sie ihm huldigen und um seine Fürsprache und sein Eingreifen bitten. Vor allem in Gottesdiensten der Union Evangelischer Kirchen (UEK) antwortet die Gemeinde mit dem dreifachen Huldigungs- und Bittruf auf das vom Liturgen für sie gesprochene Sündenbekenntnis »Herr, erbarme Dich; Christe, erbarme Dich; Herr, erbarme Dich!«[34] Mit der Bitte um dieses Erbarmen kann sie auch in die Fürbitten einstimmen (im Stundengebet des katholischen Geistlichen und der Gemeinde mündet die Fürbitte ebenfalls in die Bitte *Kyrie eleison* ein). Denn in der Fürbitte vertrauen wir diejenigen, für die wir bitten, und uns selbst der unerschöpflichen Macht des Erbarmens an, ohne die auch alle unsere Bemühungen zu helfen, zu versöhnen, Unerträglichem zu widerstehen und Wunden zu heilen, haltlos wären.

Die Anrufung *Kyrie eleison* ist von diesem Vertrauen getragen. Nur deshalb kann sie auch alle Klage über Leid und Elend in sich aufnehmen. Der Blick himmelwärts ist immer auch ein Blick von tief unten. Darum nennt eine solche Klage nicht nur persönliches Leid. Indem sie von ihm spricht, sieht sie es auch verzahnt mit dem Leid und der Verzweiflung unabsehbar vieler anderer. Aber sie breitet keine Ansichten über die Misere der Welt aus oder über hypothetische Verfehlungen in der Gemeinde, sie befasst sich nicht mit Schuldgefühlen, Versagensängsten oder dem Unwohlsein über den »grauen Alltag«. Indem die Anrufung Christi um Vergebung der Sünde bittet, wird das Bekenntnis der Sünde zum Akt

---

33. Erneuerte Agende. Vorentwurf, hg. von der Vereinigten Lutherischen Kirche Deutschlands, Lutherisches Kirchenamt, und der Evangelischen Kirche der Union, Kirchenkanzlei, Hannover und Bielefeld 1990, 34. 98-101. 483-488. 680-685.

34. In EGB 38 werden verschiedene Möglichkeiten für die liturgische Entfaltung und Verbindung des *Kyrie* zur Wahl gestellt. – Zum »stimmigen dramatischen Ablauf« der liturgischen Reihenfolge und ihrer Varianten siehe MICHAEL MEYER-BLANCK, Liturgie und Liturgik. Der Evangelische Gottesdienst aus Quellentexten erklärt (TB 97), Gütersloh 2001, 19 f. 23 f.

der Erkenntnis, wie wir uns natürlicherweise nicht sehen können, verblendet, wie wir sind, und wie wir uns meistens auch nicht sehen wollen. Auf die Bitte um das Erbarmen des *Kyrios* antwortet Gottes erlösendes, tröstendes und Gewissheit schaffendes Wort, das wir uns nie zusprechen können. Daraufhin erhebt sich die Doxologie *Gloria in excelsis Deo* zu ihm.

Die Anrufung *Kyrie eleison* enthält alles, was Menschen zeitlebens von Jesus Christus erwarten können. Es kann zum unablässigen Gebet werden, das alle anderen Gebete in sich schließt, wie im Herzensgebet eines russischen Pilgers »Herr Jesus Christus, erbarme dich meiner!«[35] Dieses Gebet füllt das ganze Leben aus.

Wer Jesus Christus als *Kyrios* anruft, streckt sich vertrauensvoll zu ihm aus: zu ihm an Gottes Seite, nicht etwa neben Gott, sondern im Einssein mit Gott – was immer noch ein unzureichender Ausdruck ist. *Das Kyrie ist als Hilferuf zugleich Huldigung.* Die dreifache Anrufung verstärkt das mittlere Glied, als Ganzes will sie christologisch verstanden werden, nicht als ein versteckter Hinweis auf die Trinität.[36] Gleichwohl gilt gerade auch für das *Kyrie,* dass Jesus Christus, der HERR, in Gottes Namensgeheimnis aufgenommen ist.

Warum aber dürfen wir Jesus Christus *anbetend* als *Kyrios* anrufen? Dies war für die frühe Christenheit eine durchaus strittige Frage.[37] Es hat bis in das 5. Jh. hinein gedauert, bis die Antwort »Jesus Christus ist zugleich wahrer Gott und wahrer Mensch« formuliert werden konnte – eine tragfähige Antwort, die sich aber weiterhin als klärungsbedürftig erwies.[38] Auseinanderstrebende Auffassungen dieser Antwort wirken bis in unsere Gottesdienste hinein. Beschränken wir uns hier auf das Fest Christi Himmelfahrt, so ist zu unterstreichen: *Im Kyrie wird Jesus Christus als wahrer Mensch und wahrer Gott angerufen: in seiner »Menschheit«, die uns Menschen nicht verlässt, sondern alles, was uns erhebt und was uns beschwert, mit sich nimmt und vor Gott bringt – zugleich in seiner »Gottheit«, die zeit seines Lebensweges verborgen blieb, jetzt aber hervortritt,* so, wie es in den Evangelien nur selten wahrgenommen wird, vielleicht von einem geheilten Blinden (Mk 10,51), der Jesus zuvor als Davidssohn angefleht hatte, deutlich von Thomas, der den Gekreuzigten berührt und im selben Augenblick ausruft »Mein Herr und mein Gott!« (Joh 20,28)

---

35. Aufrichtige Erzählungen eines russischen Pilgers, hg. von Emmanuel Jungclausen, Freiburg im Breisgau [7]1999. – Vgl. auch James F. Wellington, Christe Eleison! The Invocation of Christ in Eastern Monastic Psalmody c. 350-450 (Studies in Eastern Orthodoxy 2), Oxford 2014.
36. Im frühreformatorischen Gottesdienst, sofern er noch von spätmittelalterlicher Messtheologie und Messallegorese geprägt war, wurde der Ruf auch trinitarisch gedeutet (Hinweis von Albert Gerhards).
37. Siehe S. 19 und S. 42, Anm. 53.
38. Vgl. dazu Hans Joachim Iwand, Christologie, Gütersloh 1999, bes. 162-289.

Hier muss die Dogmatik sich wieder einmal als eine Gedächtnisstütze der Kirche bewähren. Das Fest Christi Himmelfahrt ist geradezu ein Haftpunkt für die christologische Grundfrage »Wer ist Jesus Christus?«

Wie verhält sich dies aber zu dem Rang, den das Fest im Kirchenjahr heute einnimmt, eher gesagt: in den es abgedrängt worden ist? Dass Christi Himmelfahrt in der Liturgie der orthodoxen, römisch-katholischen und anglikanischen Kirche als Hochfest begangen wird, sagt noch nicht viel über seine Wirkung auf die Frömmigkeit und das theologische Gewicht dieses Festes aus. Das evangelische Kirchengesangbuch enthält gerade noch fünf Himmelfahrtslieder, sämtlich aus dem 16.-18. Jh.; von Christi Macht wird zwar in anderen Liedern gesprochen, aber meistens nur stichwortartig. Viele neuere Glaubensbekenntnisse verdrängen den Aufblick zum erhöhten Christus, den Richter, dessen Gericht eine Wohltat für alle Verworrenheit und alles Zwielichtige ist, manchmal fehlt sogar die Erwartung seines Kommens.

Dem entspricht es, dass »Christi Himmelfahrt« zum Fest zweiter Klasse geworden ist – auch abgesehen davon, dass es als gesetzlicher Feiertag unter anderem in Polen und Ungarn unter kommunistischer Herrschaft und ohne sie auch in Italien abgeschafft wurde. Das Fest kann ja am Sonntag nach dem Datum, das es ihm im Kirchenkalender zuweist, begangen werden – doch wie wird es gefeiert? Für die polnische katholische Volksfrömmigkeit beispielsweise bedeutet die Himmelfahrt Mariens wesentlich mehr als Christi Himmelfahrt, und damit setzt sie nur fort, was in der christlichen Kunst der Barockzeit begann: bestaunt wird die Erhöhung Marias als des erhabenen, exemplarisch Gott wohlgefälligen Menschen.

Der Topos »Erhöhung des Menschen kraft der Erhöhung Christi« in orthodoxer und römisch-katholischer Theologie und Spiritualität dürfte dagegen besagen, dass der Mensch mit allem, was er mit sich trägt, Einlass in Gottes Weiträumigkeit findet, dass Gott ihn nicht vor die Tür setzt und mit seiner Lebenslast allein lässt. So wird in einem Tagesgebet zum Fest Christi Himmelfahrt Gott gebeten: »Erfülle uns mit Freude und Dankbarkeit, denn in der Himmelfahrt deines Sohnes hast du den Menschen erhöht.[39] Schenke uns das feste Vertrauen, daß auch wir zu der Herrlichkeit gerufen sind, in die Christus uns vorangegangen ist.«[40] Gleichwohl ist der Ausdruck »Erhöhung« oder »Erhebung des Menschen« missverständlich. Ebenso theologisch zu befragen ist andererseits der Appell an die »Menschlichkeit« des erhöhten Christus, deren Herrschaft sich in seiner friedfertigen Gewaltlosigkeit und der Kraft seiner Sanftmut zeige und

---

39. »Erhöht« ist allerdings eine schlechte Übersetzung. Der lateinische Text lautet: »quia Christi Filii tui ascensio est nostra provectio«; gemeint ist also, dass »wir weitergebracht und emporgehoben werden«.

40. Schott-Messbuch für die Sonn- und Festtage des Lesejahres A, hg. von den Benediktinern der Erzabtei Beuron, Freiburg im Breisgau [1981], 290.

uns freimache, »ihm zu gehorchen«, und »mündig, ihm zu folgen«[41]. Die Menschheit Jesu Christi – die Wahrheit des Menschseins, die er verkörpert – ist nicht gleichbedeutend mit Humanität, so wenig Jesus diese ausgeschlossen hat.

Der Umweg über die Gemeinde in Ephesus kann helfen, die Dimensionen des Festes Christi Himmelfahrt wieder zu entdecken. Die Epheser konnten vieles aufbieten, aber ihre Hoffnung war erloschen, ohne dass sie es bemerkt hätten. Für sie wurde gebetet, dass sie erkennen könnten, wie Gottes *doxa* in ihnen erstrahlen will, wenn Gottes machtvolles Handeln sie erfüllt. Ihnen möge von Neuem aufgehen, dass es keine Bereiche ihres Lebens gibt, in denen sie nicht der Rechtfertigung und Heiligung Jesu Christi als ihres und der Welt HERRN bedürfen.[42] Nur daran wird sich der Ruf *Kyrie eleison* halten können, denn in ihm verdichtet sich die Botschaft des Festes Christi Himmelfahrt.

41. So in einem Wochengebet zum Himmelfahrtsfest in Anlehnung an Ps 47,2-10 von Sylvia Bukowski, Lass mich blühen unter deiner Liebe. Gebete zu den Wochenpsalmen, Neukirchen-Vluyn 2001, 79.
42. Zur Beziehung der zweiten These der Barmer Theologischen Erklärung zum christologischen Dogma vgl. Gerhard Sauter, Zugänge zur Dogmatik, Göttingen 1998, 86-91.

8. Wes Geistes Kind? Zu Pfingsten

1. Der Anfang vom Ende

In Acta 2,1-41 erzählt Lukas von der verheißenen »Ausgießung des Heiligen Geistes« über die Jünger Jesu und durch sie über die Repräsentanten der Völker »in den letzten Tagen«: *Menschliches Reden wird ganz und gar zu Gott erhoben, zugleich geht es als Botschaft des Handelns Gottes an Jesus Christus auch anderen zu Herzen.*

Hoch vom Himmel her braust es herbei »wie von einem Sturmwind«, rauschend *erfüllt* es das ganze Haus, in dem sich die Jünger zum jüdischen »Wochenfest« zusammengefunden haben. Was wird dieses Dröhnen, das durch Mark und Bein fährt, mit sich bringen? »Zungen wie von Feuerflammen« auf den Köpfen der Anwesenden und ihr lautes Rufen »wie in fremden Zungen«, wie es ihnen der Geist eingibt, der sie *erfüllt.* Die seltsamen Laute – das Sturmgedröhn und das fremdartige Stammeln – dringen unüberhörbar nach draußen, angesichts des merkwürdigen Geschehens scheinen die Wände des Hauses durchsichtig zu werden, und beides lockt Festgäste aus vielen Ländern herbei. Was sie sehen, mag die einen irritieren und (vielleicht aus lauter Verlegenheit) zum Spott reizen, andere erregt es zu entsetztem Staunen. Wunderbar ist, was die Erschrockenen hören und wie sie es hören: die »großen Taten Gottes« »jeder in seiner Sprache«.

Von weither sind sie zu *Schawuot,* dem »Wochenfest« sieben Wochen und einen Tag nach Pessach (Ex 34,22; Dtn 16,10), nach Jerusalem gekommen: Juden und »Judengenossen« (Proselyten), die sich schon in ihrer Bibel auskennen und aus der sie einigermaßen hätten erfahren können, was es mit einer geisterfüllten Rede auf sich haben mag und dass ein Feuer, das sich nicht verzehrt, vom Geheimnis der Gegenwart Gottes kündet (Ex 3,2-3). Ekstatiker, die Feuer fangen und von ihm wie umlodert werden, waren auch anderwärts nicht unbekannt. Sturmwinde und Feuerflammen können Gottesboten sein (Ps 104,4). Doch was die bunte Schar der Festbesucher gerade jetzt sieht und vernimmt, wird nicht allen schon klar, wenn sie bloß zusehen und zuhören. Sie, die Repräsentanten des Gottesvolkes und – was ihre Vielsprachigkeit andeutet – auch der Völkerwelt, wundern sich darüber, dass sie hinreichend deutlich vernehmen können, was da gemurmelt und ausgerufen wird. Bis hierher ist das Pfingstereignis ein Hörwunder, für die Umstehenden und Herbeieilenden eine Sensation. Sie haben gehört – haben sie auch schon verstanden? Hat es sie ergriffen?

Sie können es nicht begreifen: Provinzler, Leute vom Lande, keineswegs sprachbegabt oder zündende Redner, lallen etwas, das allen Festbesucher in ihrer Muttersprache zu Ohren kommt: Gottes überwältigendes Handeln! Nicht in glänzenden Übersetzungen oder in einer packenden Ansprache hören sie davon, sondern ausgerechnet in einem »Reden in fremden Zungen«: einem Sprechen, das ganz und gar Gott zugewandt ist, ohne Rücksicht auf Verständlichkeit für andere!

Hier werden Sprachgrenzen überschritten, ohne dass sie verwischt würden. Es entsteht keine Einheitssprache, kein geistliches Esperanto. Die Wirkung des Wunders zieht aber auch neue Grenzen: die einen fragen, was daraus werden soll, für die anderen ist es nichts weiter als lächerlich. Sie sehen und hören nur zu, aber sie nehmen es nicht auf, und was hier anhebt, erfasst sie nicht – sie, die sich darauf nicht einlassen wollen oder die es nicht können, wer weiß? Sie bleiben draußen stehen, hören nur ein Stimmengewirr und sehen bloß Leute im Rausch – wer dürfte ihnen das verdenken? Warum ihre Augen verklebt und ihre Ohren verstopft sind, bleibt ebenso Geheimnis wie das Verstehen der anderen.

Was haben die Jünger denn gestammelt, hervorgestoßen, gleichsam dem Himmel entgegen geschleudert, der Sturm und Feuer aussandte? Vielleicht waren es ekstatische Aufschreie, aus denen nur mehr oder minder deutlich zu vernehmen war: »Wie groß ist Gott in seinen Taten!« Es sind nackte Schreie, weil noch die Worte für das fehlen, was überwältigt und sich äußern will. Und doch bildet sich eine Artikulation in den Ohren der Hörer, die sie in Worte fassen können. Waren es umwälzende Ereignisse aus der Geschichte Gottes mit seinem Volk, die ihnen in Erinnerung gerufen wurden oder deren aktuelle Bedeutung den Schaulustigen und denen mit gespitzten Ohren erschlossen werden sollte? Oder ist es das Pfingstgeschehen selbst: eine unerhört neue Gottestat, die alle erfasst, indem sie hören, »wie der Geist es gab, laut heraus zu rufen« (Acta 2,4), und was in diesem Hören auch ihnen widerfährt?! Was vernehmen sie wirklich? Was geschieht dabei mit ihnen?

In seiner Predigt antwortet Petrus[1]: Was soeben geschah und alle verwundert, ist ein Zeichen dafür, dass Gott von seinem Geist auf sein Volk ausschüttet, auf alle ohne Unterschied des Alters, des Geschlechtes und der sozialen Stellung. Es lenkt inmitten kosmischer Erschütterungen den Blick auf die Rettung für alle, die »den Namen des Herrn anrufen« (2,21): auf ihn, der sein Handeln an, mit

---

1. Weil diese Predigt und ihre Auswirkung zum Pfingstgeschehen gehören, dürfen sie nicht vom Vorangegangenen abgeschnitten werden. Geschieht dies dennoch – auch verleitet durch die Perikopenordnung, die Acta 2,1-18 dem Pfingstsonntag, Acta 2,22-23.32-33.36-39 dem Pfingstmontag zuweist, die beiden Texte dazu noch in verschiedenen Reihen –, erhält die Erzählung von der Glossolalie der Jünger ein Eigengewicht, das ihr nicht zukommt. Unsere Pfingstpredigt könnte dann den Akzent nur auf die lautstarke und mitreißende Begeisterung der Jünger legen, die als »Sprachereignis« auf andere überspringt. Im Entwurf der Neuordnung der gottesdienstlichen Lesungen und Predigttexte (2014) wird der zweite Text nur noch außerhalb der Reihen genannt.

und durch Jesus Christus vollenden will. Dass alle dies in ihrer eigenen Sprache vernehmen, tritt nun in den Hintergrund; dass Petrus aramäisch gesprochen haben wird, braucht nicht erwähnt zu werden, denn *was* er verkündet, geht zu Herzen. Wunderbar ist, *was* sie *alle* vernehmen und *wie* unauslöschlich es in ihr Innerstes eindringt, ähnlich wie eine Wüste aufblüht, wenn lebendiges Wasser sie durchfeuchtet hat. Was empfangen wird, ist zugleich auf wunderbare Weise zu verstehen.

Was war denn an Weihnachten, Karfreitag, Ostern und Himmelfahrt geschehen? Auch die Jünger, die einiges davon miterlebten, hatten es nicht immer wirklich wahrgenommen, als Sequenz und in seiner ganzen Tragweite. Zu sehr waren sie mit dem Lebensweg Jesu beschäftigt, dem sie folgen wollten: von ihm angezogen, gelegentlich auch abgestoßen, oft irritiert, manchmal verwirrt. Nur sehr selten und für einen Augenblick wurde einigen von ihnen klar und deutlich, was sich hier ankündigte und was vor sich ging: Gottes unfassliches, in das Leben aller Menschen einschneidendes, das Ende aller Dinge eröffnendes Handeln. Seit der Auferweckung und Himmelfahrt Christi wollten seine Jünger wohl weitertragen, was sie mit Jesus erlebt hatten, wollten sie andere – und vielleicht auch sich selber noch intensiver – dafür gewinnen. An Pfingsten fährt der Heilige Geist dazwischen wie ein reinigendes Gewitter mit Einschlägen, deren Folgen noch nicht abzusehen sind. Können *wir* sie denn absehen?

»Erst durch den Heiligen Geist werden die Werke Gottes für uns zur Wahrheit.«[2] Es bleibt Gottes Kommen im Geist vorbehalten, sein Handeln so kundzutun, dass es Menschen zuinnerst trifft und sie von Grund auf wandelt. Gott handelt von Neuem und auf neue Art und Weise, indem der Heilige Geist Menschen überkommt, sie durchdringt und ihnen Gottes Taten in all ihren Höhen, ihren Tiefen, ihrer Erstreckung nahebringt. Ihnen erschließen sich ungeahnte Weiten und unerwartete Energien des Handelns Gottes. Für Gottes Willen werden sie geöffnet und mit seinem Heil umhüllt. Die Mitteilung des Handelns Gottes, die an diesem Handeln teilnehmen lässt, bindet sich an den Heiligen Geist: so, dass von Gottes Tun mit klaren, klärenden, eingreifenden, ergreifenden Worten geredet werden kann. Nur wenn kraft dieses Geistes diese Worte zu »dem Wort« werden, mit dem er uns begegnet und sich selbst mitteilt, können sie wahrhaft gehört, also aufgenommen werden, nicht als bloßes Klanggeräusch, sondern so, dass sie ihnen mitten »durchs Herz gehen« (Acta 2,37), dort einkeh-

---

2. OEPKE NOORDMANS, Das Evangelium des Geistes, übersetzt von Henri W. de Knijff und Hinrich Stoevesandt, Zürich 1960, 36. Zu Noordmans (1871-1956) siehe O. NOORDMANS, Eine Stimme aus Holland. Übersetzung und Interpretation seiner pneumatologichen Versuche, in: Beiheft zur ZDT 3 Nr. 2 (1987); KAREL BLEI, Oepke Noordmans: Theologian of the Holy Spirit, translated by Allan J. Janssen, Grand Rapids, MI (Eerdmans) 2013.

ren und unauslöschlich bleiben. Damit setzt *das pfingstliche Sprachwunder* ein: *unsere Sprachen empfangen die Sprachgestalt des Wortes Gottes*. Wir hören, was Gott uns von sich gibt, und zwar in Worten, denen er sich anvertraut – dies ergreift uns ganz und gar, es wird wachsen und seine Früchte bringen.

So wird die Verheißung vom Ende aller Dinge (Joel 3,1-5) *erfüllt*: Kraft des Geistes werden Menschen von Gott selbst ergriffen – »erfüllt« im Sinne von »ganz voll davon, völlig ausgefüllt«, ohne dass etwas verdrängt würde! –, und zwar derart, dass sie in Gottes Willen einstimmen und aus ihm leben. Nichts von alledem, was sie erleben, erleiden, worauf sie antworten und was sie tun oder lassen, ist davon ausgenommen. So erfüllt Gott seine Verheißung, von seinem Geist »über alles Fleisch«, d. h. über alles vergängliche und verderbliche Leben, auszuschütten wie einen Regen, der verdorrten Grund und Boden befeuchtet und ihm Kraft zum Wachsen und Gedeihen gibt: im Überfluss, aus dem auch andere vollauf leben können. Von nun an existieren alle, in die Gott im Geist selbst eingekehrt ist, in der Freiheit dieses Geistes, der »heilig« heißt, weil er aus Gott dem Heiligen hervorgeht und als heiligende Kraft wirkt. Schon immer konnten sie nur leben, weil der Schöpfer ihnen seinen Atem eingehaucht hatte. Von ihm werden sie am Leben erhalten und unaufhörlich getragen, ohne dass ihnen dies immer bewusst sein müsste. Die Begabung mit Gottes Geist greift hingegen ein, geht zu Herzen, wird in dieses Zentrum aller gezielten oder unwillkürlichen Lebensäußerungen eingeschrieben. Der Geist richtet einen Willen, der sich selbst überlassen war und das Herz sich verschließen und erstarren ließ, neu auf Gottes Handeln aus. Jesus, der Auferstandene hatte seine Jünger mit seinem Geist angehaucht, ihn ihnen eingeblasen wie bei einer Mund-zu-Mund-Beatmung, um sie zur Sündenvergebung, zur Tilgung alles Unheiligen und Heillosen, zu bevollmächtigen (Joh 20,22-23). Nun, an Pfingsten und seither, lassen sich Hinzu-Kommende, denen Gottes Handeln in Christus widerfährt und in die es sich gewissermaßen einbrennt, »auf den Namen Jesu Christi taufen zur Vergebung ihrer Sünden«. Sie empfangen die Gabe des Heiligen Geistes (Acta 2,38), die Signatur des neuen Lebens.

Der Geist will *persönlich* empfangen werden. Er ergießt sich nicht wie eine anonyme Macht, ist keine flächendeckende Überflutung, keine Universal-Berieselung. Die geisterfüllte Predigt hatte die Hörer, die sie nicht an sich ablaufen ließen, fragen lassen, was sie jetzt zu tun hätten – es ist die uralte Frage nach einer angemessenen menschlichen Gegenleistung den fordernden Göttern gegenüber. Die Antwort: einen Neuanfang empfangen, ihn an sich geschehen lassen, ja: dieses Wunder sich gefallen lassen, auch mit den Geburtsschmerzen, die es mit sich bringt, frei werden von der Verkrümmung in sich selbst und umdenken (Buße: *metanoia*), hineinwachsen in die Christusgeschichte. Geistbegabung und Leben aus Gott, Leben mit Gott und auf ihn hin sind ein und dasselbe.

Wenn am Wochenfest seit dem 2. Jh. v. Chr. auch der Bundschließungen Gottes mit seinem Volk gedacht wurde[3], steht dem pfingstlichen Sprachwunder die Verheißung des neuen Bundes (Jer 31,31-34) nicht fern, auch wenn an sie in der Pfingstgeschichte nicht ausdrücklich erinnert wird. Der Eingriff des Geistes hebt den Bund Gottes mit seinem Volk auf: er bewahrt ihn und erhebt ihn zugleich in einen neuen Stand, den neuen Bund, mit dem Gott seinen Willen den Seinen *unmittelbar* ins Herz schreiben will. Gott wird seinen ausgesprochenen Willen »in ihr Herz«, ins Zentrum aller ihrer Empfänglichkeit und ihrer Lebensäußerungen, in ihr Wollen, »eingeben«, ihn geradezu »in ihr Wahrnehmungsvermögen einätzen«, so dass sie ihn »erkennen«, das heißt: ganz vertraut mit ihm werden. Erkenntnis ist ein Lebensakt. Diese intime Vertrautheit – welch gewagte Sprache für das Verhältnis Gottes zu Menschen! – will die menschliche Wahrnehmungsfähigkeit, die Aufmerksamkeit und das Fassungsvermögen leiten, so unaufhörlich und unwillkürlich, wie der Herzschlag reguliert. So vollzieht sich die Erneuerung der Urteilskraft (Röm 12,2), besiegelt durch Taufe und Geistempfang (Acta 2,37-38) – gleichursprünglich, als ein und derselbe Akt, der nicht in eine Reihenfolge zerlegt werden kann.

Dass Gottes Taten in der Geschichte Jesu Christi, in die sich Menschen eingemischt haben, wahrgenommen werden können: das ist der Kern der Pfingstbotschaft. Menschliche Machenschaften mündeten in den Sieg Jesu. Dieser befreiende Sieg ist *der Anfang vom Ende*. In der Menschheitsgeschichte pflegt bei solchen Anfängen vieles erst einmal bergab zu gehen: eine Invasion ist zwar geglückt, eine Entscheidungsschlacht geschlagen, doch ihnen folgen größere Verwüstungen als zuvor; eine Revolution hat die alten Machtverhältnisse beseitigt, ohne dass schon eine neue Gesellschaftsordnung aufgerichtet wäre; die Zerstörung nimmt noch mehr überhand, bis es – vielleicht! – wieder bergauf gehen kann. Der Sieg Jesu führt weder bergab (auch nicht mit einem Weltuntergangs-Szenario, wie es in Joel 3,3-4 angekündigt wird) noch triumphal bergauf. Gottes Handeln geht allen auf, in die sein Geist einkehrt. Sie nimmt der Geist für sich ein, um an ihnen und mit ihnen Früchte seines Neuanfangs hervorzubringen. Dieses Ende braucht nie befürchtet, es darf ersehnt werden. Menschen »wie du und ich« haben mit ihren dunklen Absichten ausgeführt, was Gott vorgesehen und sich vorbehalten hatte zu tun (Acta 2,23). Jetzt zählt allein, was Gott vollbrachte und was daraus hervorgeht: das Evangelium des Geistes, den Jesus »vom Vater empfangen hat« und den er jetzt, als »Herr und Christus«, über das »Haus Israel« kommen lässt. Wird er dort Halt machen?

Wer sind diese »alle«, über die Gottes Geist ausgegossen wird? Petrus spricht die Festbesucher als Repräsentanten des Volkes Gottes an. Das klingt nach einer Restitution Israels. Zugleich sind die apostolische Predigt und ihre Aufnahme auch wie ein Missionsgottesdienst strukturiert. Dahinter mögen zwei Überliefe-

---

3.   JÜRGEN ROLOFF, Die Kirche im Neuen Testament (GNT 10), Göttingen 1993, 65 f.

rungen stehen: die eine geht auf die Jerusalemer Gemeindebildung zurück, die andere zeigt erste Spuren der Heidenmission, wie sie von Antiochia ausging.[4] Werden beide miteinander verschränkt, ist auch dies *der Anfang vom Ende: der Ursprung der Kirche aus Gottes Geist in Gottes Wort.*[5] Die Sensation des Jerusalemer Pfingstfestes animierte zu einer »jüdischen Erweckungsbewegung«[6]. Sie wurde jedoch von Gottes Geist über ihre Grenzen hinausgetrieben, ebenso wie es den Jüngern geschah, die sich in einem Haus eingeriegelt hatten gegen eine feindliche Umwelt, um wie bisher selbstgenügsam zusammenzuhocken, sich aneinander zu erwärmen und ihre Gemeinschaft zu pflegen. Der Geist reißt auch Türen und Fenster des »Hauses Israel« auf. Seine Wände werden durchsichtig, durchhörbar und durchlässig, wenn Gottes Geist einkehrt, und die Jünger-Gemeinde wird offen für die Völkerwelt. Die Kirche Jesu Christi setzt keine jüdische Erweckungsbewegung fort, sie ist auch nicht aus einer solchen herausgewachsen. »Nein, Pfingsten ist ein *eigenes* Werk Gottes: die Berufung eines neuen Volkes, das durch seine eigene Hand auf einem neuen Grund gepflanzt werden soll.«[7] Dieses Volk bleibt dem Gedächtnis der Wunder Gottes, des Vaters, des Sohnes und des Geistes, treu. Dies bekundet es an seinen Festen. Ihm werden neue Großtaten Gottes widerfahren, und mit dem Pfingstwunder fängt es an.

Können wir also Pfingsten als den »Geburtstag der Kirche« feiern? Nur, sofern wir uns gänzlich daran halten, dass die Kirche neu geboren wird, wieder und wieder, nicht nur an jenem Pfingstfest in Jerusalem! Sie ist und bleibt *creatura verbi*[8], die den *spiritus creator* anruft: »Komm, Gott Schöpfer, Heiliger Geist« (Martin Luther, 1524; EG 126, nach dem Hymnus *Veni creator spiritus* des Hrabanus Maurus, 809). Er ist der »Geist, der Herr ist und lebendig macht« (Glaubensbekenntnis von Nizäa-Konstantinopel 381). Erst daraufhin kann im *Credo* von der Kirche die Rede sein. Ihr Gründungsdatum ist bestenfalls zweitrangig.

In der Perikopenordnung kommt dies nicht klar genug zur Geltung. Die Entstehung der Kirche wird auf Jesu Verheißung des Parakleten (Evangelium: Joh 14,23-27; Joh 16,5-15) und auf Jesu Stiftung der Kirche in Caesarea Philippi (Mt

---

4.   J. Roloff, a.a.O., 64.

5.   Vgl. Gerhard Sauter, Der Ursprung der Kirche aus Gottes Wort und Gottes Geist, in: Handbuch der Fundamentaltheologie, hg. von Walter Kern, Hermann J. Pottmeyer und Max Seckler, Bd. 3: Traktat Kirche, Tübingen/Basel ²2000, 147-158.

6.   O. Noordmans, a.a.O. (siehe Anm. 2), 44.

7.   A.a.O., 45.

8.   Martin Luther, Erklärungen zu seinen Thesen für die Leipziger Disputation (1519), WA 2, 430,6-8: »Ecclesia enim creatura est Evangelii, incomparabiliter minor ipso, sicut ait Iacobus: voluntarie genuit nos verbo veritatis suae [Jak 1,18], et Paulus: per Euangelium vos genui. [1 Kor 4,15]«; ders., De captivitate Babylonica ecclesiae (1520), WA 6, 560,33-35: »Ecclesia enim nascitur verbo promissionis per fidem, eodemque alitur et servatur, hoc est, ipsa per promissiones dei constituitur, non promissio dei per ipsam.«

16,13-19) zurückgeführt. Pfingsten soll als Christusfest verstanden werden: Jesus Christus wird gegenwärtig im Heiligen Geist.

So wahr dies ist und so wenig davon gestrichen werden darf – das Gegenwärtig-Werden Christi im Geist ist nicht nur eine Re-präsentation. Vor seinem Fortgang zum Vater verheißt Jesus die Sendung des Geistes »in seinem Namen« (Joh 14,26). Der Heilige Geist wird ihn verherrlichen (Joh 16,14). Ihm wird eine eigene Aufgabe übertragen, die von der Sendung Jesu ausgeht, aber auch weiter greift. Diese Direktive kommt auch in den beiden Paraklet-Sprüchen des vierten Evangeliums zum Ausdruck, die als Texte für das Pfingstfest vorgesehen sind (Joh 14,26; 16,8.13-14). Sie gehören zum ersten biblischen Ansatz einer Pneumatologie, die das Kommen des Heiligen Geistes weder als Fortsetzung des Weges Jesu noch als Geschichtsepoche *nach* Christus ansieht, als Zeit der Kirche oder als Zeitalter des Geistes. Die Verheißung des Parakleten soll auch nicht[9] die Ankunft des Geistes als Kompensation für die ausgebliebene Wiederkunft Christi verstehen lassen, einer Parusie, die als unmittelbar bevorstehend erwartet worden sei. Dann wäre die Pneumatologie ein Versuch, die sog. Parusieverzögerung konstruktiv zu bewältigen. Doch die Paraklet-Sprüche umreißen, was *seit* Christi Gang zum Vater geschehen wird, ohne dass Gottes Handeln an und mit ihm ergänzt, überboten oder gar überholt werden müsste. Es wird aber auch nicht wiederholt, sondern wird für uns zur Wahrheit: wir werden in dieses Geschehen aufgenommen, finden uns in ihm und schauen nach dem aus, was in ihm zugesprochen und zugesagt worden ist. Gottes Selbsthingabe, die sich in Jesus Christus verkörpert, will sich in der Einkehr des Geistes vollenden und sich mit seinem schöpferischen Wirken entfalten.

Im römisch-katholischen Festzyklus schließt Pfingsten den Osterfestkreis ab.[10] Jetzt wird uns die Geistesgegenwart Christi erschlossen: Gottes Handeln im Leben Jesu hat sich zur Großtat der Auferweckung Christi verdichtet, die nun die Kirche mit dem Atem des Geistes durchweht.

Wie verhält sich das Wirken des Geistes zur Sequenz der Christusgeschichte? Diese Frage erlaubt keine theologische Spitzfindigkeit oder dogmatische Haarspalterei. Sie greift in die Pfingstpredigt ein, und ihre Beantwortung richtet die Festpredigt aus und prägt die Feier des Pfingstfestes.

Das Pfingstwunder ist der Anfang vom Ende auch deshalb, weil hier erstmals das Evangelium des Geistes laut und deutlich wird: Gott treibt Menschen außer sich, indem er sie ihrem Sich-Selbst-Überlassensein, ihrer Selbstsucht und Selbstverkrümmung entreißt und sie in die unabgeschlossene Geschichte Jesu Christi, in das Leben im Geist versetzt.

Das Evangelium des Geistes ist das Evangelium der neuen Schöpfung (2 Kor

---

9. Wie z. B. RUDOLF BULTMANN meinte: Das Evangelium des Johannes (KEK II), Göttingen 1941, 389. 448. 451 f. 477.

10. ADOLF ADAM, Das Kirchenjahr mitfeiern, Freiburg im Breisgau ³1983, 78-81.

5,17), neu ebenso wie die Kirche als neues Werk Gottes. Dieses Evangelium ist kein Anhang zu den Evangelien. Die neutestamentlichen Briefe sind weithin Versuche, das Evangelium des Geistes – so, wie es sich jetzt, zur Zeit ihrer Entstehung, bemerkbar macht – zur Sprache zu bringen, ohne dafür eine neue Sprache zu erfinden. Die Briefe zeigen unterschiedlich intensiv – besonders eindrücklich Paulus mit seinem Ringen um Worte –, wie Sprache erneuert werden kann, indem vertraute Wörter, von denen manche verblasst oder abgegriffen erscheinen, in einem neuen sprachlichen Zusammenhang Neues sagen.

Welch gewaltiges Wagnis geht Gott ein, indem er seinen Geist ausgießt und sein Evangelium der Sprache derer anvertraut, die er mit dem Geist begabt! Was konnte daraus werden? Eine Kirche, in der im 2. Jh. die Regel aufgestellt wurde, Gottes Geist sei, wo die Kirche ist.[11] Dann die Reformation, die jene Regel umkehrte und eine erneuerte Kirche allein dort entstehen sah, wo sie vom Geist des evangelischen Wortes geboren und genährt wird.[12] Daneben die Bewegung der sog. Schwärmer, der »Rotten-« und »Schwarmgeister«, wie Luther sie nannte, die sich auf das »innere Wort«, das sie als unmittelbar geistbegabt ansahen, und auf die Freiheit des Geistes beriefen; so wollten sie den Anfang vom Ende in einer radikalen kirchlichen Neugestaltung des Gottesdienstes und der Kirchenordnung selbst- und wortmächtig herbeiführen, und sie richteten ein Chaos in den Gemeinden an, das sie für fruchtbar hielten. Auch um diesen linken Flügel der Reformation abzuwehren, haben die Väter der Konkordienformel (1577) Gottes Geist zum *vermittelnden Werkzeug* erklärt, zu einem Hilfsmittel, das Gottes Wort im Menschen wirken lässt, ihn erschreckt und tröstet.[13] Der Geist Gottes wird als ein Transporteur, Fährmann, Über-setzer von einem Ufer zum anderen angesehen, der uns verhilft, Gottes Wort aufzunehmen, das er uns überbringt.[14] – Später, vor allem unter dem Einfluss der Aufklärung und ihrer Aufmerksamkeit für historische Distanzen, kam der

---

11. Irenäus von Lyon, Adv. haer. III 24,1, SC 211, 474: »Ubi enim Ecclesia, ibi et Spiritus Dei, et ubi Spiritus Dei, illic Ecclesia et omnis gratia« – ein zirkulärer Satz, dessen Richtung den Ton angibt; der zweite Teil soll den ersten bekräftigen.
12. Martin Luther, Ad librum Ambrosii Catharini responsio (1521), WA 7, 721,10-14: »cum per solum Euangelium concipiatur, formetur, alatur, generetur, educetur, pascatur, vestiatur, ornetur, roboretur, armetur, servetur, breviter, tota vita et substantia Ecclesiae est in verbo dei, sicut Christus dicit ›In omni verbo quod procedit de ore dei vivit homo‹.« Beim Bild der Kirche, die durch Gottes Wort geboren und aufgezogen wird, bezieht Luther sich auf Augustin (vgl. WA 50, 630,17 f.).
13. Siehe Jobst Christian Ebel, Wort und Geist bei den Verfassern der Konkordienformel. Eine historisch-systematische Untersuchung (BEvTh 89), München 1981, bes. 136-143.
14. Vgl. Gerhard Sauter, Kirche in der Krisis des Geistes, in: Walter Kasper und Gerhard Sauter, Kirche – Ort des Geistes (Kleine ökumenische Schriften 8), Freiburg/Basel/Wien 1976, (57-106) 85-88.

wachsende Abstand von biblischen Texten zur Gegenwart hinzu. Daher rührt der Schematismus, der so manche Predigt aufbauen soll und der sie doch auszehrt: Zunächst wird der Predigttext in historischer Ferne betrachtet, vielleicht erst in diese Ferne gerückt, dann mit allen Künsten tiefschürfender Deutung und Veranschaulichung vergegenwärtigt. Der Heilige Geist dient hier nur noch dazu, auf wundersame Weise die Präsenz und Aktualität zu schaffen, die vorher methodisch in Frage gestellt worden ist.

Am Pfingstfest will der Heilige Geist nicht herbeizitiert, sondern *angerufen werden*. Fast alle Pfingstlieder erbitten sein Kommen als Schöpfer, Gnadenbringer, Tröster, Lebensspender (EG 125, 126, 128, 130, 131). Warum eigentlich? Wahrscheinlich haben doch alle, die in diese Bitte einstimmen, diesen Geist bereits in ihrer Taufe empfangen! Verliert er etwa im Laufe der Zeit seine Wirkung, verflüchtigt er sich und muss wieder revitalisiert werden? Oder reicht er nicht aus und bedarf einer Ergänzung? Die Anrufung des Geistes in den Pfingstliedern – ihr epikletischer Grundzug –, entspricht der Innenspannung des Anfangs vom Ende: Wir können nur um das Kommen des Geistes bitten, wenn wir ihn schon kennen – eben soweit kennen, dass wir seiner mehr und mehr bedürfen.

2. Gestalten des Geistes und seine Gaben

Als wer will der Heilige Geist gestalthaft begegnen und erwartet werden?

Jesus kündigte ihn als *Parakleten* an, als Begleiter, Beistand und Helfer, wenn die Jünger sich im Stich gelassen fühlen könnten, weil ihr Meister nicht mehr unter ihnen ist. Der Paraklet ist aber kein Lückenbüßer, denn Jesus bleibt ja auf seine Weise bei ihnen (Joh 14,20), als Herr und Christus. Der Paraklet wird die Herrschaft Christi vollbringen – so sehr, dass Jesus, der die Seinen auf seinen Fortgang vorbereitete, geradezu wie ein Vorläufer des Geistes erscheint.[15] Dem Parakleten wird übertragen, *Christus in unserer Zeit zu verherrlichen*: die *doxa* aufgehen zu lassen, die in Jesus, dem Mensch gewordenen Gott, aufstrahlte (Joh 16,14). Von jetzt an soll klar werden, wie es endgültig mit der »Welt« steht: im Blick auf all das, was Gott in und mit der Christusgeschichte getan hat (Joh 16,8-11).

Die übliche Übersetzung von *parakletos* als »Helfer« und »Beistand« dürfte also nicht ausreichen, um zu charakterisieren, was der Heilige Geist vollbringt. Für LUTHER ist er vornehmlich »Tröster« der angefochtenen, von innen und außen bedrängten Gemeinde. Sie wird nicht auf bessere Zeiten vertröstet, sondern empfängt Trost in dem Maße, wie sie ihn gerade jetzt braucht, um die Atemnot der Hoffnung zu überstehen. Der Geist macht die Herzen fröhlich, indem er

---

15. GÜNTHER BORNKAMM, Der Paraklet im Johannes-Evangelium, in: Geschichte und Glaube, Bd. 1 (BEvTh 48), München 1968, 68-89.

ihnen Christus so ins Herz hineinbringt, dass es sich allein an ihn halten kann.[16] Den Trost, den sie empfangen und auf den sie immer wieder angewiesen sind, können sie denen, die gleichfalls in die Enge getrieben wurden oder Engpässe durchschreiten müssen, weitergeben, ohne dass sie ihn dadurch verlieren würden. Der Paraklet vertritt auch als »Anwalt« alle, die nicht hinreichend für sich selber sprechen können. Er tritt sogar vor Gott für uns ein, weil wir nicht einmal wissen, »was wir beten sollen, wie es sich gehört« (Röm 8,26): so, dass es zu Gott empor dringen und erhört werden kann. Kaum einen Seufzer können wir von uns geben, doch wenn der Heilige Geist einen solchen Seufzer aufnimmt, ist dieses Aufstöhnen in Gottes Ohren ein solch lauter Ruf, dass er Himmel und Erde erfüllt und alles andere Lärmen übertönt.[17] Besonders wenn um einen Neuanfang gebetet wird, bedarf es dieser Fürsprache des Geistes.

Was der Paraklet mitzuteilen und anzukündigen hat, wird ihm gesagt. Er wird *nicht aus sich selber reden* (Joh 16,13), sondern kraft dessen, was er vernommen hat. Gemeint ist damit nicht, der Heilige Geist sei ein Traditionsverwalter. Sein Reden erwächst vielmehr aus seinem Hören. Hier deutet sich das Geheimnis der Kommunikation von Gott Vater, Sohn und Geist an.[18]

Der Paraklet, der »Geist der Wahrheit«, erschließt »Schritt für Schritt das Geheimnis Gottes und das Geheimnis des Todes Jesu« und »erinnert« an alles, was Jesus gesagt hat (Joh 14,26). Olivier Messiaen komponierte dies im dritten Satz (*Consécratio*) seiner Pfingstmesse (1950) als geistgegebene Schriftauslegung, getreu der römisch-katholischen Festliturgie: »Der Heilige Geist macht es uns möglich, die verborgene Bedeutung des Wortes Jesu zu erfassen und in die Mysterien einzudringen, die er uns gelehrt hat. Das ist die Gabe der Weisheit.« Gewiss kann kein Wort Jesu in seiner vollen Tragweite ohne den Beistand des Geistes verstanden werden. Und so vieles von dem, was er sagte, blieb sogar den Wegbegleitern Jesu ein Rätsel (Joh 16,25). Jedes vollmächtige Erinnern des Redens Jesu zielt darauf, Gott noch deutlicher zu offenbaren, als es auf dem durch Missverständnisse und Missdeutungen belasteten Weg Jesu möglich war (vgl. Joh 14,12). Dennoch ruft der Paraklet nicht nur Sprüche Jesu in Erinnerung und erklärt sie. Sein Gedenken greift in unser Gedächtnis ein und in alles, was wir, geleitet oder auch verleitet durch unser Sich-Erinnern, um uns und vor uns sehen und beurteilen. Nichts davon bleibt von Jesu Wort unberührt. Der Geist führt in die Weite des Handelns Gottes und leitet so in alle Wahrheit (Joh 15,26).

---

16. Martin Luther, Predigt am 24. Mai 1523 (Pfingstsonntag), zu Joh 14,23-28, WA 11, bes. 112,28 f.: »Officium eius, quod corda gaudabunda facit«.
17. Martin Luther, Großer Galaterbriefkommentar (1535), WA 40/1,585,28-31 (zu Gal. 4,6): »Ibi pater inquit: Nihil audio in toto mundo praeter hunc unicum gemitum, qui in auribus meis tam fortis est clamor, ut coelum et terram repleat et compescat omnes omnium aliarum rerum clamores.«
18. Siehe Kapitel 9.2.

Was in der Kirche als *Paraklese*, als Ermutigung, Mahnung und Trost mitgeteilt werden kann, bedarf der *Epiklese* des Parakleten, der Bitte um das Kommen des Geistes. Er ist uns oft viel näher, als wir denken.

Die Gestalt des Parakleten wird durch seinen Auftrag umrissen, den er jetzt, am Anfang vom Ende, auszuführen begonnen hat. Die Gottesdienstgemeinde ruft ihn an und bittet:»Komm zu uns, damit wir teilhaben und teilnehmen an allem, was du zu vollbringen hast!« Die Predigt unterstützt diese Bitte und weckt die Erwartung für das Kommen des Geistes, indem sie zur Sprache bringt, was mit ihm verheißen ist.

Die Pfingstgeschichte erzählt von einem *Einbruch des Heiligen Geistes* bei den Jüngern und von der Geistbegabung, der»Begeisterung« derer, die die apostolische Predigt von Gottes Handeln an Jesus verstehen, d. h. aufnehmen und dazu bewegt werden, sich ihm zuzuwenden und sich auf ihn, auf Jesus, als »Herrn und Christus« taufen zu lassen. Was Petrus ihnen verkündigte, haben sie nicht einfach zur Kenntnis genommen, um dann wieder zu ihrer Festfreude und Tagesordnung zurückzukehren, als wäre nichts geschehen: nichts an jenem, der vor einigen Wochen gekreuzigt wurde, und nichts an ihnen. Sie haben die Predigt verstanden, weil sie in die Christusgeschichte hineingezogen wurden und sich nun in ihr finden. »Das ist die neue Sprache. Sie verstehen sie alle; denn hier werden sie angesprochen von Gott.«[19] »Hier versteht sich die Gemeinde aus der Gegenwart Gottes selbst«: als das Volk, das Gott sich neu sammelt.[20]

Mit diesen *Geisterfahrungen* gehen Phänomene einher, die nur andeutungsweise benannt werden: ein hereinbrechender Sturmwind, Feuerzungen und ein Reden mit fremder, aber keiner falschen oder gespaltenen Zunge, Menschen, die außer sich geraten, Unfassbares empfangen, sich in einer Gemeinschaft neuer Art vereint finden, die getrieben werden, von einem neuen Grund auf umzudenken, ohne sich treiben zu lassen. Hier werden weder spektakuläre Begleitumstände aufgezählt noch wird versucht, den Heiligen Geist zu veranschaulichen oder gar zu ergründen. Wie in anderen biblischen Texten wird ein unmittelbares Widerfahrnis sozusagen durch die Blume symbolisch zum Ausdruck gebracht, weil es anders nicht ausgedrückt werden kann. Dass und wie Gottes Geist hier am Werke ist, wird erst aus dem kontextuellen Sprachgebrauch erkennbar und ist nicht schon durch das Symbol abgesichert.

Im Unterschied, ja im Gegensatz zur *biblischen Symbolsprache* sollen die Symbole und Metaphern, die heutzutage für Gottes Geist und sein Wirken eingesetzt werden, in der Regel Gottes unvermittelte Geistesgegenwart veranschaulichen: so, dass sie als Phänomen mit anderen erstaunlichen, zumeist außerordentlichen und grenzüberschreitenden Erscheinungen vergleichbar wird. Die Aufmerk-

---

19. Hans Joachim Iwand, Kirche und Gesellschaft (Nachgelassene Werke. Neue Folge, Bd. 1), bearbeitet von Ekkehard Börsch, Gütersloh 1998, 46.
20. A. a. O., 42 f.

samkeit bleibt dann leicht am Symbol hängen, statt dass darauf geachtet wird, was alles mit ihm angezeigt sein könnte. Symbole, eher noch Metaphern, können jedoch auch Zeichen dafür sein, wie unser Reden von Gott durch Gottes Geist-Begegnung erschüttert wird, so dass es Neues aufnehmen kann. Dies auszusprechen, wird mit Metaphern versucht, die der Alltagssprache entnommen sind, aber unkonventionell dort gebraucht werden, wo wir von Gottes Handeln sprechen.[21]

Die biblische Symbolsprache bietet also kein Erklärungsmuster für Erfahrungen, im Gegenteil: Weil Menschen niemals vermögen, Gottes Geistesgegenwart und Geistwirken namhaft oder gar dingfest zu machen, greifen sie zu symbolischen Elementen und Metaphern, um Unsagbares sagen zu können und es zugleich unvermittelt zu belassen. Oft werden sie sprachlos angesichts der *Begegnung*, in der Gott als der Heilige Geist ihnen *gestalthaft* in den Weg tritt. Wenn überhaupt, gelingt es ihnen nur tastend, dieses Widerfahrnis in Worte zu fassen.

Der Heilige Geist begegnet als widerständige Gestalt den Menschen, in deren Leben Gott eingreift, um ihnen eine gewandelte Gestalt zu geben. Im Geist ist Gott schöpferisch, errettend, bewegend gegenwärtig.

Erlebt wird die *überraschende Ankunft des Geistes.* Sturmwind und Feuer gelten wie Erdbeben als Vorboten oder Begleiter einer Theophanie: Gott erscheint, er wird gegenwärtig, gibt sich zu erkennen in dem, was er sagt. In der Erzählung von der Begegnung Gottes mit dem Propheten Elia auf dem Horeb (1 Kön 19,9-18) – vielleicht dem Ort, wo Mose einstmals unter Blitz und Donner, unter ohrenbetäubendem Lärm und in Feuer und Rauch gehüllt Gottes ausgesprochenen Willen vernommen hatte (Ex 19,16-19) – kommt der Herr jedoch weder im Sturm noch im Erbeben noch im Feuer, sondern mit einer »Stimme verschwebenden Schweigens«[22], nahezu einem Nichts, aus dem er so spricht, dass es zu einem äußerst gespannten Hören nötigt (1 Kön 19,12). Zwar ist hier nicht vom Geist die Rede, aber vielleicht auf subtile Weise doch: Gottes kaum vernehmbare Stimme beansprucht alle Aufmerksamkeit für sich. So gesehen steht diese Begebenheit der Pfingstgeschichte gar nicht so fern, denn auch dort wird die Aufmerksamkeit der Zuschauer zunächst von den merkwürdigen Umständen abgelenkt und dann von einer Botschaft an sich gezogen, die sie zu Hörern des Wortes werden lässt – nicht sie alle, doch erstaunlich viele von ihnen.

Der Geist wird wie ein *Windhauch* erlebt, der sich unversehens zu einem Sturm auswachsen kann. Urplötzlich bricht er herein. Wie ein glutheißer Wüstenwind verbrennt er welkende Menschen und ihre einst blühenden Gebilde (Jes

---

21. Vgl. Sue Patterson, *Word,* Words and World: How a Wittgensteinian Perspective on Metaphor-Making Reveals the Theo-logic of Reality (Religions and Discourse 50), Oxford/Bern/Berlin/Bruxelles/Frankfurt am Main/New York/Wien 2013, 229 f.
22. Die Schrift, verdeutscht von Martin Buber und Franz Rosenzweig, Ausgabe Gütersloh 2007, 427.

40,7). Doch er lässt auch neues Leben sprossen und wird es nähren (Jes 44,4), damit es nicht wieder verdurstet. – Wie »der Wind, der weht, wo er will«, ist die Neugeburt eines Menschen aus dem Geist ein Geheimnis, unergründlich, obgleich es in Erscheinung tritt. Obwohl wir die Stimme des Windes hören können, bleibt uns verschlossen, woher er kommt und wohin er enteilen wird (Joh 3,8). Die Pointe des Vergleichs: So wenig wir einen Wind erhaschen können, so wenig vermögen wir in der Neugeburt eines Menschen den Willen Gottes zu fassen, d. h. in die Hand zu bekommen. Wie ein Wind überkommt er uns und entzieht sich uns.

Der Geist kommt zu Menschen, er kehrt bei ihnen ein – zugleich ruft er sie aus sich selber heraus, damit sie in ihm leben. Gott schafft in ihnen Raum für das, was er ihnen gibt, ihnen anvertraut und für sie vorgesehen hat.[23] Der Geist erfüllt ganz, doch er verdrängt nichts und niemanden. Ein bisschen geistbegabt sein – das wäre so wenig möglich wie ein bisschen schwanger sein. Entweder ganz oder gar nicht! Diejenigen, in denen Gottes Geist »wohnt« (Röm 8,9.11; 1 Kor 3,16), treibt er zwar außer sich, aber nicht über sich selbst hinaus, er lockt sie auch nicht in eine Vergeistigung, in der das Bewusstsein sich über die Materie erhebt und, nicht mehr leibgebunden, in einer Sphäre umherschweift, in der sie sich wahrhaft beheimatet sieht. »Wen der Geist treibt, die sind Gottes Kinder« (Röm 8,14), nicht in einer pubertären Phase ständiger Auseinandersetzung, sondern indem sie Verantwortung für das Erbe übernehmen, das ihnen zugesprochen ist und zuteil werden wird. »Weil ihr nun Kinder seid, hat Gott den Geist seines Sohnes gesandt in unsre Herzen, der da ruft: ›*Abba*, lieber Vater!‹« (Gal 4,6). – Nirgendwo ist aber die Rede davon, dass Menschen »gottverwandt« wären oder werden könnten.

Viele Pfingstpredigten werden mit Symbolen und Metaphern überladen, weil das vielsagende Wort »Geist« rhetorisch und ästhetisch so attraktiv ist. Das einmalige Hörwunder der Pfingstgeschichte erscheint viel ansprechender als das recht unauffällige Sprachwunder, auf das hinfort jede christliche Predigt angewiesen bleibt. Darum wird mit allen möglichen Mitteln versucht, die Gemeinde wenigstens in einer Pfingstfeier zuerst einmal in Staunen zu versetzen, damit jene Jerusalemer Sensation aufs Neue erlebt werden kann. Sollte die Pfingstpredigt, wenn sie schon keine Ansprache zur Geburtstagsfeier der Kirche mit all ihrer unvermeidlichen Schönfärberei sein darf, Kirche nicht wortgewaltig in Bewegung bringen und sie in heilige Unruhe versetzen? Jede Predigerin, jeder Prediger wird sich dieser und ähnlichen Fragen stellen müssen, auch weil manche Pfingstlieder in der Gemeinde derartige Erwartungen wecken.

Bedenken wir unter diesem Gesichtspunkt einige gängige Geist-Symbole!

---

23. Zum Einzelnen siehe GERHARD SAUTER, Das verborgene Leben, Gütersloh 2011, 181-189.

Da ist die *Taube,* die über vielen Kanzeldecken ihre Schwingen ausbreitet: Symbol der Verbindung von Geist und verkündigtem Wort.

Von einem Dorfpfarrer wird erzählt, er habe vor einem Pfingstgottesdienst die Kirchenfenster öffnen lassen, weil es ein schwülheißer Tag war. Kaum hatte er zu predigen begonnen, flog eine Taube in die Kirche, setzte sich auf den Rand der Kanzel und war nicht zu vertreiben. Nach dem Gottesdienst stellte der Pfarrer den Küster zur Rede: »Warum haben Sie denn nichts getan, um den Vogel zu verjagen? Er hat doch uns alle nur gestört!« »Ach, Herr Pfarrer«, lautete die Antwort, »das war nur eine schöne Abwechslung. Und außerdem – weiß ich denn, was einem Pfarrer noch so einfällt? Gerade an Pfingsten!«

Die Kontrastgeschichte zu jener Taubenvisite erlebte ich im Frühjahr 1968 in Halle an der Saale. Dort war in der Reformationszeit eine der größten Reliquiensammlungen Deutschlands zu sehen gewesen, das »Hallesche Heiltum«, das auch ein Ei vom Heiligen Geist besaß: ein Taubenei. Jetzt, als in der zerfallenden Altstadt der Spruch »Ruinen schaffen ohne Waffen!« umging, waren im Dom einige Fenster zerbrochen, und vor einer Orgelpfeife lag eine tote Taube – Anzeichen für eine sterbende Kirche? Die zusammengeschmolzene Domgemeinde, die alles daran setzte, ihr Gotteshaus einigermaßen in Stand zu halten, feierte einen höchst lebendigen und zuversichtlichen Gottesdienst!

Im Altertum wurde die Taube als Liebesvogel verehrt[24] – ein flatterhaftes Geschöpf. In der Erzählung von Noah, der nach einem Ende des göttlichen Strafgerichtes in der weltzerstörenden Flut ausschaut, kehrt eine ausgesandte Taube mit einem frischen Ölblatt im Schnabel zurück (Gen 8,11). Daraufhin hat sie als Friedensbotin Karriere gemacht, obwohl Tauben durchaus nicht zu den friedvollen Tieren gehören. Die verbreitete Vorliebe für die Taube als Friedenssymbol kann die untergründige Aggressivität, die so manche Berufung auf den Geist begleitet, kaum verschleiern.

In der christlichen Bildersprache wurde die Taube zum Sinnbild für die Zuwendung Gottes: Eine Taube schwebt zwischen Gott Vater und Sohn hin- und her oder sie berührt mit einer Flügelspitze den Mund des Vaters, mit der anderen den Mund Christi.[25]

Wie geriet die Taube ins Pfingstfest? Mit der Geschichte von der Ausgießung des Geistes am 50. Tage *(pentekoste [hemera])* nach Ostern, die die orthodoxen Kirchen am Pfingstmontag feiern, schließt sich der Kreis, der mit der Taufe Jesu beginnt.[26] Dort wurde der Geist, der »wie eine Taube« auf Jesus bei seiner Taufe

---

24. Heinrich und Margarethe Schmidt, Die vergessene Bildersprache christlicher Kunst, München 1989, 110; Daniel Haag-Wackernagel, Die Taube. Vom heiligen Vogel der Liebesgöttin zur Straßentaube, Basel 1998.
25. H. und M. Schmidt, a. a. O., 112.
26. Zur Entwicklung der Theologie des Festes siehe Konrad Onasch, Kunst und Liturgie

herabschwebte[27], von einer Stimme aus dem Himmel begleitet: Gott der Vater redet den Getauften als seinen »geliebten Sohn« an (Mk 1,10-11 parr.), qualifiziert ihn also vor allen, die die Himmelsstimme hören, und findet an ihm Gefallen – wie, bleibt noch offen und wird sich erst auf dem Weg Jesu hin zum Kreuz zeigen. Der Geist, Repräsentant der Heiligkeit Gottes, ruht *bleibend* auf Jesus von Nazareth (Joh 1,33), er berührt ihn nicht bloß flüchtig und erhebt sich nicht sogleich wieder in himmlische Fernen. Vom Himmel lässt er sich herab, von einem Himmel, der zunächst nur für die Augen Jesu geöffnet ist. Mit und in Jesus wird aber, was »von oben« kommt, sich auch anderen mitteilen und bei ihnen bleiben. Es wird nicht nur Kreise ziehen, als wäre ein Stein ins Wasser geworfen worden. Wer Gott so gefällt wie sein geliebter Sohn, wird dieses Wohlgefallen mit allem ausstrahlen, was er ist, was ihm geschieht und was er vollbringt.

Die Taube, von der Taufe Jesu zum Pfingstfest geflogen, konnte aus einer Verlegenheit helfen, die meistens gar nicht beachtet wird: In der Pfingstgeschichte folgt die Taufe auf die Predigt des Petrus, die als Missionspredigt stilisiert ist. Unsere Pfingstpredigten richten sich jedoch in aller Regel an bereits Getaufte. Ihnen bringt die Taube in Erinnerung, dass sie Gottes Geist in der Taufe empfangen haben – und bereitet so vielleicht auch eine nachgeholte Begeisterung vor.

Der Geist, der bei der Taufe Jesu auf ihn herabkam und auf ihm ruhte (ohne sich auszuruhen!), ergießt sich an Pfingsten über die Jünger und durch ihr geisterfülltes Reden in die Völkerwelt hinein (Acta 2,1-41): so wurde dieses Fest in der Kirche seit dem 4. Jh. zu Ehren des unaufhörlichen Wirkens des Geistes in der Welt gefeiert. Traditionsgeschichtlich gesehen, vereinen sich hier zwei Linien alttestamentlicher Prophetie: der messianische Herrscher ist Geistträger (Jes 11,2; 42,1; 61,1) und dem ganzen Gottesvolk wird der Geist zuteil (z.B. Joel 3,1-5, aufgenommen in der Pfingstpredigt des Petrus).[28] Im Pfingstereignis fügen sich beide Verheißungen ineinander: Menschen erkennen, dass und wie Gott an Jesus gehandelt hat und wie Jesus den Geist, den er empfing, im Übermaß austeilt und sich so als »Herr und Christus« erweist.

der Ostkirche in Stichworten unter Berücksichtigung der Alten Kirche, Wien/Köln/ Graz 1981, 305-308.

27. Das erste Konzil von Nizäa (325) erklärte »die Taube aus der Taufgeschichte Jesu zum gültigen Symbol des Heiligen Geistes«: H. und M. Schmidt, a.a.O., 111. So wurde die Taube auch in andere biblische Begebenheiten eingetragen, und dies wirkte sich auf die christliche Ikonographie aus. Ein Relief aus dem 10. Jh. zeigt die ausgestreckte Hand Gott Vaters, die eine Taube wie einen mächtigen Adler zu Jesus ausschickt, nicht mit einer Botschaft, sondern zum Zeichen innigster Zugehörigkeit: drei-einig, drei-eins. Abgebildet in: H. und M. Schmidt, a.a.O., 113.

28. Rainer Albertz und Claus Westermann, Artikel »רוח *rūaḥ* Geist«, in: THAT 2, München und Zürich 1976, (726-753) 750-753.

Das Kommen des Geistes wollte EDUARD THURNEYSEN, ein von Natur aus eher friedliches Gemüt, in einer Pfingstpredigt durch den Einschlag einer Granate veranschaulichen: »das Wort Gottes, das Jesus ist und bringt«, das »von oben nach unten alle Stockwerke des Hauses durchschlägt«, »alle die Stockwerke des Lebens, in denen wir wohnen, wir Menschen, von der Zinne bis in die tiefsten Keller«[29]. Gottes Wort durchbricht jedes Hindernis, es zerbricht vor allem die Sicherungen, die wir Menschen aufgebaut, und die Gewissheiten, die wir meinen errungen zu haben. Dieses Bild könnte aber auch zu destruktiven Gedanken für die Predigt verleiten: Zuerst muss sie Barrieren abbauen, Verschanzungen einreißen, das falsche Leben vor Augen führen, zeitkritisch nachweisen, wie geistlos und geistvergessen wir leben, um so Raum zu schaffen, damit Gottes Geist – hoffentlich! – uns wieder erreicht und neue, ganz andere Lebenskräfte hervorbrechen können. – Eine solche Einstellung darf jedenfalls nicht zum Vorsatz werden, weder für die Pfingstpredigt noch für irgendeine andere.

Das Kommen des Geistes Gottes vermag zutiefst zu erschrecken, zu erschüttern und sogar zu verletzen. Doch dies entzieht sich jeder bildhaften Verdeutlichung. Antependien, auf denen eine Taube wie im Sturzflug abgebildet ist, lassen eher an eine abgeschossene Brieftaube denken. Die lebhafte Wirkkraft des Geistes stört alle Versuche, sie ins Bild zu setzen, sie rhetorisch zu beschwören oder gar zu inszenieren. Weil immer wieder vergeblich versucht wird, den Geist herbeizulocken, ist den meisten Zeitgenossen »der Spatz in der Hand [...] besser als die Taube auf dem Dach auch dann, wenn diese Taube den heiligen Geist symbolisiert«[30]. Der Spatz in der Hand könnte etwa die religiöse Veranlagung sein, die Menschen gemeinsam ist, oder die menschheitsverbindende Frage nach dem Lebenssinn, oder eine universale Gesinnungsgemeinschaft derer, die sich für humane und lebensfreundliche Verhältnisse einsetzen. Die symbolistisch gesehene Taube ist nicht greifbar. Sie *kommt* – als Symbol der Sanftmut oder als Angreiferin? Sie ist mehrdeutig wie andere Geist-Symbole und -Metaphern:

Der Geist wirkt als *ständige Unruhe*, schöpferisch, zerstörerisch – oder das eine durch das andere: immer in Bewegung, auf- und umherwirbelnd, aber auch belebend. Er weht nicht nur wie ein frischer Wind, sondern auch als anar-

---

29. EDUARD THURNEYSEN, Komm Schöpfer Geist!, in: KARL BARTH und EDUARD THURNEYSEN, Komm Schöpfer Geist! Predigten, München 1924, 162. – Die Wendung »senkrecht von oben« hatten Thurneysen und sein Freund K. Barth FRIEDRICH ZÜNDEL entlehnt, dem ersten Biographen JOHANN CHRISTOPH BLUMHARDTS (1805–1880): »Es war aber gewiß ein Gewaltiges, als die Erschütterung des senkrecht von Himmel hernieder fahrenden Sturmes den Aposteln kund gab, daß ein unerhört Neues geworden sei.« (F. ZÜNDEL, Aus der Apostelzeit, Zürich 1886, 26) Die Formel wurde zu einem der Schlagworte der frühen Dialektischen Theologie.

30. ODO MARQUARD, Schwacher Trost, in: Text und Applikation (Poetik und Hermeneutik, Bd. 9), hg. von Manfred Fuhrmann, Hans Robert Jauß und Wolfhart Pannenberg, München 1981, (117–123) 119.

chischer Luftzug, der Fenster und Türen aufreißt, hinfällige Gebäude zum Einsturz bringt, erstarrte Traditionen beiseite fegt. Er erschöpft sich nie. Ist nichts mehr von ihm zu spüren, dann hat er die Szene verlassen oder die Empfangsorgane für ihn sind abgestumpft: Sie empfinden nur noch etwas als neu, das im Augenblick seines Werdens bereits zu vergehen beginnt. Ausgeschlossen, dass der Geist irgendwo »bleiben« könnte!

Der Geist ist *unberechenbar und unverfügbar.* Unvermutet ist er da – ebenso rasch kann er wieder verschwunden sein. Eine flüchtige Substanz, lässt sich nirgendwo dingfest machen. Wie der Wind ist er nur aus seinen Wirkungen zu ersehen. Er ist völlig frei, auch als Energie und in den Kräften, die er freisetzt. Oder was zunächst als geistbewegt gegolten hat, kann plötzlich dämonische Züge annehmen. Was als fortschrittlich gefeiert wurde, erweist sich womöglich später als Rückfall.

Wen der Geist ergreift, der gerät außer sich. Wohin? Das Bewusstsein kann rauschhaft erweitert werden oder sich zu einer höheren, ungebundenen und zugleich vertieften Auffassung von Wirklichkeit erheben. »Wenn der göttliche Geist in den menschlichen Geist einbricht, so bedeutet das nicht, daß er dort einen ›Ruheplatz‹ findet, sondern daß er den menschlichen Geist über sich hinaus treibt.«[31] Doch was den menschlichen Geist über sich hinaustrieb, kann ihn in den Abgrund reißen.

Wen der Geist entzündet, der wird selber Feuer und Flamme und steckt andere an. So entsteht eine Gemeinschaft der Gleichgestimmten und Gleichgesinnten. Sie können sich in einem Gemeingeist gegen andere abschließen – oder aber dank der Unbeschränktheit des Geistes sich für die »Nächsten« ebenso wie für die »Fernsten« öffnen und für das, was sie erhebt oder bedrückt. Der Geist webt das Netz der Kommunikation, die ungeahnte Fernen überbrückt und Zeitabstände zusammenschrumpfen lässt – ein Netz, in dem man sich aber auch verfangen kann.

Dem Apostel Paulus, dem Evangelisten des Geistes, machte die Zweideutigkeit anderer Manifestationen des Geistes zu schaffen, zumal im Blick auf die junge Gemeinde in Korinth. In dieser Hafenstadt war das Evangelium ein Angebot unter vielen auf dem Markt religiöser und volkstümlich philosophischer Möglichkeiten. Eine Avantgarde der Geistbegabten wollte alle anderen nach sich ziehen, und sie schien dies auch zu erreichen. Paulus hatte den Eindruck, für die Mehrzahl derer, die sich auf den Namen Jesu Christi hatten taufen lassen, sei Gottes Geist unabweisbar dort am Werke, wo die Begeisterung am größten war: beim ekstatischen »Reden in Zungen«, der *Glossolalie,* einer fremdartigen Artikulation, deren Unverständlichkeit ihr Gütesiegel ist, weil sie auf Übernatürliches schließen lässt. Diese hermetische Sondersprache wurde zum schlagkräf-

---

31. Paul Tillich, Systematische Theologie, Bd. 3: Das Leben und der Geist / Die Geschichte und das Reich Gottes, Stuttgart 1966, 134.

tigen Argument, das auch alle Konkurrenten außerhalb der Christengemeinde zu überbieten versprach. Und in der Gemeinde entstand alsbald ein Talentsuchwettbewerb: Wer kann die größte Sprachbegabung vorweisen?

In 1 Kor 2,12-16 und 12,4-11 geht Paulus auf diese Konkurrenz ein, die die Gemeinde zu spalten droht. Als Pfingstperikopen sprechen beide Texte von der »Begeistung«, der *Geistbegabung aller Gemeindeglieder, die sich bei jedem und jeder von ihnen in einer je spezifischen Gabe zeigt.* Diese Geistes- und Gnadengaben *(pneumatika, charismata)* bewegen sich auf einer anderen Ebene als Geist-Symbole. Ihr gemeinsamer Ursprung ist die Taufe, die so übervoll des Geistes ist, dass sie nicht nur Einzelne erfüllen kann, und sie werden durch die innere Erfüllung *(telos)* ihres Handelns verbunden, die sich bei der Bildung der Gemeinde als Leib Christi einstellt. In allen diesen Gaben will sich das Bekenntnis »Herr ist Jesus« (ΚΥΡΙΟΣ ΙΗΣΟΥΣ) widerspiegeln. Es kann nur kraft des Heiligen Geistes ausgesprochen werden (1 Kor 12,3).

Wes Geistes Kind sind Menschen, die sich als inspiriert ansehen, die eine göttliche Eingebung in sich verspüren oder die sich im Sinne der eben skizzierten Geist-Symbole geistvoll gebärden? Paulus antwortet kategorisch, ohne sich auf Versuche einzulassen, die hinlänglich beschreiben wollen, was »Geist« ist – etwa im Gegensatz zur Natur – und aus welchen Wirkungen er erklärt werden könnte:

> Der Geist aber, den wir empfangen haben, ist nicht von dieser Welt. Wir haben den Geist aus Gott empfangen, damit wir erkennen, was Gott uns geschenkt hat. [...] Der natürliche Mensch erfasst nicht, was des Geistes Gottes ist, aber der geistliche Mensch beurteilt alles, wird aber selbst von niemandem beurteilt. Denn ›wer hat den Sinn des Herrn erkannt, dass er ihn belehre?‹ Wir aber haben Christi Sinn. (1 Kor 2,12.14a.15-16)

Auf den ersten Blick sieht dies wie eine schroffe Gegenüberstellung aus: Auf der einen Seite »wir«, die den Geist aus Gott empfangen haben – auf der anderen Seite der »natürliche«, mit dieser Welt auf Gedeih und Verderb verwachsene Mensch, der nur erfassen kann, was er aus sich selber hervorbringt. Ein hochgefährliches Entweder/Oder! Menschen, die sich auf Gottes Geist berufen, mögen sich dabei nur auf sich selber beziehen und keinem fremden Urteil unterziehen wollen. Dann können sie sich von allen, die ihre Erkenntnis nicht teilen, abgrenzen, weil sie sich ihnen überlegen fühlen. Eine trübe Quelle für Überheblichkeit und Verachtung, sogar für fanatischen Hass! Doch genauer besehen, unterscheidet der Apostel den Geist, den Menschen von Gott empfangen und der nur ihnen selbst gewiss sein kann, von der Betrachtungsweise, die allen Menschen seit ihrer Geburt zusteht, die sich allmählich entwickelt und durch Beurteilungen ständig abgesichert wird. Mit ihr vermag aber niemand in einen anderen Menschen wirklich einzudringen und ihn letztlich zu durchschauen.

»Wir«, die wir den Geist aus Gott empfangen haben – ihn *empfangen* haben und auch dann nicht »haben«, denn wir sind in ihm, er hat uns in seiner Hand! –, waren und sind ebenfalls »natürliche Menschen«. Doch zuteil geworden ist »uns« Christi Sinn: seine *Wahrnehmung dessen, was Gott will, indem er es ins Werk setzt.* Diese Wahrnehmung will nicht ergründen, was Gott denkt und vorhat, oder gar Gott raten, was er zu tun hätte. Sie blickt auf die großen Taten Gottes, die sie an sich geschehen ließ, und schaut aus auf das, was Gott mit ihnen bewirken will. Was wird uns da noch alles erwarten! Denn »der Geist erforscht auch die Tiefen der Gottheit« (1 Kor 2,10).

Christi Sinn wird immer mit Wahrnehmungen des natürlichen Menschen im Streite liegen, nicht um sie zu zerschlagen, sondern um sie zu durchdringen und zur Klarheit des Geistes zu führen. Empfangen wird also *die Urteilskraft für Gottes Handeln* an und mit Christus, wie es im Wirken des Heiligen Geistes in unsere Welt einbricht, unsere Wahrnehmung durchdringt, wandelt, neu ausrichtet und damit unser Leben prägt.

Ähnliches war auch in der Pfingstpredigt des Petrus zu hören (Acta 2,32-36). Paulus geht einen Schritt weiter, indem er den Empfang des Geistes durch den Kontrast zwischen »natürlichem« und »geistlichem« Menschen verdeutlicht. Dieser Kontrast kann nicht durch eine Schichtung in niedere, nur sinnliche Antriebe und höhere, selbstbestimmte Geistigkeit abgebildet werden. Vielmehr widerstreiten hier die unübersehbaren und vielversprechenden »Weltmächte« der verborgenen »Weisheit Gottes« (1 Kor 2,6-8) – und diejenigen, die von dieser Weisheit berührt wurden, ja in Beschlag genommen sind, stehen für andere augenscheinlich dumm da. Dies trifft jedenfalls den Apostel, weil er allein von Jesus Christus als Gekreuzigtem weiß. Mag seine Verkündigung auch durch »Geist und Kraft« erwiesen sein, so waren es doch keine Wundertaten, die als durchschlagende Beweise für sich selber sprachen, sondern es ist Gottes Kraft (1 Kor 2,1-5), die uns unserer Schwäche überführt und in ihr mächtig ist.

Gilt dies auch für die Gemeindeglieder in Korinth? Der Apostel vergleicht sie mit Säuglingen, die noch längst nicht vertragen, was ihnen als geistliche Urteilskraft zugemutet wird. Dies zeigt sich daran, dass sie sich in Glanz und Gloria ergehen und sich doch nur darüber streiten, wer unter ihnen der Supergeistbegabte sei (1 Kor 3,1-4).

Auch in Gemeinden, in denen heute das Pfingstfest gefeiert wird, kann es Rivalitäten, Kompetenzrangeleien oder Rangstreitigkeiten geben. Doch außer in Ausnahmefällen sollte keine Pfingstpredigt sich damit abgeben. Paulus tritt nicht als Untersuchungsrichter oder Schlichter auf. Er konzentriert sich darauf, jeden und jede in der Gemeinde darauf anzusprechen, dass ihnen allen der Geist aus Gott zuteil geworden ist. Ausnahmslos sind sie geistbegabt. Wer wagt dies heute noch zu sagen, ohne dass er es mit einer bloßen Erinnerung an die Taufe bewenden ließe oder eine Messlatte für spirituelle Begabungen anlegte? Dass alle »ein Herz und eine Seele« sein können, wie es in Acta 4,32 so schön ausgemalt wird, ist zum höchsten der Gefühle geworden. Doch »eines Geistes« sein, des Geistes Gottes, der »alles in allen wirkt« (1 Kor 12,4-6): dafür bedarf es *des Leibes Christi als Gestalt des Geistes.*[32]

Alle, die auf den Namen Jesu Christi getauft werden, werden mit Gottes Gnade und Geist begabt, damit der Leib Christi sich als Einheit bildet. Dieser Leib wird vielfältig wachsen und intensiv gedeihen können, indem er Gottes schöpferische Gegenwart bezeugt, sie an sich reinigend und heiligend wirken lässt und die Bitte Christi »Lasset euch versöhnen mit Gott!« (2 Kor 5,20) ausrichtet. Dafür sind Gottes Gnaden- und Geistesgaben bestimmt. Sie quellen aus Gottes Zuwendung und leben von ihr. Die treibende Kraft des Geistes begabt mit ungeahntem Freimut und brennender Zuversicht. Geistesgaben und Charismen – zwei Bezeichnungen für die Einwohnung des Geistes – werden Getauften ständig von Neuem zuteil, im Unterschied (wenn auch nicht immer im Gegensatz) zu Veranlagungen, die zu Kompetenzen entwickelt werden müssen.

Geistesgaben sind Begabungen, die sich selber erschließen wollen. Sie wollen in ihrem Charakter und ihrer Tragweite erkannt und anerkannt werden, »damit wir wissen können, was uns von Gott geschenkt ist« (1 Kor 2,12). Diese Entdeckung übertrifft sogar die Begabung.[33] Denn wie Gott Menschen beschenkt, geschieht auf seine ureigene Weise. Und was er gibt, ist nicht immer leicht als seine Gabe erkennbar, zumal sie sich oft mit unseren Erwartungen an ihn so wenig verträgt.

Die Klärungen in 1 Kor 12 sind nicht nur für die Beurteilung einzelner geistlicher Begabungen bedeutsam, sondern ebenso für das Leben in der Gemeinschaft des Geistes. Denn nur sehr selten darf sich jemand eine solche Begabung selber zuschreiben. Sie oder er kann kaum für sich allein erkennen, welche Gestalt die Gnade Gottes für ihn oder sie gewinnt und welche spezifische Begabung sie oder er erhalten hat. Geistesgaben werden beim Zusammenwirken der Gemeindeglieder *aneinander* entdeckt. Nicht nur, wenn sie alle nahe beieinander sind – auch im alltäglichen Miteinander mit anderen wird sich eine solche Begabung zeigen, meistens ganz unspektakulär. Eine Pfingstpredigt kann aber eine solche Entdeckung von Geistesgaben vorbereiten, wenn sie fragt, wessen die Gemeinde bedarf – nicht sogleich: wen sie braucht, sondern vordringlich: wessen sie bedarf, und zwar im Lichte dessen, was sie ihrem Ursprung nach ist. *Dann* kann sie alle darauf ansprechen, dass sie geistbegabt sind, jeder und jede ebenso unvertretbar wie mit den Gaben anderer verzahnt. Eine solche Pfingstpredigt wird auf Verschiedene verschieden wirken. Und auch darin äußert sich der Geist, wenn er diese Verschiedenheit nicht abgesondert bestehen lässt oder gar zulässt, dass sie sich austobt. Die Vielfalt wird im Aufbau der Gemeinde fruchtbar.

---

32. Gerhard Sauter, Kirche als Gestalt des Geistes, in: EvTh 38 (1978), (358-369) 361. 369. – Siehe auch Anm. 14.
33. Martin Luther, Praelectio in psalmum 45 (1533), WA 40/II, 550,29 f.: »Dona enim Dei adsunt, sed maius donum est, ea scire et agnoscere.«

In 1 Kor 12,4-11 erkundigt Paulus sich nicht danach, was die Gemeinde einsetzen müsste, damit sie ein selbst gestecktes Ziel erreichen kann. In ihrer multireligiösen Umgebung schwebte den Korinthern wohl eine ausgreifende Begeisterung für das Evangelium der Freiheit vor – oder für das, was die Korinther dafür hielten. Der Apostel fragt auch nicht, wer am besten geeignet wäre, die Gemeinde voranzubringen, oder wer sich für geeignet halten könnte, alle dazu zu überreden, an einem Strang zu ziehen. Vorher hatte er zwar einige führende Namen genannt, aber er will gar nicht genau wissen, wer sich besonders hervorgetan hat und mit welchen Mitteln. Vielmehr nennt er Gaben, die er in Korinth antrifft oder die er in anderen Gemeinden kennengelernt hat, und er befragt die so Begabten danach, wie sie zueinander gehören. Sie müssen aufeinander hören, weil sie einander bedürfen, damit sie gemeinsam wirken: »zum Nutzen aller« (1 Kor 12,7). Dieser Nutzen ist das Tragende, das zusammenkommt *(to sympheron)*. So wird die Selbstbezüglichkeit Einzelner durchbrochen, aber auch eine Abschottung der Gemeinde nach außen, ihre Beschränkung auf Gleichgestimmte und Gleichgesinnte. Auch Paulus sucht ja nicht den eigenen Nutzen, sondern wie Christus den »der vielen, damit sie gerettet werden« (1 Kor 10,33).[34]

Der Nutzen aller kann also nicht utilitaristisch gerechtfertigt werden, etwa nach der Devise »Was bringt für alle etwas, womit sie zufrieden sein und sich wohlfühlen können«. Charismen werden nicht an ihrer Nützlichkeit gemessen und auch nicht auf Funktionen eines sozialen Systems reduziert. Sie haben ihre eigene Würde und ihr eigenes Gewicht: Charismatiker bezeugen Gottes Handeln, indem sie Gott an sich handeln lassen, ihm Raum lassen inmitten dessen, was ihnen zugemessen wird und womit sie befrachtet werden. Dank der Charismen entsteht ein Raum, der nicht durch all das besetzt wird, was sie meinen, ausfüllen zu müssen.

Charismen können wie andere Begabungen auch eine Belastung sein, für die Begabten selbst und für andere. Doch auch dann sind sie segensreich. Denn Charismen geben Gott die Ehre, sie verherrlichen Gott, wie der Paraklet Christus verherrlicht, indem aus ihm Christus in ganzer Fülle spricht (Joh 16,14). Geistbegabte reden und wirken nicht aus sich selber, sondern aus dem, was sie empfangen haben: »durch« den Geist, seiner »gemäß« und »in« ihm. Vereint werden sie mit dem einen Herrn und mit allen anderen, an denen er handelt. Im Zuge dieses Wirkens geschieht der geistliche Aufbau der Gemeinde, der Kirche als des neuen Werkes Gottes. Ein erfüllter Raum entsteht.

Zu den Begabungen, Diensten und Kräften zählen für den Apostel eine Urteilskraft, die sich äußert; sprachfähige Klarsicht, die Verworrenes durchdringt; ein tief begründeter, standfester Glaube; heilende Kräfte, zu denen auch der Zuspruch der Vergebung und Segnungen gehören; Energien, die Ungeahntes be-

---

34. Vgl. das Joel-Zitat in der Pfingstpredigt des Petrus: »Wer den Namen des Herrn anrufen wird, soll gerettet werden.« (Acta 2,21)

wirken und erschließen; die prophetische Ansage dessen, was von Gott her kommen wird und daraufhin die Gegenwart ins rechte Licht setzt (vgl. Joh 16,13); die Unterscheidung der Geister, die geprüft werden, »ob sie von Gott sind« (vgl. 1 Joh 4,1); ein fremdartig anmutendes, einzig und allein Gott zugewandtes Reden, das der Gabe bedarf, dieses Reden verständlich werden zu lassen: dadurch, dass es im vertrauten Sprachzusammenhang wiedergegeben wird.

Die Geistesgaben, die Paulus nannte und was er von ihnen sagte, ergeben keine erschöpfende Bestandsaufnahme. Die mittelalterliche Theologie führte, wie immer auf Vollständigkeit bedacht, sieben Gaben des Heiligen Geistes auf: Rat, Weisheit, Gottesfurcht, Stärke, Wissenschaft, Verstand und Frömmigkeit.[35] Ausgedeutet wurde so der »Geist des Herrn«, der einem Zweig aus der Wurzel Jesse sechsfache Frucht bringen soll (Jes 11,2); um die heilige Siebenzahl zu erreichen, wurde die »Furcht des Herrn« in Frömmigkeit und Gottesfurcht aufgeteilt.[36] – Dass auch Wissenschaft und Verstand zu den Geistesgaben gezählt werden, ist im Blick auf den Apostel, der in 1 Kor 14,15 dem »Verstand« einen gewissen Vorzug gegenüber dem menschlichen »Geist« einräumt, und auf viele antirationale Ausfälle unter Berufung auf den Geist in Kirchen- und Theologiegeschichte bemerkenswert. Analytisches, diskursives Denken wird Gegebenes tief eindringend und umsichtig ordnen, gliedern und schrittweise verständlich machen – das geistig-geistliche Genus der Intuition wird eher erschauen und erfassen, was sich ankündigt oder im Werden ist, und es wird mitunter in Neuland vordringen. Die Pfingstpredigt kann keines von beiden entbehren.

Werden die Gemeindeglieder darauf angesprochen, dass sie geistbegabt sind, können wohl noch weitere Charismen entdeckt werden: das Verschüttete hervorholen, das Niedergedrückte aufrichten, die Fruchtbarkeit des Brachliegenden sehen. Ebenso wie »Glaube« von Paulus als Geistesgabe einiger genannt wird, obwohl Gott ihn doch allen zumisst, die die Christusbotschaft hören (Röm 10,17), sie annehmen und sich in ihr festmachen (Gen 15,6), kann sich auch das beharrliche Gebet einer speziellen Gabe verdanken. Das Charisma der Autorität ist eine integrative Kraft, die nicht darauf angewiesen ist, alle Fäden in der Hand zu halten. Die Gestaltung eines gottesdienstlichen Raumes und einer Feier kann charismatisch geprägt sein. Der Einheit der Gemeinde, ja der gesamten geglaubten Kirche zu dienen, dürfte ohne eine Begabung dafür unmöglich sein. Wes Geistes Kind die Begabten sind, wird sich daran zeigen, dass Gottes Handeln in dem, was sie reden und bewirken, hervortritt, und sei es auf unscheinbare, merkwürdige, rätselhafte oder anstößige Weise.

---

35. Siehe dazu Yves Congar, Der Heilige Geist, Freiburg im Breisgau 1982, 265-270.
36. H. und M. Schmidt, Die vergessene Bildersprache christlicher Kunst (siehe Anm. 24), 114.

3. Zum Charakter der Pfingstpredigt[37]

Weil die Pfingstgeschichte in Acta 2,1-41 von einer Predigt, ihrem Anlass und ihrer Wirkung erzählt, können Prediger und Predigerinnen versucht sein, am Pfingstfest *über das Predigen zu predigen.* Sie verlieren sich dann leicht in Reflexionen darüber, was in jeder rechten Predigt eigentlich geschehen müsse. Dabei kann ihnen entgehen, dass die Pfingstpredigt – wie jede Predigt – von dem lebt, was in ihr zugesprochen und zugesagt wird. Auch ist die Predigt des Petrus, an der Schnittstelle von Restitution des Gottesvolkes und dem neuen Werk Gottes, nicht als Musterpredigt geeignet. Sie enthält jedoch Elemente, auf die keine unserer Predigten, zumindest keine Festtagspredigt, verzichten darf: die Verkündigung der großen Taten Gottes – als Handeln Gottes an und mit Jesus Christus, dem lebendigen Herrn – in seinem Geist, der lebendig macht – die »Offenheit auf [s]eine Ankunft hin«[38].

Viele für das Pfingstfest vorgesehene und weitere verwandte Texte beginnen mit lapidaren *Indikativen:* »Nun aber höre, Jakob, mein Knecht, du Israel, den ich erwählt habe [...] Ich gieße meinen Geist aus über deine Kinder und meinen Segen über deine Sprösslinge, und sie werden sprossen wie Gras zwischen Wassern, wie Weiden an Wasserbächen.« (Jes 44,1.3-4)[39] »Also hat Gott die Welt geliebt, dass er seinen eingeborenen Sohn gab, damit alle, die an ihn glauben, nicht verloren werden, sondern das ewige Leben haben.« (Joh 3,16, aus dem Evangelium zum zweiten Pfingsttag nach der älteren Perikopenordnung) »So gibt es nun keine Verdammnis für die, die in Christus Jesus sind. Ihr aber seid nicht mehr unter der Knute des todgeweihten Fleisches, sondern lebt im Geist, denn Gottes Geist wohnt ja in euch.« (Röm 8,1.9) »Wir haben den Geist aus Gott empfangen, damit wir erkennen, was Gott uns geschenkt hat.« (1 Kor 2,12) »Jetzt aber in Jesus Christus seid ihr«, »die ihr von Geburt Heiden wart« und Gottes Verheißungen fern, »Nahe geworden« (Eph 2,12-13). Gesagt wird, was Gott vollbracht hat und was jetzt verheißungsvoll geschieht.

Die Pfingstbotschaft lässt sich nicht in Wünsche, in Optative nach dem Motto »Wenn es doch so wäre!« umsetzen. Ihr entspricht ein *affirmatives, einstimmendes Reden,* getragen und getrieben von der Gewissheit, die der Heilige Geist ins Herz schreibt. Aus solcher Geistesgewissheit spricht Paulus in dem dramati-

---

37. Für das Folgende habe ich einiges meinem Beitrag »Zur Theologie des Heiligen Geistes im Blick auf die Pfingstpredigt« entnommen (in: Festtage. Zur Praxis der christlichen Rede, hg. von Herbert Breit und Klaus-Dieter Nörenberg, München 1975, 148-169), wieder abgedruckt in: Gerhard Sauter, In der Freiheit des Geistes, Göttingen 1987, 95-116.
38. Rudolf Bohren, Predigtlehre, München 1971, 137.
39. Jes 44,1-5 wurde von Henning Schröer vorgeschlagen, außerdem Ez 36,26-27; Sach 4,1-7; Joh 6,63; 20,19-23; Röm 8,26; 2 Kor 3,17; 2 Tim 1,7: Teilartikel »Pfingstpredigt«, in: TRE 26, 1996, (391-394) 392.

schen Kapitel Röm 8: Der empfangene Geist wohnt in denen, die in Christus leben, in ihm verortet sind; sie vergewissern sich, was sie nicht mehr sind. Sodann urteilt der Apostel, dass die »Leiden dieser Zeit« nicht ins Gewicht fallen gegenüber der Herrlichkeit Gottes, die »an uns« aufgehen soll. Darin eingeschlossen ist die Hoffnung, die Gottes Schöpfung in sich trägt und die sie gleichsam austrägt – Hoffnung, in der »wir gerettet sind« und mit der wir in Mitleidenschaft mit der verängstigten Schöpfung auf Erlösung warten. So bekommen wir die Welt, in der und mit der wir existieren, neu und anders zu sehen. Um aber wahrzunehmen, worauf wir hoffnungsvoll blicken können, bedürfen wir der Hilfe des Geistes, der allein weiß, was Gott im Sinn hat, und der uns vor ihm vertritt, wenn wir darum beten wollen, dass Gottes Wille geschieht. Was wir so wissen, dass wir uns darauf verlassen können, ist Gottes Fürsicht und Fürsorge. Dies alles fügt sich zu der Gewissheit, dass niemand und nichts uns »scheiden kann von der Liebe Gottes in Jesus Christus, unserem Herrn«. – Welch bewegter und bewegender Vorgang mit mancherlei Perspektivenwechseln! Die Argumentation schwenkt immer wieder in andere Bahnen ein, und sie gipfelt doch in einer einzigen Wahrnehmung: zu Christus zu gehören, ihm anzugehören. Die Inschrift der Geistesgewissheit prägt sich in lebendigen Herzen nicht auf einmal ein, sie wird gleichsam eingepflanzt, muss einwachsen, was oft nur unter Schmerzen geschieht und Geduld verlangt. Wenn dies Früchte bringt, ist es Grund genug, Gott erneut dafür zu danken, dass er eingegriffen hat und so nahe bleibt.

Indem Pfingstpredigten die großen Taten Gottes verkündigen, helfen sie, *Gottes heilbringendes und heiligendes Handeln* in ungeahnter Weite und Intensität *zu entdecken.* Sie wandeln Prediger und Gemeinde gemeinsam zu Hörenden, Redenden, Betenden, Schauenden, weil der Geist alle Gedanken und Blicke auf das Eine richtet, das nicht aus den Erlebnissen vieler zusammengesetzt ist, sondern ihre Gemeinschaft begründet.

Gottes Geist kommt unserem Reden von ihm zuvor. Keine Predigt bringt ihn in die Welt hinein, sie spürt ihn auch nicht auf – in ihr will aufleuchten, wie Gottes Geist auf seine Weise eingekehrt ist, sich bemerkbar macht, uns entgegentritt, sich mit uns zu schaffen macht. Die Pfingstpredigt spricht nicht Menschen an, denen erst einmal gezeigt werden müsste, dass sie geistverlassen oder geistesarm sind, damit sie diesen Mangel beheben kann. Was hindert uns, Menschen, denen wir begegnen, als diejenigen anzusehen und anzusprechen, die unter der Verheißung des Geistes stehen und denen (auch wenn sie es nicht schon klar und deutlich sehen) der Stern der Erlösung leuchtet? Die Pfingstpredigt ist ein im höchsten Maße *einladendes Reden,* Einladung auch zur Freiheit des Hörens, des Verstehens und des Erkennens.

Einladend vom Geist, der gekommen ist, zu reden, heißt zugleich, *auf das Kommen des Geistes angewiesen zu sein und um sein Kommen zu bitten* – und zwar desto dringlicher, je mehr erkannt wird, was Gottes Geistesgegenwart geschaffen hat. Wer wahrnimmt, was ihm zuteil geworden *ist,* bemerkt, was ihm und nicht nur ihm fehlt (Röm 8,22-23). Die Bitte um das Kommen des Geistes, um sein Übermaß, entspricht unserer Schwachheit, der nur Gottes Geist aufhelfen kann.

Die Predigt und das geisterfüllte Reden sind gleichzeitig; es kommt uns nicht zu, zwischen ihnen zu unterscheiden und festzustellen, wann die eine von dem anderen durchdrungen wird. Für den Aufbau der Predigt kann kein einzelner geistbewegter Abschnitt vorgesehen werden; andererseits können auch Passagen, die einleiten und zur Botschaft hinführen wollen oder die die Gemeinde »abholen« möchten, geistbewegt sein. Gerade Blicke auf Missstände, Gefahren, brennende Probleme, überfällige Entscheidungen bedürfen geistlicher Klarsicht, die manchmal schon durch einen fragenden Einwurf oder einen Wechsel der Blickrichtung ermöglicht wird.

Die *Verständlichkeit der Pfingstpredigt* ist nicht selbstverständlich. Dem Sprachwunder der Geistausgießung muss zwar nicht ein Hörwunder wie bei jenem Pfingstfest in Jerusalem vorausgehen. Doch dass »die Werke Gottes für uns zur Wahrheit werden«, dass der Kreuzestod Jesu zum »Wort vom Kreuz« (1 Kor 1,18) wird, zum Evangelium (vgl. 1 Kor 2,2), das ihn als den »Herrn und Christus« und sein Kommen als Retter und Sieger ankündigt, und dass Menschen dies so vernehmen, dass es ihnen durchs Herz geht: dies ist das Sprachwunder schlechthin. Der Geist ist die Kraft des göttlichen Wortes, keine Zutat, die es erst wirksam machen müsste. Sein Sprachwunder ereignet sich in der Verkündigung des Handelns Gottes: darin, dass dieses Handeln unzweideutig zur Sprache gebracht und die gespannte Erwartung für das geweckt wird, was Gott mit seinem Handeln vorhat. »Denn der Geist erforscht alle Dinge, auch die Tiefen Gottes.« (1 Kor 2,10)

Nicht nur die Jerusalemer Predigt des Petrus war prophetisch, weil sie den Anfang vom Ende verkündigte. *Jede Pfingstpredigt trägt prophetische Züge,* weil sie dem Volk Gottes seinen Weg weist. Sie tritt der Erkenntnismüdigkeit entgegen und widersteht jedem bequemen Erkenntnisverzicht. Was in unseren Kirchen statt der geduldigen, spannungsvollen, standhaften Wahrnehmung der Gegenwart Gottes vorherrscht, sind Aufteilungen der Welt in vorwärtsdrängende und rückschrittliche »Kräfte«, in Bewegung und Stillstand, wenn nicht gar in Gut und Böse. Erkenntnis wird ersetzt, der mühsame Weg der Erkenntnis wird abgekürzt, indem Menschen in diese fixen Bereiche eingeordnet werden oder auch selbst nur noch fragen, wo sie stehen. Gleichsetzung und Gleichschaltung werden zum Surrogat der Unterscheidung der Geister! Denn diese Unterscheidung meint ja nicht die Scheidung von Menschen, sondern die diakritische Durchleuchtung ihres Redens und Handelns, um zu erkennen, welcher Geist sich in ihnen äußert: die befreiende Freiheit des Heiligen Geistes oder die Dialektik von Willkür und Ohnmacht, von blinder Unterwerfung und dem Hochgefühl, Notwendigkeiten begriffen zu haben und sie deshalb zu beherrschen, wenigstens teilweise.

Darum ist die Pfingstpredigt auf die *Unterscheidung der Geister* angewiesen, die Paulus als eine der Geistesgaben anführte, die der Gemeinde zuteil werden (1 Kor 12,10). Sie steht der Prophetie zur Seite. Die diakritische und diagnostische Geistesgabe gilt der *Deutlichkeit der Gegenwart Gottes in der Welt*. Sie zeigt auf, wo Gott in der Gemeinschaft mit Menschen handelt. Wem die Gabe der Unterscheidung der Geister gegeben ist, wird unablässig die Frage stellen müssen: »Wessen Geistes Kind ist, was im Namen der Gemeinde Jesu Christi gesagt, geklagt, gebetet wird, was unterrichtet und diakonisch getan wird, wogegen Einspruch erhoben und zu Widerstand aufgerufen wird?« Die Antwort auf diese oft peinliche, aber nie niederschmetternde, sondern letzten Endes ermutigende Frage steht allein Gottes Geist zu, doch sie wird dadurch nicht als menschliche Antwort aufgeschoben. Der Heilige Geist wird immer wieder Menschen damit begaben – und das heißt auch oft: sie damit belasten –, das Dunkel von Meinungen und Stimmungen zu lichten und Klarheit zu bringen: eine Deutlichkeit, die dann auch andere aufatmen und darin einstimmen lässt, früher oder später. Die Unterscheidung der Geister trifft zuallererst diejenigen, denen diese Gabe zuteil wird: sie müssen sich immer wieder selbst fragen, wes Geistes Kind sie sind.

Prophetie und Klärung prophetischer Ansprüche tun heute immer dort not, wo wir nicht mehr unterscheiden können oder unterscheiden wollen zwischen dem, was von Gott getan und bestimmt worden ist, was zu tun er sich vorbehalten hat – und dem, was von uns getan werden kann; wo wir nicht in dem uns von Gott gewährten Spielraum des Handelns Entscheidungen treffen, sondern erst entscheiden wollen, ob und wo dieser Raum zu schaffen und einzugrenzen sei. Wer die Gabe, die empfangen wird, und den eigenen Einsatz voneinander trennt, widersetzt sich dem Wirken des Geistes: eine sublime Häresie.[40]

Der Heilige Geist zieht Menschen in Gottes Handeln hinein und weist sie damit in die Grenzen ihres Menschseins. Die »geistlich Armen« (Mt 5,3) und um den Geist Bittenden lernen Leiden und Geduld, Vorfreude und Standhaftigkeit, Bewährung und hoffnungsvolles Sich-Ausspannen und in alledem die Liebe Gottes kennen, die »ausgegossen ist in unser Herz durch den Heiligen Geist, welcher uns gegeben ist« (Röm 5,5).

Gottes Liebe ist der Inbegriff der unaufdringlichen Macht des Geistes. Nur in der Liebe kann Gott, der Geist ist (Joh 4,19-26; Textvorschlag zum Pfingstmontag), gemeinsam angebetet werden. Diese Liebe ist aber auch das Kriterium der Unterscheidung der Geister (1 Joh 4,1-21), sie verhindert also jede zwielichtige Totalität. Liebe ist die gestalthafte Integration im Unterschied zur rauschhaften, bewusstlosen, mitreißenden und ansteckenden Vereinigung. Die großen Symbole des Geistes – das lebendige Wasser, das Feuer, der Windhauch, der herab-

---

40. Zu diesem weithin vernachlässigten Thema der Pneumatologie in Beziehung zur Ethik vgl. GERHARD SAUTER, Theologie aus Glaubenserfahrungen, in: In der Freiheit des Geistes, a. a. O. (siehe Anm. 37), 83-94, bes. 90-94.

schwebende Vogel – zeigen den Geist als Bewegung zum anderen hin. Zugleich ist er die bindende Kraft der *communio*, welche die Einzelnen nicht an sich fesselt, sondern ihre Hingabe füreinander und für andere bewirkt. Im Geist kommen sie zu ihrem Selbst, wie es in Gottes Handeln begründet ist. Auf die *Einheit der Kirche als Gestalt der Liebe* beziehen sich Acta 2,42-47[41] und Eph 4,11-15; 16 (Textvorschlag zum Pfingstmontag).

Der Heilige Geist führt uns in die Fülle der Gottheit ein, wie sie in der Geschichte Jesu Gestalt geworden ist. Darum bittet FRIEDRICH CHRISTOPH OETINGER (1702-1782):

Ich glaube, Herr, hilf meinem Unglauben.
Ich habe von Jugend an viele Gebete auswendig gelernt,
habe aber noch nicht gelernt,
wie ich dich in Wahrheit kennen und nennen soll.
Herr, lehre mich durch deinen Geist,
damit ich in die wahre Gemeinschaft mit dem Vater und dem Sohne komme
und aus dieser Gemeinschaft zeugen und reden könnte [...].[42]

41. Im Entwurf der Neuordnung der gottesdienstlichen Lesungen und Predigttexte (2014) ein Textvorschlag für das Themenfeld »Leben und Auftrag der Kirche« – »Einheit der Kirche« (536).
42. FRIEDRICH CHRISTOPH OETINGER, Aus den Murrhardter Evangelien-Predigten, zu Sonntag Rogate, zitiert nach: Mit Gott wirken. Friedrich Christoph Oetingers Gebete, hg. von Otto Riethmüller, Berlin-Dahlem 1934, 54.

9. Gottes Angesicht – uns zugewandt: Das Fest Trinitatis

1. Ein »dogmatisches« Fest?

Das Fest Trinitatis vertieft, was in der gottesdienstlichen Liturgie Sonntag für Sonntag ausgesprochen wird. Eröffnet wird der Gottesdienst mit dem Votum »Im Namen des Vaters und des Sohnes und des Heiligen Geistes«. Im erweiterten Gruß: »Unsere Hilfe steht im Namen des Herrn, der Himmel und Erde gemacht hat« (Ps 124,8) – »der Bund [Wort] und Treue hält ewiglich und nicht preisgibt das Werk seiner Hände« (vgl. Ps 138,8) spricht sich der Glaube an die vielgestaltige Fülle des Wirkens Gottes aus. Unterstützt wird der Zuspruch des Liturgen durch den apostolischen Segenswunsch »Die Gnade unseres Herrn Jesus Christus und die Liebe Gottes und die Gemeinschaft des Heiligen Geistes sei mit euch allen!« (2 Kor 13,13), der auch als Kanzelgruß gesprochen werden kann. Auf den Gruß antwortet die Ehrbezeugung der Gemeinde »Ehre sei dem Vater und dem Sohn und dem Heiligen Geist« (EGB 136f.). Der Segensspruch zum Beschluss des Gottesdienstes »Der HERR segne dich und behüte dich. Der HERR lasse sein Angesicht leuchten über dir und sei dir gnädig. Der HERR hebe sein Angesicht über dich und gebe dir Frieden« (Num 6,24-26)[1] deutet die Dreigestalt der Zuwendung des HERRN an, die uns zugesprochen wird.

Als Aaron und seine Söhne mit dem Segen betraut wurden, in dem sich das Angesicht des HERRN seinem Volk zuwendet und es im Blick behält, sollten sie damit den NAMEN des Herrn auf das Gottesvolk legen, ihm auferlegen: das Tetragramm JHWH (Num 6,22-27). Wenn in deutschen Bibelübersetzungen diese vier Buchstaben mit »der HERR« wiedergegeben werden, will dies die Souveränität und Verlässlichkeit seines Namens zum Ausdruck bringen. Er hat seinen Namen denen kundgetan, die ihn anrufen dürfen, aber er hat ihn nicht preisgegeben. Menschen haben ihn auch nicht so genannt, und sei es so verschlüsselt wie möglich, damit sie sich nicht an diesem Namen vergreifen. Vielmehr »gibt« ihn der Herr, indem er sich selbst zu erkennen gibt: »Ich bin da« oder in der Verheißungsform »Ich werde da sein«. In seinem Namen ist der Herr anwesend.[2] Der Name kann ihn vertreten.

---

1. Diese Fassung für reformiert geprägte Gemeinden (EGB 148) entspricht dem hebräischen Text. In der lutherischen Liturgie wird sie abgewandelt: »Der HERR segne euch … Der HERR erhebe sein Angesicht auf euch …« (EGB 147).
2. Zur Theologie des Gottesnamens siehe FRANZ ROSENZWEIG, »Der Ewige«. Mendelssohn und der Gottesname (1929), in: Die Schrift. Aufsätze, Übertragungen und Brie-

Das Tetragramm wurde einstmals aus dem brennenden Dornbusch heraus Mose mitgeteilt, weil dieser nach dem Namen dessen fragte, der ihm einen so gewaltigen Auftrag wie die Befreiung Israels aus der Knechtschaft erteilt hatte (Ex 3,13-14). Ohne diesen Namen wäre Mose nicht autorisiert gewesen, auch und gerade nicht seinen Leuten gegenüber, die ihm in unbekanntes Gelände und in eine ungewisse Zukunft folgen sollten. Die vier Buchstaben des Namens verraten keine Wesensbestimmung dessen, der diesen Namen kundtut. Bereits der erste Deutungsversuch (Ex 3,14) läuft darauf hinaus, das Handeln des Namensträgers zu umreißen: Er ist für die Seinen da, ist bei ihnen und wird weiterhin für sie da sein. So macht er sich als Name verständlich. Das Nennen des Namens geht in eine Geschichte über: Von Gott kann erzählt, er selbst will aber nicht definiert werden. Auch die Lesungen für den Sonntag Trinitatis und die Textvorschläge für die Festpredigt wollen in ausgezeichneter Weise Geschichten erzählen, in denen der Name des Herrn unvergleichlich aufleuchtet.

Was bringt uns das Fest Trinitatis? Es bringt uns den NAMEN des HERRN – und damit alles, was dieser Name zusagt. Deshalb kann und sollte dieser Tag als *Fest des Gottesnamens* gefeiert und verstanden werden. Allah sind neunundneunzig Namen zu eigen, jeder von ihnen vertritt eine Eigenschaft wie Erbarmer, Versorger, Allwissender, Richter, absoluter Herrscher; die meisten dieser Namen dürfen keine Menschen tragen, und der hundertste Name bleibt unaussprechlich und der Menschheit unbekannt. Der NAME des HERRN ist dagegen ein einziger, und er ist einzigartig. Was er in sich birgt, kann als Heiligkeit, Treue, Gerechtigkeit, Gnade und Barmherzigkeit charakterisiert werden. Dies sind Kennzeichnungen seines Handelns, in dem er sich seinen Geschöpfen zuwendet, sich zu ihnen begibt und ihnen nahe kommt. In dem, was der HERR will und tut, teilt er sich samt seinem NAMEN (Ex 33,19) mit: so, dass seine Güte und sein Erbarmen, seine Treue, Gerechtigkeit, Liebe, Wahrheit, Fürsorge, sein Erbarmen und seine Geduld auch auf Menschen so ausstrahlen, dass sie in ihrem Reden und Tun dem Geheimnis des Namens nicht widersprechen oder zuwiderhandeln. Dieser Name umgibt, trägt, begleitet sie.

Ist die Fülle dessen, was der NAME mit sich bringt, nicht Grund genug, ein Fest zu feiern: das Fest des Gottesnamens? Das Trinitatisfest sei das »einzige primäre Dogmenfest«, »das unser Kirchenjahr hat«, heißt es[3], und als Fest sei

---

fe, hg. von Karl Thieme, Frankfurt am Main o. J. [um 1965], (34-50) bes. 37. 39; Gott Nennen. Gottes Namen und Gott als Name (Religion in Philosophy and Theology 35), hg. von Ingolf U. Dalferth und Philipp Stoellger, Tübingen 2008.

3.   GERHARD KUNZE, Die gottesdienstliche Zeit, in: Leiturgia. Handbuch des evangelischen Gottesdienstes, hg. von Karl Ferdinand Müller und Walter Blankenburg, Bd. 1: Geschichte und Lehre des evangelischen Gottesdienstes, Kassel 1954, (437-534) 526. – Wenn allerdings das Trinitatisfest »vielen als Ideenfest« gilt, »das mehr eine dogmatische Wahrheit als ein Heilsereignis feiert« (MICHAEL KUNZLER, Artikel »Trinitatisfest«, in: RGG⁴ 8, 2005, 622), wird eine falsche Alternative aufgebaut.

»es bisher farblos« geblieben[4]. Ja, was könnte denn da festlich begangen und ausgemalt werden? Dogmen lassen sich nicht inszenieren, und sie gar in einer Festrede abzuhandeln, würde abschreckend wirken. Doch das Fest Trinitatis kann und soll die Wurzel des trinitarischen Dogmas freilegen, indem es von der Fülle des Handelns Gottes in je spezifischer Weise – durchaus farbig und plastisch – spricht und darauf antwortet. Die Trinitätslehre will sagen, wer Geist, Jesus Christus und der HERR sind, wie sie sich zueinander verhalten und nach außen hin wirken. Daraufhin darf Gott angerufen werden: Er, zu dem wir durch Jesus Christus im Heiligen Geist beten.

Die Frage »Wer ist Gott, den wir anrufen?« – bei näherem Zusehen ein Fragenbündel – stellt sich ein, sobald die Architektur des Gottesdienstes genauer in den Blick genommen wird. Neben dem *Introitus* und dem Segensspruch, falls er sich an den »Aaronitischen Segen« (Num 6,22-27) anlehnt, sind auch die anderen tragenden Pfeiler der Liturgie trinitarisch konzipiert: das Glaubensbekenntnis *(Credo)*, das *Trishagion* (Jes 6,3) in der Feier des Herrenmahles, und 2 Kor 13,13 als Kanzelgruß, zugleich Wochenspruch zum Trinitatisfest. Die biblischen Gesteine für die liturgischen »Bauteile« können durchaus auch Texte für Predigten sein, nicht nur für »Lehrpredigten« – so hilfreich solche Erklärungen und Klärungen angesichts des dürftigen Kenntnisstandes unserer Gemeinden sein mögen, von dem auch herrührt, dass die Liturgie nicht nur vielen Gemeindegliedern, sondern auch manchen Pfarrerinnen und Pfarrern recht fremd geworden ist. Biblische Texte können die liturgischen Elemente so erschließen, dass der Gemeinde klar und deutlich wird, was ihr im Gottesdienst zugerufen und zugesprochen wird und worauf sie antwortet.

Den Herrn anzurufen, ist insbesondere denen anvertraut, die ihn »ausrufen«, weil sie bevollmächtigt sind, die Gegenwart des Angerufenen zu verkünden: »Gott ist gegenwärtig.« In seinem Namen ist der Genannte anwesend: »Er ist hier!« In seinem Namen zu sprechen, heißt: reden in seiner Vollmacht, nicht (nur) im Auftrag eines Abwesenden. Auf diese Ausrufung des Namens hin ruft die Gemeinde den Herrn an, und davon nährt sich jedes Gebet Einzelner.

Wie verhält sich die liturgische Anrufung zum Glauben an den dreieinigen Gott, an Gott als Trinität?[5] In jeder Liturgie ist diese Frage enthalten, und das Fest der Trinität sollte sich ihrer annehmen, ohne dass die *Trinitätslehre* zur Sprache kommen müsste, schon gar nicht als Thema akademischer Belehrung!

Für das Fest Trinitatis sollten allerdings einige *Grundzüge der Trinitätslehre* im Auge behalten werden; sie befruchten auch die Meditation der vorgeschlagenen Lesungen und Predigttexte.

---

4. Günter Ruddat, Artikel: »Fest und Festtage VI. Praktisch-theologisch«, in: TRE 11, 1983, (134-143) 137.
5. Zum Thema siehe auch: Liturgie und Trinität, hg. von Bert Groen und Benedikt Kranemann (QD 229), Freiburg/Basel/Wien 2008.

Die Trinitätslehre will *auf die Begegnung mit dem lebendigen Gott vorbereiten*, indem sie auf die Frage eingeht: *Wer ist Gott, den wir anrufen?* Diese Frage will in jeder Predigt am Sonntag Trinitatis aufgenommen werden, sie kann aber auch als solche eine Predigt gestalten. Die Grundsätze der Konzilien von Nizäa (325) und Konstantinopel (381) haben die Antwort so umrissen: Gott ist der Schöpfer, der erlösende Versöhner und der Vollender – einer und einzig als drei Personen: Vater, Sohn und Heiliger Geist. Unaufhörlich sind sie einander zugewandt: Der Vater der Urgrund aller Begegnung – der Sohn, in dem uns der Eine und Einzige von Angesicht zu Angesicht begegnet – der Geist als die konkrete Existenzform Gottes, kraft deren wir miteinander in Christus zum Leib Christi werden und damit füreinander in spezifischer Weise zu Personen.

»Person« bedeutete im Lateinischen unter anderem die »Maske«, hinter der sich der Schauspieler verbirgt und durch die er zu uns spricht *(per-sona)*. Die Maske trägt unveränderliche Züge, sie ist starr und wirkt gerade dadurch, dass sie auf eine bestimmte Gemütsverfassung festgelegt ist, etwa auf eine tragische Rolle. Für die Trinitätslehre wurde dagegen mehr und mehr der biblische Sprachgebrauch maßgebend[6]: vor allem im Blick auf die Person als *sprechendes Angesicht*, das wahrnehmen lässt, wie eine unverwechselbare Gestalt zur anderen steht, was sie ihr mitteilen will, mit Worten, in Gebärden, die ihre Handlungsweise verdeutlichen. Sie äußert sich auch darin, dass das Antlitz sich verstellt oder sich verschließt.

Die Trinitätslehre ist der Versuch – ein Versuch, der bisher weder überholt noch entkräftet werden konnte –, die Namentlichkeit des HERRN, des lebendigen Gottes, als Vater, Sohn und Geist zu entfalten.[7] Diese Lehre will als »Namenszeugnis«[8] verstanden werden, keinesfalls als Denkakrobatik über ein göttliches Dreigestirn in ihrer Stellung und verwickelten Beziehung zueinander. Sie will jeder Versuchung wehren, das Geheimnis des Herrn zu entschlüsseln, indem sie »Gott« begreifen will: als eine Wesenheit, die sich im Vergleich zu allem erfassen lässt, was wir fassen können, und die dann entsprechend begriffen werden

6. Zum einzelnen siehe Alois Grillmeier, Jesus der Christus im Glauben der Kirche, Bd. 1: Von der Apostolischen Zeit bis zum Konzil von Chalcedon (451), Freiburg/Basel/Wien ³1990, bes. 247-255.

7. Vgl. dazu R. Kendall Soulen, Der trinitarische Name Gottes in seinem Verhältnis zum Tetragramm, in: EvTh 64 (2004), 327-347. – Bertold Klappert, Die Trinitätslehre als Auslegung des NAMENs des Gottes Israels. Die Bedeutung des Alten Testaments und des Judentums für die Trinitätslehre, in: EvTh 62 (2002), 54-72, unterscheidet nicht scharf genug zwischen Namen und Namensträger und möchte die Trinitätslehre durch eine Theologie des hypostasierten Namens ersetzen.

8. Jochen Teuffel (Mission als Namenszeugnis, Tübingen 2009) zeigt, dass auf dem chinesischen Missionsfeld »Gott« nahezu unübersetzbar ist (111-114), und stellt von daher kritische Rückfragen an die abendländische Theologie, sofern sie »Gott« als Gattungsbegriff benutzt, und an die Metaphysik, die sie leitet.

könnte. »Die trinitarische Formel von Vater, Sohn und Heiliger Geist riegelt gleichsam an der Schwelle des Kirchenbaues das schöpferische Leben drinnen ab gegen den Einbruch des philosophischen Denkprozesses. Die drei Personen der Gottheit spotten des Bemühens, als Bruchteile Gottes verstanden zu werden«[9], d. h. als Teilaspekte des allumfassenden Begriffes »Gott«, die zusammengesetzt werden müssen, damit der Höchstbegriff »Gott« gebildet werden kann. Gott zu denken: das dürfen wir wohl versuchen, aber nur, indem wir der Anrufung des Herrn, dem Reden zu Gott, nach-denken.

Verschwiegen würde das Fest auch, wenn nur die symbolische Bedeutung der Dreizahl abgehandelt wird, garniert mit ästhetischen Beispielen, so eindrucksvoll sie sich ausnehmen mögen. Darum sind auch triadische Formeln aus Bibel und Religionsgeschichte an und für sich noch kein Zugang zum Geheimnis der Trinität des NAMENS. Und wie pervers »Trinität« als Code-Name benutzt werden kann – und sei es mit dem Hintergedanken, mit ihm eine Waffe gegen das Böse schlechthin in der Hand zu haben! –, zeigt der Abwurf der ersten Atombombe mit dem Geheimnamen »Trinity« am 16. Juli 1945 in der Wüste von New Mexico, durch die eine Straße führt, die die Spanier dreihundert Jahre früher *jornada del muerto*, »Todesreise«, genannt hatten.[10]

Die Liturgie des christlichen Gottesdienstes will mit ihrer trinitarischen Struktur Irrwege für das Reden von Gott abschneiden. Diese Struktur bzw. ihre frühchristlichen Vorformen haben längere Zeit daran gehindert, dafür ein gesondertes Fest einzuführen. Denn die Gegenwart und das Handeln des dreieinigen Gottes prägen doch das gesamte Kirchenjahr! Die orthodoxen Kirchen, deren reiche Liturgie voll und ganz auf die Anbetung des dreieinigen Gottes ausgerichtet ist, feiern die Trinität am Pfingstsonntag, in Russland seit dem 14. Jh. auch unter dem Eindruck der berühmten Dreifaltigkeitsikone ANDRÉJ RUBLJÓWS mit den einander zugewandten Gestalten.[11]

Darum sollte die Textwahl sich nicht auf die vorgeschlagenen Perikopen beschränken, zumal manche (wie Joh 3,1-8; 9-15, ein Abschnitt, der ebenso gut

9. EUGEN ROSENSTOCK-HUESSY, Die Umwandlung des Wortes Gottes in die Sprache des Menschengeschlechts (1925), Heidelberg 1968, 13.

10. ALISTAIR COOKE's America, New York (Alfred A. Knopf) 1973 (1977), 335. 350 f. – Vermutlich hat ROBERT OPPENHEIMER den Namen *Trinity* ausgewählt. Der leitende Atomphysiker soll nach der Explosion einen Vers aus der Bhagavad Gita rezitiert haben; dort wird eine Ausstrahlung besungen, die »wie tausend Sonnen«, dem »Glanz des Allmächtigen« gleich, todbringend die Welt erschüttert. Oppenheimer spielte wohl auf die göttliche Trinität der Hindu an: Brahma (der Schöpfer), Vishnu (der Erhalter) und Shiva (der Zerstörer) (http://nuclearweaponarchive.org/usa/tests/trinity).

11. KONRAD ONASCH, Kunst und Liturgie der Ostkirche in Stichworten unter Berücksichtigung der Alten Kirche, Wien/Köln/Graz 1981, 87; Das Glaubensleben der Ostkirche, hg. von Hans-Christian Diedrich, München o. J. [1989], 69 f.

einer Pfingstpredigt zugrunde liegen könnte) die Besonderheit des Festes nicht deutlich genug zur Sprache bringen. Dies könnte sogar dazu verleiten, das Fest in der Predigt nur nebenbei zu erwähnen oder gar zu übergehen.

Eine in der Perikopenordnung vorgesehene gottesdienstliche Lesung zum Fest Trinitatis ist Jes 6,1-13 mit dem *Trishagion: Dreimalheilig* (Jes 6,3), das im *Sanctus* als Teil der Abendmahlsliturgie aufgenommen wird (EGB 112): »Heilig, heilig, heilig ist Gott, der Herre Zebaoth, alle Lande sind seiner Ehre voll« – oder in einer anderen Version »voll sind Himmel und Erde seiner Herrlichkeit« (EG 185). In J. S. Bachs »Hoher Messe« (h-moll) bauen die Klänge eine rhythmisch schwingende Treppe wie aus gewaltigen Lichtstufen auf, deren Bewegung uns unaufhaltsam emporzieht, bis wir im Strahlglanz der Herrlichkeit Gottes stehen – nicht geblendet, sondern mit leuchtenden Augen, die erblicken, wie erfüllt Himmel und Erde von Gottes Strahlen sind, unabsehbar und unauslotbar erfüllt, so dass wir immer und ewig mitsingen möchten. Da werden wir an Grenzen geführt, an die Grenzen dessen, was wir erfassen und uns zutrauen können.

Das dreimalige »Heilig« lässt sich so wenig auf Gott Vater, Sohn und Geist aufteilen wie die Dreifaltigkeit selbst. Den dreifachen Heilig-Ruf hat die christliche Kirche in ihrer Frühzeit aus dem jüdischen Morgengottesdienst übernommen, von Joh 12,41 her neu zu verstehen gelernt – Jesaja erschaute die Herrlichkeit Jesu Christi – und schließlich in der Anrufung des Herrn beim Herrenmahl verankert.[12] Die Gemeinschaft mit dem auferstandenen Christus, im Mahl aufs Neue mitgeteilt, bringt die Entsühnung, die Jesaja brauchte, um vor Gott zu Gott reden zu können. Daraufhin können wir das *Sanctus* singen, mit »zum Herrn erhobenen Herzen«.

Wie können sich das *Trishagion* des jüdischen Gottesdienstes und die kirchliche Lehre vom dreieinigen Gott mit ihrem liturgischen Widerhall vertragen? Als Jes 6,3 in der Alten Kirche zur Klärung der Trinitätstheologie herangezogen wurde, wurde des dreimaligen »Heilig« nicht deswegen gedacht, um es mit den drei Personen in Verbindung zu bringen. Vielmehr wurde jener Lobpreis der Engel als Doxologie der Fülle der *oikonomia* des Herrn, des »Heilswirkens« der Einheit von Vater, Sohn und Geist, von Schöpfer, Versöhner und Vollender, vernommen. Und wenn wir in die Doxologie einstimmen dürfen, bringt sie uns auf den Geschmack der Fülle Gottes. Ist Jesus Christus nicht zu den Sündern dieser Welt gekommen wie der Engel, der den Lobgesang vor Gottes Thron verlässt, um Jesajas Lippen zu reinigen? Nun steigt der HERR selbst bis in die äußersten menschlichen Niederungen herab! Der Heilige Geist ist das unaufhörliche, alle Welt auf Gottes Weise erfüllende, heiligende Handeln des NAMENS, der auf seine ureigene Weise Gestalt gewinnt. Der Geist wird »der Welt die Augen auf-

---

12. Georg Kretschmar, Artikel »Abendmahlsfeier. I: Alte Kirche«, in: TRE 1, 1977, (229-278) 244.

tun über die Sünde und über die Gerechtigkeit und über das Gericht« (Joh 16,8) – auf eine Art, die unsere Sehnsucht nach vollkommener Aufklärung, unsere Wunschvorstellungen von Gerechtigkeit und Rechtspflege vor den Kopf stößt, damit der verblendete Blick zu sehen vermag, was bereits unwiderruflich geschehen ist und seine eigenen Kreise zieht: der Geist öffnet die Augen dafür, dass Sünde ist, Christus nicht zu glauben, dass Gottes Gerechtigkeit den Sohn sterbend zum Vater führt, und dass nach Gottes Urteil die Macht, welche sich in den finsteren Machenschaften dieser Welt austobt, keine wirkliche Zukunft mehr hat (Joh 16, 9-11).

Unter der Wucht der Majestät des Herrn, seiner überwältigenden *doxa*, erbeben Kirchentüren. Vielleicht hat die Gemeinde einen Sonntag zuvor, an Pfingsten, in Begeisterung über Gottes Geistesgegenwart geschwelgt. Jetzt muss sie sich sagen lassen, dass das Gericht anfängt am Hause Gottes (1 Petr 4,17). Die Botschaft der Doxologie, die Himmel und Erde umgreift, erschüttert die Grenzziehungen zwischen »Kirche« und »Welt« ebenso wie alle Versuche, »Kirche« zugunsten einer von Gott erfüllten Welt fahrenzulassen. »Kirche« bedeutet, dass das Gotteslob seinen Ort hat, doch dieser Ort ist keine Festung.

Am Ort des Gotteslobes sind wir nicht mehr für uns allein – weder mit unsresgleichen noch jeder, jede für sich allein mit Gott. Wer Gott lobt, spricht aus, was wirklich ist. Doch dazu bedarf es reiner Lippen, eines geheilten, ganzen Herzens, neu geöffneter Augen und Ohren, die sonst mit selbsttäuschender Blindheit und Taubheit geschlagen wären.

> Herr, verleihe uns,
> daß die Ohren, die dein Wort gehört haben,
> verschlossen seien für die Stimme des Streites und des Unfriedens,
> daß die Augen, die deine große Liebe gesehen haben,
> auch deine selige Hoffnung schauen,
> daß die Zungen, die dein Lob gesungen haben,
> hinfort die Wahrheit bezeugen.[13]

In der liturgischen Gebärde ist die »geläuterte Lippe« vorweggenommen, die den allzeit sprachgeschiedenen Völkern für »jenen Tag« verheißen ist. In ihr wird die in sich verschlossene Stummheit der ungläubigen Zweifler beredt, die überfließende Redseligkeit der gläubigen Herzen still.[14]

Dem Propheten, der sich so nichtsahnend eifrig meldete »Hier, ich!«, als der HERR nach einem Boten fragte, wird geboten zu sagen, dass die eigene Unmöglichkeit, Gott zu ehren, von uns genommen und die Möglichkeit, dass das Gotteswort nicht »ankommt«, eingeräumt wird. Die Sendung ist kein Selbstläufer.

---

13. Malabar-Liturgie (Südindien, 5. Jh.).
14. Franz Rosenzweig, Stern der Erlösung, Frankfurt am Main ⁴1993, 329.

Darum steht sie auch weder unter Erfolgszwang noch unter dem Verdikt des Misserfolges. Gottes Ehre laut werden zu lassen, heißt: Gott Raum zu lassen.

Sind Ehre und Herrlichkeit des HERRN, vor denen Jesaja nicht nur in die Knie geht, sondern die ihm auch die Sprache verschlagen, nicht niederschmetternd? Welch düsteres »Gottesbild«, mögen wir sagen! Doch wie weit ist es von der devoten Geste derer entfernt, die einen Despoten ansingen: »Weil er uns sonst niederhaut, preisen wir ihn alle laut!«[15]

Jesajas Botschaft soll Gottesfurcht erwecken, nicht einschüchtern. Gottesfurcht achtet Gott als den HERRN, sie bringt ihm die Ehre dar, die ihm gebührt. Gottesfurcht ist nicht angstbesetzt. Würden wir von Gott derart reden wollen, dass die prophetische Botschaft mutmaßlich besser oder überhaupt ankommt – was Jesaja gerade anprangern muss! –, würden wir uns am Namen des Herrn versündigen. Gottes Fülle ist erschütternd, ohne dass sie erdrückend wäre. Sie kann erschrecken, wenn die Heiligkeit des Herrn nicht mit seiner erbarmungsvollen Zuwendung zusammenstimmt, wenn er uns nicht liebend entgegenkommt, sondern gegenübertritt in seinem Zorn, dem Schmerz seines vergeblichen Eintretens für uns. Und sie kann ebenso verunsichern, wenn sein Erbarmen die Wunde aufreißt, die er heilen und nicht nur zupflastern will. Dass Gott in alledem Ein und Derselbe ist, vermögen wir nicht zu fassen. Gottes Fülle kann sich wie die Sonne hinter dunklen Wolken verbergen: sein erbarmendes Gesicht hinter seinem abweisenden Nein. Gottes Fülle strahlt, auch wenn wir sie nicht sehen.[16]

Unvorstellbar und unsagbar heilig ist der Herr in seinem Vater-Sein, seinem Sohn-Sein und seinem Geist-Sein. *Wer ist Gott?* Gott, den wir anrufen, ist die Gottheit, die sich in dreifach charakteristischer Gestalt selbst verwirklicht, ohne uns in verschiedenen Gestalten entgegenzutreten, hinter denen sich sein wahres Wesen verbergen würde. (So, wie im Film »Adel verpflichtet«, ALEC GUINNESS verschiedene Rollen spielt.)

Dies können wir nicht aus Jes 6,3 herauslesen (oder erst einmal in das *Trishagion* hineinlesen). Vielmehr werden wir gerufen, im Angesicht des Herrn den Gottesdienst zu feiern – nicht wie die »Heilig!« plärrenden Tempelbesucher, die den einsamen Propheten umringen, den Propheten in der Wüste des Gottesgeschwätzes. Gottes Heiligkeit will die Lippen der Menschen läutern, die ihn im Namen Jesu Christi im Geist anrufen wollen, weit über die gottesdienstliche Zeit hinaus.

15. JOHANN NESTROY, Judith und Holofernes (1849), I. Szene, Chor.
16. Vgl. MARTIN LUTHER zu Ps 42, WA 31/I, 554,3-5: »Sicut duplex sol est, cum revera tantum unus sit, sicut Deus unus est. Alius enim dici potest, cum est tectus nubibus, et alius, cum sereno coelo lucet.« Ähnlich ders., Der Segen, so man nach der Messe spricht über das Volk, aus 4. Mose 6 ausgelegt (1532), WA 30/III, 580,33-581,7.

2. Wer ist Gott? Der dreieinige Gott »in sich« und »nach außen hin«

Wenn wir den Herrn anrufen, dann im Namen Jesu, der uns gelehrt hat, wie wir zu Gott unserem Vater beten, und in der Kraft des Heiligen Geistes, der uns in diese Kindschaft versetzt hat, die uns gewiss macht, Gottes Geschöpfe zu sein (Röm 8,14-17). *So* und nicht anders können wir dann auch Jes 6,3 hören, ja darin einstimmen, und den Segen vernehmen, mit dem das Angesicht des Herrn sich in dreifacher Hinsicht den Seinen zuwendet (Num 6,22-26).

Das Junktim »Gott unser Vater« »durch, mit und in Jesus Christus« und »im Heiligen Geist« gab den Kirchenvätern die Richtung an, in der sie ihre Antwort auf die Frage »Wer ist Gott, den wir anrufen?« finden und diese Antwort so genau wie nur möglich formulieren konnten. Diese Frage verschärfte sich noch dadurch, dass der auferstandene Christus als »Herr« und »Gott« angerufen wurde: »Mein Herr und mein Gott« (Joh 20,28) – er, von dem sie noch das Wort im Ohr hatten: »Ich und der Vater sind eins« (Joh 10,30). Wie verhält es sich damit?

Falls dieses Eins-Sein überhaupt ins Bild gesetzt werden kann, gelang dies Andréj Rubljów in seiner Ikone »Trinität des Alten Testaments«, entstanden zwischen 1422 und 1427.[17] Der russische Ikonenmaler griff auf die Erzählung vom Besuch der fremden geheimnisvollen drei Männer bei Abraham zurück, der ihnen großzügige Gastfreundschaft gewährt (Gen 18,1-16). Abraham spricht die Gäste teils im Plural, teils mit Du an, und sie reden als Einer, wenn sie Abraham die Geburt seines Sohnes übers Jahr zusagen und ihr Wiederkommen ankündigen. Schon früh wurde diese Geschichte trinitätstheologisch gedeutet.[18] Rubljów zeigt drei Engelsgestalten ganz einander zugewandt, in tiefer wortloser und doch eigentümlich sprechender Übereinstimmung und Harmonie, voneinander unterschieden, aber nicht geschieden. Im Dreieck und im Kreis kommunizieren sie miteinander, auch mit ihren Augen, Händen, mit ihren sonstigen Gebärden und mit den Farben ihrer Gewänder, sogar mit der Trauer auf ihren Gesichtern, die die Freudenbotschaft von der baldigen Geburt des Segensträgers zu überschatten scheint.[19] So bilden sie einen gleichsam schwingenden, in sich bewegten Raum. *Der dreieinige Gott hat in sich Raum – und Raum für uns*[20], bei

17. Ludolf Müller, Die Dreifaltigkeitsikone des Andréj Rubljów, München 1990, 50.
18. Hannelore Sachs, Ernst Badstübner und Helga Neumann, Christliche Ikonographie in Stichworten, Leipzig 1980, 101. – Als ersten schriftlichen Beleg nennt L. Müller (a.a.O., 21) eine Predigt des Caesarius von Arles (um 470-542). – Auch Luther erwähnt am Rande der letzten von ihm besorgten Ausgabe seiner Bibelübersetzung (1545) die trinitätstheologische Sicht von Gen 18,2.
19. Zum Einzelnen vgl. L. Müller, a.a.O., 99-103.
20. Kurt Josef Wecker, Dreifaltigkeitssonntag, in: Die Botschaft heute 3 (2013): »Wir wollen Gott Raum lassen in uns und zwischen uns. Er darf ›ankommen‹. Er kennt keine Berührungsängste. Er hat Platz in sich – für uns!«

Rubljów angedeutet durch den Becher auf dem Tisch als Symbol des eucharistischen Mahles, auf den die rechte Gestalt blickt. Das unaufhörliche Gespräch von Vater, Sohn und Geist ist kein Selbstgespräch.

Beantwortet werden kann die Frage »Wer ist Gott, den wir anrufen?« also bestenfalls durch den Versuch, das Geheimnis des Miteinanders, Füreinanders und Zueinanders von Vater, Sohn und Geist gerade dadurch auszusprechen, dass alle Vorstellungen ausgeschlossen werden, die diese Einheit erklären könnten: etwa als Fluidum von Beziehungen, als vollkommene Sozialität oder als ideale Geselligkeit.[21] Auch jede Definition des Wortes »Gott« ist ausgeschlossen.

Die trinitätstheologische Antwort auf die Frage »Wer ist Gott, den wir anrufen?« ist bis heute vor allem zwischen Christen und Juden strittig, später wurde sie es auch zwischen Christenheit und Islam. Außerdem mussten irreführende Antworten abgewehrt werden, die bei vielen Anklang in den Kirchen fanden, weil sie leicht verständlich erschienen (oft wegen ihrer Anleihen aus einer Begriffssprache, die damals weit verbreitet war und auch als philosophisch abgesichert galt), die aber Verwirrung für manches stifteten, was der Kirche zu sagen anvertraut war.

Für die Kirche war diese Klärung um ihrer Einheit willen lebensnotwendig, und dabei spielten auch kirchenpolitische Machtfragen und staatliche Einflüsse eine Rolle. So wenig sie unterschätzt werden dürfen, so sehr gilt es zu beachten, dass die Konzilsentscheidungen von Nizäa (325) und Konstantinopel (381), die das trinitätstheologische Dogma erbrachten, und das Konzil von Chalcedon (451) mit der Formel »Jesus Christus: wahrer Gott und wahrer Mensch« den kirchlichen Grundkonsens aussprechen wollten. In ihn stimmt die Kirche Jesu Christi ein, in ihm stimmt sie bekennend überein. Dieser *Consensus* hat sich als tragfähig erwiesen, und *ihn feiern* wir am Trinitatis-Fest, indem wir aufs Neue jene Einstimmung vollziehen, hoffentlich jedes Kirchenjahr einen Schritt weiter, hin zu einem tieferen Verständnis dessen, was wir bekennen können.

Das trinitätstheologische Dogma wird gottesdienstlich im *Credo* laut: im Bekenntnis von Nizäa und Konstantinopel (381) stärker durchgestaltet als im sog. Apostolischen Glaubensbekenntnis. Übrigens wird nicht das Apostolikum allsonntäglich »mit der ganzen Christenheit auf Erden« bekannt – wie Liturgen in vielen evangelischen Gottesdiensten fälschlich behaupten, wenn sie die Gemeinde zum Bekenntnis rufen[22] –, sondern von alters her das Nizäno-Konstantinopolitanum, das in evangelischen Gottesdiensten leider nur, wenn überhaupt, an

21. Etwa mit KURT MARTI: »Gott in Geselligkeit«, »die gesellige Gottheit suchte sich neue Geselligkeiten« (Die gesellige Gottheit. Ein Diskurs, Stuttgart 2004, 7 f.)

22. Das »Apostolische Glaubensbekenntnis« ist das Taufbekenntnis, das evangelischen Kirchen mit der römisch-katholischen, der altkatholischen, der anglikanischen Kirche und anderen Kirchen gemeinsam ist. In den orthodoxen Kirchen des byzantinischen Ritus ist nur das Bekenntnis von Nizäa-Konstantinopel in Gebrauch.

hohen Festtagen gesprochen wird und deshalb vielen Gemeindegliedern fremd geblieben ist.

Wer heutzutage versuchen wollte, ein Bekenntnis zu formulieren, das vielleicht die Substanz seines Glaubens besser zur Sprache bringt und möglicherweise seine Zeitgenossen eher anzusprechen vermag als die als abgestanden empfundenen Glaubensformeln, wird sie an der theologischen Tiefe und Weite des Bekenntnisses messen müssen, um das die Väter der Konzilien von Nizäa und Konstantinopel Wort für Wort gerungen haben und das sich dann als Konsens der Kirche erwiesen hat. Gerade deswegen bedarf es der sorgsamen Auslegung und will vor allem regelmäßig gebetet werden. Ein jedes wahrhafte Bekenntnis »christlichen Glaubens« lebt vom Geheimnis des dreieinigen Gottes, und das Fest Trinitatis will helfen, dieses Geheimnis wenigstens zu markieren – so, dass wir daran nicht mehr vorbeigehen können.

Es ist wohl bezeichnend, dass neuere Versuche, Bekenntnisse zu formulieren, die leichter eingängig sein sollen, sich noch am ehesten an die Gliederung des Apostolikum anlehnen, vor allem an die quasi narrative Zusammenfassung der Geschichte Jesu im zweiten Artikel, das dann gemäß kritischer Exegese und mit Rücksicht auf das jüdisch-christliche Gespräch so umformuliert wird, dass es schwerlich mehr missbilligt werden kann, aber auch nur noch ein theologisch undeutliches Profil zeigt. Auch ökumenische Versammlungen bringen meistens nicht viel Besseres zustande. Die Frage »Wer ist Gott, den wir anrufen?« tritt mehr und mehr hinter Umschreibungen seiner Wohltaten zurück, die von uns aufgenommen, verbreitet und womöglich verstärkt werden sollen. Die theologischen Denkerfahrungen, die die Trinitätslehre erbracht haben, und die elementaren Glaubensfragen, die ihnen zugrunde liegen, mussten abdanken. An vielen Beispielen ließe sich nachweisen, dass die Denkfehler und Irrwege, die durch die Urteilsbildung der Alten Kirche in ihren Dogmen ausgeschlossen werden sollten, jetzt wiederkehren, wenn auch vielleicht schwachatmiger als früher und deshalb anscheinend weniger bedrohlich. Sie werden sich auch in den Predigten bemerkbar machen und in der Verständigung über Glaubensfragen, bei der Rechenschaft über »Hoffnung, die euch erfüllt« (1 Petr 3,15) und überall dort, wo begründet werden muss, was Christen tun und lassen können.

Als ein Beispiel für den schleichenden Schwund der Trinitätslehre sei die Tendenz genannt, Gottes Handeln an Jesus aus dessen Kreuzestod auszuschließen[23]: Nicht Gott selbst stirbt hier, sondern ein Mensch, der göttliche Liebe glaubwürdig verkörperte, wird hingerichtet, weil seine Lebens- und Handlungsweise als Affront empfunden oder gar als Anstiftung zum Aufruhr, zum Widerstand gegen die politischen und religiösen Autoritäten angeschwärzt wurde. Jesus aber blieb seiner Sendung treu und starb so vorbildlich, wie er gelebt hatte. Seine unbeirrbare Wahrhaftigkeit will uns als Leitbild dienen, ohne dass er »für

23. Siehe S. 128 f.

uns gestorben« sein müsste. Denn auch Gott könnte dies nicht von ihm erwarten, wenn er sich selber als der unerschöpflich Liebende treu bleiben will.

Befremdet über eine antitrinitarische Verflachung der Theologie hat der Systemtheoretiker Niklas Luhmann die altkirchliche Trinitätslehre gesprächsweise eine der größten Denkleistungen genannt, die er kenne: gewidmet einer in sich gegliederten lebendigen Einheit in unaufhörlicher Bewegung zueinander, einer Einheit, die zugleich in sich ruht, als Dreiheit vollkommene Vielheit, die weder additiv noch multiplizierend noch integrativ erreicht wird. – Die Trinitätslehre ist kein abstruses Rechenexempel mit der Gleichung »3 = 1«, schon gar nicht als ein absurder Glaubensinhalt. Sie spricht vom lebendigen Gott[24] als drei Personen und von ihrem ununterscheidbar gemeinsamen Wirken – im Gegenüber, Füreinander und Miteinander von Vater, Sohn und Geist, in dem sich Gottes Gottheit erfüllt und das die Welt in ihrer Geschichte umfängt.[25]

So ist die Trinitätslehre auch eine Anleitung zum Bibellesen und zu dem daraus gespeisten Reden zu Gott und von Gott. Sie sagt, wer Gott ist: als Schöpfer, Versöhner/Erlöser und Vollender. Jeder Verzicht auf die Trinitätslehre – das zeigen Beispiele aus Vergangenheit und Gegenwart zur Genüge – läuft Gefahr, das Reden von Gott zu verengen, zu beschneiden, verkümmern zu lassen. Der Gottesdienst, der von der Anrufung Gottes getragen werden will, wandelt sich zur religiösen Erbauungsstunde, zum Vortrag über bessere Lebensführung und zur Anstiftung zum beglückenden Handeln.

3. Gottes Einheit in seinem dreieinigen Handeln

Der Hymnus Eph 1,3-14 – Text aus der Reihe IV für das Fest Trinitatis – preist, wer Gott »in sich ist« und wie er gleichsam aus sich herausgeht, wie er an uns handelt und was er mit uns tun will. Damit wir dies wahrnehmen können, weist er uns an das Handeln des Vaters an seinem Sohn und in ihm und auf den Heiligen Geist. Durch Christus schützt er alle, die er für sich ausersehen hat, als sein Eigentum, und er segnet sie, auf dass sie nicht mehr nur Gott lobpreisen, sondern selbst doxologische Existenzen werden »zum Lob seiner Herrlichkeit«. Der heilsökonomisch Handelnde verharrt nicht in Selbstbezüglichkeit. Mit seinem Handeln umgreift er alle Zeiten, Vor-zeiten und Endzeiten: erwählt hat er »vor Grundlegung der Welt« (Eph 1,4), Christus hat er eingesetzt über alles, »was einen Namen hat, nicht nur in der jetzigen, auch in der kommenden Welt« (Eph 1,21).

24. Vgl. Der lebendige Gott. Texte zur Trinitätslehre (TB 95), hg. von Ernstpeter Maurer, Gütersloh 1999.
25. Robert W. Jenson, The Triune Identity: God According to the Gospel, Philadelphia, PA (Fortress) 1982.

Für Paulus wird die wechselvolle Geschichte des jüdischen Volkes zum Anstoß, dem Geheimnis dieses Handelns nachzugehen, ohne es ergründen zu können – und daraus Hoffnung für Juden und für diejenigen Heiden zu schöpfen, die durch Jesus Christus Gottes Heil empfangen, ohne dass sie zu Juden werden müssten. Der Apostel fasst in einem äußerst spannungsvollen Lobpreis zusammen, was ihm nach leidenschaftlichem Fragen und bestürzenden Einblicken aufgegangen ist: »Wie unbegreiflich sind seine Gerichte und unerforschlich seine Wege!« (Röm 11,33b)

Diese Doxologie (Röm 11,33-36, Epistel zu Trinitatis) ist eigentlich eine Para-Doxologie[26]: sie gibt Gott die Ehre, indem sie sein Handeln »würdigt«, gerade wenn es uns befremdet. Ihm können wir nicht auf den Grund kommen. Wir lassen uns von ihm umfangen, werden in seine Unbegreiflichkeit hineingezogen und bleiben nicht vor ihr stehen. Wir werden gerufen, uns Gottes Handeln auszusetzen: gerade angesichts alles dessen, was mit anderen Menschen geschieht und wie sie sich zu uns verhalten mögen, und uns darüber klar zu werden, wie Gott an uns gehandelt hat. Paulus sagt dies hier im Blick auf das jüdische Volk, dem er angehört und das in besonderer Weise dazu berufen ist und berufen bleibt, Gottes Treue zu bezeugen. Wie verhält sich dies, so fragt er, zu Gottes Barmherzigkeit an den Juden und Heiden, die Jesus Christus glauben? Sich Gottes Handeln auszusetzen, bedeutet, unaufhörlich danach zu fragen, was Gott mit dem Geschick anderer sagen will, auch für Erwartungen, die sich daran knüpfen mögen, und mit Verletzungen, die schmerzen. Gott redet keineswegs so, dass wir wegblicken dürften von dem, was anderen geschieht, denn dies weist uns auf Gottes Handeln: an ihnen und an uns.

Paulus nimmt in Röm 11,34-35, Jes 40,13 und Hiob 41,3 sowie in Röm 11,36 religionsgeschichtliches und philosophisches Gemeingut auf, das vielleicht nur ideengeschichtliches Strandgut ist. Er verknüpft dies mit einem dreifach gestaffelten Ausruf, einem Geysir vergleichbar, der mit jedem unerschöpflichen Wort Stufe um Stufe weiter empor gerissen wird, emporgetrieben von der Selbsterschließung Gottes: überwältigt von seinem »Reichtum« als überströmender Fülle (vgl. Röm 9,23), von seiner »Weisheit«, seinem verlässlichen, heilvollen Walten in der Welt, seinem »Wissen«, das aller menschlichen Wahl von Möglichkeiten zuvorkommt, und seiner »Vorsehung«, der Voraus-Sicht und dem Voraus-Sehen, seiner Für-Sicht (vgl. Röm 8,29-30; 11,2).[27] »Vorsehung« bezieht sich hier auf alles, was Gott »im Sinn hat«, was er »vorhat«, was er bewirken und erreichen will. Und »Erkenntnis« meint bereits im Alten Testament keine einsame Gedankenarbeit, sondern innigste Verbundenheit, tiefstes Vertrautsein miteinander.

---

26. Diese Begriffsprägung verdanke ich meinem Kollegen Henning Schröer; siehe seinen Artikel »Paradox. II, Theologisch«, in: TRE 25, 1995, (731-736) 736.

27. J[ames] D. G. Dunn, Romans 9-16 (World Bible Commentary 38), Dallas, TX 1988, 698f.

Gilt dies für Gottes Erkenntnis, in der wir aufgehoben sind – umso mehr für das, was wir so keck »Gotteserkenntnis« zu nennen pflegen: sie hängt ja ganz und gar davon ab, dass und wie wir von Gott erkannt werden (vgl. 1 Kor 13,12).

Wenn Menschen auch nur einen winzigen Zipfel von alledem erahnen, können sie nicht einfach staunend davor stehen bleiben. Sie erfahren sich darin einbezogen, in ihrer Armut überreich beschenkt, mit der Gewissheit begnadet, in Gottes Absicht vorgesehen zu sein und mit ihrem Tun und Lassen zu seinem Wirken zu gehören. Manche Menschen mögen spüren, dass sich etwas für sie »gefügt« hat, doch von dem Gespür für die Tiefe und Weite der Selbsterschließung Gottes sind sie noch weit, weit entfernt. »Fügung« ist kein austauschbares Wort für »Vorsehung«. Menschen können Gottes unergründliche Tiefe ohne weiteres zugeben, doch mit einem Schulterzucken und einem Wechsel der Blickrichtung: von dieser Tiefe weg auf das hin, was nicht unergründlich ist, sondern angepackt werden muss. Ganz anders die Para-Doxologie: sie ermöglicht, des Unermesslichen gewahr zu werden und es so auszusprechen, dass es unsere Sprache fast sprengt. Was würde uns verloren gehen, wenn wir diesen Blick nicht mehr wagten!

Die drei Fragen des Apostels »Wer hat des Herrn Sinn erkannt? Wer ist sein Ratgeber gewesen? Wer hat ihm etwas zuvor gegeben, dass Gott es ihm vergelten müßte?« (Röm 11,34-35) sind nicht rhetorisch gemeint. Vielmehr werden sie durch Gottes Antwort auf menschlichen Ungehorsam gestellt: durch sein Urteil und dadurch, wie es zu seinem Ziel kommt – von keinem Menschen zu ergründen und anzubahnen (Röm 11,33b), unserem grenzenlosen Nachfragen ebenso wie unserem Spürsinn entzogen. Niemand kann Gottes verborgenes Wirken entschlüsseln, Gott den Weg weisen oder ihn gar für sich verpflichten. Versteht sich dies – so mögen wir fragen – nicht von selbst? Denn Gott ist ja »transzendent«: über alles Menschenmaß erhaben, jeder menschlichen Annäherung entzogen, allen menschlichen Anstrengungen unermesslich überlegen! Zu solcher Einsicht mögen kritisches Denken und religiöse Ehrfurcht gelangen. Doch Gottes Urteil sich gesagt sein zu lassen und daraus Urteilskraft zu empfangen, ergibt sich daraus keineswegs. Nur im Gebet werden Menschen ihrer selbst vor Gott ansichtig: vor dem Gott, der nicht unnahbar bleibt, sondern sich ihnen zuwendet, der mit ihnen gehen will, statt über ihnen zu stehen und dort zu verharren.

Von Gott kommt alles her, durch ihn geschieht alles, und auf ihn läuft alles zu: das klingt wie eine Antwort auf die grundlegenden Fragen nach dem Woher, Wodurch, Wohin unseres Lebens. Doch wenn es *im Gebet ausgesprochen* wird, sagen wir zugleich, warum wir anfangen dürfen, zu Gott und von ihm zu reden. Wir rufen den an, der uns gerufen hat, auf den wir uns verlassen und an den wir uns wenden: den Gott Abrahams, Isaaks und Jakobs, der Jesus Christus von den Toten auferweckt hat. Dann vertiefen wir uns nicht länger in unsere Herkunft, suchen keine Hintergründe aufzudecken und schweifen nicht in Imaginationen der Zukunft aus. Wir beginnen zu reden, weil wir darauf antworten, dass Gott uns angeredet hat, gerade in dem, was uns widerfährt.

Diese Anrede ist paradox. Sie ist ein Stolperstein. Es gibt keinen unmittelbaren Übergang von dem, was uns widerfährt, zu dem, was als Gottes Handeln wahrgenommen werden könnte. Keine redegewandte Direktheit kann darüber hinweg gleiten, dass die Wendung »Handeln Gottes« ungeheuer spröde ist. Da stößt jeder, jede an die Grenzen des Vermögens, Glauben und Hoffnung zur Sprache zu bringen: zu sagen, dass ich mich Gottes Handeln nur aussetzen kann – ohne dass ich mich dabei aufgebe. Können wir anders von »Gottes Handeln« reden als in paradoxer Weise: so, dass wir es uns »gefallen lassen«? Dass wir mit der dreifachen Bitte »Dein Name werde geheiligt! Dein Reich komme! Dein Wille geschehe!« (Mt 6,9-10) annehmen, was uns zufällt und zugemessen wird, gerade wenn es uns zu schaffen macht? Es kommt nicht wie ein Schicksal über uns, sondern ist mit einer Anrede verbunden, auch wenn diese nur indirekt erfolgt. Ein solches Reden von Gottes Handeln wird von einer unausweichlichen Unbeständigkeit heimgesucht: Wir reden von Gott, nicht ohne von uns zu reden, und doch reden wir gerade *nicht* mehr von uns, wenn wir von Gott reden. Es gilt, die Innenspannung zu ertragen, in die wir versetzt werden, wenn wir versuchen, von Gottes Handeln zu sprechen: nicht sprachlos zu werden angesichts dessen, dass wir darüber kein endgültiges Wort sagen können.

Nur weil wir erwarten, vor Gott unseres Lebens ansichtig zu werden, können wir, was auf uns zukommt, ihm anheimstellen. Im Gebet ist es an der Zeit zu vernehmen, womit Gott unser Leben umfängt, wie er es gestaltet, umformt (vgl. Röm 12,2), einschneidend und heilend, was er verwirft oder annimmt – in unserem empfangenen und empfangenden Leben. Was geschehen ist und woran wir dabei beteiligt waren, steht nunmehr in Gottes Hand, er hat es an sich genommen, er will es weiterführen und zu Ende bringen: zu dem Ende, das er will und was er zu vollbringen vorgesehen hat. Wir sind samt unserem Tun und Lassen, unseren Versprechungen, Verfehlungen und Versäumnissen in seinem Urteil aufgehoben. Und dieses Urteil spricht uns zu, wer wir von ihm und was wir durch ihn und zu ihm sind und sein werden.

»Es gibt keinen, der wandelt, den nicht er bewegt, keinen, der erkennt und gehorcht, den nicht er erleuchtet, keinen, der handelt, der nicht als sein Werkzeug handelt.«[28] Es ist ein wesentlicher Unterschied, ob dies im Gebet gesagt wird – oder ob es einer Reflexion über die Grenzen menschlicher Freiheit, Erkenntniskraft und Bewegungsmöglichkeit unterzogen werden soll, um daraus Schlüsse für unsere Handlungsmöglichkeiten zu ziehen. Reflektierend können wir Distanz gewinnen, um uns einen besseren Überblick zu verschaffen und um uns anzueignen, worauf wir uns einlassen. Im Gebet reden und streiten

---

28. ADOLF SCHLATTER, Gottes Gerechtigkeit. Ein Kommentar zum Römerbrief, Stuttgart 1935, 330.

wir mit Gott über das, was uns widerfuhr, damit wir darin sein Handeln »erleiden«.[29] So kann es geschehen, dass wir im Einstimmen in die Doxologie gewandelt werden. Die Doxologie bildet einen ungeahnten Raum, in dem wir uns neu bewegen. Dann kann auch das Herz unversehens weit werden, ganz anders weit, als wir es zu dehnen versuchen, damit wir fassen können, was uns widerfährt.

Die paulinische Para-Doxologie in Röm 11,33-36 würdigt die Erstreckung des Handelns Gottes, in dem er sich selber kundtut. Eben dies versucht die Trinitätslehre auf ihre Weise zu sagen: Gott, den wir anrufen, verwirklicht sich selber in dreifach charakteristischer Gestalt – ohne dass er uns in verschiedenen Gestalten entgegenträte, hinter denen sich sein wahres Wesen verbergen würde. Vom dreieinigen Gott reden heißt: die Fülle des Wirkens Gottes preisen, das im Füreinander-Sein von Vater, Sohn und Geist begründet ist. Die Trinitätslehre bereitet auf die *Begegnung mit dem lebendigen Gott* vor. So kann sie die Predigt von Röm 11,32-36 unterstützen, und darum hat es einen guten Sinn, dass dieser Text dem Sonntag Trinitatis zugeordnet ist. Auch die kunstvolle Komposition des Lobliedes – sein Dreiklang der Umschreibungen des Handelns Gottes und der Fragen, wie wir uns zu ihm verhalten – deutet auf den dreieinigen Gott hin. In anderen Texten zu Trinitatis umreißt die Dreizahl ebenfalls Gottes Fülle: in der Zuwendung seines Segens (Num 6,24-26) und in seiner vollkommenen Heiligkeit (Jes 6,3).

MARTIN LUTHER hat am Sonntag Trinitatis 1537[30] und am Sonntag darauf Röm 11,33-36 gepredigt und ist auf die Einheit von Vater, Sohn und Geist zu sprechen gekommen: als Geheimnis des Glaubens, das keine Vernunft zu ergründen vermag – »Vernunft« im Verständnis Luthers als die dem Menschen von seinem Schöpfer verliehene Fähigkeit, zu erschließen, was ihm derart zugänglich ist, dass er es überschauen kann. Der Glaube dagegen treibt dazu, erwartungsvoll von Gott Vater, Sohn und Geist zu reden: »Am Jüngsten Tage werden wir sehen, wie Gott Anfang, Mitte und Ende aller Geschöpfe ist, und wir werden sehen, wie die drei Personen der Gottheit eines göttliches Wesens sind. Die Vernunft begreift's nicht. Wer weiter steigen und Gottes Willen abseits der Offenbarung erkunden will, gerät in die Irre.«[31]

Allerdings scheint es sich mit einer trinitätstheologischen Auslegung nicht gut zu vertragen, dass Paulus in seinem Hymnus nur von Gott, dem Einen und

---

29. Siehe S. 106-108 und GERHARD SAUTER, Das verborgene Leben, Gütersloh 2011, 174f. 237f. 245f.
30. MARTIN LUTHER, Predigt am 27. Mai 1537, WA 45, 89-93.
31. MARTIN LUTHER, Predigt am 3. Juni 1537, WA 45, 98,2-5: »Ut in die extremo videbimus, quomodo deus initium, medium, finis omnium creaturarum, et videbimus, quomodo tres personae divinitatis etc. Ratio non apprehendit. Wer weiter will steigen, seducitur, qui vult extra revelationem nosse dei voluntatem.«

Einzigen, spricht, anders als in der ähnlich lautenden kürzeren Doxologie in Röm 9,5b, die zumindest in der Alten Kirche auf Christus als Gott bezogen wurde. Wie dem auch sei: Der Lobpreis Gottes ist uns allein durch Jesus Christus kraft des Heiligen Geistes möglich. Das Fest Trinitatis bietet die Gelegenheit, daran zu erinnern und zu erläutern, wie es sich damit verhält. Dies umso mehr, als der Hymnus auch als gemeinsamer Nenner für viele Religionen beansprucht werden könnte, zumindest für den Dialog zwischen Judentum, Christentum und Islam, den drei »monotheistischen« Religionen.[32]

Die Trinitätslehre konkurriert keineswegs mit der Anbetung des Einen und Einzigen Gottes. Im Gegenteil: Sie stützt diese Anbetung, indem sie von Anfang, Mitte und Ende aller Dinge spricht: von Gott als dem Schöpfer, Versöhner und erlösenden Vollender. Dies ist ebenfalls der Duktus von Röm 11,36, ja des gesamten Lobpreises der Erstreckung von Gottes Handeln. Der Akzent der Doxologie Röm 11,33-36 – unüberhörbar auch in JOHANN SEBASTIAN BACHS Kantaten zu diesem Fest und in WOLFGANG AMADEUS MOZARTS »Missa in honorem S.S. Trinitatis« (KV 167) – liegt auf dem erstaunten Jubel darüber, dass Gott uns gewürdigt hat, sein unermessliches Wirken unaufhörlich zu besingen. Die Predigt kann diesen Lobgesang vorbereiten helfen, und sie wird dies am ehesten erreichen, wenn sie ihn nicht zerredet. Doch sie kann *daraufhin* reden, indem sie zeigt, wie gespannt die Erwartung Gottes ist und wie sehr sie von der Entdeckung seiner Barmherzigkeit genährt wird – von einer Entdeckung, die sich als so unerschöpflich erweist wie Gottes Barmherzigkeit selbst.

Im *Aaronitischen Segen* werden die Israeliten mit dem NAMEN »versehen« und dadurch vom HERRN selbst auf unvergleichliche Art gesegnet (Num 6,22-27). Er hat sie gerufen und angeredet, und daraufhin dürfen sie ihn anrufen. Die griechische Bibelübertragung (Septuaginta) hat diesen Namen mit *kyrios* wiedergegeben, und ihr folgten die deutschen Bibelübersetzungen (»der Herr«). Mit dem Segen wird der Name des Herrn den Versammelten auferlegt, sie werden mit ihm belegt und gleichsam befrachtet. Die Rahmenworte (Num 6,22-23 und 27) legen den Segen aus und schützen ihn vor dem Missverständnis, er sei eine unabhängig vom Handeln des Namens wirkende Kraft oder eine magische Versicherung göttlichen Schutzes.

Wie das hebräische Textbild zeigt, ist der dreigliedrige Segen kunstvoll aufgebaut, zugleich von äußerster Knappheit und Schlichtheit in der Aussage. Dreimal wird der NAME genannt. In drei Sätzen, von denen jeder ein Stück weit über den vorherigen hinausreicht, wird in zwei jeweils parallelen Jussiven[33], die einander ergänzen und verstärken, das Handeln des Namens hervorgerufen. Gegen-

---

32. So etwa PNINA NAVÉ LEVINSON, Ein Gespräch mit Paulus anhand seines Liedes, in: Assoziationen. Gedanken zu biblischen Texten, Bd. 2, hg. von Walter Jens, Stuttgart 1979, (123-125) 125.

33. Der Jussiv ist ein imperativisch gebrauchter Konjunktiv, der ausdrückt, dass etwas

über der liturgischen Beliebigkeit, die in viele unserer Gottesdienste eingezogen ist, ist zu beachten, dass dieser Segenspruch weder erlaubt, den Liturgen und die Gemeinde mit einem Segenswunsch zusammenzuschließen (»Der Herr segne uns«), noch gestattet, die Segenshandlung in einen Zuspruch zu verwandeln (»Der Herr segnet«) oder in eine Erwartung umzumünzen (»Der Herr wird segnen«). Ganz gewiss wird der HERR nicht durch einen Segensspruch herbeizitiert oder gar zum Eingreifen genötigt. Doch die Menschen, die er zur Ausrufung des HERRN beruft, rufen andere unter seinen Segen: hinein in den verheißenen Schutz des Lebens (Num 6,24), den Gnadenerweis (6,25) und die Heilssetzung (6,26). Wer dies zuspricht, tritt völlig zurück, um dem Handeln des NAMENS an denen, die ihm zu eigen sind, ganz und gar Raum zu lassen. Wen Gott mit seinem Namen belegt, der gehört zu ihm, ja er gehört ihm. Gottes Treue zu seinem Namen gewährt ihm seine Identität, indem er in die Geschichte hineingenommen wird, die mit diesem Namen verbunden ist.

Aaron und seine Söhne sollen »die Israeliten«, also das Gottesvolk, dem Segen »anbefehlen«, den Gott selbst erteilt. Der NAME wird aber nicht kollektiv, sondern *ad personam* zugesprochen. Der Segen »versieht« jeden Einzelnen (darum das unverzichtbare »dich«!) mit dem Namen des HERRN: jeden, der unter seiner Anonymität leidet oder dem sein verschlissener Name zu schaffen macht, sein biographisch verbrauchter Name, der für andere und für ihn selbst zu einem Vorurteil geworden ist. Auch sein eigener Name wird gesegnet werden, unauslöschlich. Dies gilt für »ganz Israel«, das unter dem Namen des Herrn vereint ist, wie für alle, die Gottes Volk angehören. Dies erlaubt – und gibt das bedingte Recht, dessen Begründung es immer wieder aufs Neue zu bedenken und zu beachten gilt! –, auch Gottes Rufen »bei deinem Namen« (Jes 43,1.7; 44,5; 45,4), mit dem Israel an seine Erwählung erinnert wird, gleichfalls auf »die Gesegneten« des Vaters Jesu Christi (Mt 25,34) zu beziehen und auf die, deren »Namen im Himmel geschrieben« sind (Lk 10,20).

Was der Segen mitteilt, wird nur in großen Zügen umrissen. Denn die Freiheit des Namens lässt sich nicht durch unsere Erwartungen an ihn einschränken. Deutlicher wird gesagt, wie der Segen wahrgenommen werden will:

Zuerst wird er als Fürsorge charakterisiert, als Errettung und Bewahrung vor äußerster Bedrohung des Lebens. Unwahrscheinlich, dass hier nur die alltägliche »Grußsituation«[34] überhöht wird, in der man seit Nomadenzeiten einander Gutes wünscht und so eine persönliche Beziehung aufbaut und festigt. Vielmehr stellt sich der NAME vor den Schutzbedürftigen und lässt ihn nicht zugrunde gehen. Er behütet ihn. Er hält keinen Rettungsschirm über ihn, der ihn vor je-

---

ausgeführt werden oder geschehen soll; im Hebräischen ist dieser Modus eine eigene Sprechform, vgl. etwa Gen 1,3: »Es werde Licht!«

34. KLAUS SEYBOLD, Der aaronitische Segen. Studien zu Numeri 6,22-26, Neukirchen-Vluyn 1977, 30.

dem Unwetter im Trockenen hält. Ihm wird vielmehr versprochen, dass der Name höchstpersönlich auf ihn achtet, wenn es um Leben und Tod geht und er von der Seite des HERRN weggerissen zu werden droht. Wenn er wirklich in Lebensgefahr gerät, will sich der Name vor ihn stellen. Er will ihn davor bewahren, dass er zunichte wird oder gar sich selber zerstört. Womöglich stellt er sich deshalb auch einmal oder ein andermal zwischen die Wünsche des Gesegneten und sein Leben. Wenn er ihn behütet, hütet er ihn zu seinem Besten.

»Der Herr lasse sein Angesicht leuchten über dir und sei dir gnädig«: er wende sich dem Hilfesuchenden zu, er erhöre ihn und erweise ihm Gnade. Diese Wendungen könnten kultische Assoziationen sein; möglicherweise ist das leuchtende, strahlende Antlitz auch ein Bildwort für Licht und Wärme, deren wir zum Leben bedürfen. MARTIN LUTHER vergleicht das Angesicht Gottes mit den Strahlen der Sonne[35], und KORNELIS HEIKO MISKOTTE erläutert: Gottes Gnade geht allem, was wir davon bemerken, vorauf, »d. h., dass Gott nicht erst unser Gott wird, wenn *wir* uns anschicken, das zu bemerken und anzuerkennen, sondern daß er es *vor* unserer bewußten Wahrnehmung, *vor* unserer Zuwendung zu ihm ist«[36].

Der dritte Spruch enthält ungewöhnliche Formulierungen, die schwer zu übersetzen sind, wie etwa LUTHERS Versuche zeigen: »Der Herr hebe sein Angesicht auf dich« (1526); »Der Herr erhebe sein Angesicht über dich« (1532); »der Herr hebe sein Angesicht über dich« (1545). Umschrieben wird damit der Gnadenerweis: der Gestus »das Haupt erheben« ist Zeichen besonderer Aufmerksamkeit für den und Hinwendung zu dem, der ins Auge gefasst wird. Wie im zweiten Spruch steht der Herr über dem, dem er seinen Frieden schenkt, und beugt sich zu ihm herab (insofern wäre die Übersetzung »der Herr erhebe sein Angesicht auf dich« zutreffend).[37] Mit dieser Nuance soll vielleicht das Missverständnis abgewehrt werden, der HERR stehe »auf gleicher Augenhöhe« (mit einer heute beliebten Floskel gesagt) mit dem, der seines Friedens bedürftig ist. Er behält ihn im Blick und wacht über ihn, indem er ihn für den Frieden bereitet, den er ihm gewährt. Er »schafft Frieden«, indem er die Rechtsordnung einsetzt und für sie eintritt, in der seine Geschöpfe miteinander vor ihm leben können. »Friede« bedeutet hier nicht, wie neuerdings – vermeintlich im Sinne des alttestamentlichen *schalom* – oft behauptet wird, einen unablässigen dynamischen Prozess versöhnender Kommunikation, sondern eine Gestalt gemeinsamen Le-

---

35. M. LUTHER, Der Segen, so man nach der Messe spricht über das Volk (siehe Anm. 16), WA 30/III, 576,32-577,2.

36. KORNELIS HEIKO MISKOTTE, Gesprek met de lezer (1947), in: Verzameld Werk I: In de Waagschaal, Kampen 1982, (44-47) 45.

37. GERHARD TERSTEEGEN drückt dies 1745 im vierten Vers seines Liedes »Brunn alles Heils, dich ehren wir« (EG 140 als Trinitatislied) so aus: »Der Herr, der Tröster ob uns schweb, / sein Antlitz über uns erheb, / daß uns sein Bild werd eingedrückt, / und geb uns Frieden unverrückt.«

bens unter Gott, die Gott aufgerichtet hat und in der zu bleiben wir aufgerufen sind.

Dieser dreifache priesterliche Segen im Tempel- und Synagogengottesdienst wurde im Neuen Testament nirgends erwähnt, er fehlt auch (mit wenigen Ausnahmen) in der Geschichte christlicher Liturgie, bis MARTIN LUTHER ihn 1523 in der »Formula Missae et Communionis« zur Wahl stellte und dann 1526 in der »Deutschen Messe« sogar als einzige Segensformel aufnahm. Sie trat an die Stelle des trinitarisch formulierten Segens bei der Entlassung aus der Messe, der dem ebenfalls trinitarischen Eingangssegen korrespondiert. Doch auch für Luther bleibt für seine Aufnahme des Aaronitischen Segens maßgebend, dass der dreimal genannte NAME der Name des dreieinigen Gottes ist, mit dem er selbst gegenwärtig wird. Nur wenn sie ihn so vernimmt, beansprucht die Kirche nicht eigenmächtig den Segensspruch für und über Israel. Sie lässt sich vielmehr in die Segensgeschichte hineinrufen, die längst vor ihr begann und weit über sie hinausreicht.[38] LUTHER meinte, Christus selbst habe sich bei seiner Himmelfahrt mit einem solchen Segen oder mit dem Segenswunsch Ps 67,7-8 von seinen Jüngern verabschiedet.[39]

Der Segen teilt uns das Werk Gottes des Vaters, des Sohnes und des Heiligen Geistes mit, das – nach einer alten Regel der Trinitätslehre – nach außen hin eine Einheit bildet: »opera Trinitatis ad extra sunt indivisa«[40]. Dass der Segen damit nicht dogmatisch überfrachtet wird, können etwa LUTHERS Auslegung[41] oder eine Predigt HERMANN FRIEDRICH KOHLBRÜGGES[42] zeigen: Beide beziehen zwar die drei Verse auf je eine der göttlichen Personen, heben aber hervor, dass allein die Fülle und Einheit ihres Zusammenwirkens uns das Geheimnis des Gottesnamens kundtun kann. Dieser Name ist selbst »Heilsgegenwart«, und zwar in dreigestaltiger Weise:

– Der Herr steht für das Leben des Gesegneten ein, das er erschaffen hat; er lässt es fruchtbar werden und gibt ihm Raum, tätig zu sein und zu wachsen. Es kann sich jedoch nicht selbst hervorbringen, sondern bleibt stets auf Gottes Recht an seiner Schöpfung und damit auf seine Gerechtigkeit angewiesen. Seine Bewahrung des Lebens zeigt sich daran, dass er den Gesegneten in die heilsamen Grenzen unserer Geschöpflichkeit einweist.

---

38. Darauf geht MAGDALENE L. FRETTLÖH ein: Theologie des Segens. Biblische und dogmatische Wahrnehmungen, Gütersloh 1998, 283-302. Sie kommt zu dem Schluss, »daß es für die Menschheit an der partikularen Geschichte Abrahams/Israels vorbei weder eine *Erkenntnis* noch eine *Teilhabe* am Segen Gottes geben kann« (302).

39. MARTIN LUTHER, Formula Missae et Communionis (1523), WA 12, 213,28-214,3.

40. WILHELM DE RUBIONE, Kommentar zu den Sentenzen des Petrus Lombardus I, Paris 1518, 134 verso.

41. M. LUTHER, Der Segen (siehe Anm. 16), WA 30/III, 574-582.

42. HERMANN FRIEDRICH KOHLBRÜGGE, Zwanzig Predigten im Jahre 1846 gehalten (1857), Elberfeld ³1925, 360-378.

– Der Herr blickt den, der seinen Segen empfängt, so an, dass er zu ihm aufsehen kann. Er schaut nicht weg von ihm, auch nicht von seinen Irrungen und
Wirrungen. In Jesus Christus erblickt der Gesegnete ihn als den richtenden Retter. Durch Christus wird die Gottesfurcht zu unserem Trost und unserer Zuversicht. Es ist Gottes Wort, dessen Schein »fröhliche Gewissen« macht[43] und so in
die Umgebung des Gesegneten ausstrahlt.

– In seinem Geist wird der Herr für jeden, den er mit seinem Namen belegt,
zum Beistand für den Widerstand gegen alles Unheil. Dieser Kampf kann nur
im Frieden mit Gott und Menschen geführt werden.[44] Allein kraft des Geistes
kann der Gesegnete der Anfechtung widerstehen, welche die Kehrseite der Ungeduld ist, mit der wir Menschen unsere Welt nur zu unseren, kollektiv eingeschränkten oder gar nur privaten, Gunsten umschaffen wollen.

Der Segen, der auferlegt wird, der an Gottes verheißungsvolles Handeln bindet und so den Weg weist, beschützt die Predigt vor Spiritualismus und Mora-
lismus, aber auch vor jener Gesetzlichkeit, die dazu verleitet, den Gottesdienst zu
einer Mobilmachung für ein besseres Leben zu verkehren, für ein Leben, das
Gottes Willen vielleicht noch als Antrieb gelten lässt, doch vom Handeln des
Segnenden nichts mehr wissen will.

Auf das Fest Trinitatis folgen bis zum Ende des Kirchenjahres bis zu 24 Sonntage
»nach Trinitatis«: es ist die Zeit des Staunens darüber, dass die Geschichte der
Welt, nicht nur des Menschen, weitergegangen ist, unfasslicher Weise – denn
warum konnte »nach Ostern« die Geschichte überhaupt weitergehen? –, und
auf wunderbare Weise: Gottes Handeln will in menschliches Handeln »geistvoll«
eingehen, weil Gott und Mensch in Jesus Christus eins geworden sind. Unser
Erleben und Handeln gehen aus dieser angebrochenen Vollendung hervor. Darum will das Trinitatisfest auch als Eröffnung der trinitarischen »Ökonomie«,
der Fülle des Handelns Gottes an uns und mit uns in seiner Geschichte mit den
Menschen, gefeiert werden: als Eröffnung der Zeit des Geistes, die immer zugleich auch die Zeit des Vaters und des Sohnes ist.[45]

»Nach Trinitatis« ist wie »nach Ostern« nicht bloß eine Zeitangabe. Gott teilt
sich selber mit, voll und ganz in den Merkmalen seines Handelns: er erweist
seine Barmherzigkeit, er schafft versöhnend Frieden, er weckt Geduld und Hoffnung. Das Handeln und Verhalten von Christen steht »nach Trinitatis« unter
einem eschatologischen Vorzeichen: Ihnen wird verdeutlicht, wie sie sich in Gottes Handeln finden werden.

43. M. Luther, a. a. O., WA 30/III, 577,12 f.
44. M. Luther, a. a. O., WA 30/III, 581,31-34.
45. Siehe S. 32.

10. Am Ausgang des Kirchenjahres

Die letzten Sonntage im Kirchenjahr fallen in die Zeit des herbstlichen Abschieds vom Spätsommer: die Ernte ist eingebracht, für die kommenden Monate wird vorgesorgt, die Natur begibt sich zur Ruhe, manches stirbt dabei ab und zerfällt. Wir müssen uns körperlich und seelisch umstellen, sind für Stimmungen empfänglicher als sonst. Es ist eine Zeit, die allenthalben Vergänglichkeit vor Augen stellt und nach Bleibendem fragen lässt.

1. Unsere Rückblicke unter Gottes Urteil stellen

Das Kirchenjahr schneidet sich hier mit dem Jahreskreislauf und seinem vegetativen Rhythmus. Die persönlichen und gemeinschaftlichen Rückblicke häufen sich. Den Märtyrern und Heiligen ist seit dem 8./9. Jh. in der Westkirche das Fest *Allerheiligen* gewidmet (1. November). Im Evangelischen Gottesdienstbuch heißt der 1. November »Gedenktag der Heiligen«: der »Gemeinschaft der Heiligen, die zu allen Zeiten und an allen Orten« den Namen Gottes »verherrlichen« (EGB 439; Tagesgebet); der Blick auf die »Kette der Glaubenden« bekräftigt die »zuversichtliche Freude« darauf, Gott gemeinsam zu schauen (ebd.). Dieses Fest ist weniger ein »Gedenktag« als ein Vorausblick auf die Gemeinschaft der Heiligen (»Heilige« im neutestamentlichen Sinne dieses Wortes) in der Gemeinschaft mit Jesus Christus und Gott selbst: gefeiert wird, was in allen Schrittfolgen des Kirchenjahres – oft unter Tränen (Apk 7,17) – erhofft wird und nunmehr keiner weiteren Schritte mehr bedarf, wie die Epistel (Apk 7,9-12; 13-17) schildert. Ebenso wie die Erinnerung an die »Wolke der Zeugen« im vorausgegangenen wandernden Gottesvolk (Hebr 11,1-12,1) will dieser Vorausblick einen womöglich niedergedrückten Glauben aufrichten und ihn in der gemeinsamen Hoffnung bestärken.

Der 2. November wurde im 10. Jh. im Westen als Gedenktag für alle verstorbenen Gläubigen eingeführt *(Allerseelen)*. Im evangelischen Kirchenkalender heißt der letzte Sonntag im Kirchenjahr *Totensonntag* und/oder *Ewigkeitssonntag*. 1816 ordnete König FRIEDRICH WILHELM III. VON PREUSSEN einen Erinnerungstag für die Verstorbenen an; dieses »Totenfest«, das auch dem Gedenken der Gefallenen in den »Befreiungskriegen« dienen sollte[1], verbreitete sich alsbald im deutschen Protestantismus. Es spiegelte den Totenkult und seine Einstim-

---

1. Vgl. KARL-HEINRICH BIERITZ, Artikel »Totensonntag«, in: RGG⁴ 8, 2005, 498.

mung auf die Endlichkeit des Menschenlebens innerhalb der Fortentwicklung der Menschheit, wie sie im 19. Jh. die traditionelle Eschatologie im öffentlichen Bewusstsein Europas weithin ersetzte. Ein ganz anderes Beispiel: In Mexiko wurde *Allerseelen* zu einem regelrechten Totenfest mit geselligen Mahlzeiten und Umzügen, mit denen der Tod ins Leben aufgenommen werden soll; dadurch kann aber nicht nur das Erschrecken vor dem Tode schwinden, auch Getötete zählen dann kaum mehr.

Dass das Evangelium zum Totensonntag das stetige und wachsam vorbereitete Erwarten Christi anmahnt, der plötzlich kommt und diejenigen von sich weist, deren Hoffnung erloschen ist (Mt 25,1-13), ist weit mehr als nur der Gegenpol zu einem pietätvollen Brauchtum, das vornehmlich, wenn nicht gar ausschließlich, der Totenehrung gewidmet ist und die Frage nach dem Verhältnis der Toten zu den Lebenden wachhält. Kann diese Frage theologisch anders erschlossen werden als in der Erwartung eines neuen Himmels und einer neuen Erde (Jes 65,17-25; 2 Petr 3,3-13), aus denen Gott Nacht und Tod ausgewiesen hat (Apk 21,1-7)? Wenn aber »Ewigkeitssonntag« und »Totensonntag« – im Übrigen wenig passende Bezeichnungen für den Sonntag der Hoffnung auf Gott in der Wirklichkeit, die er neu erschafft – gegenläufige Botschaften in sich tragen sollten, würde dieses Jahr mit einer Unstimmigkeit enden. Im Evangelischen Gottesdienstbuch klingt eine solche Besorgnis an, wenn davor gewarnt wird, mit Lesungen und Predigttexten, die für einen gesonderten »Gedenktag der Entschlafenen« vorgeschlagen werden (EGB 484 f.), die Texte des Ewigkeitssonntages zu verdrängen (EGB 406 f.). Der Entwurf zur Neuordnung der gottesdienstlichen Lesungen und Predigttexte (2014) erlaubt, sich aus der Affäre zu ziehen, indem er für den letzten Sonntag im Kirchenjahr zur Wahl stellt, ihn als »Ewigkeitssonntag« oder als »Totensonntag« zu begehen, jeweils mit eigenen Lesungen und Textvorschlägen – den ersten in Respekt vor der liturgischen Tradition, den zweiten offensichtlich in Anbindung an das »gelebte Kirchenjahr« in seinem »lebensweltlichen« Umfeld[2].

So gerät der Totensonntag mehr und mehr unter den Einfluss der »Erinnerungsarbeit«, wie sie oft auch in der Seelsorge, in Trauergesprächen und bei Bestattungen vorgenommen wird. Noch nachhaltiger können die »Gedächtniskultur« und ihre Aufarbeitung der Vergangenheit, wie sie seit einigen Jahrzehnten propagiert werden – es ist eher eine Arbeit an und mit Erinnerungen – auf Gottesdienste und kirchliche Gedenkveranstaltungen am vorletzten Sonntag des Kirchenjahres, der kalendarisch mit dem *Volkstrauertag* zusammentrifft, einwirken. Zwar ist der Volkstrauertag ebenso wenig wie der Totensonntag ein kirchlicher Feiertag. Er wird aber zum Anlass genommen, die politische Mitverantwortung für die deutsche Geschichte und für die Zukunft der Völker zur

---

2.   Siehe dazu S. 37, Anm. 45.

Sprache zu bringen und dafür die Stimme der Kirche in der Öffentlichkeit zu erheben. Vom Volksbund Deutsche Kriegsgräberfürsorge 1920 als Gedenktag für die deutschen Gefallenen im Ersten Weltkrieges vorgeschlagen, wurde er seit 1926 am Sonntag *Reminiszere* begangen, vom nationalsozialistischen Regime als »Heldengedenktag« glorifiziert und 1934 zum Staatsfeiertag umdatiert, nach dem Zweiten Weltkrieg revidiert, an das Ende des Kirchenjahres verlegt und seit 1952 dem Gedenken der Kriegstoten der beiden Weltkriege und aller Opfer von Krieg und Gewaltherrschaft gewidmet, verknüpft mit der Verpflichtung, für Frieden, Toleranz und Versöhnung einzutreten. So übernimmt der Volkstrauertag in gewisser Weise eine öffentliche Komponente des *Buß- und Bettages* – seit Ende des 19. Jh. ein evangelischer Feiertag in Deutschland am Mittwoch vor dem letzten Sonntag des Kirchenjahres –, an dem die Schuld des Volkes vor Gott in der Bitte um seine Vergebung bekannt wird. 1994 als gesetzlicher Feiertag abgeschafft (außer im Freistaat Sachsen), um eine Art Sozialbeitrag zur Entlastung der Wirtschaft zu leisten, wurde er zum Anstoß, ökumenische Einigkeit im gemeinsamen Bekenntnis und Gebet zu entdecken.

Besonders am vorletzten Sonntag im Kirchenjahr, manchmal auch am folgenden Sonntag greift die Gedächtniskultur, wie sie im politischen Raum entwickelt, gepflegt und erörtert wird, auf Zeitdiagnosen und Direktiven in den Kirchen über. Die heute maßgebende Gedächtniskultur konzentriert sich auf schuldhafte Vergangenheit, gemessen an ungeheuerlichen Verbrechen gegen die Menschlichkeit, an unmenschlichen Verhältnissen, an mangelnder Aufgeschlossenheit für universelle Werte wie Menschenwürde und Gleichberechtigung. Daran kann sich auch eine Kirchengeschichte anschließen, die früherem Versagen der Mehrheit von Christen vor den Anforderungen ihrer Zeit nachgeht und ihre Mitschuld anprangert.

Es sind Rückblicke, die aufrütteln wollen, aber auch verstören können – nicht nur Gemeindeglieder, die sich dem historisch-moralischen Urteil eines kollektiven Gedächtnisses beim besten Willen nicht uneingeschränkt unterwerfen können, weil ihre eigene Trauer nicht mit ihm in Einklang gebracht werden kann. Im Gottesdienst am Volkstrauertag werden auch Menschen angesprochen oder ihrer wird fürbittend gedacht, denen die Wiedererinnerung alte Wunden aufbrechen lässt und deren Gedächtnis geheilt werden müsste, nicht nur angepasst an ein kollektives Gedächtnis, das auswählt, vereinfacht und so sozial umfassend gar nicht sein kann, wie es sich ausgibt. Und manche werden sich fragen, wie Vergangenes, das nicht vergangen sein kann, sich zur Bitte um Gottes Vergebung unserer Schuld verhält, zu seinem Handeln an uns, den schuldig Gewordenen. Wird dieser Bitte um Vergebung nicht viel zu wenig zugetraut, wenn nur befürchtet wird, sie könne folgenlos sein und das Vergessen erleichtern? Müsste sie nicht dadurch beglaubigt werden, dass wir Schuld auf uns nehmen und so einen Neuanfang auch von uns aus ermöglichen? Diese Fragen umreißen ein weites Feld, das sich auf das Sündenbekenntnis und die Anrufung Gottes im Herrengebet erstreckt – nicht nur im Gottesdienst am Volkstrauertrag.[3]

Auch hier tritt uns Jesus Christus in den Weg. Er richtet unser verstörtes oder in stereotype Wiederholungen eingezwängtes Gedenken auf und richtet unsere Rückblicke aus, die ja helfen sollen, nach vorne zu blicken. Die Wochensprüche für die drei letzten Sonntage des Kirchenjahres sind wie Einwürfe in unsere Auseinandersetzungen mit dem, was nicht vergessen werden darf, und dem, was getan werden müsste, um nicht Ähnliches wieder erinnern zu müssen: »Siehe, jetzt ist die Zeit der Gnade, siehe, jetzt ist die Zeit des Heils« (2 Kor 6,2): gerade jetzt, nicht irgendwann! – »Wir müssen alle offenbar werden vor dem Richterstuhl Christi.« (2 Kor 5,10) – »Seid zum Aufbruch bereit und lasst eure Lichter brennen.« (Lk 12,35) Die gottesdienstlichen Lesungen und Predigttexte wollen helfen, *im Gedächtnis zu halten, dass am Ausgang des Kirchenjahres Jesus Christus uns als der Letzte (eschatos) entgegentreten will.* Als er dem Seher Johannes in mehr als sonnenhellem und in alles durchdringendem Lichtglanz, mit Feuer und Schwert erscheint und der Visionär zu Tode erschrocken zu Boden sinkt, richtet er ihn auf:

> Fürchte dich nicht! Ich bin der Erste und der Letzte *(eschatos)* und der Lebendige, und ich war tot, und siehe, ich bin lebendig auf immer und ewig und habe die Schlüssel zum Tod und zum Totenreich. (Apk 1,17-18)

Wie werden wir wach und bleiben wachsam für sein Kommen und für alles, was er mit sich bringen wird?

Jesus Christus verkörpert das Reich Gottes unter uns, in der ihm eigentümlichen Art und Weise, im Unterschied zu allen Orts- und Zeitangaben (Lk 17,20-24; 25-30; Evangelium zum drittletzten Sonntag im Kirchenjahr). Ἐντὸς ὑμῶν lokalisiert Gottes Herrschaft ebenso wenig »in euch« wie die Hoffnung, über die Christen Rechenschaft ablegen müssen (1 Petr 3,15). Gottes Reich ist wie die »Hoffnung der Herrlichkeit« (Kol 1,27) außerhalb unser selbst und in Christus: wir werden davon ergriffen, umfangen und hineingezogen in Gottes verheißungsvolles Handeln mit Christus. Jesus Christus »sitzt zur Rechten Gottes, des allmächtigen Vaters«, aber dadurch ist er uns nicht fern gerückt. Er hat uns nicht verlassen, er ist uns vielmehr nahe, ja unser Allernächster – und zugleich der Kommende. Weder seine Anwesenheit noch seine Ankunft lassen sich in unser Koordinatensystem von Raum und Zeit eintragen.

Christus kommt wie ein Blitz, der alles in gleißendes Licht taucht (Lk 17,24) und dessen Einschlag durch und durch geht. Dass Christus unversehens erscheint, veranschaulicht ein anderes Bild: »wie ein Dieb in der Nacht« (1 Thess

---

3. Siehe dazu GlLern 1 (1986), Heft 2: Schuld und Vergebung; GlLern 5 (1990), Heft 1: Zeit erfahren – Geschichte beurteilen?; GERHARD SAUTER, Bekannte Schuld: EvTh 50 (1990), 498-511; Das verborgene Leben, Gütersloh 2011, 271-287.

5,2; vgl. 2 Petr 3,10; Apk 3,3) wird er über uns kommen. Ist es nicht der Hausherr, der sich einschleicht? Er überrumpelt, die sich in falscher Sicherheit wiegen; wer ihn aber erkennt, wird von Freude überwältigt.

Am vorletzten Sonntag des Kirchenjahres hören wir, dass Jesus Christus uns überraschend oft in Menschen begegnet, aus denen er uns anspricht, ohne dass sie davon wüssten und ohne dass wir ihn bemerkten (Mt 25,31-46).[4] Wenn er selbst in Erscheinung treten wird, wird klar und unübersehbar deutlich, wer wir ihm gegenüber gewesen sind (2 Kor 5,10). Dann werden wir auch für uns selbst durchsichtig, mit allem, was wir empfangen, ertragen, erlitten, erbracht, versäumt und verschuldet haben. So tritt uns Jesus Christus als Richter entgegen. Er beurteilt, ob sich in dem, was wir hervorbringen konnten, in unseren »Werken«, Gottes vielgestaltige Güte anderen mitgeteilt hat: die Güte, die unser Leben trägt (vgl. Eph 2,10), und die Hoffnung, in der es begründet ist und die es aufrichtet.[5] Er bilanziert nicht das Soll und Haben dessen, was wir erreicht haben, sondern fragt, ob und wie wir auch bei unserem Tun und Lassen seiner Geschichte gewärtig waren.[6] Dieser Richter bringt unüberschaubar weit verzweigte Lebenszusammenhänge ans Licht. Jeder, jede ist hier unvertretbar, aber niemand steht für sich allein, auch nicht vor Gott. Sie werden sich selbst und einander so ansichtig, wie Christus sie ansieht.[7]

Am Kommen Christi scheiden sich diejenigen, die wirklich mit Leib, Seele und Geist bereit sind für ihn, von denen, die sein Kommen verschlafen, die der Kommende nicht kennt, nicht mit ihnen bekannt und vertraut ist, denn sie haben nicht auf ihn hin gelebt (Mt 25,1-13; Evangelium zum letzten Sonntag des Kirchenjahres).

Dieses Gleichnis von den fünf klugen und den fünf törichten Jungfrauen ist an vielen alten Kirchenportalen zu sehen: ein Bild für das Endgericht, in dem die Seligen von den Verdammten auf ewig getrennt werden. Wer die Kirche betrat, sah sich gefragt, auf welcher Seite er zu stehen komme. Mit seiner Selbstbeurteilung könnte er aber eine unliebsame Überraschung erleben! Am Nordportal des Magdeburger Domes schauen die klugen, strahlenden Jungfrauen so abstoßend selbstzufrieden, geradezu selbstgerecht aus: »Wie umsichtig und wachsam sind wir doch, haben vorgesorgt, können unsere wohlgefüllten Lampen hochhalten, die noch lange leuchten werden!« Die törichten sind so armselig, so hoffnungsmüde geworden, traurig halten sie die erloschenen Lampen nach unten. Wer müsste sich nicht zu ihnen hingezogen fühlen? Ihr ganzer Körper

---

4. Siehe auch S. 64-67.
5. Vgl. HANS G. ULRICH, Wie Geschöpfe leben, Münster 2005, 30-42.
6. LEANDER E. KECK, Who is Jesus? History in Perfect Tense, Minneapolis, MN (Fortress Press) 2001, Chapter 5: The Authorizing Judge, bes. 163-177.
7. Vgl. S. 63f. und 169.

fragt: »Wer kann die Erwartung auf den Kommenden, der so lange auf sich warten lässt, aufrecht erhalten? Stehen wir nicht am Ende immer mit leeren Händen da?«

»Ich kenne euch nicht«, »ich habe nichts mit euch zu tun«, entgegnet Jesus denen, die sich nicht wirklich als bereit erweisen, ihn zu empfangen. Dass er nicht alle wohlwollend umschlingen wird, ist die harte Seite der Wahrheit. Keine theologische Denkakrobatik kann sie abschleifen oder ihr universalen Trost abpressen. Doch die Scheidung der Willkommenen von den Abgewiesenen ist unsere Sache nicht, so unübersehbar ihre Qualitäten und Mängel auch sein mögen. Wir dürfen weder Christi Urteil über sie vorwegnehmen noch Menschen ansehen, uns eingeschlossen, ohne auf Gottes verborgenes Handeln an ihnen und an uns zu hoffen: auf sein Handeln mit Christus, dessen Ausmaß wir nicht überblicken können und das doch alle und alles erreichen will. Weil wir den Weltenrichter erwarten, dürfen wir uns selber und andere weder verurteilen noch entschuldigen oder gar freisprechen – auf eine Art und Weise, die sich nicht dem Urteil Christi unterstellt und nicht von ihm allein das letzte Wort erwartet. Weil er für alle gestorben ist, wird er sie alle vor sich rufen: er, der sie schon so oft angesprochen hat. Das weckt unsere Erwartung, Schritt für Schritt: im Warten und Eilen auf sein Kommen (2 Petr 3,12) – auch dies eine theologische Innenspannung.

2. Gottes Treue gedenken

Am Totensonntag – oder am Silvesterabend – werden die Namen der Gemeindeglieder, die im vergangenen Jahr verstarben, noch einmal im Gottesdienst genannt. In manchen Gemeinden werden für sie auch Kerzen auf dem Altar oder auf dem Taufstein entzündet. Dies ist nicht nur eine Geste der Erinnerung. Namen werden vor Gott gebracht, der »des Menschen gedenkt und sich seiner annimmt« (Ps 8,5): der Lebenden wie der Toten. So sind auch die, die uns vorangegangen sind (nicht: von uns gegangen!), jetzt in unserer Mitte. Sie gehören zur anwesenden Gemeinde, gerade auch dann, wenn ein solcher Ritus des Gedenkens nur noch den Restbestand nomineller Volkskirche erreicht.

Welchen geistlichen Ort hat das Totengedenken für Christen angesichts ihres sonstigen »Umgangs« mit Verstorbenen im Laufe des Jahres? Manche Gemeinden haben sich daran gewöhnen müssen, dass ihre Verstorbenen im Gottesdienst nur »abgekündigt« werden – und dann wird aufgefordert, für die trauernden Angehörigen zu beten und sie nicht ihrer Vereinsamung zu überlassen. Muss dies nicht früher oder später den Eindruck erwecken, die Toten seien von den Lebenden für immer wie abgeschnitten? Wir dürften nicht einmal mehr für sie beten, denn was könnte dies bewirken? Darf es überhaupt etwas bewirken wollen, denn sie sind ja unwiderruflich tot?!

In der Fürbitte wird unser Blick geweitet. Wir treten für Menschen ein, die wir Gottes Handeln anvertrauen. Davon lassen wir unser Verhältnis zu ihnen bestimmen – auch und gerade unsere Erinnerungen an sie, zumal, wenn sie uns nur noch in unserem Gedächtnis präsent sind. Denn dort wirken sie auf uns ein: in unseren Erinnerungsbildern, die wir immer wieder übermalen, schönfärben oder schwärzen, verzerren, perspektivisch verändern, ergänzen oder zusammenstreichen. Außerdem sind wir überall dort, wo wir das Leben anderer bezeugen, versucht, eine Zeitstrecke aufzubauen, sie nachzuzeichnen und so einen Überblick zu gewinnen, mit dem wir andere und uns positionieren. Dann kann uns beispielsweise ein Lebenslauf – so, wie wir ihn zusammenstellen – unvollendet erscheinen, nur ein Fragment dessen, was er versprach. Doch in der Fürbitte bitten wir, Gott möge uns zeigen, was von diesem – in unserer Sicht vielleicht abgebrochenen oder fehlgelaufenen – Leben Bestand hat und fruchtbar ist. Fürbittendes Gedenken kann uns auch davor bewahren, in einem Lebensrückblick Fügungen ausfindig machen zu wollen, wo wir doch nur vieles auslassen, Lücken überbrücken und manches zusammenfügen, um ein tröstliches, erhebendes, verpflichtendes Bild der Vergangenheit zu zeichnen und uns damit zu ermutigen. Und in der Fürbitte darf auch aufgehoben sein, was unbewältigt geblieben ist und was nicht mehr verziehen werden konnte.

Indem Gott sich Menschen annimmt, nimmt er sich auch ihrer Vergangenheit an, nimmt er sie in sein Handeln auf. Das darf bei unserem Gedenken nie vergessen werden. Unvergessen bleiben sollen nicht nur besonders einschneidende Geschehnisse oder existenzbestimmende Widerfahrnisse, die zum Umdenken führen können. Wessen Gott gedenkt, dessen gesamtes Dasein wird davon gehalten. Wenn Gott aber Schuld vergibt, dann gedenkt er ihrer auch nicht mehr: sie ist »vergeben und vergessen« (vgl. Jer 31,34), getilgt und zunichte gemacht. Gott hat ihr ein endgültiges Ende gesetzt und Neues hervorgebracht. Sein Gedenken gehört zu seinem schöpferischen, neuschaffenden Handeln. In seinem Gedenken und seinem Vergessen wahrt er seine Treue. In jedem dieser Neuanfänge kommt schon zum Vorschein, wie er seine Verheißung »Siehe, ich mache alles neu« (Apk 21,5) erfüllen will.

Unser Gedenken wird gewandelt, indem wir Gottes Treue gedenken. Er hebt Früheres in sein Handeln auf, darum gehört es uns nicht mehr, jedenfalls nicht mehr so, dass wir mit dem, was wir ihm entnehmen, weitermachen, fortfahren und so unsere Zukunft bauen könnten. So wird eine Bresche in unsere Vergangenheitsbewältigung geschlagen. In seine Schranken verwiesen wird auch das Versprechen der Gedächtniskultur, durch Schöpfen aus Erinnerungen und durch Lernen von ihnen eine möglichst wenig belastete Zukunft zu generieren und Fortdauer zu erreichen. Unsere Identität hängt – schon zeitlebens – nicht von Erinnerungen ab, den eigenen oder fremden, sondern davon, dass wir von Gott erinnert werden. Die Zusage seiner Treue wehrt unserer Angst, vergessen zu werden, die schon viele Jünger befällt – sie wehrt aber ebenso sehr auch unserem aussichtslosen Verlangen, auszulöschen, was wir lieber ungeschehen machen möchten.

3. In begründeter Hoffnung weitergehen

Die Perikopen für die drei letzten Sonntage des Kirchenjahres versehen diese mit einer Schrittfolge der Hoffnung, die der Trauer ihren Raum lässt und ihr auch Zeit gibt, sich auf die Vergeblichkeit aller menschlichen Anstrengungen einzulassen, die diese Trauer bewältigen wollen. Ihren Weg zur Zuversicht findet sie in der Antwort auf das fremde Wort, auf das Wort außerhalb unser selbst: das Wort des auferstandenen Christus. In ihm ist unsere Hoffnung begründet: Er, den Gott auferweckte, hat in seiner Auferstehung den Tod überwunden und damit auch alle zerstörerische Trauer und verzehrende Angst. Seine Auferstehung ist die unabgegoltene Verheißung unserer Auferweckung von den Toten. In dieser Hoffnung des Lebens gilt es zu bleiben – nur dann können wir wahrhaft weitergehen, sonst werden uns Rücksichten festhalten. Eine solche Schrittfolge der Hoffnung prägte auch die Begräbnis-Messen und Trauermusiken der Barockzeit, etwa die »Musikalischen Exequien« von HEINRICH SCHÜTZ und später einige der Motetten JOHANN SEBASTIAN BACHS.

Wenn wir am Ende eines Kirchenjahres Gottes Handelns gedenken – im Leben unserer Toten, in unserem eigenen Leben, im Leben unseres Volkes und der Menschheit, im Laufe der Welt –, dann stößt unsere Urteilsfähigkeit an eine Grenze, die wir nicht überschreiten können. Über das Sterben anderer und unser eigenes Sterben hinaus können wir nicht denken – und wir brauchen es auch nicht. An dieser Grenze will die Hoffnung wachsen, das Verborgene werde mit Christus offenbar werden, unser verborgenes Leben, verborgen mit Christus in Gott (Kol 3,3): das Leben, das Gott geschaffen und erhalten, gestaltet und zu verwandeln begonnen hat, dem nicht der Tod den Atem nehmen darf, sondern das Gott sterben lässt, indem er seinen Atem wieder zu sich nimmt (Ps 104,29).

So dürfen auch die Lebenden – diejenigen, die jetzt noch leben und nicht wissen, ob sie den nächsten Totensonntag, vielleicht bereits den nächsten Sonntag oder den kommenden Tag noch erleben werden, und für die die heutige Predigt die letzte sein könnte – sich auf ihr eigenes Sterben besinnen. Darauf, dass sie um ihren Tod anders wissen als in der Gewissheit, dass alle Menschen sterben müssen. Wenn es soweit ist, brauchen sie sich keinen Illusionen mehr hinzugeben, die sich so oft mit Hoffnungen drapieren. Wer für die »Hoffnung gegen alle Hoffnung« (Röm 4,18) wach geworden ist und wachsam bleibt, wird auch im Sterben auf Christus, den Kommenden, blicken. Er vertraut darauf, dass Gottes Handeln an seinem Leben und mit ihm hell und deutlich werden wird und dass alles von ihm abfällt, was vor Gott keinen Bestand hat, so dass er befreit wird zum Sein in Gott.

»Man wird frohlocken und jubeln auf ewig über das, was ich schaffe« (Jes 65,18): was in der Hoffnung des Lebens anklingt, die unser Totengedenken durchdringt, verbindet diese Hoffnung, zu der wir neu geboren wurden (1 Petr 1,3), mit Gottes Verheißung, einen neuen Himmel und eine neue Erde zu erschaffen (Jes 65,17-23). Der Kreis eines Kirchenjahres schließt sich, aber er ist offen für die Erwartung der neu geschaffenen Wirklichkeit Gottes. Wird sie als »neuer Himmel und neue Erde« umschrieben[8], liegt der Nachdruck auf Gottes Verheißung »Ich erschaffe«: neue Lebensverhältnisse, eine Erneuerung der gesamten Schöpfung, umgewandelte Menschen. »Ich wandle Jerusalem zu Jubel um und sein Volk zu Frohlocken«, denn Jammer und Klage sind für immer ausgeschlossen (Jes 65,18-19). Die Christenheit erwartet mit und durch Christus »neue Himmel und neue Erde, in denen Gerechtigkeit wohnt« (2 Petr 3,13): Gottes Gerechtigkeit, mit er sich gegen alle und alles, was ihm widersteht, durchsetzt, seine Schöpfung von dem Leerlauf befreit, unter dem sie stöhnt (Röm 8,20-22), und vollendet, was er vorgesehen und zu tun sich vorbehalten hat. – Der neue Himmel und die neue Erde kennen keinen Tod, kein Leid, keine Nacht mehr, sie bedürfen weder natürlicher noch künstlicher Lichtquellen, auch keine Mauern zu ihrem Schutz und zur Abgrenzung, die Frieden sichern könnten, nicht einmal das Meer, das gefräßige, zerstörerische Chaos, das gegen alles verlässlich Geschaffene wütet (Apk 21,1-5.24-25): die Polaritäten unserer Welterfahrung sind aufgehoben. Wörter, die für unsere Realität gelten, können nur noch negiert werden, doch so ergeben sie Umrisse für eine Um-schreibung.[9]

Erneuerung von Grund auf, Leben aus dem Tode, Verwandlung, Neuschöpfung: wie auch immer die Wörter lauten mögen, mit denen versucht wird, dieser Hoffnung ein noch deutlicheres Gesicht zu geben – allesamt sind sie unbeholfene Versuche zu sagen, was wir uns nicht wirklich vorstellen können. Sie übersteigen unsere Vorstellungskraft nicht nur, sie brechen sie auf. Das nahezu paradiesische Bild, das in Jes 65,17-23 skizziert wird, erscheint zwar anschaulich, aber es malt kein Schlaraffenland aus. Nicht, weil die Menschen unter neuen Lebensbedingungen immer noch hart arbeiten müssen, sondern weil Gott sie »umschafft zum Jubeln und zum Frohlocken«, und das ist keine spontane Be-

8. Zu den drei biblischen Lesarten der Verheißung eines neuen Himmels und einer neuen Erde siehe GERHARD SAUTER, Rechenschaft über die Hoffnung im Vertrauen auf Gottes Treue. Zur Selbstprüfung der Kirche im Blick auf Israel, in: Eschatologie und Schöpfung. Festschrift für Erich Gräßer zum siebzigsten Geburtstag, hg. von Martin Evang, Helmut Merklein und Michael Wolter (BZNW 89), Berlin/New York 1997, (293-320) 311-317.
9. Die folgenden drei Abschnitte sind teilweise meinem Beitrag »Was dürfen wir hoffen? Perspektiven christlicher Eschatologie« entnommen, in: Menschliche Würde und Spiritualität in der Begleitung am Lebensende. Impulse aus Theorie und Praxis, hg. von Norbert Feinendegen, Gerhard Höver, Andrea Schaeffer und Katharina Westerhorstmann, Würzburg 2014, (267-278) 276 f.

geisterung über ein gesteigertes Leben. Im Jubel, der zum geöffneten Himmel aufsteigt, aus dem Gottes überreicher Segen strömt, wird niemand mehr des Früheren gedenken, denn die Altlasten sind vernichtet. Und dadurch wird, ohne dass dies hier ausdrücklich gesagt werden müsste, für die Erinnerung an die Vorfahren, an ihre Schuld und an das Leid, das ihnen widerfuhr, einzig und allein Gottes Treue leuchtend hervortreten. – In der Gottesstadt, die von Gottes Himmeln auf die Erde kommt, in der Gott Tür an Tür mit denen wohnt, die er zu sich rufen wird, werden alle Tränen von ihren Augen abgewischt: »Der Tod wird nicht mehr sein, keine Trauer, keine Klage, keine Mühsal. Denn was früher war, ist vergangen. Siehe, ich mache alles neu« (Apk 21,4-5), ohne dass es jemals veraltet. Eine Welt ohne den Wechsel von Tag und Nacht (Apk 21,23-25): was ist das für eine Welt? Was für Menschen, ohne Schmerzen, Klage und Tränen? Und wer wird uns entgegenkommen in dieser Stadt, deren Gesicht so unvorstellbar anders ist als die unwirtlichen Städte in alter und neuer Zeit? Sind es nicht die, die weinen mussten, manche fast erblindet wegen unaufhörlicher Tränen? Und »alle, die einst / trugen des Kreuzes Joch / und der Tyrannen Pein«, wie JOHANN MATTHÄUS MEYFART 1626, mitten im Dreißigjährigen Krieg, in seinem Lied über Apk 21 dichtete (EG 150.5)?

Umrissen wird, was ganz anders sein wird und uns doch schon berührt, auch und gerade an unseren Gedenk- und Trauertagen. Wir sollen dessen gewahr werden, was uns bereits so zuteil wird, dass es die Hoffnung wider Erwarten erweckt, mit dem Vorgeschmack dessen, was Gott zugesagt hat: den Schuldigen Vergebung, den Verzweifelten Trost, den Verdunkelten Erleuchtung, den in die Enge Getriebenen Raum zu atmen, den Ruhelosen Frieden, den Gleichgültigen den Spürsinn für das, was nottut, den Verachteten Beachtung, den Geschädigten Gerechtigkeit.

Wir hoffen auf Gott, der uns ins Leben gerufen hat und uns als Werk seiner Hände nicht preisgibt. Diese Gewissheit kann sich am Ende eines Lebensweges auch so aussprechen: »Ich danke Dir, Gott, dass Du mich geschaffen hast!« Was alles wird damit gesagt – auch dass niemand zeitlebens wissen kann, warum er gerade so und nicht anders von Gott geschaffen wurde! Wir hoffen auf Jesus Christus, mit dem unser Leben in Gott verborgen ist. Wir hoffen auf den Heiligen Geist, der unser verborgenes Leben aufdecken, es in all seinen Verflechtungen und Verwicklungen klären und in eins damit unser gelebtes Leben vollendend gestalten wird. Wir hoffen als diejenigen, die Gott »mit Namen kennt« (Ex 33,17) und deren Namen er in seine Hände eingezeichnet hat (vgl. Jes 49,16), weil er für immer und ewig gedenken will.

Mit dem letzten Sonntag des Kirchenjahres ist dieses Jahr nicht abgeschlossen, auch nicht mit all seiner Trauer und seinem Gedenken, so dass nun eine rundum andere, fröhlichere Zeit anheben könnte – wie ja heutzutage viele, wenn sie an diesem Sonntag nach dem Gottesdienst aus der Kirche treten, sogleich in den Rummel eines Weihnachtsmarktes geraten; zumindest ist der schon aufgebaut. Der Ausgang des Kirchenjahres, der durch Gedenktage schon fast zugestellt schien, ist offen für die adventliche Erwartungszeit.

11. Im Kirchenjahr leben

1. Das Kirchenjahr als öffentliche Theologie

Das Kirchenjahr lädt ein, durch die Portale der Christusfeste, des Pfingst- und des Trinitatisfestes Schwellen zum Innenraum der Christusgeschichte zu überschreiten und dorthin zu gehen, wo Jesus Christus um Gehör bittet, immer wieder: derselbe, der schon so oft in unser Leben eingetreten ist – ohne dass wir immer genau sagen könnten, wann, wo und wie dies geschah –, und den wir doch noch so wenig wirklich kennen. Jedes Fest sagt uns erneut, ein jedes in anderer Hinsicht: »Hört zu! Seht genauer hin!« Und es ruft: »Macht euch auf! Geht erwartungsvoll Christus entgegen!« Und so ermutigt es uns auch, durch das Fest-Portal wieder herauszutreten, um »jederzeit jedem Rede und Antwort zu stehen«, der auf irgendeine Weise »nach der Hoffnung fragt, die euch erfüllt« (1 Petr 3,15). Womöglich erscheint dann die Schwelle höher als beim Eintritt, und manche suchen ein Seiten- oder Hintertürchen, um ungeschoren davonzukommen und sich dieser Rechenschaft zu entziehen.

Die Hoffnung, die uns erfüllt, will in den Festen des Kirchenjahres Gestalt gewinnen, und dies beschränkt sich nicht auf Festgottesdienste, so prägend sie sind. Feste wollen ja vorbereitet sein, vor allem müssen wir uns darauf vorbereiten, und sie wirken nach und sie wirken sich aus. *An ihren Festzeiten wird eine jede Kirche erkennbar.* Das Kirchenjahr ist eine *Form öffentlicher Theologie:* hier wird deutlich, wie die Kirche begründet ist, worauf sie immer wieder zurückkommt, wann und warum sie innehält, wohin sie ausschaut und wozu sie sich gerufen sieht. Doch nehmen wir dies auch wahr – daran, wie die Feste des Kirchenjahres gefeiert werden, an dem, was sie zur Sprache bringen, und welche Erwartung sie wecken? Das Wir ist dabei unverzichtbar. Feste können nur gemeinschaftlich begangen werden, nicht im stillen Kämmerlein. Im Kirchenjahr wird jegliche Privatisierung des Glaubens in Frage gestellt. Darum hat auch die Aufklärung mit ihrer Spaltung von »öffentlicher« und »privater Religion« an den Festen des Kirchenjahres Anstoß genommen und sie entwertet, wie viele Festtagspredigten aus ihrem Geiste bezeugen.

Weil an den Christusfesten des Kirchenjahres ausgeprägter als sonst von Gottes Handeln an, in und mit Jesus Christus die Rede ist, kommt hier die Hoffnung, die Christus selber ist, zur Sprache. Darin, wie an ihm und in ihm – in seiner Geburt, seiner Vollmacht, seinem Erleiden und Sterben, seiner Auferstehung und Erhöhung – kund wird, was Gott allen Menschen zukommen lassen will, wurzelt der öffentliche Charakter kirchlicher Festtage. Denn was ihrer Feier zugrunde liegt, ragt von jeher in den öffentlichen Raum hinein: Der neugeborene Jesus wird als Friedensherrscher angebetet – und als Thronprätendent ge-fürchtet. Als messianischer König zieht er in Jerusalem ein – sein Name wird in dem Todesurteil auf der Kreuzesinschrift ins Lächerliche verfälscht. Im Anblick des Gekreuzigten, bei seiner öffentlichen Hinrichtung, sprechen Menschen ihr Urteil, während Himmel und Erde aufeinandertreffen und eine Finsternis das Dunkel bekräftigt, das fromme Verblendung und politische Anmaßung ange-richtet haben. Die Auferweckung Jesu Christi ist ein trans-kosmisches Ereignis, eine heilsam offen bleibende Wunde der Menschheitsgeschichte. Der erhöhte Christus gebietet einer »vielmächtigen« Weltordnung. Der Pfingst-Geist ergreift die Völkerwelt und ergießt sich derart über sie, dass jede volkliche Identität und alle politischen Formationen sich hinfort daran reiben werden. Gottes Handeln an, in und mit Jesus Christus reißt einen Horizont auf, der unseren Gesichtskreis erschüttert; hier bricht hervor, was »aller Welt« von Gott her zukommt. An die-sem Handeln bildet sich die öffentliche Bedeutung der Festtage, und daran bleibt sie gebunden; darauf sind die Festtagspredigten ausgerichtet, und darauf-hin haben wir Rechenschaft abzulegen.

An den Festen des Kirchenjahres führt »Gott in Christus« uns von trügeri-schen und irreführenden Erwartungen fort. Er zieht uns in die Sequenz der Christusgeschichte hinein, indem er uns Anteil nehmen lässt an dem, was er für eine heilsbedürftige Welt vorgesehen und zu tun sich vorbehalten hat, an allem, was er an und mit Jesus Christus »uns zuliebe«[1] getan hat, damit sein Wille geschehe im Himmel und auf Erden. Was uns zugute gekommen ist und von Neuem zugute kommen will, will sich anderen mitteilen. Es teilt jedoch auch die Innenspannung des Handelns Gottes in, an und mit Christus: seine Ver-borgenheit, seine heilbringende, dabei oft schmerzhafte Klarheit und seine Be-fremdlichkeit.[2]

Dies wirft Fragen auf, auch Anfragen derer, die an dem Verhalten von Glie-dern einer Christengemeinde Anstoß nehmen – womöglich gerade deshalb, weil es in vielem, was diese auf sich nehmen und was sie vermeiden, unaufdringlich bleibt, aber auch in entscheidender Hinsicht unangepasst.

Worüber können sie dann Rechenschaft ablegen, und wie können sie Rede und Antwort stehen? Der Kontext von 1 Petr 3,15 stellt es vor Augen: Christen sollen zu sagen wissen, was ihnen unverhofft zuteil wurde: »die Hoffnung des Lebens« (1 Petr 1,3), die »Gnade des Lebens« (1 Petr 3,7). Die Hoffnung »in ihnen« ist ja gerade die Hoffnung, die außerhalb ihrer selbst und in Christus ist, die sie umfängt und sie lebendig halten will, auf Christus hin! Weil sie diese Hoffnung nicht in sich verschließen, sind sie angreifbar: sie können gefragt wer-den, warum sie denn feiern, und damit sind sie gefragt nach dem, was – und wer! – sie erfüllt.

---

1. Siehe S. 130, Anm. 37.
2. Siehe Kapitel 1.3 und 1.4.

Die Festtage des Kirchenjahres wollen uns ausrüsten, diese Hoffnung zu verantworten, indem sie in deren Schritte einüben: vom Weg zur weihnachtlichen Krippe, wo Gott uns leibhaftig aufsucht und unser Leben teilen will, bis dahin, dass unser verborgenes Leben – Gottes unaufhörliches Handeln an uns – unübersehbar deutlich wird und wir ungetrübt in ihm leben werden. Diese Verantwortung misst an der Botschaft eines jeden Festes, was uns am Herzen und auf der Zunge liegt, was uns treibt und hindert, was wir erlebten und was wir ersehnen, unser Tun und Lassen: an der Botschaft, die verkündet, was von Gott Vater, Sohn und Geist her *ist* und *sein wird* – nicht, was nach unserer Weltsicht und Selbstbetrachtung sein sollte und geschehen müsste. Wir feiern die Feste des Kirchenjahres, weil wir der Christusgeschichte gedenken, die gespannte Erwartung weckt. Die Wirklichkeit dieser Geschichte unterscheidet sich für uns von allem, was uns sonst beanspruchen und zu feiern veranlassen könnte.

Wer getauft ist, dessen Geschichte gehört zur Christusgeschichte. Dies wird in jedem Gottesdienst, an dem wir teilnehmen, bekräftigt – und an jedem Festtag in spezifischer, der Botschaft des Festes entsprechender Weise. In 1 Petr 3,18-22 wird auf unsere Verwicklung in das Leiden und die Vollmacht Jesu Christi verwiesen. Paulus hatte umfassender geschrieben, die von Gott Berufenen seien »dem Bilde« Christi »gleichgestaltet« (Röm 8,29), doch werde dies nicht ihrer Lebensgestaltung überlassen. »Lasst euch durch Erneuerung der Urteilskraft umgestalten, damit ihr Gottes Willen erproben könnt« (Röm 12,2): nicht kraft Wertmaßstäben und Zielvorgaben, sondern indem wir uns Gottes Handeln aussetzen in allem, was uns widerfährt, und uns so einer Bewährung unterziehen, die zur Hoffnung führt (Röm 5,4). Eine Rechenschaft über »die Hoffnung, die euch erfüllt« kann diesen Lebensvorgang nicht abbilden, aber sie wird versuchen, seine Ausrichtung wenigstens zu umreißen.[3]

Schenkt Gott »von neuem und stets in ganzer Fülle sein Wort« zu einem jeden Festtag des Kirchenjahres (JOCHEN KLEPPER), dann werden wir von dieser Fülle das ganze Kirchenjahr hindurch getragen, wie von einer Melodie, die so kunstvoll ist, dass sie nie zu einem Ohrwurm werden kann. Und die gespannte Erwartung, die die Festtagsbotschaft wecken will – eine jede im Blick auf die Sequenz des Handelns Gottes und zugleich auf je eigene Weise –, unterstützt eine Rechenschaft, die Christen abverlangt werden kann, wenn sie gefragt werden, woraus und woraufhin sie leben. Sie werden dann nicht mit Bibelworten um sich schlagen oder gar theologische Schlagwörter traktieren. Aber je und dann werden sie nicht umhin können, von Gott Vater, Sohn und Geist zu reden, wie er ihnen im Kirchenjahr begegnet, und zwar in einer Öffentlichkeit, für die Gott unkenntlich und überflüssig geworden ist. Wer hier Rede und Antwort stehen möchte und befürchten muss, kein Gehör zu finden für das, was er eigentlich

---

3. Siehe dazu S. 33 f. und 40 f. und GERHARD SAUTER, Das verborgene Leben, Gütersloh 2011, 137-147. 174 f. 181-183.

sagen will, sollte bedenken, dass die Botschaft eines jeden Festtags des Kirchenjahres eine fremde Botschaft ist: eine Antwort, die wir nicht erfragt haben.[4] Sie überrascht auch die, die sie schon oft gehört haben, und sei es mit einer zuvor nie vernommenen Nuance. Auch dies zeichnet Feste aus: es kommt immer etwas Neues hinzu, aber es nötigt sich nicht auf.

Haben wir die Festbotschaft so vernommen, konnten wir sie denn vernehmen? Oder wurde sie uns vorenthalten, vielleicht durch die Art und Weise, wie Festgottesdienste inszeniert wurden und Predigten den Festgehalt zerredeten oder gar verschwiegen? Haben wir die Botschaft überhört, vielleicht, weil wir etwas anderes vernehmen und erleben wollten?

Rechenschaft über die Hoffnung zu geben, die im Kirchenjahr erneuert und bereichert wird, verdankt sich dem festtäglichen Wort, das Gott jedes Mal voll und ganz schenkt: weder portionsweise noch komplett auf einmal. Die Fülle der Gottheit wohnt ja in Jesus Christus leibhaft (Kol 2,9), weil Gott in ihm gegenwärtig ist, ganz und gar, auch in seiner Verborgenheit – jedoch immer so, dass dies an Stationen des Weges Jesu jeweils in bestimmter Hinsicht und auf eine besondere Art und Weise deutlich wird. Dies will uns die jeweilige Festbotschaft überbringen, auch sie wiederum stets in bestimmter Hinsicht und derart, dass sie uns so anspricht, dass wir antworten können, zu wem und wozu wir stehen und wofür wir einstehen. So will *die Fülle von Gottes Handeln bezeugt* werden. Von ihr *so und nicht anders* zu erzählen, dass ihre *Botschaft* weitergegeben werden kann, wird der Festtagspredigt anvertraut. Indem ihre Botschaft Licht auf alles wirft, worüber wir Rede und Antwort stehen können, trägt sie in spezifischer Weise zum Kirchenjahr als Form öffentlicher Theologie bei.

Die Festtagspredigt kann jedoch unversehens zur Schwachstelle öffentlicher Theologie werden, wenn sie die Botschaft, die ihr aufgetragen ist, in eine aktuelle Situationsdeutung *übersetzen* und so in die »Gegenwart« im wortwörtlichen Sinne *über-tragen und umsetzen* soll – in der Meinung, sie bliebe sonst unverständlich und folgenlos. Hier treffen wir auf einen neuralgischen Punkt einer jeden Festtagspredigt. Ihr Text lässt manches aus unserer Weltsicht und Lebenserfahrung widerhallen und Anklang finden, manches, was durch das Fest bestätigt, bekräftigt oder auch verstärkt werden könnte. Wir finden uns in Fest-Erzählungen vor, erkennen uns hier wieder oder möchten spiegeln, wie sie uns unmittelbar ansprechen. So werden in manchen Predigten an Weihnachten Nächstenliebe und unbedingter Friedenswille als probate Lösungen für globales Elend ans Herz gelegt, und die vergebliche Suche nach einer Herberge für einige Tage motiviert dafür, sich um sozial Benachteiligte und Flüchtlinge zu kümmern. Am Karfreitag repräsentiert der leidende Christus die Opfer von Gewalt und Erniedrigung. Ostern avanciert zum Aufstand gegen alles, was als todbringend und todverfallen gilt. Der Pfingstgeist bringt schöpferische Unruhe in die

---

4. Siehe S. 24, 35 und 38.

Welt und inspiriert Menschen verschiedener Herkunft, gemeinsam Leben zu erneuern und möglichst zu verbessern. Am Ende des Kirchenjahres darf Trauer verarbeitet und soll Vergangenheit bewältigt werden, damit wieder Mut zur Zukunft gewonnen wird ...

Dies alles bricht sich an der Botschaft der Feste. Es wird nicht unterdrückt oder als unwesentlich beiseitegeschoben, aber es darf niemals die Festbotschaft überblenden oder sie gar ersetzen wollen. Keine Auslegung kann überbieten, was die Geschichten erzählen, deren Botschaft in den Festen von Neuem überbracht wird: Jede Festbotschaft sagt auf ihre Weise, wie Gottes Handeln unseren Perspektiven in die Quere gekommen ist und uns neu ausrichten will. Dies zu vernehmen, darauf zu hören und darin einzustimmen, prägt das Fest als Feier. Auch eine Festtagsstimmung, wie auch immer sie zustande kommen mag, bricht sich an der Botschaft der Feste. Ihre Fülle erschließt sich nicht durch einen Überblick, und sei er theologisch noch so glänzend, sondern nur Schritt für Schritt, in den Schrittfolgen der Hoffnung.

Umsetzungen der Festtagstexte in ethische Strategien oder Maximen der Lebensführung finden sich am häufigsten an Weihnachten und Ostern, gelegentlich auch am Karfreitag, vor allem in Äußerungen von Repräsentanten der Kirchen. Wenn sie damit mediale Beachtung und öffentlichen Beifall finden, mögen sie erreichen, dass »der Kirche« zwar ein moralisches Mandat zugestanden wird, meistens aber nur mit dem Verfallsdatum von Sonntagsreden. Je und dann dringt ihre Stimme auch ins Gemenge namens Öffentlichkeit, in dem Interessengruppen um die Deutungshoheit über die gesellschaftliche Lage und ihre Entwicklung streiten. Urteilsfähigkeit und Entscheidungskompetenz werden »der Kirche« jedoch kaum zugebilligt, wenn nach politischen und ökonomischen Lösungen gesucht und um sie gerungen wird.

Leider übertönen manche überspitzte Kritik und besserwisserische Forderungen vom geschützten Platz der Kanzel aus, was eine Festbotschaft, die gespannte Erwartung weckt, an Klärungen freisetzen will, was sie zumuten muss und wozu sie ermutigen will: an Weihnachten etwa zur überströmenden Freude darüber, wie Gott überraschend Raum unter Menschen einnimmt, sich für sie öffnet und sie für ihn, damit sie ihn aufnehmen und beherbergen. Anbetend empfangen sie den Frieden, der den Raum bildet, in dem alle leben können, und den Gott schafft, indem er nichts und niemanden von seiner Hingabe ausschließt. – Am Karfreitag sehen wir uns unbegreiflicher Langmut gegenüber. Ist sie ein Zeichen der Ohnmacht Gottes? Wer ist hier wirklich von Gott verlassen? – An Ostern trifft uns das Licht der neuen Schöpfung in einer vergehenden Welt, indem Gott mit seinem Ja zu Leben und Sterben Jesu Christi die Macht des Todes durchbricht und menschliche Weisheit überwältigt. Der Auferstandene löst sich von all denen, die sich an ihm festhalten wollen, indem sie versuchen, ihn festzuhalten. Gerade so begegnet er ihnen unverhofft, in neuer Gestalt, aber doch unverwechselbar, und entzieht sich ihnen plötzlich wieder – wohin? Wenn er zu Gott erhoben wird, himmelwärts, wird deutlich, wohin er alle, die er zu seiner österlichen Freiheit befreit hat, zu sich ziehen will: dorthin, wo er seine Herrschaft gegen Lüge, Selbstgerechtigkeit und gewaltsame Erfolge aufrichtet. Von dort wird er als Richter kommen, der Klarheit darüber schafft, woraufhin Menschen lebten und gestorben sind und welche Reichweite sein versöhnendes Handeln besitzt. – Am Pfingstfest feiern wir, wie die verzehrende Tatkraft des Heiligen Geistes uns dazu bewegt, in voller Freiheit zu glauben und zu hoffen, aus der Wahrheit zu handeln und Gottes Gerechtigkeit in Liebe walten zu lassen.

2. Theologische Existenz im Kirchenjahr

Für die Pfarrerschaft gehört das Kirchenjahr zum zeitlichen Rahmen ihres Berufes. Heißt dies aber auch, dass sie im Rhythmus des Kirchenjahres lebt? Dass ihre theologische Existenz davon getragen wird?[5] Auch dann, wenn die Ordnung ihrer Kirche sie nicht darauf verpflichten sollte, an sämtlichen Festen des Kirchenjahres einen oder sogar mehrere Gottesdienste zu feiern! Und wenn sie einer Kirche angehört, in der nur Weihnachten und Ostern, vielleicht noch Pfingsten, regelrecht festlich begangen werden – bleiben dann die anderen Feste außerhalb ihres Blickfeldes, und wie wird dadurch ihre Orientierung beeinflusst?

Im Pfarrkalender sind die kirchlichen Feste und Gedenktage eingetragen. Er kann mehr als ein Terminkalender sein, der »abgearbeitet« werden muss. Wird er auch auf Schrittfolgen der Hoffnung hin gelesen? Enthält er sogar – vielleicht nicht durchgehend, aber je und dann – Notizen eines *geistlichen Tagebuches?* Anlässe zur Rechenschaft über die Hoffnung und Versuche, Rede und Antwort zu stehen und sich auch auf eigene Rückfragen einzulassen, könnten vermerkt werden.

Als Beispiel seien die *Notebooks* von Samuel Taylor Coleridge (1772-1834) genannt, dem Dichter der englischen Romantik, Theologen und Religionsphilosophen. Er datierte seine Aufzeichnungen nur dann, wenn er sie für besonders wichtig hielt oder wenn er sie an einem bedeutsamen Tag niederschrieb: an einem herausragenden Sonntag oder einem Festtag des Kirchenjahres. Coleridge notierte Meditationen, Hymnen und theologische Reflexionen, etwa in der Kar-

---

5. Karl Barth verstand unter »theologischer Existenz«, »daß uns inmitten unserer sonstigen Existenz (z.B. als Männer, als Väter und Söhne, als Deutsche, als Bürger, als Denker, als Besitzer eines allzeit unruhigen Herzens usf.) das Wort Gottes das sei, was es nun einmal ist und was nur es uns sein kann und insbesondere unsere Berufung als Prediger und Lehrer uns so in Anspruch nehme, wie nur sie uns in Anspruch nehmen kann und darf«: Theologische Existenz heute! (TEH 1), München 1933, 5.

woche 1826 über das Bibellesen, bei dem der »Geist im Buchstaben« (»Spirit in the Letter«) sich jedem Leser durch den »Geist im Herzen« (»Spirit in the Heart«) erschließt, wobei biblische Texte immer nur durchsichtige Hüllen für ein und denselben »Geist der Wahrheit« sein können, der sich je nach Zeit und Ort, Gestimmtheit und dem Grade geistlicher Einsicht verschieden verständlich macht. – Dies mag idealistisch und romantisch gedacht sein, aber denkwürdig ist, dass Coleridge gerade am Karfreitag auf die Gegenwart Christi in seinem Geist (Joh 16,12-15) zu sprechen kommt, Leiden und Sterben Christi also allein im Lichte dieser Verheißung für die Kirche sieht: sie wird der Geist »in die ganze (volle) Wahrheit leiten«[6].

Auch in den Tagebüchern JOCHEN KLEPPERS (1932-1942), in Notizen und Briefen DIETRICH BONHOEFFERS[7], in REINHOLD SCHNEIDERS Aufzeichnungen »Winter in Wien« (1957/58) und streckenweise in den Zeitbeobachtungen des französischen Schriftstellers JULIEN GREEN (1926-1998) spiegeln sich Festzeiten des Kirchenjahres. »Theologische Existenz im Kirchenjahr« ist durchaus nicht auf Berufstheologen und -theologinnen beschränkt

Das *Bibellesen im Kirchenjahr* gehört zu den Bewährungsproben einer solchen Existenz. Das Leben mit der Bibel und das Leben im Kirchenjahr befruchten einander. Die Lesungen des Kirchenjahres bieten uns neben vertrauten Texten, die uns lieb und teuer geworden sind und die wir für unverzichtbar halten, andere, die uns zu schaffen machen, uns aufstören, befremden und die wir deshalb lieber beiseite lassen möchten. Das Kirchenjahr nötigt zur Selbstprüfung des privaten (oder vielleicht im Studium eingebläuten) »Kanons im Kanon«: der Reduktion auf angeblich hochrangige, ursprüngliche Texte, eine Textauswahl ohne Ecken und Kanten, die Sammlung von Belegen für eine eingeebnete, gleichförmige Frömmigkeit. Die Perikopenordnung bietet, ohne das Maß des Lebens mit der Bibel an Sonn- und Feiertagen zu sein, eine gewisse Hilfe für ein weiträumiges, strukturiertes und regelmäßiges Lesen, vor allem dann, wenn biblische Lesungen der Liturgie einbezogen werden. Das Kirchenjahr regt auch an, den Blick auf Texte zu werfen, die sonst nicht im Zusammenhang der Feste gesehen werden. Doch nicht die Menge abrufbarer biblischer Texte zählt, sondern die Fähigkeit, ihre – oft sperrige – Zuordnung zu sehen, sie entsprechend umsichtig und tiefschürfend zu lesen, Innenspannungen zu bemerken und Unterscheidun-

---

6. The Notebooks of SAMUEL TAYLOR COLERIDGE, vol. 4 (1819-1826), ed. by Kathleen Coburn and Merton Christensen, Bollingen Series L, Princeton, NJ (Princeton University Press) 1990, n. 5337 und n. 5344. Den Hinweis darauf verdanke ich Prof. JOHN GERALD JANZEN, Indianopolis, IN (USA).

7. DIETRICH BONHOEFFER, Mitten im Leben Gott erkennen. Texte für das Kirchenjahr, hg. von Manfred Weber, Gütersloh 2003 (enthält auch Ausschnitte aus Predigten und Andachten).

gen zu treffen. Dazu bedarf es theologischer Urteilsbildung. Sie konzentriert sich im Kirchenjahr auf *die Christusgeschichte als Sequenz des Handelns Gottes*.[8]

Für diese Erstreckung kann Theologie den Blick schärfen, indem sie der inneren Dynamik der Christusgeschichte im Rhythmus des Kirchenjahres nachgeht. Wenn sie auf den Erwartungshorizont der Christusgeschichte achtet, wird sie auch beachten, was dieser Geschichte voraufgeht: Gott, der Christus von den Toten auferweckt hat, ist der Gott Abrahams, Isaaks und Jakobs. Er weist dem wandernden Gottesvolk (Hebr 11) den Weg in einer Welt, die des Segens bedürftig ist, den Gott durch sein Volk erweisen will. Darum gehören auch die Zeugnisse dieses Volkes im »Alten Testament« genuin zum Kirchenjahr, ohne dass sie von ihm in Beschlag genommen werden.

Obwohl die meisten der Feste des Kirchenjahres Jesus Christus ehren, in dem »die ganze Fülle der Gottheit leibhaft wohnt« (Kol 2,9), darf eine Theologie des Kirchenjahres nicht einer Christomanie verfallen. Die Christusfeste wollen die Feiernden mit Gottes Fülle in allen ihren Dimensionen (Eph 3,18) beschenken, also nicht bloß an Höhe- und Tiefpunkte des Lebens Jesu erinnern. Gottes Kommen in die Welt geht auf den unvordenklichen Anfang aller Dinge zurück (Joh 1,1), und Christus bleibt der Kommende bis zum Ende aller Erdentage. Gottes Fülle liegt noch nicht offen zutage. Sie ist einzig und allein auf Gottes Art und Weise gegenwärtig und wird nur von ihm erschlossen. Darum erstrahlen die Christusfeste nicht nur im göttlichen Glanz, der das Dunkel durchbricht, das über der Menschheit lastet. Sie rufen zum Glauben in der Nachfolge Christi, damit wir Schritt für Schritt erkennen, wie Gott an, mit und in Christus gehandelt hat und so an und mit uns Menschen wirken will, inmitten des Zwielichtes menschlichen Widerstandes, das sich seit dem Kommen Jesu desto stärker bemerkbar macht.

Diejenigen, die aus dem Reichtum der Feste des Kirchenjahres leben, werden sich zu ihm ausstrecken, indem sie lernen, seiner gewärtig zu werden und dessen eingedenk zu sein, woran sie sich zu halten haben. Das Kirchenjahr gewährt Zeiten des Innehaltens, in denen sie Abstand gewinnen können, auch Distanz von sich selber, um einen anderen Blick auf Kommendes zu gewinnen. Dann werden sie auch der gewaltigen Schritte des Kirchenjahres gewahr, die ihnen in ungeahnter Weise weiterhelfen.

Ein Leben im Kirchenjahr verschafft Weitblick und längeren Atem. Die Gemeinde dürfte im Gottesdienst bemerken, ob diejenigen, die für Liturgie und Predigt verantwortlich sind, aus einem weiträumigen geistlichen Fundus empfangen, was sie zu sagen haben. Dies lässt auch die Welt, in der wir leben, sehen, wie sie wirklich ist, und das anscheinend Vertraute anders wahrnehmen als gewohnt.

Der Duktus des Kirchenjahres, das vom Anfang bis zum Ende der geschaffe-

---

8. Siehe Kapitel 1.3.

nen Welt reicht, kann allerdings dazu verführen, die Feste gleichsam ineinander zu verschachteln, um von einem zum anderen übergehen zu können oder sie auf einen einzigen theologischen Grundgedanken oder dergleichen zurückzuführen, der es erlauben würde, sie daraus abzuleiten. Das Kirchenjahr ist kein Tableau von Themen, die so angeordnet werden könnten, wie es ein systematischer Zugriff gebietet. Das Kirchenjahr sperrt sich gegen jegliche systematisierende Theologie, auch gegen eine sog. heilsgeschichtliche. Und obwohl das Kirchenjahr aus der sonntäglichen Feier der Auferstehung Jesu erwachsen ist, die sich im Osterfest verdichtete, ist »Ostern« ebenso wenig ein theologischer Generalschlüssel für das Kirchenjahr wie Weihnachten, Karfreitag, Pfingsten oder der Sonntag Trinitatis.

Jedes Fest des Kirchenjahres weist über sich hinaus. Gleichwohl darf sein Eigengewicht nicht geschmälert, Schritte der Hoffnung können nicht übersprungen werden. Wir müssen eine Zeitlang beim Kreuz verharren, und wir dürfen uns eine Zeitlang an der Krippe freuen. Weihnachten und Ostern werden nie auf einen Tag fallen, auch Karfreitag und Christi Himmelfahrt nicht. (In einem Hymnus wie Phil 2,5-11 können dagegen Erscheinen, Tod und Erhöhung Christi als gleichsam ineinander geschichtet erscheinen.) In jedem Fest scheint die Fülle der Gottheit in Jesus Christus auf, aber jeweils auf eine bestimmte, besondere, unverwechselbare Weise.

Die christliche Kunst hat es verstanden, durch Symbole den Blick über Szenen der Christusgeschichte hinaus zu lenken: mit Bildern im Bild, die vorwärts oder zurück weisen, aber nicht vom dargestellten Geschehen im Vordergrund oder im Mittelpunkt wegführen und auch nichts ineinander abbilden. Übergreifende Motive oder symbolisierende Pflanzen und Tiere schaffen eine fließende Verbindung, aber keinen Übergang, der sich über die Innenspannung der Christusgeschichte hinwegsetzen könnte. Sogar das noch ungeborene Jesuskind, von Gott Vater zu Maria gesandt, deren Ohr der Heilige Geist als Taube berührt, trägt schon sein Kreuz auf der Schulter.[9] Maria gibt ihrem neugeborenen Kind den Kelch des Leidens zu trinken.[10] Im Konstanzer Münster ist an der Außenseite der Mauritiusrotunde mit dem Heiligen Grab zwischen Maria mit dem Kind und Josef das Grab Jesu zu sehen. JOHANN SEBASTIAN BACH komponierte in der ersten Kantate des »Weihnachtsoratoriums« den adventlichen Vers »Wie soll ich dich empfangen« (PAUL GERHARDT, 1653; EG 11.1) nach der Melodie des Liedes »O Haupt voll Blut und Wunden« (PAUL GERHARDT, 1656; EG 85), die er in der »Matthäuspassion« fünf Mal variiert. Im Altarraum in der Berliner Kaiser-Wilhelm-Gedächtniskirche erscheint der gekreuzigte Christus schwebend wie ein

---

9. Verkündigung der Geburt Jesu auf dem Flügelaltar der ehemaligen Klosterkirche zu Netze in Nordhessen (um 1370).

10. JOOS VAN CLEVE (1480-1540/41), Jungfrau mit Kind; Museum der bildenden Künste Budapest.

Auferstehender und je nach Lichteinfall durch die Glasfenster wie durchleuchtet. So eindrucksvoll dies ist – es könnte auch eine Zusammenschau vorspiegeln. JOCHEN KLEPPERS Weihnachtslieder »Die Nacht ist vorgedrungen, / der Tag ist nicht mehr fern« (1938; EG 16) und »Du Kind, in dieser heilgen Zeit / gedenken wir auch an das Leid« (1938; EG 50) nehmen nichts vorweg, sondern wollen uns sagen, wie wir in die gesamte Christusgeschichte *hineingenommen* werden. Hinter der Weihnachtsbotschaft lauert nicht schon die Todesdrohung des Kreuzes. Am Kreuz Christi leuchtet Hoffnung auf: Hoffnung wider Erwarten. Dieses Kreuz kann aber nicht schon »im Lichte von Ostern« gesehen werden – so wahr es ist, dass »das Wort vom Kreuz« nie gepredigt werden könnte, wenn Jesus Christus nicht auferweckt worden wäre! Aber beim Sterben Jesu verfinstert sich der Himmel (Mk 15,33 parr.); wenn bei den Kreuzigungsbildern alter Meister ein Licht aus verborgener Quelle auf Jesus fällt, dann wird er aus dem Dunkel gehoben, damit seine Wunden, durch die wir geheilt werden, den Blick auf sich ziehen[11] – ohne dass wir uns in Todesqualen vertiefen dürfen, wie dies manche ältere Karfreitagslieder nahelegen könnten. Wie mit einem Scheinwerfer soll ausgeleuchtet werden, dass wir der »Erlösung durch Christus« nur gewahr werden, wenn wir am Gekreuzigten nicht vorbeisehen und vorübergehen. Auch wenn am Ostermorgen die Düsternis des Karfreitags und die lähmende Karsamstags-Stille durchbrochen werden, können wir das »Wort vom Kreuz« nicht hinter uns lassen.

Die Disposition des Kirchenjahres kann also vor theologischer Einförmigkeit bewahren, die oft nur die Kehrseite einer allzu systematisierenden Vereinheitlichung ist. GREGOR VON NAZIANZ hatte in einer Osterpredigt gesagt, gestern sei er mit Christus gekreuzigt worden, heute mit ihm verherrlicht; gestern getötet und begraben, heute auferweckt.[12] So einprägsam und vorwärtsdrängend dies klingen mag, so sehr der schroffe Gegensatz Gestern/Heute sich auch dafür anbietet, einen Bruch oder eine Kehre im Lebenslauf zu stilisieren oder eine Aufbruchsstimmung zu erzeugen – er darf nicht zum Predigt-Schematismus werden. Das Leben mit Christus wird nicht nur als ein Anfang oder erst an einem Ende erfahren. Es kennt auch ein allmähliches Wachsen, Phasen des Wartens, die Reife für einen Neuanfang.

Paulus, der ja auch gern antithetisch formulierte, hatte die Befreiung durch Christus differenzierter umschrieben: »Sind wir mit Christus gestorben [weil nicht mehr der Sündenmacht unterworfen], so glauben wir, dass wir auch mit ihm leben werden« (Röm 6,8). Der Apostel achtet auf die Spannweite der Christus-Zugehörigkeit: »Wir *glauben*, dass wir *mit ihm leben werden*.« Das Leben mit

---

11. Zum Beispiel MATHIAS GRÜNEWALD, Die Kreuzigung Christi (um 1504-1506); Kunstmuseum Basel.

12. GREGOR VON NAZIANZ, Oratio I: In sanctum Pascha, PG 35, 397 A/B.

Christus hat begonnen, es liegt nicht in unbestimmter Ferne. Doch wir bleiben im Werden. »Mit Christus« – wie unerschöpflich reich ist das!

Die Disposition des Kirchenjahres entlastet Liturgen und Prediger von der hoffnungslosen Anstrengung, alles Entscheidende auf einmal sagen zu wollen oder immer wieder nach etwas völlig Neuem zu suchen, um die Gemeinde in Bewegung setzen zu können. Die innere Vernetzung des Kirchenjahres verhilft zu wachsender Umsicht. Prediger und Predigerinnen werden jedoch schwerlich zu Atem kommen, wenn sie aus dem Takt des Kirchenjahres geraten. Und ihnen wird bald der Atem ausgehen, wenn sie bei der Vorbereitung eines Festtages ständig unter Zeitdruck stehen – nicht nur, wenn sie sich vornehmen, etwas ganz Besonderes zuwege zu bringen, sondern wenn sie nicht auf den Gottesdienst innerlich von weither vorbereitet sind, stattdessen sogar insgeheim den Augenblick vorwegnehmen möchten, an dem das Fest überstanden sein wird! Vielleicht können sie sogar bemerken, wie sehr sie bereits mit der Anstrengung für das übernächste Fest beschäftigt sind.

Wäre nicht auch je und dann für Prediger ein »Wortfasten« angebracht: ein Fest des Kirchenjahres »nur« mitzufeiern, mit Hilfe von Texten, die uns hindern, in die Feier hineinzureden? Wie kann frisch und neu gehört werden, was so oft schon gelesen und ausgelegt wurde? Es könnte sich auch zeigen, wie schwer es fällt, wirklich zu hören und sich so auf die Feier von Neuem einzulassen. Ist das Fest nicht schon erschöpfend verstanden, längst begriffen und eingeholt, vielleicht gar schon überholt? In der Karfreitags-Feier zur Todesstunde Jesu darf der Prediger schweigen. Warum nicht viel häufiger?

Wem der »Dienst am Wort« anvertraut ist, wird nicht anders als im Kirchenjahr leben können – es fragt sich nur, wie intensiv und stetig dies geschieht und wie es auch bewusst wird. Das Kirchenjahr kann alle, die für Gottesdienste verantwortlich sind, lebenslang tragen, manchmal muss es sie auch ertragen.

3. Das Kirchenjahr als Einführung in die christliche Religion

Das Kirchenjahr in seiner Einheit und Vielfalt[13] ist vorzüglich geeignet, Grundzüge dessen zu kennenzulernen, was »den Kirchen« bei allen Unterschieden gemeinsam ist und worin sie sich unterscheiden. Das Begehen des Kirchenjahres ist ein wesentlicher Bestandteil ihrer Praxis. Hier gewinnen sie nicht nur an konfessionellem Profil. Sie lassen erkennen, in welchem Zeitrhythmus sie sich bewegen, woher sie sich rufen lassen und woraufhin sie zusammengerufen werden. Das Kirchenjahr ist eine Komposition der Wahrnehmung des Handelns Gottes in seiner Fülle – dass diese Wahrnehmung in den Kirchen verschieden ausgeprägt ist, ist selber ein Zeichen dieser Fülle.

13. Siehe Kapitel 1.5.

Im Kirchenjahr vermittelt sich theologisches Grundwissen für alle, die in den christlichen Glauben eingeführt werden, besonders für diejenigen, die sich über diesen Glauben als Lebensform unterrichten wollen – also nicht etwa nur für Berufstheologen oder gar bloß für liturgie- und predigtgeschichtlich Interessierte unter ihnen.

Am Kirchenjahr kann elementar Theologie erlernt werden[14], auch aus der Verbindung der kirchlichen Feste mit den altkirchlichen Glaubensbekenntnissen,[15] die sich gerade hier als einstimmendes Reden in Gottes Handeln[16] erschließen. Das Kirchenjahr ist im Wesentlichen ein Beispiel gelebter Theologie, keine zusätzliche Stoffmasse. Es bietet sich als Leitfaden für das Studium an, auch als Zugang zur Dogmatik.[17] In Katechismen und Schulbüchern sollte es öfter und ausführlicher Eingang finden, als es derzeit noch geschieht.[18] Der Aufriss des Kirchenjahres dürfte didaktisch hilfreicher sein als die Gliederung eines dogmatischen Kompendiums, einer Themensammlung, die leicht zum ideologischen Programm gerät, oder einer Schilderung von Lebensbereichen, in denen die Feste allenfalls am Rande stehen.

Für den *Religionsunterricht,* der sich von kirchlicher Unterweisung abheben soll, scheint das Kirchenjahr ferner zu liegen, sich vielleicht sogar gegen den Lehrplan zu sperren, weil es in einen kirchlichen »Binnenraum« hinein locken könnte. Zwar sind die Feste des Kirchenjahres Portale zum Innenraum der Christusgeschichte, aber diese Zugänge gehören auch zum »Christentum« als *Phänomen.* Sie können in die »christliche Religion« so einführen, dass diese in ihrer Eigenart umrisshaft kenntlich wird. Die Feste des Kirchenjahres können als Schwellen verstanden werden, die einen gewissen Einblick ermöglichen, ohne dass sie schon überschritten werden müssten.

Eines der ältesten Zeugnisse kirchlicher Kunst in Köln, das Bildprogramm der Holztür der romanischen Kirche »St. Maria im Kapitol« aus dem 11. Jh., führt den Blick durch die Christusgeschichte, geordnet nach den Festen des Kirchenjahres. Wer die Kirche betreten wollte, sah diese Bilderfolge. Für Tausende

---

14. Beispielhaft sind die Vorträge von Roland de Pury vor Studenten der Universität Bordeaux und für junge Lagerinsassen während der deutschen Besetzung Frankreichs im Zweiten Weltkrieg: Présence de l'Eternité, Neuchâtel et Paris o.J.; dt.: Die Gegenwart der Ewigkeit, übersetzt von Otto Weber, München 1958.
15. Siehe Kapitel 1.1.
16. Gerhard Sauter, Zugänge zur Dogmatik, Göttingen 1998, 54-63.
17. Vgl. G. Sauter, a.a.O., 247-251.
18. Eine Ausnahme: Der »Evangelische Taschenkatechismus« (hg. von Michael Meyer-Blanck und Joachim Gerhard, Rheinbach und Birnbach [4]2012) widmet dem Kirchenjahr ein Kapitel. – Der umfangreichere »Evangelische Erwachsenenkatechismus« bringt im Unterschied zu früheren Bearbeitungen in der neuesten Auflage (hg. von Andreas Brummer, Manfred Kießig und Martin Rothgangel, Gütersloh [9]2013, 735 f.) wenigstens eine knappe Übersicht über die Festtage.

und Abertausende wurde sie zum Zugang im buchstäblichen Sinne, handgreiflich bis dahin, dass der gekreuzigte Christus seinen Kopf verlor, weil viel zu viele ihn bestasten wollten. Auch diejenigen, die nicht in die Kirche eintreten mochten, erblickten das Kirchenjahr als eine erste Einführung ins Christentum. Die Bilder sprechen für sich, aber wie sie zusammenhängen, warum gerade sie aufeinander folgen (und andere Szenen aus dem Leben Jesu fehlen, die vom Hörensagen bekannt sein mögen), muss erklärt werden, damit die Bilder ihre Einladung, in das Gotteshaus einzutreten, eindrücklich aussprechen können. Dazu bedarf es einer Theologie des Kirchenjahres.

Werden *Religionen von ihren Festen her* kennengelernt, kann dies als Gegengewicht zu einer rein deskriptiven Betrachtung wirken, wie sie die vergleichende Religionswissenschaft empfiehlt: mit ihren Erklärungen statistisch erhobener Verhaltensweisen und mit ihren Klassifizierungen, die ethische Maximen, ideologische Vorstellungen und Gedankenpräparate nebeneinanderstellen, sie unter Sammelbegriffe wie »Mono- und Polytheismus« oder »Erlösungsreligion« einordnen, sie kulturgeschichtlich erklären und sie nach ihrem sozialgeschichtlichen Ertrag, ihrer kulturgeschichtlichen Wirkung und ihrer politischen Bedeutung bewerten. Hier wird der Blick durch Fragen geleitet, die in eine künstliche Neutralität versetzen wollen: »Wie ähneln Religionen einander? Hängen sie voneinander ab? Zeigen sie Familienähnlichkeiten, und auf welche gemeinsamen Wurzeln gehen sie zurück? Sind sie nicht dank ihrer Werte und Handlungsziele miteinander verwandt?« So fragt eine Außenbetrachtung, die davon absieht, wie Religion von ihrem Inneren her gelebt wird. Auch der bloße Vergleich von Glaubensinhalten endet oft in Abstraktionen. Dagegen sind die erzählten Geschichten von Religionen mit ihren Festen verknüpft.

Auch Feste anderer Religionen sind Portale zu ihren Innenräumen. Besuchern, die sie nur gelegentlich betreten, um sie zu besehen, werden sie sich nur oberflächlich erschließen. Trotzdem sind sie Phänomene, mit denen eine Religion sich kenntlich macht: durch Menschen, die uns in den Riten und Praktiken, die sie mitvollziehen, so begegnen, dass sich jede bloße Zuschauerhaltung verbietet. Damit Frömmigkeit wahrgenommen werden kann, und sei es nur in Umrissen, bedarf es der Achtsamkeit füreinander. Feste können zu ersten Begegnungen verhelfen, wenn sie als *Lebensformen* in Erscheinung treten. Diese Lebensformen und ihre Praxis werden durch die Einübung in eine bestimmte Sprache, vor allem von Gebeten, und eine Zeitstruktur für die festliche Überlieferung charakterisiert.[19]

---

19. Vgl. GERHARD SAUTER, Welche Theologie braucht die Religionspädagogik?, in: Religionspädagogik als Mitte der Theologie? Theologische Disziplinen im Diskurs, hg. von Martin Rothgangel und Edgar Thaidigsmann, Stuttgart 2005, (125-139) bes. 126. 135f.

Die Achtsamkeit für solche konsistenzbildenden Lebensformen ist entscheidend beispielsweise für das Verhältnis von Christen, Juden, Muslimen zueinander und zur gemeinsamen Öffentlichkeit. Das Profil des Islam wird durch eine Symbiose von Religion, Kultur und Recht gezeichnet, der im Judentum die Leidens- und Befreiungsgeschichte des erwählten Volkes und seine Sendung für die Menschheit gegenübersteht, während die Christenheit auf die Christusgeschichte zentriert ist. Dies kommt im Kern der Feste zum Ausdruck, nicht in ihrer humanitären Begleitmusik. Darüber müsste in den Oberstufen der Schulen wenigstens ansatzweise unterrichtet werden; in Schulbüchern wird aber in der Regel bisher nur die Unterstufe berücksichtigt, mit einem Schwerpunkt auf Erstinformationen über Festansichten, Riten und Gebräuche, die eher spielerisch kennengelernt werden sollen. Ein solcher Unterricht müsste *theologisch* gehaltvoller sein als einzig und allein die Einfügung in eine integrative »Festkultur« und die Einführung in eine »Wertegemeinschaft« universaler Grundrechte. Schon längst gibt es bereits Konflikte nicht nur in, sondern auch mit einer Gesellschaft, die sich zwar als eine »multikulturelle« verstehen will, aber Religionen am liebsten aus dem öffentlichen Leben verbannen möchte, sobald sie als Störenfriede erscheinen, auch wenn sie nur Auffassungen vertreten, die sich einem Meinungstrend widersetzen. Dass Feste als wirkmächtiger Zugang zu Religionen angesehen werden, zeigt sich negativ etwa darin, dass gelegentlich in Kindergärten, die aus kirchlicher Trägerschaft in kommunale übergehen, die Feier christlicher Feste untersagt wird, auch eine Feier in äußerst eingeschränkter Form.

Mit dem Kirchenjahr in die christliche Religion einzuführen, erfordert auch eine *Unterscheidung zwischen ihren Festen und altem oder neuem Brauchtum*, eine Unterscheidung, die weder zu einer rigiden Trennung führen muss noch eine Wiederbelebung von Festen mit Hilfe animierender Sitten oder Unsitten erwarten darf. Neuerdings wird in einigen katholischen Gemeinden am Valentinstag, aus den USA zur Verkaufsförderung für Verliebte importiert, zu einem Segnungsgottesdienst für Paare eingeladen. So kann ein zweckentfremdeter Anlass sinnvoll genutzt werden, ohne dass der angebliche »christliche Hintergrund«, die Verehrung des Bischofs und Märtyrers Valentin und seiner legendären Fürsorge für Liebende, beschworen werden müsste.

Schwieriger verhält es sich mit der *Stellung des Kirchenjahres zu anderen Festkalendern*, gerade weil es an vielen Stellen mit ihnen vernetzt ist. Als Beispiele seien das Erntedankfest und der Reformationstag genannt.

Erntedank ist das einzige Fest im Kirchenjahr, das sich ausdrücklich auf eine Jahreszeit bezieht. Seine Vorbereitung ist mancherorts ein Treffpunkt für Kirchengemeinde und Schule geblieben: der Altar wird mit Früchten und Blumen geschmückt, die nach dem Sonntag an Bedürftige verteilt werden. Gedankt wird dem Schöpfer, der gedeihen ließ, was menschliche Mühe und Sorgfalt hervorbrachte. Wenn Schädlinge und Unwetter zu Missernten führten und wenn bewusst wurde, wie abhängig wir Menschen von kosmischen Kräften und ihren unvorhersehbaren Tücken sind, wurde desto mehr Gott auch für äußerst karge Nahrung Dank gesagt. Das Erntedankfest hat in seiner Substanz den Wandel von der Agrar- zur Industriegesellschaft einigermaßen überstanden, auch den Zugriff der nationalsozialistischen Blut- und Bodenideologie[20] und den DDR-Slogan »Ohne Gott und Sonnenschein fahren wir die Ernte ein«. Die Technisierung der Landwirtschaft, genetische Eingriffe, die Massentierhaltung und ein üppiges Warenangebot aus vielen Ländern, unabhängig von den hiesigen jahreszeitlichen Bedingungen, haben jedoch im Gegenzug dem Natürlichen einen neuen Zauber verliehen, der vielerorts auch am Erntedanktag kultiviert wird. Sicherlich würden ökologisch bewusste Gemeindeglieder am liebsten nur Bioprodukte auf dem Altar sehen. Doch dergleichen kann das Erntedankfest nachhaltig verändern. Der Dank an den Schöpfer erübrigt sich nicht nur, wenn Menschen sich so verhalten, als ob Gott ihnen ihre Lebenswelt auf Gedeih und Verderb überlassen hätte. Nein, Dank gebührt Gott dafür, dass er seine Schöpfung erhält und als Schöpfung bewahrt. Seine Ebenbilder hat er beauftragt, die Erde und ihre Lebewesen in Gebrauch zu nehmen und Fürsorge für sie zu übernehmen, und er hat ihnen Macht gegeben, entsprechend zu handeln – nicht mehr und nicht weniger.[21] Der Dank für dieses anvertraute Gut darf aber auch nicht einer Feier der Natur und ihres vegetativen Rhythmus weichen, bei der die Feiernden ihre eigene mitschöpferische und evolutionär wirksame Potenz verehren. Unter diesem Diktat könnte die ökologische Wende, wenn sie sich der »Bewahrung der Schöpfung« bemächtigt, »mit der Zeit einen Untergang des Erntedankfestes« einläuten.[22]

Am *Reformationstag* gedenken viele evangelische Kirchen des Aufbruchs zur grundlegenden und befreienden Erkenntnis, dass Gott seine Gerechtigkeit in der Rechtfertigung aus Glauben voll und ganz mitgeteilt hat – und damit wird der Reichtum der »Schrift« erschlossen, der sich im ganzen Kirchenjahr entfalten will. Diese Feier ist an eine Symbolhandlung, der Verbreitung der Thesen LUTHERS zur Buße historisch angebunden, nicht etwa an Luthers Verbrennung der Bannbulle am 10. Dezember 1520 als Geburtsstunde christlicher Freiheit. Der 31. Oktober 1517 ist auch nicht der Gründungstag des Protestantismus. Luther rief die Kirche zur Buße, zu einem Umdenken, wie es Gottes Gerechtigkeit entspricht. Darum korrespondiert dem Reformationstag der *Bußtag*, unabhängig davon, wann ein solcher begangen wird.

Erntedankfest, Reformationstag und Bußtag gehören zu den kirchlichen Festtagen, die aus guten Gründen zu den Christusfesten, zu Pfingsten und dem

20. GUNTHER HIRSCHFELDER, Erntedank, in: Evangelischer Taschenkatechismus (siehe Anm. 18), (124-128) 126.
21. G. SAUTER, Das verborgene Leben (siehe Anm. 3), 85-87.
22. THADDÄUS A. SCHNITKER, Artikel »Erntedankfest«, in: RGG⁴ 2, 1999, (1464f.) 1465.

Sonntag Trinitatis hinzugekommen sind. Ist das Kirchenjahr aber nicht offen für
weitere Feste, auch abgesehen von Gedenktagen für Frauen und Männer, die für
die Geschichte der Kirche, als Glaubenszeugen und für die Gestaltung des geistlichen Lebens bedeutsam geworden sind? Und haben die »klassischen« Feste sich
nicht vielmals gewandelt, sind sie nicht mit den Menschen weitergegangen, die
sie feierten, haben sie nicht neue theologische Impulse aufgenommen und sind
von neuen Formen der Frömmigkeit mitgeprägt worden? Die Fortentwicklung
des Kirchenjahres muss sich daran messen lassen, ob sie hilft, in die Christusgeschichte hineinzuwachsen und die Fülle seiner Verheißungen wahrzunehmen.

Die klassische *Katechetik* stützte sich auf Grundtexte des Glaubens: Vater-
unser, Glaubensbekenntnis, Einsetzungsworte der Sakramente. Die Katechismen
übten in die Grammatik des ausgesprochenen Glaubens ein, mit didaktischen
Formen, die der Verbindlichkeit von Wort und Sakrament Rechnung trugen.
Davon hat kirchlicher Unterricht sich mehr und mehr entfernt, und zugleich
bröckeln von der religiösen Erziehung Elemente ab, die einen regelmäßigen Zugang zum ausgesprochenen Glauben ermöglicht haben. Das Kirchenjahr als
Phänomen des Christentums könnte eines Tages der nächstliegende Zugang
zum Innenraum der Christusgeschichte und damit zum Christus-Glauben werden. Denn die Sequenz der Christusgeschichte kann sich in lebensgeschicht-
lichen Schrittfolgen spiegeln; an jeder ihrer Stationen kommt ein anderer Glau-
bensaspekt zur Sprache, der verhilft, im Glauben zu wachsen. Dies setzt freilich
voraus, dass das Kirchenjahr auch katechetisch als Zugang eröffnet wird: als
Subtext des Glaubensbekenntnisses. Seine Festtage laden ein, zu feiern, wo wir
uns im Glauben finden: »außerhalb unser selbst und in Christus«.

4. Festtage feiern

»Man muß die Feste feiern, damit sie nicht ausfallen«[23]: mit dieser Devise hat das
Verlangen, Zeiten festlich zu gestalten, in den letzten Jahrzehnten stetig zu-
genommen. Gefeiert werden – oft mit großem Aufwand und überschwänglich
– Anfang und Abschluss von Lebensabschnitten, Anlässe, die einen Auftrieb versprechen, Augenblicke, an denen die sich verflüchtigende Zeit gleichsam fest-
gehalten werden kann. Beim Feiern darf man vorübergehend eine andere Rolle
spielen, mitunter sogar aus der gewohnten Rolle fallen. Die Feier erneuert oder

---

23. Peter Hennig, Mit Konfirmanden Feste feiern, in: In der Schar derer, die da feiern.
Feste als Gegenstand praktisch-theologischer Reflexion, hg. von Peter Cornehl, Martin Dutzmann und Andreas Strauch, Göttingen 1993, (212-222) 217. Auf das Kirchenjahr als liturgisches Jahr geht der Verfasser allerdings nur beiläufig ein (218 f.)
und möchte den »kirchlichen Jahresfestkreis« lieber mit »lebenszyklisch bedeutsamen Festen« verbinden (219).

stiftet neue Gemeinsamkeit. Sie unterbricht den alltäglichen Trott oder Galopp und gibt neuen Schwung.

Regelrechte Festtage sind überdies durch Verlässlichkeit ausgezeichnet, die sich dem Ritual verdankt, das regelmäßig wiederkehrt. Das Ritual verspricht einen Halt, widerständig gegen persönliche Veränderungserfahrungen.[24] Am Heiligen Abend mag vieles geändert oder umgestaltet werden – keinesfalls aber die Verlesung des Weihnachtsevangeliums nach dem Evangelisten Lukas, und zwar in LUTHERS Übersetzung oder im englischen Sprachraum in der *King James Version*. Feste gehören zu den kulturellen Ressourcen, aus denen neue Kräfte getankt werden können.

Soweit einige soziologische Auskünfte über »Feste feiern«, die insofern auch für eine Außenbetrachtung der Festtage des Kirchenjahres zutreffen. FRIEDRICH SCHLEIERMACHER erklärte in seiner anthropologisch breit angelegten und religiös unterfütterten Festtheorie Sonn- und Feiertage als »Unterbrechungen des übrigen Lebens«[25]; solche »Pausen« für das »wirksame«, auf Zwecke gerichtete, veränderliche und verändernde Handeln[26] seien nötig, damit Menschen wieder zu sich selber kommen, ihr Verhältnis zu sich selbst als innerliche »Freiheit« »darstellen«[27], sich dabei aus der bestehenden Gemeinschaft verstehen und sie kommunikativ bestätigen[28]. Als Unterbrechungen sind alle Sonn- und Feiertage

24. Ein solches Ritual im Wandel der Verhältnisse schildert KARL-JOSEF KUSCHEL, Weihnachten bei Thomas Mann, Ostfildern 2006: Weihnachten als Familienfest der Menschheitshoffnung angesichts der Bedrohungen in einem gewalttätigen Jahrhundert.

25. FRIEDRICH SCHLEIERMACHER, Die praktische Theologie nach den Grundsätzen der evangelischen Kirche im Zusammenhange dargestellt, hg. von Jacob Frerichs, Berlin 1850. Nachdruck Berlin 1983, 70. – Vgl. DIETRICH RÖSSLER, Unterbrechungen des Lebens. Zur Theorie des Festes bei Schleiermacher, in: In der Schar derer, die da feiern (siehe Anm. 23), 33-40. – Als »Unterbrechung unseres Lebenszusammenhanges durch Gott« sieht EBERHARD JÜNGEL jedes Fest des Kirchenjahres an, bejaht durch den christlichen Glauben als »Absage an die tödliche Langeweile«, die in den Alltag einziehe: Von Zeit zu Zeit. Betrachtungen zu den Festzeiten im Kirchenjahr, München 1976.

26. FRIEDRICH SCHLEIERMACHER, Die christliche Sitte nach den Grundsätzen der evangelischen Kirche im Zusammenhange dargestellt, hg. von L[udwig] Jonas, Berlin ²1884, 532 f.

27. A. a. O., 527: »der Zustand der freien Herrschaft des Geistes über das Fleisch, das Bewußtsein der Seeligkeit, der ungetrübte Zustand in der schwebenden Mitte zwischen Lust und Unlust«, die aller Lebensgestaltung anhaften. So komme »die Freude am Herrn« zur Darstellung (17). Das »Bewußtsein der Seeligkeit« könne allerdings nur annähernd erreicht werden, es entstamme aber bereits dem »Bewußtsein der Gemeinsamkeit unseres Lebens in Christo« (597), dem »Grundzustand« der »Gemeinschaft mit Gott durch Christum« (15).

28. A. a. O., 510. Der christliche Gottesdienst ist ein Fest, weil er aus dem »christlichen

im Grunde gleichartig, denn sie führen zur selben Selbsterfahrung zurück, auch wenn diese abwechslungsreich ausgedrückt werden mag.

Doch so sehr wir Ruhetage brauchen, damit wir einen Abstand gewinnen können, der belebt und erlaubt, den gewohnten Blickwinkel von Zeit zu Zeit zu wechseln – sie sind keine Feiertage, die geheiligt werden wollen. Einen Feiertag heiligen heißt, ausgerichtet zu werden auf die »Begegnung mit dem Anderen«[29]. Er befreit uns von der Macht der Zeit, walte sie nun kosmisch oder vegetativ, oder beherrsche sie uns, weil wir uns an sie binden, indem wir sie aufgliedern, verwalten, uns in ihr einrichten und uns von ihr antreiben lassen, deren Tragfähigkeit wir erproben, indem wir regelmäßig Feste feiern, oder aus der wir je und dann in Feierstimmung auszubrechen versuchen.

Die Festtage des Kirchenjahres verdanken sich *Zeiten, die von Gott bestimmt und für den Gottesdienst bestimmt* sind. Weihnachten feiern wir, weil »die Zeit erfüllt war und Gott seinen Sohn sandte« (Gal 4,4): den Tag, an dem Gott aus sich selber herausgegangen ist, einen Tag, einmalig unter allen Tagen, die Gott beginnen und verstreichen lässt. Die Zeit war erfüllt für die wohl ersehnte, aber dennoch unfassbare Botschaft »Euch ist heute der Heiland geboren! Ihr werdet ihn finden!« (Lk 2,11-12): eine Botschaft, die alle Jahre wieder so neu ergeht, als wäre es zum ersten Male.

In der Osternacht oder am Ostermorgen vernimmt die Gemeinde den Ruf »Christus ist auferstanden«, und sie antwortet »Er ist wahrhaftig auferstanden!« Sie sagt »Amen – ja, so ist es!« zu Gottes Ja, zu seinem Leben schaffenden Ja zu Jesus, in dem Gottes Leben wirklich ist, inmitten einer Welt voller Toten und Todgeweihten. Dem *Amen Gottes* stimmt die Gemeinde zu, und sie stimmt darin ein, indem sie sich in ihm, dem zuverlässigen und vertrauenswürdigen göttlichen Ja, festmacht und sich daran hält, wie sie von ihm gehalten wird.

Dieses »Ja, so ist es!« wird zu dem *Amen Gottes an einem bestimmten Tag im Jahr gemeinschaftlich* ausgesprochen: gegen Widerstände von innen und außen, gegen Zweifel und Unsicherheit, auch gegen alle Festtagsmuffelei, die das Feiern madig macht. Dieses Ja steht über der Menschheitsgeschichte, die nach jenem ersten Ostertag in Jerusalem weitergegangen ist, als wäre augenscheinlich nichts geschehen. Dass wir gemeinsam Ja sagen zu dem, was uns zugerufen, zugesagt wird und was wir nie gänzlich zu fassen vermögen: dies markiert alle Feste des Kirchenjahres, ein jedes auf spezifische, unverwechselbare Weise. Denn Gottes Ja spricht zu uns an einem jeden Fest anders, dessen Botschaft entsprechend. Es ist jedoch nie ein anderes Ja, ein »Ja, vielleicht« oder ein »Ja, aber« oder ein bedingtes Ja. Und Gottes Ja ist auch an anderen Tagen, abseits der Feste, nicht weniger wahr. Aber am Festtag ist der Consensus als gemeinsame Zustimmung,

Gemeingeist« und seiner »geschichtlichen Ursache« »natürlich« hervorgeht (Praktische Theologie, 69-71).

29. Siehe S. 33, Anm. 41.

Einstimmung und Übereinstimmung einzigartig.[30] Der Konsens wird nicht individueller Befindlichkeit überlassen. Am Festtag wird Gemeinde über das Ja zu den großen Taten Gottes in der Christusgeschichte konstituiert. Menschen werden von Gottes Ja gerufen: *herausgerufen* aus ihrer Befindlichkeit und aus der Selbstverkrümmung ihrer Glieder, hineingerufen in die Weite der Christusgeschichte. Sie werden gerufen, und sie antworten mit ihrem gemeinsamen Ja.

Im Ostergottesdienst kommt dieses Amen der Gemeinde anscheinend ganz spontan über die Lippen – es ist ja in der Liturgie vorgesehen. Und doch ist es jedes Mal ein Wunder, wenn Gottes Ja auf Menschen gleichsam überspringt. Was Gottes Ja vollbracht hat, liegt nicht am Tage. Was hier geschah, kann *selbst* auch nicht erzählt werden[31] – so wenig wie die Glaubensantwort der Gemeinde dermaßen ergründet werden kann, dass sie sich hinreichend erklären ließe. Die Osterbotschaft an die Festgemeinde und ihr Osterruf sind das Zentrum der Osterfeier. In der Doxologie treten die Glieder der Gemeinde aus sich heraus: ein ekstatischer Moment. Ihre Antwort ist ein Zeichen dafür, dass Menschen in Gottes Zustimmung und Zusage versetzt werden, außerhalb ihrer selbst und in Christus. Darum ist ihr Ja gemeinschaftsbildend. Sie werden gleichsam in dieses Ja eingelassen, so sehr, dass sie sich nicht mehr auf sich selber verlassen, wenn es um Tod und Leben geht.

In bedrängter Zeit gab Roland de Pury diese Rechenschaft über »die Hoffnung, die euch erfüllt«:

> Sollten wir nicht auf jede Frage [an unser Handeln] unfehlbar die *eine* Antwort geben: »Weil Christus auferstanden ist?« [...]
> Warum leisten wir Widerstand, ohne noch hoffen zu können? Weil Christus auferstanden ist und damit über unserem Widerstand die einzige wahrhafte Hoffnung steht!
> Warum halten wir die Treue, obwohl wir darüber zugrunde gehen? Weil Christus auferstanden ist und weil insofern Treue das einzige ist, was mich aus dem Abgrund emporführt!
> Warum diese lächerliche Wahrung der Ehre? Weil Christus auferstanden ist und insofern die Eine Ehre besteht, die mich in Ewigkeit nicht in Schanden lassen wird!
> Warum diese Wahrheit, die uns bloß in Unannehmlichkeiten verwickelt? Weil Christus auferstanden ist und damit die Eine Wahrheit besteht, die mich vor Gott nicht versinken läßt!
> Warum die Liebe, die uns nur Leid bringt? Weil Christus auferstanden ist und insofern Liebe das einzige ist, das mich nicht in ewiges Leid versenkt! Weil durch Christi Auferstehung jedweder Gehorsam gegen Gott in Ewigkeit seinen Ertrag gefunden hat und ich mich also um keines menschlichen Ertrages willen zu beunruhigen brauche, sondern – in dem Maße, in dem ich auf *ihn*

30. Zu »Consensus« in dieser dreifachen Bedeutung siehe S. 17 f.
31. Siehe S. 26.

schaue – souverän gelöst bin von jeder Hoffnung auf Erfolg wie aller Angst vor dem Mißerfolg und frei bin von der Sünde, die uns umfängt. In letzter Linie – das weiß ich – gibt es nur einen einzigen Sieg: Ostern, den Sieg Dessen, der den Willen des Vaters bis ans Ende erfüllte und der Macht der Ungerechtigkeit bis aufs Blut widerstand.[32]

Gottes Ja ist verheißungsvoll; in der Theologie eines jeden Festtages wird versucht, dies zu entfalten, aber es lässt sich niemals ausschöpfen. Jede Antwort der christlichen Gemeinde ist äußerst beziehungsreich: sie blickt auf vorausgehende Taten Gottes zurück, streckt sich zu künftigen aus und richtet den Blick darauf, wie ihr eigenes Erleben und Handeln von dem Festtag berührt, vielleicht durchkreuzt, und ausgerichtet wird.

Die Folge des Handelns Gottes an und mit Jesus Christus, dessen Stationen an den Festen gefeiert werden, bildet die Christusgeschichte – unsere Antworten darauf gestalten das Kirchenjahr mit. Die Feste geben den Takt für das Begehen der Schrittfolgen des Kirchenjahres an, die sich der Geschichte verdankt: der Geschichte, die Gott mit Menschen eingegangen ist und die er in jedem Kirchenjahr erneuert. Sie trägt personale Züge.[33] Damit unterscheidet sie sich von Strukturen und Beziehungen, die auch in Theologie und Kirche als Ersatz für die Namentlichkeit Gottes[34] in Mode gekommen sind. Und sie trifft auch auf eine Rhythmik der Lebensgestaltung, die in einer Kultur amorpher Zeitläufte wie der unsrigen eine gewichtige, oft sogar ausschlaggebende Rolle spielt, weil sie anscheinend zu entscheiden erlaubt, welche Rhythmen gesundheitsfördernd sind, welche wir uns leisten können und welche krank machen.

In der Suche nach lebensdienlich gegliederter Zeitlichkeit spiegelt sich die Sehnsucht, in einer weithin bloß punktuell erlebten Zeit bestehen zu können. Der Kalender wird auf selbstgewählte Höhepunkte und auf Ferien als »schönste Zeiten« des Jahres ausgerichtet. Zeitlichkeit gilt nur noch als in Termine eingespannt. Rhythmen werden durch starre Takte ersetzt, die wie bei Maschinen beschleunigt oder verlangsamt werden können. Oft wird darüber geklagt, mit Abläufen »vertaktet« oder von ihnen »getaktet« zu sein, nicht nur in der Arbeitszeit, sondern zunehmend auch in der randvoll ausgefüllten Freizeit. Wenn jemand am Fließband aus dem Takt kommt, wird er zum Störfall, wie CHARLIE CHAPLIN in »Modern Times« (1933-1936). Feste werden dann zu »Aus-Zeiten«, zu Hilfsmitteln einer Stresskosmetik, die den Verfall menschenwürdiger Zeitlichkeit, die jeden Zeitverlust überwiegt, verdecken soll. Empfindungen wie »ich gehe unter in der Zeit«, »ich verliere mich in der Zeit«, »die Zeit läuft an mir vorbei« zeigen an, dass Zeitlichkeit, das In-der-Zeit-Sein, nur noch Unterwerfung oder Bemächtigung zulässt.

32. R. DE PURY, a. a. O. (siehe Anm. 14), 81 f.
33. Siehe S. 40.
34. Siehe S. 207.

Zerfasert wird Zeitlichkeit zudem durch eine Überflutung durch Gedenktage und Daran-denk-Tage für alles Mögliche und manches Unnötige, nach der Devise »Jeden Tag können wir das ganze Jahr über täglich ein Ereignis aus dem kollektiven Gedächtnis wieder hervorholen, das für unser Land, unsere Kultur oder sogar für die Menschheit unauslöschlich bleibt. Oder dieser Tag kann zum Merktag für bisher Unterprivilegierte, für bedrohte Tier- und Pflanzenarten, für unterschätzte Erzeugnisse und für anderes mehr erklärt werden, um wenigstens für einen einzigen Tag mediale Aufmerksamkeit dafür zu wecken. Oder wir können heute bei einem *event* mitmachen.« Ein findiger Zeitgenosse, der Journalist HAROLD PULLMAN COFFIN, hat den 16. Januar, der wohl zuvor noch nicht besetzt war, als »National Nothing Day« für die USA proklamiert, an dem absolut nichts zu tun oder anzustellen sei, geschweige denn die Anstrengung eines Festes auf sich zu nehmen: der ultimativ nichtssagende Feiertag.

Wohl oder übel erleben und handeln wir in verschiedenen Zeitprogrammen, müssen wir uns tagtäglich mehrmals umstellen. Woher aber kommen wir, wohin gehen wir, wo stehen wir, woraufhin leben wir, schlagen wir welche Richtung ein? Das Kirchenjahr weist einen *Weg in bestimmter Zeit* und hilft, ihn zu gehen. Dies geschieht bereits, wenn wir den Sonntag als Tag der Schöpfung und der Auferstehung Jesu Christi feiern: als *eine andere Zeit*, nicht als eine vorübergehende Unterbrechung der Betriebsamkeit und der Langeweile, die oft mit Unruhe gepaart ist – eine Unterbrechung, nach der es im Grunde weitergeht wie vorher. Mit dem Sonntag als »Tag des Herrn« beginnt die Woche, er schließt nicht ein möglichst ausgedehntes Wochenende ab.

Die Festtage des Kirchenjahres sind mit den Stationen der Christusgeschichte verknüpft. Recht verstanden, prägen sie auch die Schrittfolgen gelebten Lebens. Wie Pilgerinnen und Pilgern ist das Ziel eines Weges gesetzt, den sie nicht im Sturmschritt hinter sich bringen können, sondern »er-gehen« müssen, indem sie sich in seinen Rhythmus hineinfinden. Als Gottes Gäste auf Erden (Ps 39,13) und Fremdlinge (1 Petr 2,11) wandern sie von Station zu Station, verweilen dort, halten inne und brechen wieder auf. Auch im Zyklus des Kirchenjahres laufen sie nicht im Kreise, und ihr Fortschreiten nimmt keinen Aufschwung und bewirkt auch nicht einen innerlichen Auftrieb. Sie werden aber Schritt für Schritt fester an den gebunden, der ihren Weg verborgen begleitet: an Jesus Christus, der an jedem Festtag neu zu Gehör kommen und in jeder Phase seiner Geschichte als *der Andere* wahrgenommen werden will.

5. Mit dem Kirchenjahr vertraut werden

Als JOHANNES OLEARIUS 1671 sein Lied »Nun kommt das neue Kirchenjahr« in seiner »Geistlichen Singekunst« veröffentlichte, dachte er wie JOHANN POMARIUS, in dessen Postille (1589) die Bezeichnung »Kirchenjahr« wohl zuerst begegnet, schlicht an die Folge der Gottesdienste an den Sonn- und Festtagen, die in den Kirchengemeinden gefeiert werden: in ihrem Kern als Christusgeschichte, im Bekenntnis zu Gott und seinem Leben schaffenden Handeln erzählt, verkündet und im Liedgesang aufgenommen. Die Christusgeschichte bildet den Zusammenhang und den Zusammenhalt des Jahreszyklus, in den sich die Kirche findet – den sie nicht erfunden hat. Das Kirchenjahr ist substanziell viel älter als seine Bezeichnung, es ist auch inhaltsreicher, als eine Gottesdienstordnung oder ein kompletter liturgischer Kalender es erfassen können. Es ist eine Gestalt christlicher Theologie – für die ganze Kirche.

Wird das Kirchenjahr »christliches Jahr« genannt, wie zeitweise in Frankreich *(Année chrétienne)*, steht es quer zum »bürgerlichen Jahr«, dem Kalenderjahr der Zivilgesellschaft mit seinem regional unterschiedlichen Festtagsrhythmus. Manche Gottesdienstordnungen sprechen vom »liturgischen Jahr«; dies lässt an eine Einrichtung der Kirche denken. Beides trifft zwar in gewisser Weise zu, aber es trifft nicht das Wesentliche des Kirchenjahres: es ist »*Gnadenjahr des Herrn*« (Jes 61,2; Lk 4,19).

Soweit Kirchen die Feste des Kirchenjahres eingeführt und dieses Jahr im Laufe von Jahrhunderten ausgeformt haben, stellt es sich als ein *Kunstwerk* dar: gebildet für die strukturierte Zeit, die Gott uns für die Wahrnehmung seiner »Großtaten« gewährt hat. Diese Wahrnehmung wird gleichsam komponiert: auch dies ein reich gegliedertes und vielschichtiges Kunstwerk, dargebracht zum Lobe Gottes, *soli Deo gloria*.

Jochen Klepper schrieb, Gott habe sich zum Kirchenjahr als dem »größten Kunstwerk der Menschen« bekannt, und er schenke »stets von neuem und in ganzer Fülle sein Wort«, schenke es »in immer neuem Lichte«. Ist dies nicht viel zu hoch gegriffen? Wäre es nicht redlicher und eher einleuchtend, das Kirchenjahr als ein zusammengestückeltes Konstrukt christlicher Erinnerungskultur anzusehen, entstanden, als der Abstand zu den Geschehnissen mit und um Jesus von Nazareth immer größer wurde und das Bedürfnis wuchs, sich den Lebenslauf Jesu möglichst plastisch zu vergegenwärtigen und dabei so weit wie möglich ins Detail zu gehen? Falls das Kirchenjahr so erklärt werden soll, müssten wir fragen – uns fragen! –, wie Gott ein solches Konstrukt aufnehmen und wie er darauf antworten würde. Vielleicht mit der Güte seines Humors, der noch so manches mit verqueren menschlichen Errungenschaften anzufangen weiß. Wer aber zu sagen wagt, Gott habe sich dazu bekannt, trifft keine historische Feststellung. Er wird das Kirchenjahr als einen »Schatz in irdenen Gefäßen« (vgl. 2 Kor 4,7) annehmen, in einem zerbrechlichen Behälter, der kunstvoll hergestellt wurde und mit dem sorgsam umgegangen werden sollte.

Klepper, der Theologe und Dichter, schaute auf Gottes Wort aus, das dem Kirchenjahr an jedem seiner Festtage von Neuem geschenkt wird – sonst wäre es ein Artefakt. Das Kirchenjahr ist verankert in Gottes Verheißungen, die er in Jesus Christus bekräftigt hat (2 Kor 1,20), es hängt nicht am seidenen Faden eines kollektiven Gedächtnisses, der mit der Zeit mürbe werden und zerreißen kann.

Auf Gottes Ja zu seinen Verheißungen hin spricht die Festgemeinde ihr *Amen*, und von Gottes verheißungsvollem Ja und dem antwortenden »Ja, so ist es!« der Gemeinde im Gottesdienst werden auch viele Lieder getragen, die Generationen mit dem Kirchenjahr vertraut gemacht und ihnen geholfen haben, im Kirchenjahr zu leben, auch außerhalb der Festtage. Die Gewissheit, die von der Festbotschaft ausgeht und gespannte Erwartung weckt, spannt sich im gemeinsamen Singen aus, in das oft eher eingestimmt werden kann als in wohldurchdachte Worte. – Deshalb gibt zu denken, dass das Kirchenjahr in den meisten deutschen Kirchenliedern, die in den letzten fünf, sechs Jahrzehnten entstanden sind, weitgehend zurücktritt oder nur in Übersetzungen begegnet. Sollte dies ankündigen, dass eine Frömmigkeit der Daseinsbewältigung und ihre Theologie hierzulande den Blick von dem ablenken, was den Festen des Kirchenjahres zufällt?

Ist in jüngster Zeit vom Kirchenjahr die Rede, dann meistens sogleich von seiner Krise, die durch eine neue Festkultur überwunden werden müsse, und von mangelnder Plausibilität, der durch eine Wiederbelebung aufgeholfen werden soll: mit einer Lebensgestaltung, die sich an die kosmische Ordnung (Mondjahr, Sonnenjahr) und an die von ihr bestimmten Jahreszeiten hält[35], oder mit Hilfe persönlicher Anknüpfungspunkte wie Schmerzerlebnissen, Leidensbewältigung, Hoffnung als Reife von Erfahrungen, die in den Festkreisen des Kirchenjahres vertieft werden könnten.[36] Als Tendenz einer bevorstehenden Revision der Perikopenordnung wird angegeben, das »gottesdienstlich begangene Kirchenjahr« bleibe das »Rückgrat« der christlichen Feste. Die Beweglichkeit dieses Rückgrats erscheint jedoch erheblich eingeschränkt. Den Körper bilde das »lebensweltlich gestaltete Kirchenjahr«[37]. Es solle zwar »wesentliche Grundgehalte des christlichen Glaubens« beibehalten[38], die aber als Funktionen einer

---

35. Klaus-Peter Jörns und Karl-Heinrich Bieritz, Artikel »Kirchenjahr«, in: TRE 18, 1989, (575-599) 575; Karl-Heinrich Bieritz, Artikel »Kirchenjahr I. Allgemein und geschichtlich«, in: RGG⁴ 4, 2001, 1202; Christian Grethlein, Artikel »Kirchenjahr. II. Praktisch theologisch. 1. Evangelisch«, in: RGG⁴ 4, 2001, 1203 f.
36. Kristian Fechtner, Im Rhythmus des Jahreskreises. Praktisch-theologische Perspektiven des Kirchenjahres, in: ThLZ 130 (2005), 351-370; ders., Im Rhythmus des Kirchenjahres. Vom Sinn der Feste und Zeiten, Gütersloh 2007; ders., Kirchenjahr und modernes Zeitempfinden, in: Auf dem Weg zur Perikopenrevision. Dokumentation einer wissenschaftlichen Fachtagung, hg. vom Kirchenamt der EKD, Amt der UEK, Amt der VELKD, Hannover 2010, mit Verweis auf Arbeiten von Peter Cornehl und Gerhard Rau. – Vgl. auch S. 20, Anm. 18.
37. K. Fechtner, Kirchenjahr und modernes Zeitempfinden, a.a.O., 201.
38. A.a.O., 204.

»Lebenswelt« teils nach physiologischen, teils nach psychologischen Mustern gedeutet werden[39].

Die Gestaltungmöglichkeiten, die das Kirchenjahr bietet, sind im Laufe der Kirchen- und Frömmigkeitsgeschichte für verschiedenste Zwecke in Anspruch genommen worden: auch für reformerische Reduktionen, Anpassungen an den Zeitgeschmack, die Einbettung in Kulturen mit ihrem Eigenleben (»Inkulturation«) oder Wandlungen der Frömmigkeit. Um solche Veränderungen recht einschätzen zu können, bedarf es theologischer Urteilskraft, auch und gerade für die *ästhetische Seite des Kirchenjahres als Kunstwerk.*

Als Kunstwerk ist das Kirchenjahr von Menschen hervorgebracht worden, um dem Gedächtnis Raum zu lassen, das Gott für seine Großtaten gestiftet hat (vgl. Ps 111,4). Die Festtage dieses Gnadenjahres können nicht anders als im Vertrauen darauf gefeiert werden, dass der dreieinige Gott selbst diesen Raum füllt, der sonst ein leeres Gehäuse bliebe, das wir allenfalls mit unseren Stimmen und ihrem Echo anfüllen könnten. Wie auch immer die Feiern der Festtage ausgestaltet werden, wie sie aufgebaut, ausgeführt oder sogar aufgeführt werden, was Rhetorik, Musik, darstellende und bildende Kunst beizutragen vermögen, bemisst sich daran, ob und wie die jeweilige Festbotschaft sich hier ausdrückt und bewirkt, was sie überbringt. Insofern konnte das Kirchenjahr auch stilbildend wirken, weil es eine spezifische Wahrnehmung weckt und fördert.

Allerdings bleibt nicht aus, dass das Kirchenjahr als Kunstwerk sich als zeitbezogen erweist und Umbrüche in der Auffassung von Kunst darauf einwirken, wie es aufgenommen wird. So ist es gang und gäbe geworden, den Rezipienten eines Kunstwerks eine geradezu mitschöpferische Rolle zuschreiben: Was im Kunstwerk in Erscheinung tritt, wird sehend oder hörend nicht nur auf- und hingenommen, sondern mitgestaltet oder sogar miterzeugt. Zugleich wird als »schöpferisch« vornehmlich der produktive Vollzug der Subjektivität angesehen, die sich selber zum Ausdruck bringt und damit ihre Gestaltungsfreiheit ausübt. Ins Hintertreffen gerät dabei, dass Kunstwerke Herz und Kopf, Zentren unserer Lebensäußerungen, gleichsam reinigen und neu ausrichten können: ein innerer Aufbau wird deutlich, Zuordnungen ergeben sich, befreiende Klarheit entsteht, Verspannungen werden gelöst, es fällt wie Schuppen von den Augen; Hörer schwingen in Klänge ein, Betrachter sind plötzlich »im Bilde«.

Ein Kunstwerk ist das Kirchenjahr, weil es geschaffen wurde, indem die Kirche der Sequenz der Christusgeschichte gleichsam nachging und hier vernahm, wie Gott seines in Christus gestalteten Bundes fortan gedenken will. Weil das Kirchenjahr der Kirche hilft, nichts zu vergessen, was sie erhoffen darf, bildet es ihre Gedächtnisstütze Da die Kirche das Kirchenjahr nicht selbstschöpferisch erzeugt hat, kann sie sich auch nicht in ihm zum Ausdruck bringen oder gar sich

---

39. Siehe S. 37.

selber darin feiern. Sie *bezeugt* die Fülle des Handelns Gottes in der Christusgeschichte.

Als Zusammenhang solcher Zeugnisse unterscheidet sich das Kirchenjahr von jeder Reihe von Gedenkveranstaltungen, mit denen das Christentum sich seiner historische Anfänge vergewissern könnte. Im Zeugnis kommt das Gedenken mit dem Widerfahrnis dessen, was erinnert wird, zur Deckung. So vergegenwärtigt sich, was geschehen ist. Wenn an Ostern die gottesdienstliche Gemeinde dem schöpferischen Ja Gottes mit ihrem »Ja, gewiss!« antwortet, bezeugt sie, dass sie von Gottes Ja zu Jesus Christus lebt und dass alle ihre Erfahrung von Leben und Sterben darin aufgehoben ist. Bezeugt wird, was »außerhalb unser selbst und in Christus ist« und gerade so uns umfängt. Darauf zeigt der wahrhafte Zeuge. Er tritt hinter sein Zeugnis zurück, wenn er anderen gegenüber ausspricht, was er so vernommen und dermaßen zu Gesicht bekommen hat, dass es ihm aufgegangen, offenbar geworden ist. Dafür steht der Zeuge ein – mit Leib und Leben.

Diese Region des Wortfeldes von »bezeugen« und »Zeugnis«[40] ist für die Theologie des Kirchenjahres von tragender Bedeutung, gestützt durch die trinitarische Zeugenschaft, wie sie im johanneischen Schrifttum umrissen wird (Joh 5,36-39; 8,12-18; 15,26; 1 Joh 5,6-11; Apk 1,5; 3,14): Wer Jesus, der Sohn, als treuer und wahrhaftiger Zeuge ist und was er in Wort und Tat vollbringt, bezeugen der Vater (auch das Schriftwort, das Leben aus Gott überbringt und so von Jesus zeugt), und der Geist, der vom Vater ausgeht und die Jünger »in alle Wahrheit leiten wird« (Joh 16,13), um zu vollenden, wozu der Sohn geboren und wozu er gesandt wurde: »für die Wahrheit zu zeugen« (Joh 18,37), auszusprechen, was von Gott her wirklich geworden ist (im Unterschied zu dem, »was der Fall ist«), sich davon – von Gott selbst, seinem Reden und Handeln – ansprechen zu lassen. Die Wahrheit lebt im Zeugnis. Die trinitarische Bezeugung will also nicht so sehr wechselseitig beglaubigen oder autorisieren als vielmehr den Prozess beleuchten, in dem Gott sein Recht gegen eine vielmächtige Welt einfordert und dafür die Menschen, die er errettet und zu lebendiger Hoffnung erneuert hat, als seine Zeugen anruft (vgl. Jes 43,9-13; 44,7-11).

»Ihr seid meine Zeugen, denn ihr seid von Anfang an bei mir« (Joh 15,27): so bringt Jesus vor seinem Fortgang zum Vater die Berufung seiner Jünger auf den Punkt. Sie sind nicht etwa bloß Augenzeugen oder Zeitzeugen, auf deren Erinnerungen wir angewiesen wären, Erinnerungen, die wie alle Gedächtnisleistungen ihre Tücken haben und mannigfachen Veränderungen unterworfen sind. »Von Anfang an« meint auch nicht nur den Beginn des Weges der Jünger mit Jesus. Sie sind der Anfänge der Christusgeschichte in ihrem ganzen Ausmaß teilhaftig, dies wird auch so bleiben (vgl. 1 Joh 2,24) und begründet ihr Zeugnis. Es ist deshalb nicht verwegen, wenn alle diejenigen, die weiterhin in die Geschichte

---

40. Vgl. dazu Heinrich Assel, Artikel »Zeugnis« in: RGG⁴ 8, 2005, 1852-1854.

des verkörperten *Logos* hineingezogen werden, sich als seine Zeugen angesprochen sehen dürfen: wir, die Gemeinde der Festtagsgottesdienste. Denn ihr will aufs Neue widerfahren, was an, mit und in Christus geschehen ist.

Jesus kündigt seinen Zeugen den Parakleten an, der ihnen beistehen, helfen und sie aufrichten soll. »Er wird nicht aus sich selber reden, sondern was er hören wird, das wird er zu sagen haben, und er wird euch Bote sein über das, was im Gange ist.« (Joh 16,13)[41] Dies charakterisiert ihn als Zeugen – ebenso wie das Zeugnis Jesu, der redete, was er gesehen und gehört hatte, wenn er von Gott sprach (Joh 3,32). Und Jesu Zeugnis ist der »Geist der Prophetie«, der ansagt, wer kommen und was er mit sich führen wird (Apk 19,10).

Das Vertrauen, Gott werde »stets von neuem und stets in ganzer Fülle sein Wort« zu allen Festtagen seines Gnadenjahres schenken (JOCHEN KLEPPER), hält sich an diese Verheißung. Jede Feier im Kirchenjahr ist eingebunden in die Bitte »*Veni creator spiritus*« (HRABANUS MAURUS, 809) – »Komm, Gott Schöpfer, Heiliger Geist« (MARTIN LUTHER, 1524; EG 126), die nicht für den Pfingstgottesdienst reserviert ist. Dieser Geist möge dazwischenfahren, wenn wir das Kirchenjahr als immaterielles Kulturerbe retten oder ihm zumindest deshalb mehr Beachtung verschaffen wollten, weil es wie viele andere ehrwürdige Bräuche Werte und Traditionen bewahrt und den Gemeinschaftsgeist fördert.

Der Paraklet »wird euch alles lehren und euch an alles erinnern, was ich euch gesagt habe« (Joh 14,26): er wird die Zeugen über alles unterrichten, was sie mit Jesus einig werden lässt, und sie seines Redens so gedenken lassen, dass es ihr Gedächtnis durchdringt. »Was ich euch gesagt habe« sind keine gesammelten Jesusworte.[42] Viele Festtags-Perikopen enthalten kein einziges Jesus-Wort – und doch sind sie voll von dem, was er gesagt hat, auch unausgesprochen. Der Heilige Geist dürfte sich kaum damit befassen, unserer Vergesslichkeit wieder auf die Sprünge zu helfen und Gedächtnislücken zu schließen, auch wenn er sich gelegentlich nicht zu schade dafür ist. Vielmehr ruft er Jesus Christus in Erinnerung, ruft in unser übervolles und doch so verarmtes Gedächtnis, dass Jesu Wort bei allem war und dabei sein wird, was seinen Zeugen widerfährt. Dies lässt er sie wahrnehmen, und so durchstrahlt er ihr Erinnerungsvermögen, heilt er ihr zerspaltenes, zerfasertes, verwirrtes Gedächtnis.

Das Kirchenjahr ist ein Kunstwerk mit langer Entstehungs- und bunter Wirkungsgeschichte: mit allem, was an ihm beschädigt oder ergänzt wurde, ausgebessert oder dabei verpfuscht worden ist, was erneuert werden konnte, verunziert wurde oder gar unwiederbringlich verdorben ist. Auch wenn hier Jesu Christi, seiner Geburt, seines Leidens, Sterbens, seiner Auferstehung und Erhöhung noch so feierlich gedacht wird – wer *heute* im Kirchenjahr lebt und sich

---

41. Der letzte Satzteil nach der Übersetzung von WILHELM STÄHLIN, Das johanneische Denken, Witten 1954, 44.
42. Siehe dazu S. 186.

auf dessen Schrittfolgen einlässt, wird oft genug von der Rückschau auf eine Kirchengeschichte mit mancherlei Lichtern und vielen Schatten gehemmt werden. Hat diese Geschichte nicht schon viel zu lange gedauert? In nicht wenigen Festtagspredigten werden frühere und heutige Schattenseiten der Kirchlichkeit zum Anlass genommen, um andere Wege zu suchen oder neuartige Akzente zu setzen. Auch hier dürfte der Geist, der in alle Wahrheit leiten wird, manchen Ansprüchen an das Kirchenjahr und seine Feste in die Quere kommen. Gerade er kann uns aber die Geschichte des Kirchenjahres lieb und wert machen, wenn wir dort auf Klärungen treffen, die uns auf die Spur gespannter Erwartung bringen.

Der Paraklet wird »die Welt überführen«, was Gerechtigkeit und Sünde und Gericht angeht: Sünde, weil Jesus verworfen wird als der, der mit Gott vereint;[43] Gerechtigkeit, indem Jesus als Sieger[44], dem Gott Recht gibt, zu Gott eingeht und an seiner Seite wirkt, in einer Verborgenheit, deren allein der Glaube gewahr werden kann; vollzogenes Gericht über den Herrscher, der die Welt an sich gerissen hat und sie Gott entreißen will (Joh 16,8-11). Dieser Prozess ist in vollem Gange, und im Kirchenjahr wird Gottes klärendes Urteil verkündet, ganz unspektakulär: indem an jedem Festtag, an jeder Station des Weges Jesu, Gottes richtendes und rettendes Handeln in je besonderer Weise zu seinem Ziel kommt – und nicht zu Ende ist.

---

43. Vgl. ADOLF SCHLATTER, Der Evangelist Johannes. Wie er spricht, denkt und glaubt, Stuttgart 1930, 312.
44. Vgl. RUDOLF BULTMANN, Das Evangelium des Johannes (KEK II), Göttingen 1941, 435.

Register
Biblische Schriften und außerkanonisches Schrifttum

1,11	86	16,8-11	185, 210,	**Römerbrief**	
1,14	73 f., 90 f.,		262	1,3-4	18
	97, 130	16,8.13-14	183	1,3	73
1,15-18	96	16,12-15	242	3,21-26	131
1,19-28	53	16,13	186, 198,	4,17	160
1,29-34	96		260 f.	4,18	116, 232
1,29	129	16,14	185, 197	4,25	138
1,33	191	16,25	186	5,1-11	131
2,1-11	96	16,33	75	5,3-5	40
2,11	72	17,20-26	162	5,4	238
3,1-15	208	17,24	95, 163	5,5	202
3,3	75	18,37	260	6,6	135
3,5	31	19,5	95	6,8	135, 245
3,8	189	19,19	114	8	200
3,14-16	115	19,22	114	8,1.9	199
3,16	199	19,23-24	115	8,9.11	189
3,32	261	19,26-27	112	8,14-17	212
4,19-26	202	19,28	112-114	8,14	189
5,36-39	260	19,30	112 f., 115,	8,20-22	233
6,14-15	60		117, 142	8,22-23	201
6,63	199	20,9	24	8,26	186, 199
7,2-9	75	20,19-23	199	8,29-30	216
8,12-18	260	20,22-23	180	8,29	238
8,32	63	20,24-29	147	8,32	23
9	33	20,28	142, 174,	9,5	220
10,22	68		212	9,15	168
10,30	25, 91, 212			9,23	216
12,1-8	75	**Acta (Apostelgeschichte)**		10,17	198
12,12-19	102	1,9-12	157, 161	11,2	216
12,13	172	1,9	162	11,32-36	219
12,20-26	102	1,11	162, 172	11,33-36	216 f.,
12,27-32	163	2,1-41	177, 191,		219 f.
12,32-33	100		199	12,2	181, 218,
12,32	162, 171	2,1-18	178		238
12,34-41	100	2,11	16, 28, 35	13,8-14	52
12,41	209	2,21	178, 197	14,7-9	154
13,1-15.34-35	110	2,22-23.32-33.		15,4-13	52
13,34-35	110	36-39	178		
14,12	186	2,23	181	**1. Korintherbrief**	
14,20	185	2,32-36	195	1,13	136
14,23-27	182	2,37-38	181	1,17	131
14,26	183, 186,	2,37	179	1,18-24	126
	261	2,38	180	1,18	112, 124,
14,28	171	2,42-47	203		129 f., 201
15,26	186, 260	4,32	195	1,23	112, 136
15,27	260	7,54-60	70	1,24	130
16,5-15	182	19,23-34	158	1,27	137
16,7	171	19,27	159	2,1-5	195

Namen

Fest- und Gedenktage in der Reihenfolge des Kirchenjahres